드라마,
한국을
말하다

드라마, 한국을 말하다

김환표 지음

한국인과 동고동락한 드라마는 현실을 반영하고 욕망을 모델링했다.

최초의 드라마 맛면서 드라마로 보는 사회문화사

인물과
사상사

● 일러두기

　드라마 같은 TV, 라디오의 프로그램과 영화 제목은 〈 〉로, 신문과 단행본,
잡지는 『 』로, 논문과 기사 제목, 책의 일부분은 「 」로 표기했다.

드라마를 따뜻한 시선으로 대하자

"아침부터 드라마를 보다 정신을 차리니 해가 뉘엿뉘엿 지더라."

한 시청자의 말이다. 우스갯소리가 아니다. 이 시청자에게만 해당되는 이야기도 아니다. 한국인의 드라마 사랑과 중독을 압축적으로 보여주는 증언이라 보는 게 타당하다. 한국인에게 드라마를 사랑하는 피가 흐르고 있는 것일까. 프로그램 선호도를 조사할 때마다 TV 드라마는 순위를 거의 휩쓸다시피한다. 예컨대 2006년 시청률 상위 20개 프로그램 가운데 16개가 드라마였으며, 1위부터 10위까지가 모두 드라마였다. 그해만의 특수한 사례가 아니다. 매해 그렇다. 방송가에서 이른바 '꿈의 시청률'로 통하는 시청률 50퍼센트를 넘기는 프로그램도 드라마 말고는 없다!

드라마 사랑에는 성별과 세대, 지역과 계급의 구분도 무의미하다. 초등학생에서 노년층에 이르기까지, 달동네에서 강남까지, 호남에서 영남까지, 여성은 물론 남성들까지 드라마는 한국인 모두로부터 뜨거운 사랑을 받고 있다. '국민 드라마'가 탄생하는 이유다. 물론 이는 세계적으로 유례없는 대한민국만의 독특한 사회문화 현상이다. 유별난 한국인의 드라마 사랑 때문일까? 우리의 이런 현실을 일러 '드라마 공화국' 혹은 '드라마크라시dramacracy'라는 말까지 나왔다.

한국 드라마는 외국에서도 이른바 '국빈' 대접을 받고 있다. 문화 산업 수출의 선봉장 역할을 톡톡히 수행하며 외화 창출은 물론이고 국위선양까지 두 마리 토끼를 모두 잡고 있는 효자 상품이다. 동남아를 중심으로 거세게 분 한류 열풍의 주역도 드라마였다. 세계문화전쟁 시대에 살아남기 위해 드라마 산업을 적극 육성해야 한다는 데 한국인 대다수가 동의했을 만큼 드라마는 한국인이라는 자부심을 고양시키기까지 했다.

흥미로운 사실은 드라마가 그렇게 전 국민의 뜨거운 사랑을 듬뿍 받고 문화 산업 수출의 일등 공신으로 추앙받으면서도 동시에 저주의 대상이라는 점이다. 앞서 거론한 '드라마 공화국'이나 '드라마크라시'도 사실 따지고 보면 칭찬과 자랑의 의미라기보다는 비판의 의미가 강하다.

드라마를 헐뜯는 게 한국인의 취미 생활인가 하는 생각이 들 만큼 드라마에 대한 비판이 도를 넘는 게 현실이다. 정당한 비판이야 받아들여야 하지만 문제는 그 정도가 너무 심하다는 데 있다. 거칠게 말해 사회적으로 어떤 문제가 발생하면 모든 게 드라마의 책임으로 환원된다. 드라마가 담배와 술을 권장하고 음식물 쓰레기의 불법 투기를 부추긴다는 비판쯤이야 '그럴 수도 있겠네' 하면서 애교로 넘길 수 있다. 하지만 사회 전체가 책임져야 할 문제마저 드라마 탓으로 몰고 가며 저주의 손가락질을 하는 상황이 심심치 않게 발생한다는 사실에서 무언가 잘못돼도 한참 잘못됐다는 생각을 떨치기 힘들다.

예컨대 1993년 한국 사회를 충격으로 몰아넣은 이른바 '지존파 사건'을 떠올려보자. 당시 드라마는 모방 범죄를 부추기고 사회의 윤리 의식과 도덕관념을 희박하게 만드는 원흉 취급을 받아야 했다. 이걸 특별한 사례라고 볼 수 있을까? 그렇지 않다. 상황은 다를망정 해마다 이와 비슷한 비판이 꼬리를 물고 이어진다.

드라마에 대한 저주는 이른바 드라마 '망국론'에서 절정에 이른다. 드라마가 한국인의 정신을 좀먹고 나라를 망친다는 게 그 핵심이다. 드라마 망국론은 어제오늘의 이야기가 아니다. 한국 사회에 등장한 지 얼마 되지 않아 드라마는 저속 퇴폐의 상징으로 낙인찍히고 저주의 대상이 됐다. 그런 명에는 현재진행형이다. 그런 의미에서 이른바 욕하면서 보는 드라마로 불리는 '막장 드라마'는 과거와 표현만 다를 뿐 꾸준한 생명력을 자랑하는 '저속 퇴폐 드라마'라는 비판의 21세기 버전이라 할 수 있다.

사랑의 상대이자 저주의 대상! 생각해보면 참 이해하기 쉽지 않은 풍경이다. 사랑과 저주가 꼭 공존하기 어려운 것은 아니지만 아무래도 하나의 대상을 두고 두 개의 감정이 팔짱을 끼고 나란히 가는 것은 썩 궁합이 맞아 보이지 않는다. 드라마를 욕하면서도 재밌게 보는 것이 정신적 분열 증세가 아니냐는 의문을 품을 수도 있겠다. 하지만 정신 건강까지 해쳐가면서 드라마를 시청하는 사람들이 얼마나 될지 의문이다. 말이야 바른 말이지, 드라마를 시청하는 제일 큰 이유는 바로 스트레스 해소와 재미 추구 아니던가!

이 책은 한국인이 사랑해 마지않는 드라마가 저주의 대상이 되는 게 과연 바람직한 일인지 냉정하게 생각해보자는 소박한 의도에서 출발했다. 그런 이유로 일방적으로 드라마를 옹호하지도, 비판하지도 않는다. 굳이 따지자면 드라마 옹호론 쪽에 가깝지만 그것 역시 한국인과 드라마의 관계를 있는 그대로 조명해보자는 취지로 이해하면 좋겠다. 드라마를 비판하더라도 한국인들에게 드라마가 과연 어떤 존재인지, 무엇을 제공해주었는지 먼저 알아보는 게 중요하지 않겠는가. 물론 드라마 망국론을 목이 터져라 외치는 사람들의 주장처럼 드라마가 사회적으로 책임을 져야 할 게 없지는 않을 것이다. 드라마는 현실을 반영할 뿐만 아니라 모델링하는 매우 강력한 역할을 수행하고 있으니 말이다. 문제는 균형 감각과 과유불급 정신이다.

전체적인 흐름을 중요시할 것인가. 아니면 사건과 사안을 중심에 두면서 흐름을 방해하지 않도록 할 것인가. 이 책을 쓰는 내내 머릿속을 떠나지 않은 딜레마다. 그런 고민 가운데 이 책은 개별 사건과 사안을 중심으로 최대한 전체적인 흐름을 살리는 데 초점을 맞추었다. 흐름과 사건의 통섭을 시도했지만 약 100여 년에 이르는 방대한 역사를 일관되게 맞추는 데엔 한계가 있었음을 고백하지 않을 수 없다. 그래도 사건이라는 나무 속에서 흐름이라는 숲을 볼 수 있도록 적잖이 신경 썼다는 사실은 자부할 수 있다.

사건과 사안 중심이긴 하지만 이 책에 거시적인 흐름이 없는 것은 아니다. 드라마는 한국의 성장 과정과 궤를 같이하고 있으며 한국 드라마의 역사는 한국 사회 발달 과정의 축소판으로 볼 수 있기 때문이다. 일제강점기와 분단, 한국전쟁을 겪으며 불모지나 다름없던 한국은 1961년 5 · 16쿠데타 이후 정부 주도의 압축 근대화 과정을 거쳐 1990년대부터는 자본이 강고한 힘을 행사하는 시장 통제 시대로 편입되었다. 쉬운 이해를 위해 편의적으로 규정하자면 한국 사회는 '불모지 속의 발아기', '정치적 통제 속의 성장기', '시장 종속기'로 나눌 수 있는데 드라마도 그런 흐름에서 자유롭지 못했다.

한국 사회의 성장 과정을 웅변하듯 드라마 역시 초창기엔 무無에서 유有를 창출해야만 했고 독재와 권위주의 정권 시절엔 정치적 입김에 크게 휘둘려야 했으며 자본의 전일적 통제 시대에 접어든 오늘날엔 시장 논리에 의해 지배받고 있다. 한국 사회의 그런 발달사는 드라마를 이해하는 데 매우 중요한 단초를 제공한다는 게 내 생각이며 이 책은 그런 흐름을 염두에 두고 썼다. 드라마 역시 대한민국의 성장 과정을 함께 겪으며 한국인과 동고동락해왔기 때문이다. 그런 의미에서 말하자면 이 책은 한국 드라마의 제작문화사이자 사회문화사이기도 하다.

이에 근거해 이 책의 구성을 설명하자면 다음과 같다. "1장 '설움 위로'와 '통속화' 속에서"는 통속극을 중심으로 드라마가 한국인의 사랑과 애정의 대상으로 성장하는 과정을 다루었으며, "2장 '국민 동원 수단'과 '저속 퇴폐의 멍에' 속에서"와 "3장 '충성 경쟁'과 '자기 검열' 속에서"는 정치권력의 입김에 휘둘리면서 저속 퇴폐의 멍에를 뒤집어쓰게 되는 드라마의 수난사가 중심이다. "4장 'SBS 개국'과 'IMF 한파' 속에서", 5장 "'인터넷 열풍'과 '한류 열풍' 속에서", "6장 '머니 게임'과 '미드 열풍' 속에서", "7장 '막장 드라마'와 '친정부 드라마' 논란 속에서"는 시장 권력의 무한 질주 속에서 치열하게 생존 경쟁을 벌이는 드라마의 고군분투와 그 과정에서 발생한 다양한 현상에 초점을 두었다. 그리고 각 장마다 마지막에 그 장을 정리하는 간략한 분석을 덧붙였다.

또 사회적 화제가 된 드라마들에 대한 다양한 반응과 해석을 비교적 상세하게 소개하는 데 적잖은 지면을 할애했다. 눈여겨봐야 할 것은 화제가 된 드라마들은 드라마 공화국의 현실을 읽어내는 이른바 '드라마 공화국의 코드'라고 해도 될 만큼 유사한 소재와 주제를 다룬다는 점이다. 바로 사랑, 가족, 정情, 욕망, 권력, 음모, 인간 승리 등이다. 이런 코드는 좀 더 세부적으로 나눌 수도 있겠지만 큰 틀에서 보자면 대부분의 드라마는 이 코드의 범주에 포함된다고 볼 수 있다. 물론 이러한 코드는 전 세계적으로 통용될 만큼 보편적인 것이라 한국만의 독특한 코드라 할 수는 없다. 그렇지만 한국인들이 유별날 만큼 이런 코드에 친화성을 보인다는 사실은 부인하기 어렵다.

예컨대 2000년 이후 꿈의 시청률이라 불리는 시청률 50퍼센트를 넘긴 드라마인 MBC의 〈허준〉(63.7%, 2000년 6월 27일), KBS1의 〈태조 왕건〉(60.2%, 2001년 5월 20일), MBC의 〈대장금〉(57.8%, 2004년 3월 23일), MBC의 〈진실〉(56.5%, 2000년 2월 24일), SBS의 〈야인시대〉(51.8%, 2002년 12월 9일), MBC의 〈내 이름은 김삼순〉(51.1%, 2005년 7월 21일), MBC의 〈주몽〉(50.3%, 2007년 1월 30일)도 이 '코드의 그물망'으로 포획할 수 있다.

본격적인 시청률 조사가 시작되기 전에 경이적인 시청률을 기록하며 이른바 '국민 드라마'의 칭호를 얻은 〈아씨〉와 〈여로〉, 〈사랑과 진실〉 역시 예외가 아니다. 또 국민 드라마 반열에 올라서진 못했지만 적잖은 화제와 논란을 불러일으킨 드라마들은 어떤가. 대부분이 이 코드의 그물망에 포함된다고 보아도 무방할 것이다. 이는 무엇을 의미하는가? 앞서 거론한 코드들이 한국인들의 취향과 궁합이 아주 잘 맞는다는 것을 말해주는 것은 아닐까. 그러니까 그런 코드야말로 한국인의 드라마 사랑과 몰입을 이해하는 데 가장 유효적절한 키워드이자 한국 사회와 한국인을 읽어내기에 아주 안성맞춤인 기호가 아니겠느냐는 말이다. 게다가 이 코드들은 당대의 정치·사회·경제·문화 등 거시적인 사회 현실은 물론이고 미시적인 일상까지 반영하면서 끊임없이 변주하고 재현하는 장점까지 갖추고 있다. 따라서 드라마가 이런 코드를 이른바 '드라마 히트 공식'의 뼈대로 삼는 것은 지극히 자연스러운 일일 것이다.

이게 시사하듯, 드라마는 한국인이 관심을 기울이는 가치와 정서를 변주하고 재현하며 당대 한국의 현실과 시대정신 그리고 한국인의 욕망을 담아낸다. 그뿐 아니다. 한국인은 드라마 속에서 다양한 사회적 의미를 읽어낸다. 그런 차원에서 말하자면 드라마는 한국인과 한국 사회를 말하는 텍스트다. 한국인과 슬픔과 기쁨을 함께 나누며 한국 사회를 묵묵하게 지켜본 시대의 목격자이자 증언자이기도 하다. 이 책의 제목을 '드라마, 한국을 말하다'로 정한 이유다.

모쪼록 이 책이 한국인들이 드라마에 대해 따뜻한 시선을 가지는 데 도움이 되었으면 하는 마음이다.

2012년 1월

김환표

머리말
드라마를 따뜻한 시선으로 대하자 005

03장 '충성 경쟁'과 '자기 검열' 속에서_1980~1991년   **129**

06장 '머니 게임'과 '미드 열풍' 속에서_2006~2008년   293

01장
일제강점기~1971년

'설움 위로'와
'통속화' 속에서

'설움 위로'와 '통속화' 속에서
일제강점기~1971년

I

'서울 장안을 곡성'으로 뒤덮은 라디오드라마

세계에서 둘째가라면 서러워할 한국인의 드라마 사랑을 이해하기 위해선 멀리 일제강점기까지 거슬러 올라가야 한다. 유별난 드라마 사랑은 일제강점기에 첫 선을 보인 라디오드라마에서부터 시작되었기 때문이다.

1927년 2월 16일 일제는 식민 지배용 매체로 활용하기 위해 한국 최초의 라디오 방송국인 경성방송국을 개국했다. 하지만 한국인이 주목한 건 오락 기능이었다. 당시 라디오드라마는 '무대극 실황중계'라는 말을 들을 만큼 조악한 수준에 머물렀지만 아나운서가 목소리에 감정을 실어 내보내면 청취자들은 환호성을 질렀다. 연극이 공연될 때마다 청취자들의 연극 중계 요청이 쇄도했을 정도였다.[1]

1933년 한국어와 일본어 이중 언어 방송이 시작되면서 라디오드라마는 맹렬한 기세로 안방을 공략하기 시작했지만 조악한 수준을 벗어나지 못한 상태였

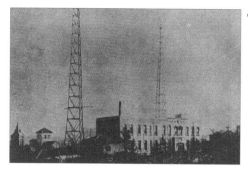

다. 그럴 수밖에 없었다. 청취자를 유인하기 위해 다양한 프로그램 개발이 시도되긴 했으나, 라디오 방송은 여전히 걸음마 단계였기 때문이다. 그런 상황에서 드라마를 제작한다는 게 신기한 일인지도 모른다. 당시 라디오드라마 제작 과정은 어떠했을까? 그 궁금증을 해소하는 데 다소나마 도움을 주는 게 당시 드라마 제작을 다룬 영화 〈라듸오 데이즈〉(2008)다. 흥미로운 점은 〈라듸오 데이즈〉가 오늘날 드라마 제작의 고질적인 병폐면서도 한국 드라마의 경쟁력을 강화했다는 양극단의 평가를 받는 이른바 '쪽대본'과 '초치기'를 웃음 코드로 활용하고 있다는 점이다. '쪽대본'은 한 페이지씩 출고되는 대본을 일컫는 말이고, 쪽대본에 의지한 드라마 제작 관행을 '초치기'라 한다.

쪽대본과 초치기에도 불구하고 조선인들은 라디오드라마에 귀를 쫑긋 세우고 드라마에 등장하는 인물들에게 감정을 이입하는 등 적극적으로 소비했다. 톨스토이의 〈부활〉을 방송하면서 발생한 한 에피소드는 드라마에 대한 조선인의 '몰입'을 잘 보여주는 사례라 할 것이다. 한 여자 아나운서가 생방송 중, 카츄사와 네플류도프 공작이 시베리아 벌판에서 이별하는 장면에서 슬픔에 겨워 감정을 주체하지 못한 채 울어버리는 방송 사고가 발생했다. 그런데 흥미로운 것은 이에 대한 청취자들의 반응이었다. 『별건곤』 1934년 5월호에 따르면, 당시 청취자들은 이 사고를 '방송 사고'로 여기지 않고 오히려 아나운서의 울음에 공감했다.[2]

이게 시사하듯이 당시 라디오드라마는 가정 비극을 주요 레퍼토리로 삼았다. 라디오드라마 청취층의 실세는 여성으로, 이들이 청취율을 결정하는 절대적 존재였다. 이들의 최대 관심사가 남녀 관계와 가족 관계였기에 방송사는 그 취향을 적극 반영할 수밖에 없었기 때문이다. 식민지의 설움도 크게 작용했다. 나라를 빼앗긴 것만도 억울한데 태평양전쟁이 발발하면서 아들은 전쟁터의 총알받이로, 딸은 일본군 위안부로 빼앗겨야 했다. 그렇다고 해서 드러내놓고 슬퍼할 수도 없었다. 가정 비극은 바로 그렇게 겉으로는 참고 있지만 속으로는 피눈물을 쏟아내던 여성과 가정주부들이 식민지 백성의 한과 설움을 드러낼 수 있게 해주었다. 조선 여인들은 누선을 자극하는 소재에 푹 빠져들며 이른바 '눈물의 카타리시스'에 몸을 떨었다.[3] 이와 관련 『한국방송사』는 다음과 같이 말하고 있다.

"방송극은 풍기 문란이란 책망을 가끔 받았고 또 밤중에 서울 장안을 난데없이 곡성으로 뒤덮는다는 비난의 화살을 받은 적이 한두 번이 아니었다. 그렇기 때문에 대본 검열은 매우 엄격해졌다. 그러나 곡성만은 대본에 쓰여 있지 않기 때문에 검열망도 막을 도리가 없었다."[4]

드라마의 인기가 치솟자 일제는 이를 지배 수단으로 활용하고 나섰다. 특히 중일전쟁이 발발하면서 드라마는 일제의 전쟁과 식민지 정책을 강화하는 도구로 전락했다. 이른바 '목적극'이었다. 전쟁을 찬양하고 학도병을 지원하도록 하는 〈총후의 악수〉나 〈총후에 바친 몸〉 등이 대표적이었다.[5] 물론 한국인은 목적극 드라마에 냉담한 태도를 취했다.

재미있는 드라마를 많이 틀어달라

해방 후, 미군정 역시 라디오를 공보 매체로 활용하고자 했지만 일제강점기부터 라디오를 오락 매체로 간주하던 청취자들의 취향과 충돌했다. 미군정 시절 서울중앙방송국 PD로 활동한 노정팔은, "우리 서민이 가장 큰 오락이 없고 극장에도 갈 형편이 못 되니 방송에서 내일의 재생산을 위해 좋은 오락 방송을 해 주면 좋겠다. 특히 재미있는 드라마와 유행하는 대중가요를 많이 틀어달라고 했다."라고 말했다.[6]

한국인의 오락 지향성을 감지한 미군정은 결국 1946년 10월 대폭적인 개편을 통해 라디오 연속극을 신설하는 등 대중성을 강화하고 나섰다. 청취율이 높은 드라마 속에 공보와 반공의 메시지를 직간접적으로 담아 효과적인 공보 활동을 펴기 위한 의도였다.[7] 대중성을 전면에 내세우면서 방송국은 황금 시간대인 저녁 8시에 오락 프로그램을 중점적으로 틀어댔는데 청취자가 가장 기다린 것은 역시 드라마였다. 당시 청취자들은 "연예·오락 하면 방송극을 떠올릴 만큼 드라마"는 "방송의 꽃"이었다. 하지만 여전히 조악한 수준을 넘어서지 못했다. 가장 큰 문제는 극본이었다. 한국에 방송 작가라는 명함이 처음으로 등장한 것은 1946년 3월이었지만 방송 작가로 활동할 수 있는 사람들은 여전히 소수에 불과했기 때문이다.[8] 드라마에 대한 수요가 몰리면서 이들에 대한 의존도는 커질 수밖에 없었고, 이때부터 드라마의 겹치기 집필도 본격화됐다. 한국 최초의 방송 작가 유호는 이렇게 말하고 있다.

"해방 직후 인원도 부족한데다가 고료도 싸서 외부에 있는 작가들의 협력을 받기가 힘들었다. 스크립트라이터(시나리오 작가)였던 나와 김영수는 한때 매주 며칠 분의 방송 극본을 대다시피한 적도 있었다. 15분짜리면 200자 원고지 30매요, 30분 드라마면 60매가 필요한데 내 기억으로 하루에 30분 드라마 세 편을 쓴

생각이 난다. 하루에 드라마 원고를 무려 180
매나 쓴 셈이다. 한 사람이 그토록 썼으니 방
송극이 제대로 되었겠냐고 새삼 나무라시는
분도 계실지 모르지만, 하여간에 두 사람이
줄곧 각본을 대었고, 청취자들도 별로 꾸지
람 없이 드라마를 들어주시었다."[9]

● 대한민국 최초의 PD 노정팔. 그에
따르면 서민들은 재미있는 드라마와
대중가요를 많이 틀어줄 것을 요청
했다고 한다.

극본 부족을 타개하기 위해 서울중앙방송
국은 1948년 3월 방송극 현상 공모에 나섰다.
눈여겨볼 것은 방송극 모집 요강이다. 모집
요강은 "명랑하고 우스운 창작 희극. 단, 극
적 요소를 가지고 방송에 적합한 것"이라며
소재와 내용을 '웃음'으로 못 박았다.[10] 흥미
로운 사실은 서울중앙방송국이 처음에는 그냥 방송극 모집이라 했다가 나중에
희극 모집으로 바꾸었다는 점이다.[11] 이 역시 시대 상황 때문이었다. 일제의 패
망으로 잃어버린 나라를 되찾긴 했지만, 한국인들은 여전히 혹독한 '겨울 터널'
을 통과하고 있었다. 정치는 불안했고, 사회 · 경제적 모순 때문에 '일제시대보
다 더 고통스럽다'는 말마저 나올 정도였다. 물가 폭등, 경제 파탄으로 거리엔
실업자가 넘쳐났고, 가중되는 식량난으로 사회 전체가 어수선했다. 절망과 고
통을 휘발시켜줄 무엇인가가 필요했으니, 바로 웃음이었다. 방송국은 흡사 비
극 치료사를 사명으로 삼기라도 한 것처럼 맹렬하게 웃음보따리를 풀어 헤쳤다.
웃음을 통해 각박하고 메마른 사회에 활력을 불어넣겠다는 의도였는데, 그 중심
에 드라마가 있었다.

지식인들은 라디오의 교육적 측면을 강조했지만, 청취율을 먹고 사는 방송

사에게 그건 현실을 무시한 소리였다. 당대 대중이 원하는 게 무엇이었던가? 바로 현실의 고통과 아픔을 날려버릴 카타르시스였다. 웃음이 되었든, 눈물이 되었든, 대중이 적극적으로 요구한 것은 삶의 애환을 날려줄 강력한 치료제였다. 이를 재빠르게 간파한 방송은 이후 이런 취향을 적극적으로 반영하는 한편 드라마에 대한 대중의 사랑을 확대재생산하는 방향으로 일로매진한다. 한국전쟁을 겪으면서 드라마는 방송사의 전략 상품으로 자리를 굳히게 된다.

낭만과 꿈이 사라진 시대의 청량제 〈청실홍실〉

한국인의 드라마 사랑은 기독교 방송인 CBS의 편성에도 적잖은 영향을 주었다. 그리스도의 복음을 널리 알리는 것을 목적으로 1954년 12월 15일 개국한 CBS는 이듬해부터 라디오드라마를 본격적으로 방영했다. 최초의 상업방송으로 후발주자였던 CBS는 국영방송 KBS를 겨냥해 공격적인 자세를 취했는데, 그 중심에 드라마가 있었다. 1955년 1월 19일엔 'CBS 방송 드라마 연구회'를 설치했으며, 이후엔 차츰차츰 드라마 비중을 늘려나갔다.[12]

　CBS에 자극을 받았던 것일까? KBS는 1956년 12월 22일 회심의 반격을 가했다. 1950년대 최고의 히트작으로 꼽히는 〈청실홍실〉이었다. 〈청실홍실〉은 방영 초부터 여성과 가정주부 들에게 선풍적인 인기를 끌었다. 주간 연속극으로 매주 일요일 밤 9시 15분부터 30분간 방송되었는데, 일주일을 기다리는 게 힘들다는 전화가 쏟아졌다.[13] 인기 비결은 무엇이었을까? 한국 최초로 삼각관계를 다룬 멜로드라마였다는 사실을 꼽을 수 있겠다. 〈청실홍실〉은 환경과 성격이 판이한 전쟁미망인과 거침없이 발랄한 처녀가 한 남성을 두고 벌이는 사랑과 갈등을 그려 나갔는데, 이는 기존 드라마에서 보지 못한 내용이었다. 지금이야 남녀

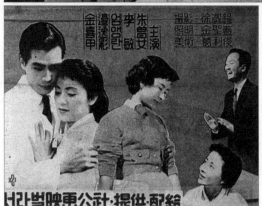

● 드라마의 인기에 힘입어 영화화된 〈청실홍실〉의 영화 포스터.

관계가 꼬일 대로 꼬인 멜로드라마도 흔하지만 당시에는 파격적인 소재였다.

　여성들이 선호하는 '슬픈 사랑' 이야기를 전후 비극적인 시대 상황과 매끄럽게 연결시켜 녹여냈다는 점도 인기의 원동력이었다.[14] 미망인은 〈청실홍실〉의 비극성을 말해주는 아이콘이다. 상이군인, 고아와 함께 한국전쟁의 참상과 전후 한국 사회의 비극을 상징적으로 보여주는 존재였던 것이다.[15] 그런 미망인 캐릭터는 특히 동시대의 상처와 아픔을 공유하는 여성들의 누선을 자극하기에 부족함이 없었다. 운 좋게도 전쟁 통에서 남편의 목숨은 건졌지만, 당대 여성들의 삶 역시 미망인에 비해 크게 나을 게 없었다. 여성은 여전히 철옹성처럼 견고한 사회적 편견 때문에, 불합리한 사회 구조가 낳은 약자의 신세를 면치 못한 상태였으니 말이다. 드라마 속 미망인은 그런 현실을 대변하는 존재로 받아들여졌다. 물론 미망인의 아픔에 몰입할 수 있던 데에는 유달리 약자에 대한 연민과 측은지심이 강한 한국 여인들의 심성도 영향을 미쳤을 것이다.

　〈청실홍실〉 속 미망인에 대한 양가감정도 인기를 불 지피는 불쏘시개로 작용했을 것이다. 미망인에 대한 동조 심리 못지않게 그가 겪은 참담한 고통을 보면서 들었을 법한 '상대적 행복감'도 〈청실홍실〉의 인기를 끌어올리는 연료가 되었을 개연성이 크다는 이야기다. 당대 여성의 현실이 암울하긴 했지만 그래도 미망인이 겪어야 할 고통과 시련에 비하면 남편이 무사한 자신은 상대적으로 나은 처지였다. 말하자면, 당대 여성과 가정주부 들은 미망인을 통해 이른바 '살아남은 자의 안도감' 비슷한 감정을 느꼈을 공산이 컸다.

　여성들이 〈청실홍실〉을 청취하며 연민과 측은지심을 바탕으로 미망인에게 어느 정도나 감정을 이입했는지, 아니면 '상대적 행복감'을 얼마나 느꼈는지는 모를 일이다. 하지만 확실한 건 〈청실홍실〉이 당대 여성들에게 필요한 걸 제공했다는 것이다. 한국전쟁이라는 심각한 사건을 경험한 후 겪는 외상후스트레스

증후군을 달래줄, 이른바 정신과 전문의 역할이었다. 즉, 〈청실홍실〉은 낭만과 꿈이 사라진 1950년대의 청량제였다.

일일 연속극 때문에 파리 날리는 가게

〈청실홍실〉의 대성공으로 일일 연속극 붐이 일기 시작했다. KBS는 1957년 일일 연속극을 편성해 드라마 인기 경쟁에 불을 지폈다.[16] 방송 프로그램의 경쟁력 강화와 방송 관련 조사와 연구를 목적으로 설립된 '방송문화연구실'이 1957년 12월 초중고교 교사를 대상으로 실시한 여론조사 결과에 따르면, 가장 좋아하는 프로그램은 〈인생 역마차〉, 〈주간 연속극〉, 〈일일 연속극〉, 〈명작극장〉, 〈방송 사극〉 순이었다. 지식인이라 할 수 있는 교사들에게서마저 연속극 선호도가 대단히 크게 나타난 것이다.[17] KBS가 1958년에 제작 방영한 일일 연속극은 10편에 달했으며, CBS는 3편이었다. KBS의 일일 연속극은 1959년 10편, 1960년엔 11편에 달했다. 일일 연속극은 보통 30회 내외였지만 인기를 얻을 경우 50~60회 정도 연장돼 방영되는 일이 잦았다. 그러다 보니, 이른바 '작품 늘리기' 혐의에서 자유로울 수 없었다.

일일 연속극의 본격화는 희비의 쌍곡선을 그었다. 주부들은 일일 연속극을 쌍수 들어 환영했지만, 일일 연속극 때문에 파리를 날릴 수밖에 없던 가게 주인들은 볼멘소리를 냈다. 노정팔은 "별 오락이 없는 당시의 우리네 가정에서 매일 저녁 그 시간을 기다리는 것이 큰 즐거움이 될 수도 있었다."라며 "재미있는 연속극이 방송될 때에는 목욕탕이 텅 빈다고 주인이 투덜거리는가 하면 매일 술타령하던 남편이 연속극을 듣기 위해 일찍 들어오게 되어 기쁘다는 가정주부도 있어 일일 연속극의 여파는 여러 군데로 파급되었다."라고 했다.[18]

● 극작가 차범석은 정형화된 드라마를 비판
했지만 청취자들은 그런 멜로드라마를
적극적으로 소비했다.

일일 연속극 체제의 가장 큰 문제점은 극본이었다. 여전히 전문적인 드라마 작가가 부족하던 상황이라 극본을 구하기가 수월치 않았기 때문이다. 흔히 야구는 투수 놀음이라고 한다. 타자를 압도하는 투수 몇 명만 확보하면 경기에서 이기는 것은 그리 어렵지 않기 때문이다. 드라마를 야구에 비유하자면, 이 시절 드라마는 '작가 놀음'이었다. 특히 청각 매체인 라디오의 특성을 감안하면 작가의 비중은 도드라졌다. 드라마의 성패가 작가가 이야기를 풀어나가는 능력에 의해 결정되었기 때문이다. 오늘날처럼 인기 작가 선점을 위해 입도선매 전쟁까지 벌어졌는지는 알 수 없지만, 겹치기 집필은 심각한 문제 가운데 하나였다. 당시의 실상은 어떠했던가? 1958년 현재, 대부분의 방송 작가가 20~30회 내외의 연속극을 한 달에 1편 혹은 2편, 연평균으로 치면 5~8개의 드라마 극본을 쓰는 것으로 나타났다.[19]

당시 환경에서 겹치기 집필과 작품 늘리기는 피할 수 없는 현실이었지만 여기서 비롯되는 폐단에 적지 않았고 이에 대한 비판의 목소리 역시 끊이지 않았다. 지나친 통속성과 비슷한 소재와 내용이 남발된다는 게 비판의 골자였다. 예컨대, 사실주의에 입각한 희곡을 발표했던 극작가 차범석은 "지금까지 방송되었던 작품을 볼 것 같으면 전쟁이 남기고 간 비극이니 인간성의 상실이니 하는 것이 '테마'처럼 되어 있으면서도 실상은 값싼 연애소설이나 신파극의 재탕에 한 껍질을 입힌 것이 대부분이다. 그 증거로 사건 자체의 유사성이나 인물 설정의 공식이나 삼각연애의 유희법이 어쩌면 그렇게도 흡사하고 타이프로 찍은 듯

이 정확하느냐는 말이다."라고 했다.[20]

　드라마의 신선미가 사라지고 정형화된 드라마의 현실을 가슴 아파하며 드라마의 발전을 위해 내놓은 조언이었겠지만, 이는 라디오드라마만의 문제라고 볼 수 없었다. 통속적인 내용과 비슷비슷한 소재는 당대 현실과 대중문화 지형을 반영한 것이자 이를 적극적으로 소비하는 한국인의 취향을 십분 고려한 것이었다. 청취자들은 매체를 가리지 않고 통속극, 그러니까 멜로드라마를 매우 적극적으로 소비했기 때문이다.

안방을 접수한 멜로드라마

멜로드라마는 사랑이나 가정사를 둘러싼 비극을 가정 등 주로 폐쇄적인 공간 속에서 그려내면서 비극적 정서의 과잉과 슬픈 결말로 시청자들에게 위안을 주는 동시에 눈물을 통한 카타르시스를 제공한다. 멜로드라마는 이를 위해 '감정의 과잉'을 유발시키며, 그 과정에서 '비약'과 '우연'을 남발하고, '과장된 연기와 극적 장치'를 동원한다.[21] 감정의 과잉이 핵심이니 멜로드라마의 가장 큰 무기는 역시 눈물이다.

　그러다 보니 멜로드라마는 사회 분위기가 가라앉고 미래에 대한 희망이 보이지 않는 무기력하고 억압된 사회에서 유행하기 마련이다. 희망과 미래에 대한 낙관주의가 도처에 널린 사회와 눈물의 궁합은 영 어색하다. 때론 기쁨과 환호에 넘쳐 눈물을 흘리기도 한다지만 역시 눈물은 슬픔이나 비극과 짝패를 이루어야 제격이다.

　한국만큼 멜로드라마가 발육하기에 좋은 사회도 드물다. 승냥이 떼처럼 날카로운 발톱을 세운 외세에 시달린 개화기 시절은 말할 것도 없고, 식민지 경험과 분단, 전쟁을 거쳐 독재정권에 이르기까지 가파르게 달려온 한국 근현대사가 비옥한 토양이었기 때문이다. 그 가운데서도 1950년대는 비극성과 염세주의가 지배한 시기였기에 멜로드라마가 창궐하기에 더할 나위 없는 최적의 환경이었다.

분단과 전쟁 때문이었겠지만 체념, 무기력, 절망, 좌절, 불안, 초조 등이 당시 한국 사회를 무겁게 짓누르고 있었다. 어디를 둘러보아도 희망과 밝은 미래는 찾아보기 힘들었다. 정치 불안과 경제 낙후는 그런 비극적 정서를 더욱 확대재생산했고, 사회를 짓누른 불안은 한국인의 영혼을 잠식하기에 충분했다.

그런 시대 상황에 가부장 제도의 그늘까지 겹친 여성들이 느꼈을 불안과 좌절, 공포, 체념의 감정은 남성들보다 훨씬 컸을 것이다. 남성중심주의 사회에서 형성된 여성의 '한恨의 정서'가 절망적인 시대 분위기와 맞물려 이른바 결합 효과를 발휘했다. 남성이야 사회생활이라는 탈출구가 있었지만, 여성은 비상구를 찾을 수 없었다.

그래서 당대 여성은 멜로드라마와 찰떡궁합이었다. 둘을 하나로 묶어준 것은 역시 눈물이라는 코드였다. 여성은 감정을 유발시키는 멜로드라마를 통해 힘겨운 시절을 견뎌낼 수 있는 위안을 얻을 수 있었으니, 멜로드라마는 비상구이자 탈출구였으며, 삶의 조력자였다. 요컨대 여성은 비극으로 무장한 멜로드라마에 '공감'하고 '동의'하며 마음속 응어리와 상처를 치유해나간 것이고, 그것이 1950년대에 멜로드라마가 폭발적인 인기를 누린 원동력이었다. 멜로드라마의 대유행은 국어사전에도 반영됐다. 1958년 국어국문학회가 펴낸 『국어 새 사전』에 멜로드라마란 단어가 처음 등재된 것이다.[22]

드라마는 욕망의 전도사

멜로드라마가 눈물을 핵심 코드로 삼았지만, 비극적 정조만 양산해낸 것은 아니다. 시대 상황 때문에 꿈과 낭만이 거세되었다고는 하지만, 한국인이 '욕망'마저 버린 것은 아니었다. 아니 오히려 비참한 상황이었기에 본능적 욕망이 더 끓어올랐는지를 모르는 일이다. 실제 1950년대는 국가적으로 아주 강렬한 욕망이 꿈틀거리던 시기였다. 바로 근대화의 욕망이었다.

이 욕망은 우선 도시 인구의 급증으로 나타났다. 1949년 인구 2만 명 이상의 도시에 사는 사람은 27.5퍼센트에 불과했지만, 1955년엔 43.2퍼센트로 늘어났다. 서울뿐만 아니라 부산과 대구 등 지역 거점 도시들도 빠른 속도로 농촌 인구를 흡수했다. 더 중요한 사실은 도시에 부와 권력이 집중되고 있다는 점이었다. 1952년 말, 법조인의 51.3퍼센트, 의사의 43.9퍼센트, 약사의 65.9퍼센트, 대학생의 50퍼센트가 서울에 있었다.[23] 이렇듯 부와 권력의 집중이야말로 도시가 가진 가장 큰 매력이었다.

라디오드라마는 근대화와 도시화를 향한 대중의 욕망을 적극 반영하고 나섰다. 예컨대, 〈청실홍실〉을 비롯해 당시의 라디오드라마는 화려하고 서구화된 대도시를 주요한 배경으로 삼았다. 등장인물 역시 중상류 계층이었다.[24] 이와 관련, 대중문화평론가 이영미는 "사건이 벌어지는 공간은 대도시가 많으며, 인물의 직업으로는 남성은 사업가 혹은 사장(식민지 시대의 부자는 은행가이거나 그냥 부호인 것과 달리, 이 시기에는 무역 회사나 제조업 회사를 경영하는 사업가로 등장했다), 사장 비서 등 안정된 직장을 가진 직원, 기자, 의사, 교수, 미술가, 권투선수나 축구선수, 여성은 사장 비서, 사장 딸, 여대생, 술집의 마담이나 여종업원, 간호원, 유치원이나 보육시설의 보모 등이 자주 등장한다."라고 했다.

"외국 유학이라는 설정도 잦으며, 특히 여성 인물의 경우 음대 학생 혹은 음대 출신의 여자가 자주 등장하는 것도 흥미롭다. 이러한 직업들은 대중들의 선망의 대상이 되는 직업들이며 일부는 소수 부유층의 직업이기도 하다. 술집의 마담이나 여종업원은 선망의 대상은 아니지만, 그들이 화려한 향락의 영역에 속해 있다는 점에서 화려한 대도시 사람들의 삶과 어우러질 수 있다."[25]

도시화와 근대화는 사실, 미국화의 다른 이름이기도 했다. 당시 라디오드라마가 보여주던 욕망은 한국 사회 전반에 대한 영향력을 급속도로 확장하던 미국의 문화가 낳은 현상이라고 볼 수 있기 때문이다. 이게 시사하듯 1950년대는 전후 비참한 시대상을 반영하는 비극의 유행과 동시에 욕망의 보고라 할 양키 문화가 공존하던 시절이었다. 굳이 따지자면 삶이 비루했기에 근대화와 미국화를 향한 한국인의 욕망이 비극적 정조보다 더욱 힘을 발휘했을 것이다. 한국전쟁이 낳은 비극적 정조는 '과거'이자 '현재'였지만, 근대화와 미국화를 향한 욕망은 '미래'이자 '꿈'이었기 때문이다. 라디오드라마와 1950년대의 대중문화는 대중의 그런 심리를 꿰뚫어보고 꿈과 환상을 제공하며 대중의 지친 일상과 상처받은 영혼을 치유함과 동시에 이후 한국인의 삶의 문법을 지배하게 될 '근대화'와 '미국화' 욕망을 확대재생산하는 기제 역할을 했다.

한국 최초의 TV 드라마 〈천국의 문〉

1956년 5월 12일 우리나라 최초의 텔레비전 방송국인 HLKZ-TV가 모습을 드러냈다. TV 방송국 개국은 세계에서 17번째, 아시아에선 필리핀과 일본, 태국에 이은 4번째였다. 한국전쟁이 남긴 잿더미 위에서 텔레비전 방송국이 개국했으니, 대단히 경이로운 일이었다. 1956년 6월 1일 정규 방송이 시작됐지만 고전을 면치 못했다. TV 수상기 보급 부족과 열악한 프로그램 제작 여건 때문이었다.

인력은 물론이고 TV 프로그램 제작 노하우 역시 일천했다. 프로그램 제작을 위한 지침서도 미국에서 가져온 몇 권이 전부였다. 최초의 드라마 PD였던 최창봉은 이렇게 말한다.

"당시 우리나라엔 TV 연출을 어떻게 하느냐를 제대로 아는 사람조차 드물었어요. 동료들과 '텔레비전 프로덕션'이라는 외국 책을 공동으로 번역해가면서 연출이 뭔지 공부하던 시기였죠."[26]

그런 악조건 속에서 매일 두시간씩 생방송을 내보냈으니 기적에 가까운 일이었다. 그래도 TV 드라마 제작의 기운은 움트고 있었다. 드라마는 한국인이 가장 좋아하는 장르였기 때문이다. 하지만 드라마 제작을 둘러싸고 방송국 내에서부터 찬반이 갈리는 등 적잖은 내홍을 겪어야 했다. 드라마 제작이 가져올 적잖은 긍정적인 효과에도 불구하고 당시 처지에서 드라마를 제작하는 것은 언감생심, 꿈도 꾸기 어려운 일이었기 때문이었다. 전 KBS 제작위원 이기하는 이렇게 말한다.

"드라마만은 시간이 흘러가도 편성에서 빠져 있어 항상 마음이 불편하였다. 편성할 때마다 애원도, 싸움도, 그리고 아양도 부려봤지만 매번 허사였다. 그럴수록 방송 직원들의 대다수는 꼭 드라마를 방송해야 한다고 우겨왔다. 그럴 때마다 아직도 방송하기에 어려움이 많으니 뒷날로 하자는 대답뿐이어서 드라마를 하는 것은 불가능한 것이려니 생각하며 지나갔다. 하긴 좁은 스튜디오 안에 집을 짓고 방을 만들어낼 재간도 없을 뿐만 아니라 연출자 자신이 드라마를 연출할 능력 또한 없던 터이기도 했다. 그저 연극 하던 사람들이 모여 라디오적 특성에 맞춰 카메라에 담아냈을 뿐인데도 사람들은 그것을 보려고 모여들었다. 그럴 수밖에 없을 것이 거리에 걸린 몇 대의 수상기, 그 조그마한 통 속에서 사람이 나와 떠드는 것 자체가 구경거리일 수밖에 더 있었겠는가."[27]

무에서 유를 만들어내고자 하는 의지가 컸던 것일까? 이로부터 몇 개월 후, 드라마 제작에 시동이 걸렸고, HLKZ에서 한국 최초의 TV 드라마 〈천국의 문〉이 세상에 선보였다. 이 세상에서 도둑질을 하던 사람들이 죽어 저세상에서 만나 서로 이야기를 나누는 게 주요 줄거리로, 출연자가 달랑 두 명에 불과한 15분짜리 드라마였다. 〈천국의 문〉이 생방송으로 방영되던 날의 풍경과 감회를 담은 이기하의 술회다.

"방송 날이 왔다. 그날은 다른 프로그램은 눈 밖이다. 스태프 전부가 열심히 자기 일을 찾아 연출자의 지시에 따랐다. 세트는 조각지 하나하나에 온 정성을 다해 그림을 그려 마련했고 카메라는 종일의 연습과 리허설을 보며 자기가 찾아야 할 그림을 위해 스튜디오 바닥에 블로킹 선을 그렸다. 마이크는 카메라를 피해 움직일 장소를 찾았다. …… 나는 귀로 연출자의 지시를 받고, 방송을 진행하며 양다리에 카메라 케이블을 감아 카메라가 이동하는 방향으로 케이블을 당

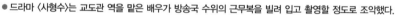

● 드라마 〈사형수〉는 교도관 역을 맡은 배우가 방송국 수위의 근무복을 빌려 입고 촬영할 정도로 조악했다.

겨주어야 하는 1인 3역의 작업을 해야 했다. 모니터는 볼 수도 없었고 볼륨을 조절할 수도 없었다. 큐 사인을 받으면 시작이 됐는데도 방송이 끝난 시간은 기억에 없다. 사람들이 눈앞에 스쳐가는데, 어떤 이는 흥분했고 어떤 이는 웃음을 담았다."[28]

1956년 9월엔 〈사형수〉란 드라마도 방영됐는데, 이 드라마 역시 조악하기는 오십보백보였다. 세트는 사형수가 갇혀 있는 감방 하나에 불과했고 의상도 교도관이 방송국 수위의 근무복을 빌려 입고 신부는 양복에 흰 목띠만 두른 정도였다.[29] 어렵사리 TV 드라마의 시대를 열긴 했지만 HLKZ-TV는 더 이상 TV 드라마를 제작하지 못했다. 1959년 2월 2일, 방송국이 화재로 인해 사라졌기 때문이다.

'드라마 생방송' 시대의 에피소드

1961년 5·16쿠데타로 권력을 장악한 국가재건최고회의는 8월 14일 국영 텔레비전 방송 설립 계획을 발표했다. 이날, 공보부 장관 오재경은 텔레비전 설립 계획의 이유를 "여론을 만드는 서울 시민의 병든 마음을 성하게 고치기 위해, 새로워지는 나라와 겨레의 모습을 구체적인 것으로 만들어서 이것을 눈으로 보고 그들의 생활로 삼게 하기 위해서, 혁명정부의 크리스마스 선물로 삼고 싶어서"라고 밝혔다.[30] 이렇게 해서 12월 31일 개국한 방송국이 오늘날의 KBS다.

KBS는 1962년 1월 19일 TV 드라마 시대를 열었지만 오늘날 우리가 생각하는 드라마라고 하기엔 부족한 게 많았다. 원시적인 환경에서 드라마를 제작했기 때문이다. 당시 TV 드라마 제작의 열악함을 말해주는 가장 큰 특징은 '드라마 생방송'이었다. 녹화기는 언감생심이고 카메라도 달랑 두 대에 불과해 카메라

● 쿠데타로 권력을 장악한 국가재건최고회의는 1961년 8월 14일 국영 텔레비전 방송 설립 계획을 발표하고 12월 31일 KBS를 개국시켰다.

대신 의자를 가지고 실습을 해야만 했다. 게다가 좁은 스튜디오 안에 세운 세트 사이를 카메라가 누비고 다녀야 했기 때문에 카메라 케이블이 얽히는 일도 허다하게 발생했다.[31] 이런 척박한 환경 속에서 생방송으로 드라마를 제작해야 했으니 드라마 촬영은 긴장의 연속일 수밖에 없었다. 생방송인 관계로 가장 큰 문제는 NG였다. NG 없이 생방송을 내보내야 했으니, 그 살 떨림을 어찌 다 말로 표현하겠는가? 리허설 역시 NG 없이 처음부터 끝까지 진행해야만 했다. 하지만 NG가 발생하지 않을 수 없었다.

전 KBS PD 김연진은 "보통 이틀 동안의 대본 읽기 연습을 한 뒤, 연습실 바닥에 돗자리를 펴놓고 세트의 위치와 동작선을 백묵으로 그린 다음, 이틀 동안 또 동작 연습을 했다."라며 다음과 같이 술회했다.

"방송 전날에는 밤사이에 만들어진 스튜디오 세트에서 리허설을 한 번 하고 의상과 조명을 맞춘 뒤에 카메라 리허설을 또다시 하고 저녁식사 후 분장을 한 뒤, 본 방송에 들어갔다. 잠자는 장면이 있었는데, 얼마나 피곤했으면 출연자가 그 시간에 진짜로 잠이 들었을까. 생방송 시간에 깨어나지를 않자 AD가 보다 못해 슬그머니 발을 간질여 깨웠던 적도 있었고, 긴장을 한 탓에 신인 탤런트가 그만 대사를 잊어먹자 적당히 얼버무린 해프닝도 허다했다. …… 스튜디오 바닥이 마루장이어서 힐을 신은 여자 연기자가 의자에서 일어나 움직이는 장면에서 마루장 구멍에 힐이 박혀 꼼짝을 못 하자, 난데없이 '엄마야!' 하고 소리친 적도 있었다."[32]

때로는 연기 도중 예기치 않은 사고로 세트가 무너지는 경우도 있었다. 따라서 연기자들이 생방송 도중 넘어지는 세트를 붙잡고 연기하는 진풍경마저 벌어지기도 했다. 생방송인 탓에 실수가 절대 용납되지 않는 상황이었고, 따라서 연출가와 탤런트 모두 초긴장 상태로 임해야만 했다. 편성 PD였던 오명환은 "연기자가 드라마의 처음 부분에서 졸다가 마지막 대사를 하는 바람에 다른 출연자들이 대사를 끼워 맞추는 해프닝도 있었다."라며 "대사 분량이 많은 데다 카메라 앞에서 긴장한 나머지 대사를 잊어버린 주인공이 당황하여 무대 밖으로 뛰어나간 적도 있었는데 카메라에 그 모습이 계속 잡혀 결국 그 탤런트는 분장실로 뛰어들어가 버리고 연출자가 사과 방송을 낸 뒤 그날 그 드라마의 방송은 중단될 수밖에 없었던 일도 있었다."라고 했다.[33]

카메라가 두 대에 불과했으니 야외 촬영 역시 난관의 연속이었다. 장소를 이동하려면 아무리 조심한다고 하더라도 카메라를 움직이는 소리가 났기 때문이다. 그렇다고 스튜디오 촬영만 할 수는 없었다. 스튜디오는 볼거리가 전혀 없었으며, 세트 역시 조악한 수준이었기 때문에 '보여주는 매체'의 장점을 안방에 전달하기 위해서라도 야외 촬영을 시도할 수밖에 없었다. 카메라 두 대로, 그것도 생방송으로 스튜디오와 야외를 오가며 드라마를 제작하는 게 어떻게 가능했을까? 장소를 이동할 경우에 연기자와 카메라 한 대가 촬영 장소로 쥐도 새도 모르게 이동했다. 물론 연기자와 카메라가 장소를 옮길 경우, 그 시간을 벌충하기 위해 다양한 방법이 동원되었다. 드라마 〈전야〉를 통해 당시의 야외 촬영법을 감상해보자.

"주인공이 아버지와 집 안에서 다투다가 뛰쳐나간다. 그다음에는 아버지가 다른 아들과 친구들에게 전화를 걸어 하소연하는 장면이 5분 정도 계속된다. 그 5분 사이에 주인공 역할을 맡은 탤런트가 경찰차의 에스코트까지 받아가며 차를 타고 방송 준비가 되어 있는 남산 야외 놀이터에 도착하면 장면은 그 주인공이 남산에서 고민하는 것으로 이어지고 따라서 화면은 스튜디오에서 남산으로 옮겨지는 식이었다. 시청자들의 흥미와 긴장감을 높이기 위해 이 드라마에서 이원방송을 한다고 예고를 하기도 했다. 그 뒤 크리스마스이브에 남산 스튜디오와 명동, 두 장소에서 다시 이원방송을 시도하였다. 방송 전에 미리 그 장소에 나와 있던 사람들에게 그 사실을 알리고 협조를 당부하였으나, 막상 화면으로만 보던 배우들이 눈앞에 나타나자 모두들 방송이 나가고 있다는 사실을 잊어버린 채 배우들 주위로 몰려들어 '배우가 나왔다', '저 배우는 못생겼다', '저 사람이 웃는다'고 소리치는 바람에 드라마가 엉망이 되기도 했다."[34]

생방송이 주는 고충 때문에 연출가와 연기자는 죽을 맛이었지만, TV 보급 대수가 많지 않아 항의하는 시청자들이 없었다고 하니 불행 중 다행이었다고나 해야 할까.

광란의 텔레비전 붐

연기자 확보 역시 초창기 TV 드라마 제작의 큰 두통거리였다. 초창기엔 학생극

회 출신을 비롯한 연극인들이 탤런트로 활동했지만, 연기가 지나치게 연극적이라는 비판이 일었다. 이에 KBS는 1961년 첫 탤런트 공채를 실시했다. 카메라 테스트는 하지 않고 서류 전형과 면접, 실기 시험(연기)으로만 뽑았는데 2600여 명이 몰렸고 이 가운데 26명이 뽑혔다.[35] 태현실, 박주아, 김혜자, 정혜선, 오현경, 최정훈 등이 공채 1기다.

드라마는 조악한 수준에 그쳤지만, KBS의 1기 공채 시험 응시 인원이 말해주듯 한국인들은 TV와 드라마에 열광했고 TV 보급률도 높아지기 시작했다. '텔레비전 붐'에 불을 지핀 것은 군사정권이었다. 군사정권은 TV 장려 차원에서 1962년 1월과 2월, 두 차례에 걸쳐 총 2만 대의 TV를 미국과 일본에서 긴급히 도입해 월부판매에 나섰다. 월부판매는 대단한 반향을 불러일으켰다. 예컨대, 2차 월부판매의 경쟁률은 무려 5대 1에 달했다. 총 1만 2401대를 판매한 2차 월부판매에 6만 5000명가량 몰린 것이다.[36]

『조선일보』 1962년 2월 17일자 기사 「기마순경도 동원·암매상까지: "월부매력" 태평로 장사진」은 "한국방송문화협회에서 배부하는 '테레비·셀' 신청서를 얻기 위하여 대한공론사 건물을 둘러싸고 장사진이 처졌으며 기마순경까지 동원되어 정리하기에 바빴다. 새치기하는 '얌치' 인사들 때문에 옥내외를 막론하고 대혼잡을 이루었다. 100환을 주고받는 신청서 용지 한 장에 '푸레미암'이 붙어 200~300만 환씩에 팔리기도 하는 대성황. …… 첫 달에 계약금만 치르면 10개월 월부로 살 수 있다는 매력에 '싸라리맨'들까지 호화로운 문화생활의 상징을 장만하려고 야단인 것이다."라고 썼다.[37]

할부판매를 통한 정부의 판촉 전략이 열기를 부추긴 것은 사실이었지만, 당시 경제 상황에서 텔레비전 구입 열기는 이상 징후였다. 비판이 나오지 않을 리 없었다. 예컨대, 『동아일보』 1962년 2월 27일자 기사는 "봄의 찬가는 활기 띤 재건 사업의 개막을 기다리고 있지만 상가엔 아직도 불경기의 함성뿐이다. 여기 다시 숫자와 통계를 늘어놓을 것 없이 목을 길게 늘인 상인의 얼굴에서 직감할 수 있는 불경기고 시장을 한 바퀴만 돌면 그 깊이를 알 수 있는 불경기다"라며 '텔레비전 붐'을 '광란'이라고 몰아세웠다.[38]

'텔레비전 붐'은 당시 한국 사회의 전력 사정마저 위협하는 것이어서 곳곳에서 부정적인 목소리가 터져 나왔다. 1961년 북한의 전력 생산량은 110만 kW였던 반면 남한은 박정희 정권의 5개년 계획이 끝나는 해의 전략 생산량 목표가 103만 kW에 그쳤을 만큼 형편없었기 때문이다.

문형선은 『사상계』 1962년 4월호에 쓴 「이견: T·V 시비」에서 "해마다 2~3억 달러에 달하는 국제수지의 적자를 외원에 의해서 가까스로 메꾸고 있는 우리 살림에 160여만 달러에 달하는 텔레비전의 수입은 지나친 외화의 낭비가 아닐까?"라면서 다음과 같이 말했다.

"올해만도 2003여 kW의 전력 부족이 예상되고 있는 터에 텔레비전 보급으로 발전 단위가 8000kW나 소모케 되니 너무나 엄청난 소모가 아닐까? 8000kW이면 큰 공장 10개 이상이나 쓰고 남는 전력이기 때문이다."[39]

하지만 TV 구입 열기는 막을 수 없었다. "호화로운 문화생활의 상징"이라는 비판이 말해주듯, 당시 TV는 이른바 '구별짓기'의 한 수단으로 사용됐기 때문이다. TV는 사치품이었기 때문에 그 소유 여부가 한 집안의 경제적 수준을 말해주는 증거이자 이른바 '문화적 근대화'의 수준을 가늠하는 척도로 작용한 것이다. TV 구입 경쟁에는 세계에서 둘째가라면 서러워할 한국인의 '얼리어답터' 기질도 크게 작용했을 것이다. TV 소유 여부는 일종의 자존심 싸움이었기 때문에 집집마다 구입 여부를 두고 한바탕 실랑이가 벌어지곤 했다.[40]

스폰서의 횡포에 노출된 드라마

KBS는 번갯불에 콩 구워 먹듯 개국됐으니 문제가 발생하지 않을 수 없었다. 탈이 나지 않았다면 그게 더 이상한 일이었을 것이다. 가장 큰 문제는 부족한 재원이었다. 국영방송으로 출발했기 때문에 군사정권은 KBS 운영에 막대한 국고를 지출해야만 했다. 결국 KBS 운영 비용에 부담을 느낀 박정희 정권은 법을 개정해 1963년 1월 1일부터 공식적으로 등록된 수상기 3만 4000대에 시청료를 징수하고 광고 방송을 허용하겠다고 밝혔다.

KBS의 재원 마련을 위해 허용했지만, 광고 허용의 특수는 '라디오'가 누리기 시작했다. 여전히 TV의 보급률은 형편없었기 때문이다. 광고를 두고 라디오 방송국 간의 치열한 경쟁이 벌어졌고 최일선엔 드라마가 나섰다.[41] 물론 드라마의 대다수는 멜로물이었다. 『조선일보』 1964년 2월 9일자는 "여기를 틀어도 한숨 섞인 통속극, 저기에다 '다이알'을 돌려도 당의정 신파극이 밤낮을 가리지 않고 흘러나오는 형편"이라며 "20회건 30회건 매일 한 편씩 연속 '드라마'의 전파를 탔던 방송극이란 방송극은 백이면 백 모두가 무슨 불문율이나 지키듯 반드시 영화화되는 한국적인 실정이고 보면 그러한 경향을 이해할 수도 있겠으나 문제는 같은 '멜로드라마'라 할지라도 담고 있는 내용이나 소재가 천편일률적이고 빤히 앞을 내다볼 수 있는 안이한 줄거리의 전개에 있는 것이다. …… 거의 전부의 작품에 울음과 눈물이 푸짐하게 담겨져 있음은 물론이다. 공교로운 우연과 작위(다 있는 '케이스'가 많다)로 '사건'과 '일'이 벌어지고 삼각·사각의 인간관계가 얽히고설켜 슬픔과 기쁨으로 양념을 치는 '멜로드라마' 유형의 이 작품들. …… 이것은 영화에서의 경우와 마찬가지로 '무비판하게 받아들이는' 저속 흥미 일변도의 청취자 관객에게도 태반의 책임이 있는 것이지만 다른 또 하나의 큰 원인은 극작가 및 소재의 빈곤을 들지 않을 수 없는 것이다. 그러나

오늘도 대중에 영합하는 데 통속극 '멜로드라마'는 그 존재를 떵떵거리며 연속방송극의 전파를 타고 퍼져나가고 있다. 과연 연속 '드라마 붐'은 언제까지 계속될 것인지? 한때의 연속 방송 사극 '붐'에 이은 이 바람은 현재 그 전성을 자랑하고 있는 것이다."라고 썼다.**42**

광고 유치를 두고 경쟁이 치열해지면서 드라마 제작은 급속도로 스폰서에 예속되기 시작했다. 드라마 제작과 관련해 스폰서의 횡포가 가장 극명하게 드러나는 사례는 스폰서가 드라마 작가를 아예 지정해버리는 경우였다. 스폰서가 방송국과는 아무런 사전 협의 없이 방송 작가를 지정해 그 작가의 작품을 방영하도록 강요하는 방식이었다. 이 때문에 '스폰서' 꽁무니만 따라다니는 작가가 있다는 말까지 나왔다. 심지어 스폰서가 '드라마'의 줄거리나 인물 설정에까지 감 놔라 배 놔라 식으로 개입하는 경우도 적잖게 발생했던 게 이 시절의 풍경이었다.**43**

TV 드라마 역시 예외는 아니었다. 김연진은 "지금처럼 광고주가 방송사를 찾는 게 아니라 방송사가 'TV에 광고 좀 내주십시오' 하고 굽실거리며 광고주들을 쫓아다닐 때였으니 광고주들이 위세를 부릴 만도 했다."라면서 다음과 같이 말한다.

"그러니 광고주들이 횡포 또한 얼마나 컸겠는가. PD들에겐 시어머니가 또 하나 생긴 셈이었다. 드라마 쇼 프로에 광고가 붙으면 '이러이러한 연예인들을 등장시켜 주시오' 하고 주문까지 하니 출연진을 물론 작가나 PD까지 어처구니없게도 광고주들의 입맛을 맞출 정도였다. 그즈음 '술을 너무 많이 마십니다' 하는 '금주'를 주제로 한 내용의 드라마가 방송된 적이 있었다. 그런데 이 드라마에 붙은 광고가 어처구니없게도 '소주 광고'였다. '이 술을 한 잔 크윽 마시면 …… 만사가 콰아악……!' 난센스 중의 난센스였다. 물론 당시 소주 광고 말

● 1964년 개국한 상업방송 TBC의 무기는 녹화기 암펙스VR660이었다. 하지만 암펙스VR660도 NG가 발생하면 처음부터 다시 녹화해야만 했다.

고도 성적 충동을 유발시키는 선정적인 내용의 광고가 판을 친 것은 두말할 나위 없었다. 어느 정도였는가 하면 둔부를 내보인 광고도 있었고 유방이나 반라의 해괴한 장면을 담은 광고도 있었다."[44]

광고 허용은 TV의 저속화 논란을 촉발했으며, 이 논란을 증폭하는 데 가장 앞장선 것은 신문이었다.

한국인의 드라마 사랑을 포착한 TBC

1964년 12월 6일 상업방송 TBC가 개국해 KBS의 독점적 지위는 무너졌다. 특히 드라마 영역에서 공세가 거셌다. TBC의 무기는 녹화기 암펙스VR660이었다. TBC는 개국특집극으로 텔레비전 사상 처음으로 녹화 드라마인 〈초설〉을 내보낸 후, 한국 최초의 일일 연속극 〈눈이 나리는데〉를 비롯해 무려 여섯 편의 TV

드라마를 연달아 방영해 시청자들을 끌어 모았다.

하지만 녹화기 암펙스VR660도 편집은 불가능했기 때문에 촬영 도중 NG가 발생하면처음부터 다시 녹화해야만 했다. 생방송보다는 한결 나은 조건이었지만, 편집이 불가능하다 보니 문제가 발생하지 않을 수 없었다. 방송문화연구실을 이끌었던 정순일은 "편집이 안 되는 녹화기 때문에 애를 먹은 일화는 한없이 많지만 그중 압권은 12월 7일에 뜬 〈바이엘 극장〉이다."라며 "우리나라 최초의 법정 드라마라고도 할 수 있는 이 법정 야화에는 해설자로 권순영 변호사가 출연해서, 아마추어답게 10차례 이상 NG를 냈다. 한참 녹화를 하다가는 처음부터 다시 뜨기를 10차례. 진땀을 흘리며 살얼음 위를 걸어가듯 하여 앞으로 5분만 더 뜨면 되겠다는 생각이 연출자 이기하 씨의 머리를 스쳐갈 찰나, 극 중에서 강부자 씨와 얘기를 나누던 김성옥 씨가 손으로 기둥을 조금 친다는 것이, 너무 힘을 주어, 그만 기둥을 쓰러뜨리고 말았다. '에라 모르겠다' 드라마는 기둥이 넘어가는 장면을 담은 채, 그대로 진행되었다."라고 회고했다.[45]

TBC의 드라마 제작은 치밀하게 진행되었다. TBC는 개국 초부터 인기 연예인의 전속제를 실시해 이순재, 이낙훈, 오현경, 나옥주, 조희자 등 당대의 인기 탤런트들을 전속으로 묶어 드라마 제작에 박차를 가했다.[46] 그뿐 아니었다. TBC는 KBS PD들을 파격적인 조건으로 스카우트하는 등 대대적인 물량 공세를 퍼부었다.

TBC의 드라마 제작에서 가장 획기적인 것은 일일 연속극의 제작이었다. 한국 최초의 일일 연속극 〈눈이 나리는데〉는 당시 라디오에서 인기 절정의 편성 기법인 일일 연속극을 TV에 적용했는데, 큰 반향을 불러일으켰다. 당시 상황에서 TBC가 일일 연속극을 방영한 것에 대해 "대담했다기보다는 무모했다고 볼 수"밖에 없다는 지적도 있지만,[47] 일일 연속극 제작은 시청자의 연속극 사랑을 포착하고 시청률을 높이기 위한 TBC의 전략이 낳은 공세였다. 시청자들은 이미 라디오에서 방영되는 연속극에 길들여져 있었기에 만약 성공만 한다면 방송 시장을 뒤흔들 만한 파괴력을 발휘할 수 있는 상황이었다. 물론 〈눈이 나리는데〉는 제작 여건이 빈약한 상태에서 한 무리한 제작이라 곧 폐지되고 말았지만 머지않아 방송사 간에 일일 연속극 전쟁이 벌어질 것임을 알리는 징후였다.

KBS와 TBC는 치열하게 경쟁했다. 1967년엔 탤런트 출연 경쟁으로까지 번졌다. KBS의 〈세종대왕〉과 TBC의 〈이성계〉에 탤런트 장민호와 이용이 겹치기 출연하면서 양쪽이 한 치도 양보하지 않았기 때문이다. 시청률 경쟁을 부추긴 것은 문화공보부(문공부)였다. 당시 문공부에 설치된 모니터실에선 매일 아침, KBS와 TBC의 시청 결과를 '성적표'처럼 만들어 홍종철 장관에게 제출했는데, 'KBS가 판정승!'이라는 평가가 적혀 있어야 장관의 기분이 괜찮았다는 일화까지 떠돌았다.[48]

신문과 지식인의 비판 때문이었을까? 한국인들은 드라마에 대해 양가감정을 느끼는 것으로 나타났다. 1968년 11월 서강대학교 김인자 교수가 주부 1000명을 대상으로 실시한 방송 청취 경향 조사에 따르면, 가장 많이 보는 TV 프로그램은 연속극(18.6%)이었지만, 연속극이 저속하고 아이들에게 나쁜 영향을 미친다는 답변도 무려 75퍼센트에 달했다.[49] 당시 가장 뜨거운 논란이 됐던 드라마는 1968년 7월 31일부터 방영된 드라마 〈물망초〉였다. 평론가 나진호는 "작가의 지능과 양식을 의심케 한다. 현실에도 있을 수 없는 망측한 내용이 수백만 시청자가 보는 TV 화면을 타고 몇 달씩 계속된다는 것은 그것을 쓰는 작가와 기획자의 양식에 회의를 갖지 않을 수 없게 한다."라고 개탄했다.

저속 드라마는 '미성년자 시청 금지'

신문은 드라마의 저속 퇴폐 논란에 불을 지피면서 동시에 이를 증폭시켰다. 『동아일보』 1968년 11월 20일자 사설은 김인자 교수의 조사에 근거해 "우리가 여기서 강조하고 싶은 것은 저속성의 문제다."라면서 "방송이 저속하다면 그 효과는 국민 대중의 저속화일 수밖에 없다. 이것은 국민 문화의 입장에서 중대한 문제다. 방송 관계자들은 이 엄연한 사실을 솔직히 인정하고 대중을 낮추보는 경향을 일소해야 할 것이다. 저속하지 않은 시청자들에게 저속한 것을 강요한다는 것은 있어서는 안 될 일이다. 설사 시청자들이 저속하다 하더라도 정도가 높은 내용으로 그들을 향상시키는 것이 정도임에 틀림없고, 저속에 영합하여 이를 더욱 부채질하는 것은 하루속히 시정되어야 할 일이다."라고 했다.[50]

여론을 주도하는 신문의 비판 때문이었을까? 급기야 1969년 1월 6일 서울시 경찰국은 미성년자들의 정서 교육에 해를 끼치는 이른바 저속한 드라마엔 '미성년자 시청불가'라는 자막을 넣고 저속한 프로그램은 밤 10시 이후에만 방송하거나, 방송윤리위원회가 사전 검열하도록 건의했다.[51] 문공부 역시 방송 내용의 저속화를 막는다는 명분을 앞세워 1월 30일 방송감청원 20여 명을 전국 방송국에 고정 배치해 윤리에 저촉되는 방송 내용을 적발, 방송윤리위원회에 고발하도록 했다.[52]

1969년 8월 8일 MBC가 개국하면서 저속 퇴폐 논란은 더욱 뜨거워질 수밖에 없었다. MBC의 가세로 시청률 경쟁은 더욱 치열해졌고 드라마가 최일선에서 방송사 간 가열 경쟁을 선도했기 때문이다. 그런 경쟁을 예고하기라도 하듯 KBS는 MBC 개국에 앞서 5월부터 일일 연속극 〈신부 1년생〉을 시작했는데 일일 연속극이란 말은 이때 처음 등장했다. MBC의 개국으로 연기자 쟁탈전도 벌어졌다. MBC의 공세에 화들짝 놀란 TBC는 MBC 개국에 앞서 1968년 초부터 이

● MBC가 안정된 녹화 시스템을 구축해 연출자와 연기자는 생방송의 부담에서 벗어날 수 있었다. 하지만 MBC는 일본 프로그램의 모방에 열을 올렸고, KBS와 TBC까지 합세하면서 일본 TV '모방'이 본격적으로 시작됐다.

른바 A급 탤런트는 50만 원, 그 아래 연기자에 대해서는 30만 원씩의 전속 계약금을 주며 대응했지만 한계가 있을 수밖에 없었다. 탤런트 스카우트 경쟁은 주간지에서도 대서특필해 『선데이서울』은 「사람 없어 야단났네-안방극장」이라는 제하의 기사에서 "어느 날 아침 동양TBC은 아닌 밤중의 홍두깨 세례를 받고 띵하지 않을 수 없었다."라고 했다. 『주간여성』은 "TBC 연출진 저격한 뒤 탤런트 고지로 가는 MBC-TV"라는 표제를 통해 MBC의 '올코트 프레싱'이 성공했다고 평했다.[53]

방송사 간 탤런트 스카우트 경쟁은 과잉 출혈을 낳기도 했지만, 연기자 풀을 넓히는 긍정적인 기능도 수행했다. 이를 계기로 강부자, 사미자, 여운계, 김민자, 김창숙, 김희갑, 황정순, 허장강 등 당시 연극과 영화의 중진 배우들이 대거 텔레비전에 모습을 드러냈기 때문이다. 또 MBC가 안정된 녹화 시스템을 구축하자 연출자와 연기자는 비로소 생방송이 주는 압박감에서 벗어날 수 있었다.

MBC는 개국 직후부터 일본 프로그램 모방에 열을 올렸다. 편성 제작팀이 부산 해운대에 진을 치고 이곳에서 수신되는 일본의 NHK와 민방 텔레비전의 1주일치 프로그램을 하나도 놓치지 않고 모니터한 다음에 쓸 만한 아이디어는 모두 그대로 모방해 방송한 것이다. 일본 프로그램 모방은 MBC만의 문제는 아니었다. KBS와 TBC도 일본 프로그램을 적극적으로 받아들였다. 오늘날 끊임없이 논란을 낳는 일본 프로그램 모방의 역사는 그렇게 시작됐다.[54]

시청률을 겨냥한 반공 드라마의 스타 시스템

쿠데타를 통해 집권한 박정희는 혁명 공약에서 "반공을 국시의 제일로 삼고 지금까지 형식과 구호에 그친 반공정신을 강화한다."라고 말했다. 박정희 정권은 방송사에도 국민의 반공 의식을 고취하도록 종용했고, 방송사는 반공 드라마 제작에 박차를 가했다. 1964년 11월 반공을 주제로 한 〈실화극장〉이 첫선을 보였는데, 〈실화극장〉은 KBS가 TBC 개국에 맞춰 선보인 야심작이었다. 〈실화극장〉은 1975년 5월까지 무려 10년 넘게 계속될 만큼 반공 드라마의 역사를 열었다. 〈실화극장〉은 도쿄올림픽에서 신금단 부녀의 만남과 남북 분단으로 인한 이별을 단막극 형태로 다룬 〈아바이 잘 가오〉를 시작으로 1970년 9월, 300회를 돌파하는 등 장수했다. 〈실화극장〉은 중앙정보부가 기획과 촬영, 연기자 캐스팅은 물론 연출과 진행비 등 제작비까지 모두 지원하는 등 파격적으로 지원했다. 그리고 출연자들은 연출자의 연출 의도에 이의를 달 수 없었다.[55] 〈실화극장〉의 연출가가 당시 중앙정보부에 근무하는 현역 간부였기 때문이다.

문제는 반공 드라마가 '목적'을 앞세우다 보니 일일 드라마에 비해 재미가 한참 떨어진다는 것이었다. 목적극이라고 해서 시청률을 의식하지 않을 수 없었다. 오히려, 정부가 국시로 내건 반공주의를 국민 모두 내면화할 수 있도록 하기 위해 만들어졌던 만큼 최대한 많은 시청자가 시청할 수 있도록 하는 것이 중요한 문제였다. 일일 연속극과 멜로드라마에 푹 빠진 시청자들이 반공극에 채널을 고정하도록 '유인책'이 필요했다. 가장 효과적인 것은 '스타 시스템'이었

다. 〈실화극장〉엔 당시 영화계 대스타였던 최무룡, 김승호, 최남현, 장동휘, 황
정순, 최은희, 문희, 문정숙, 황해 등이 정부의 강압에 의해 어쩔 수 없이 출연했
는데, 이게 다 시청자의 시선을 고정하기 위한 방법이었다.[56]

반공 홍보를 위해 드라마를 효과적으로 활용하려 했던 박정희 정권에게 월
남전은 더할 나위 없이 좋은 소재였다. KBS가 1968년 방영한 〈빨간 선인장〉이
대표적인 경우였다. 〈빨간 선인장〉은 월남전을 소재로 한 멜로드라마로 당국의
전폭적인 지원이 없었다면 불가능했다. 김주영은 "드라마의 배경에 월남전이
깔린 것은 방송되던 그해에 있었던 방송 작가들의 월남전 시찰이 계기가 됐다.
1968년 7월, 주월 한국군 사령부가 작가들을 월남으로 초청해 전쟁터 참관의 기
회를 주었던 것. 당시 이사장이던 조남사 선생을 비롯해 이용찬, 김석야 등 일곱
명의 작가들과 함께 월남전을 둘러보고 온 윤혁민 선생은 돌아온 후 〈빨간 선인
장〉을 집필했다."라고 회고했다.

● 〈실화극장〉은 중앙정보부의 전폭적인 지원으로 제작된 반공 목적극이었다.

©KBS

하지만 '빨간'이라는 단어가 문제가 돼 도중에 제목을 바꾸는 수난을 당해야 했다. 치안국 문화반의 방송 담당자가 왜 하필이면 드라마 제목이 '빨간 선인장'이냐고 문제를 제기했기 때문이다. 이 때문에 결국 드라마는 '빨간'이란 글자를 빼고 '선인장'으로만 나가게 됐다. 재미있는 것은 치안국이 제목을 문제 삼은 동기였다.

김주영에 따르면, "나중에 알고 보니 당시 치안국 문화반장은 작가였던 윤혁민 선생의 친구였다. 그 사실을 알게 된 윤혁민 선생이 술자리에서 친구에게 따져 물었다. 도대체 왜 제목 가지고 시비를 걸었냐고. 그 문화반장의 말인즉, '신문을 보니 니가 쓰더라구. 그래서 부임 초에 부하 직원들 긴장도 시킬 겸, 작가가 사상이 좀 이상한 거 아니야 했더니 방송 나갈 때 제목이 바뀌었더라구.' '빨간 선인장'이 '선인장'으로 바뀐 것은 친구의 장난기에 부하 직원과 KBS의 '알아서 기는' 대응의 합작품이었던 셈이다."[57]

이후, 반공 규율 사회가 완성되면서 방송사의 알아서 기는 자기 검열은 더욱 강화된다.

한국 최초의 불륜 드라마 〈개구리 남편〉

1962년 6월 14일 발족한 방송사 자율기구 방송윤리위원회(방윤)는 "도덕에 배치되는 남녀 관계에 대하여는 이것을 노골적으로 취급하거나 정당화시키는 표현은 않는다."라고 규정했다.[58] 그런 상황 속에서 1969년 11월 드라마 하나가 한국 사회를 요동치게 했다. 최초의 불륜 드라마로 기록되는 〈개구리 남편〉이었다. MBC에서 1969년 11월 17일부터 방영된 〈개구리 남편〉은 김혜자가 "개구리는 뭍에서도 살고 물에서도 산다. 댁의 남편은 어디서 살고 있죠? 조심하세요. 개구리 남편"이라고 내레이션하는 대단히 자극적인 프롤로그로 시작해 첫 회부터 센세이션을 불러왔다. 〈개구리 남편〉은 그동안 홈드라마에서 금기시된 '불륜'이라는 파격적 내용을 정면으로 다뤘기 때문에 방영 초부터 뜨거운 논란에 휩싸였다. 남편 역을 맡은 최불암이 부산 출장에서 여비서와 베드신을 암시하는 장면까지 나왔다.[59] 당시만 하더라도 남편의 외도를 소재로 한 불륜은 영화관에서나 접할 수 있는 소재였는데, 홈드라마를 표방하고 나선 일일 연속극이 '불륜'을 대담하게 묘사하고 나섰기 때문이다. 〈개구리 남편〉은 드라마가 앞장서서 무분별하게 가정 파괴를 조장한다는 이유로 주부들의 항의가 쇄도하는 사태마저 낳았다.[60] 당장 MBC는 사회적 지탄의 대상으로 떠올랐다.

방윤의 내부 규정을 어기고 사회적 지탄을 불러온 것은 MBC의 전략이었을 가능성이 컸다. 기존의 KBS와 TBC 양 방송사가 확보해놓은 시청자를 끌어오기 위해서 후발 주자 MBC는 모험 수를 둘 수밖에 없었고, 중징계를 각오한 승부수가 바로 기존 멜로드라마의 수위를 한 단계 뛰어넘는 '불륜'을 소재로 한 〈개구리 남편〉이었다. MBC의 전략은 적중했다. 불륜을 소재로 한 저속한 내용이라는 비판이 제기되기도 했지만, MBC의 지명도를 크게 끌어올렸다. MBC는 〈개구리 남편〉의 인기를 우려먹을 대로 우려먹었다. 그러다보니, 탈이 나지 않을 수 없었다.

정순일은 "이 일일극은 가정과 직장에서 각각 다른 감정으로 생활하는 직장 남성의 양면성을 그려 일반 가정에 큰 파문을 던졌고, 그 인기에 편승한 〈임택근 모닝쇼〉가 이 드라마의 주연이었던 주연朱燕을 출연시켜 가정주부들과의 토론을 생방송하던 중 그만 주연이 '연기를 하다 보면 (직장 연애를 하는) 유부남의 심리를 이해할 만도 하다'고 망발을 한 바람에 격분한 주부 대표(?)가 '뭐 이 X야!' 하고 멱살을 잡으러 드는 해프닝이 벌어지곤 했다."라고 증언했다.[61]

● 최초의 불륜 드라마 〈개구리 남편〉은 후발 주자 MBC가 중징계를 각오하고 만든 승부수였다.

사회적 논란이 끊이지 않자, 방윤은 1970년 3월 11일 저속성과 외도 소재, 성적 노출 등을 이유로 드라마 작가에게는 '근신 처분'이라는 중징계를 내렸고, 방송국엔 '경고' 조치를 내렸다. 문공부는 공연법 위반으로 MBC를 제소했다.[62] 〈개구리 남편〉을 집필한 김동현은 훗날(1992년) 그 소재가 자신의 직장 경험에서 힌트를 얻은 것이었다고 항변(?)했다. "1969년은 관청은 물론 일반 회사도 아리따운 아가씨의 사회 진출이 막 시작되는 그런 시기"였다며 〈개구리 남편〉은 이른바 당대 현실을 반영한 드라마라는 게 그의 소견이었다.

백미숙과 강명구는 "이러한 소란은 이 드라마가 당시 한국 사회 주류에 던졌던 충격을 일부 보여주었다. 직장 상사가 부하 여직원과 외도를 한다는 숨겨진 현실이 텔레비전이라는 공적 세계에 나타난 첫 사례였기 때문이었다. 더 놀라운 사실은 이 드라마가 조기에 종영된 까닭이 청와대의 압력 때문이었다는 점이다."라면서 "그러나 〈개구리 남편〉이 불륜을 흥미거리로 소재화해서 외압을 초래했다고 단순화하는 것은 적절치 못하다. 당시 이 드라마의 주인공에 대한 주부들의 항의가 쇄도한 것도 사실이었으나 변화하는 한국 사회의 현실을 사회적 토론 주제로 이끌어냈다는 평가도 상존했다." 라고 했다.[63]

〈개구리 남편〉이 불을 지핀 불륜 드라마의 파급력은 컸다. 〈개구리 남편〉에 대한 규제에도 불구하고 방송사 간 시청률 경쟁이 격화되면서 방송사들이 혼외 불륜을 소재로 한 드라마를 경쟁적으로 내놓았기 때문이다. 〈개구리 남편〉 파동에 깜짝 놀란 것일까? 이후, 방윤은 검열의 칼날을 조자룡 헌 칼 부리듯 사용하기 시작했다. 1970년 방영된 〈너를 사랑한다〉는 애인 사이의 베드신이 10초 가량 방영되었다는 이유로 '주의' 를 받았고, 역시 MBC의 〈강변살자〉는 '올드미스' 가 젊은이를 유혹하는 장면을 내보내 연상녀와 연하남의 사랑은 방송 소재로 부적합하다고 지적받아야 했다.[64]

불륜 드라마에 대한 철퇴는 유신 이후 본격화된다.

드라마를 지배하는 일일 연속극 제작 시스템

MBC가 개국한 1969년부터 일일 연속극 붐이 일었다. 왜 그랬을까? 이는 TV의 급속한 증가와 관련이 깊다. 1965년까지 4만 대에도 미치지 못한 TV는 1968년에 10만 대를 돌파했다.[65] 1969년 7월 말에는 등록된 것만 약 18만여 대에 이르렀는데, 미등록 TV까지 합치면 약 30만 대를 넘어설 것으로 추정되었다.[66]

"급변하는 정세 속에서 근대화에 매달린 당시 사람들이 집에서까지 심각한 사회문제에 관한 것들을 볼 이유가 없었"던 한국인의 상황도 한몫했다.[67] 오락시설이 부족한 상황에서 텔레비전은 우선 그 자체로 신기한 볼거리였을 뿐만 아니라, 사람들은 국가 발전과 경제성장을 위해 일터에서 지친 심신을 TV가 제공하는 당의정과 같은 오락 프로그램이 주는 위안을 통해 풀어놓기 시작했으니 말이다.

TV 급증이 외부 요인이라면 내부 요인은 제작의 경제성과 시장성이었다. 열악한 제작 환경에서 일일 연속극은 적은 비용을 들여 만들 수 있는 훌륭한 효자 상품이었다. 단 회 드라마에 비해 제작비가 적게 들었을 뿐만 아니라 일일 연속극은 보통 하루에 일주일 분을 모두 찍을 수 있었기 때문에 방송사로선 제작비 절감 차원에서라도 포기할 수 없었다. 또한 부족한 방송 작가와 열악한 스튜디오 부족도 커버할 수 있었다. 스튜디오 세트 몇 개만 세워놓고 내용만 조금씩 다르게 설정해서 제작하면 되었기 때문이다.

하지만 정해진 방송 스케줄과 제한된 제작비용, 일일 연속극 경쟁으로 인해 드라마 제작 인력은 몸이 두 개라도 부족할 만큼 눈코 뜰 새 없이 혹사당해야 했다. 심지어 AD 한 명이 한꺼번에 3~4개의 드라마 제작에 참여하는 일도 있었다. 자정 전에 집에 들어가면 다행이었고, 통행금지에 걸려 방송사에서 잠을 자야 하는 일도 다반사였다.[68] 일일 연속극 〈물레방아〉를 연출한 이동희는 "그때에는 일반적인 경우가 일일 연속극은 월요일부터 금요일까지의 5회 분량을 녹화하는 데 하루가 배정되어 있었다."라고 했다.

"그러니까 방영 시간으로 100분이 되는 분량을 어떻게든 하루에 찍어내야만 펑크를 내지 않을 수 있었다는 이야기다. 새벽부터 시작한다 하더라도 12시면 통행금지 시간이 되던 때라, 12시라는 시간은 연기자를 포함한 전 스태프를 쫓고, 우리는 내몰리는 듯한 기분인 채로 열심히 찍고……. 결국 11시 55분에야 끝내고 안도의 한숨을 쉬면서 귀가하곤 했던 기억이 난다."[69]

더 큰 이유는 일일 연속극의 시장성이었다. 앞서 이야기했듯, 라디오 시절부터 연속극은 대중이 가장 선호하는 프로그램으로, 청취율 조사에서 항상 수위를 차지했다. 방송사들이 연속극의 그런 시장성에 주목한 것은 당연했다. 특히 MBC가 개국하면서 제한된 광고 시장을 두고 방송 3사가 치열한 생존 경쟁을 벌이게 되면서 일일 연속극 제작은 방송사의 '생존 수단'이 될 수밖에 없었다. 일일 연속극 제작을 요구하는 광고주들의 압력도 무시할 수 없었다. 제작비를 지원한 광고주들은 노골적으로 일일 연속극 제작을 강요하며 방송사를 일일 연속극 경쟁의 마당으로 내몰았다.

놀라운 사실은 방송사의 생존을 위해 제작비 절감이라는 씨줄과 상업성이라는 날줄이 교직되면서 등장한 일일 연속극 제작 시스템이 이후, 한국 사회 텔레비전 드라마의 제작 원칙을 지배하는 힘을 발휘하고 있다는 사실이다.[70] 앞으로 자세하게 드러나겠지만 한국 TV 드라마를 지배하는 정신과 철학은 여전히 일일 연속극 제작 시스템이라고 할 수 있기 때문이다.

〈아씨〉 시청은 문단속, 물 단속 후에

〈개구리 남편〉이 드라마 경쟁을 후끈 달아오르게 만들었다면 기름을 부은 것은 TBC의 〈아씨〉였다. 〈아씨〉는 1970년 3월 2일부터 1971년 1월 9일까지 방영되었는데, 당시 엄청난 인기를 누렸다. 공식적인 시청률 기록은 없지만 〈아씨〉가 방송되는 매일 저녁 9시 30분엔 TBC가 "시청자 여러분, 문단속 물 단속이 잘 되었나 확인한 후 시청해주십시오."라는 자막을 고지할 정도였다.[71]

〈아씨〉는 1930년대부터 1950년대에 이르는 30년 동안을 배경으로 삼아 지체가 높고 체통을 내세우는 양반 댁으로 시집 온 아씨가 남편의 무절제한 외도와 냉대 속에서 기막힌 운명의 시련을 겪으면서도 인내와 순종으로 시부모를 봉양하고 지아비를 섬기는 내용이었다. 그 인기 비결은 무엇이었을까? 『한국방송

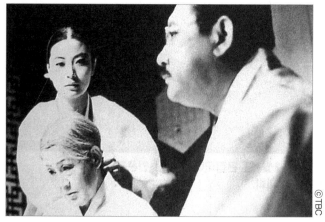

● 〈아씨〉는 얼마나 인기가 대단했던지 드라마가 종영되기도 전에 두 편의 영화가 제작되었다.

사』는 〈아씨〉에 대해 다음과 같이 말하고 있다.

　"당시 〈아씨〉가 TV 드라마 사상 굉장한 인기를 모을 수 있었던 것은 주인공 아씨가 자기희생을 일관해온 전형적인 한국 여성의 운명에 대한 깊은 동정과 공감 때문이었으리라. …… 〈아씨〉가 방영되는 동안 드라마가 시작되기 전에 문단속을 잘하여 도둑을 조심하고 수도꼭지가 꼭 잠겼는지 다시 한 번 점검한 뒤에 이 프로그램을 시청해달라는 내용의 이색 스포트가 방송된 것은 방송 사상 그 유례를 찾아볼 수 없는 일이었다. 한편 아씨의 남편(김세윤 분)이 한창 외도를 하며 아씨를 냉대하는 장면들이 속출되고 있을 무렵 부인들이 떼를 지어 방송국으로 몰려와 남편을 작품에서 죽여주든가 개심시켜달라고 사뭇 협박조의 간청을 하던 일도 〈아씨〉를 화제 머리에 올릴 때는 빼놓을 수 없는 토막 얘기가 될 것이다."[72]

　〈아씨〉는 방송가에서도 다양한 화젯거리를 낳았다. 당시 출연한 연인원은 무려 1200명이 넘었으며, TBC 소속 탤런트 전원이 적어도 한 번 이상은 출연하는 기록도 남겼다. 방영 도중 작가가 교체되기도 했는데 애초 집필자였던 임희재가 건강이 악화돼 190회쯤에 이르러 이철향이 대필했다. 임희재는 병마와 싸우면서도 마지막 신만은 반드시 자신이 써야 한다고 주장할 만큼 강한 애착과 집념을 보였고 결국 하룻밤을 꼬박 새워 원고를 완성했다.[73] 인기가 어찌나 대단했던지 〈아씨〉가 방송되는 중임에도 불구하고 각 영화사들이 경쟁적으로 영화화를 시도해 드라마가 끝나기도 전에 이미 두 편의 영화가 상영되었으며 주제가도 히트를 쳐 많은 사람들의 애창곡이 되었다.[74]

〈아씨〉는 〈개구리 남편〉과 여러 면에서 닮았다. 우선 남편의 외도를 소재로 했다는 점이 그렇다. 하지만 〈아씨〉는 〈개구리 남편〉에 쏟아졌던 '저속', '퇴폐' 등의 비난은 거의 받지 않았다. 물론 가정주부의 항의를 받긴 했지만, 그것이 사회적 논란으로까지는 이어지지 않았다. 왜 그랬을까? 이른바 '학습 효과' 때문이다. 불륜에 대한 내성이 생겼다고 말하는 것은 과장이겠지만, 쓰나미급 '문화 충격'을 경험했다는 것은 무시할 수 없었을 것이다.

드라마가 설정한 시대 배경 차이도 주요한 원인으로 지적할 수 있을 것이다. 〈개구리 남편〉이 동시대를 배경으로 불륜을 다룬 반면 〈아씨〉는 과거를 배경으로 삼았다. 현실을 배경으로 하는 불륜은 당장 자신의 가정을 깨뜨리는 위협 요인으로 작용할 수 있지만, 과거의 일은 현재의 내 '가정의 안정'에 별다른 위협이 되지 않는다. 따라서 여성 시청자들이 아씨의 고통과 설움을 보며 때론 가슴을 졸이긴 했겠지만, 전체적으로는 비교적 편안한 마음으로 〈아씨〉에 감정을 이입할 수 있었던 것은 아닌가 싶다.

일일 연속극의 본격적인 롱런 시대를 열었다는 점에서도 두 작품은 닮았다. 한국 TV 드라마 사상 최초로 일일 연속극 100회를 돌파한 것은 〈아버지와 아들〉

이었지만, 장기 방영의 초석을 놓은 것은 〈개구리 남편〉과 〈아씨〉였다. 〈개구리 남편〉은 100회를 방영했고, 〈아씨〉는 무려 253회였다. 당시로서는 획기적인 횟수였다. 이전까지만 하더라도 일일 연속극은 월간 단위로 기획, 제작되었는데, 〈아씨〉 이후 일일 연속극의 롱런은 '유행'처럼 번져나갔다.[75]

일일 연속극의 안방 대공습

1970년 8월 서울대 사회학과에서 실시한 시청률 조사에 따르면, TBC는 46퍼센트로 각각 27퍼센트에 그친 KBS와 MBC를 압도한 것으로 나타났다. 〈아씨〉의 높은 인기 덕분이었다.[76] 〈아씨〉의 성공은 한국의 '드라마의 독립 선언'이기도 했다. 미국산 드라마에 대한 의존에서 벗어나 한국적 드라마의 가능성을 보여주었기 때문이다.[77]

〈아씨〉는 드라마 판도의 변화마저 불러왔다. 〈아씨〉의 대성공에 힘입어 TV 3사 모두 주간 연속극 숫자를 줄이고 일일극에 치중하기 시작한 것이다. 경쟁에 불을 당긴 것은 〈아씨〉로 톡톡히 재미를 본 TBC였다. 1970년 8월부터 오후 8시대에 매일 한 편씩 방송하던 주간 연속극 두 개를 폐지하는 대신 일일 연속극을 하루 두 편씩 방송하기 시작했다.

MBC와 KBS가 맞대응하고 나섰다. 1971년 일일 연속극은 전년에 비해 4편이 늘어 13편에 달했고 반대로 주간극은 12편에서 9편으로 줄었다. 이 때문에 일일 연속극이 방송사들의 '기간 전략 품목'으로 정착되었다는 분석마저 나왔다.[78] 〈아씨〉 이후 20분을 주축으로 한 일일 연속극이 모두 오후 7시에서 10시에 이르는 이른바 황금 시간대에 편성되었을만큼 편성 경쟁도 치열하게 벌어졌다. "상대방 프로그램을 죽이지 못하면 내가 죽는 식으로 전쟁을 방불케 한다."라는 이

야기마저 나왔다.[79]

　일일 연속극이 폭발적으로 증가하면서 드라마의 질은 떨어졌다. 열악한 환경에서 촬영해야 할 분량이 갑작스럽게 늘어나다 보니 졸속 제작 문제는 피할 수 없었다. 하지만 졸속 제작이 대수랴. 졸속과 날림에도 불구하고 시청자들은 열광하고 있었으니 말이다. 아마 방송사에선 그런 생각을 했음직하다. 일일 연속극은 최소한의 제작비를 들여 시청률을 끌어올리는 마법을 부리고 있었기 때문이다.

　〈아씨〉는 내용 면에서도 거센 후폭풍을 낳았다. 김연진은 "〈아씨〉의 등장 이후부터 한국의 TV 드라마는 판도가 바뀌기 시작했다."라며 "이른바 안방의 눈물 짜내기 드라마가 등장한 것이었다. 제작자의 입장에서는 TV 드라마의 작품에 대한 비중보다 시청 효과에 주안점을 둬야 하는 임무가 내려졌다. 따라서 제작자는 'TV 드라마는 우선 감동적이어야 된다'는 데 중점을 두고 '시청자를 울려라'는 대명제의 북을 치게 되었다. 〈아씨〉의 등장이 마치 눈물 짜내기 드라마의 계기를 가져다 준 것처럼 그 이후부터 멜로물이 극성을 부리기 시작했다. 어떻게 보면 한국적 TV 드라마가 새로 생성됐다고 봐야 할 것이다."라고 했다.[80]

　〈아씨〉를 필두로 한 일일 연속극의 바람몰이는 TV 보급에도 막대한 영향을 끼쳤다. 전년대비 텔레비전 증가율이 가장 눈에 띄게 나타났던 1969년(89.2%)부터 1970년(69.7%), 1971년(62.4%)까지, 이 3년간은 일일 연속극의 인기 상승률이 가장 높은 때였다. TV 수상기 100만 대 돌파도 일일 연속극이 정점에 달했던 1972년 중반에 달성되었다. 그런 점에서 〈아씨〉를 비롯한 일일 연속극이야말로 박정희 정권이 추구했던 'TV 시대의 본격적인 개막'을 이끈 견인차였다.[81]

　물론 TV의 급속한 확산은 방송사가 일일 연속극 제작 편수를 더 늘려야 하는 이유가 되었다. 일일 연속극의 성공과 TV 보급의 함수관계가 말해주듯, 당시 시청자들의 TV 구입의 주요 목적은 일일 연속극 시청이었기 때문이다. TV의 급증은 드라마의 통속화를 부추기는 중요한 요인으로 작용했다. 전북대 교수 강준만은 "TV가 점점 대중화되면서 그 내용도 변화의 길을 걷게 되었다"라면서 "부유층만이 TV 수신기를 보유할 수 있었을 때엔 아무래도 중상층 취향을 고려해야 했으나 점점 더 그럴 필요가 없게 되었다. 수신기 대중화에 따른 내용의 통속화가 시도된 것이다."라고 했다.[82] 통속화는 드라마의 저속 퇴폐 논란을 더욱 증폭하는 요인으로 작용했다.

스타 시스템과 탤런트 스카우트 경쟁

MBC의 개국으로 방송 3사 체제가 구축되면서 탤런트 스카우트 경쟁은 더욱 치열해졌고, 이는 '전쟁'을 방불케 할 정도였다. 『동아일보』 1970년 11월 28일자 기사는 "3국 간의 추잡한 탤런트 스카우트 경쟁으로까지 치달았다."라고 개탄했다. 이는 물론 급증한 드라마 편수와 일일 연속극의 롱런 때문이었다. 1971년에 3국에서 방영되는 드라마는 모두 21편에 달했으며, 일일 연속극도 한번 시작했다 하면 200회를 넘기기 일쑤였다.[83]

스카우트 경쟁은 탤런트 간 빈부 격차와 갈등도 낳았다. 비슷비슷한 소재와 내용의 드라마가 안방을 장악하다 보니 아무래도 시청률과 밀접한 관련이 있는, 인기가 높은 탤런트들의 주가가 올라갈 수밖에 없었다. 『동아일보』 1971년 6월 26일자 기사 「TV 탤런트, 브라운관이 낳은 대중오락 시대의 우상」은 "각 국에서 특A급 및 A급 대우를 받고 있는 톱 탤런트들의 수입은 월평균 50만 원선을 넘고 있다."라고 했다.

"그러나 그 숫자는 50여 명 정도. 45분짜리 드라마의 경우, 한 프로당 2만

5000원에서 2500원까지, 5~6개의 급이 있어 상하의 차이는 심각하다. …… 3국이 경쟁에 몰두, 스카우트에 따르는 추문이 꼬리를 물고 질서 있던 탤런트 간에 불신 풍조가 도를 더해가고 있는 현실……. 같은 탤런트 사회에도 심각한 수입 격차를 초래하고 2~3년 된 C, D, E급은 회당 출연료가 고작 1000원에서 1500원에 머물고 있다. 작년 모 국의 중견 탤런트가 빚에 몰려 피살된 예가 있는가 하면 자칫 허영에 흘러 앞길을 망치는 예도 적지 않다."[84]

스카우트 경쟁은 영화배우의 TV 입성도 불러왔다. 1970년대 영화계 1대 트로이카로 불리던 윤정희, 문희, 남정임도 영화의 높은 인기를 발판으로 안방을 찾기 시작했다. 유명 배우의 경우, 수입도 영화보다 TV가 훨씬 좋은 편이었다. 영화배우의 드라마 출연은 영화의 몰락과도 깊은 관련을 맺고 있었다. TV의 급증은 더 이상 극장을 찾지 않아도 되는 이유가 되었고, 영화의 주요 관객층으로 이른바 '고무신 관객'으로 통했던 30~40대 여성층 관객을 TV가 있는 안방극장에 주저앉히는 효과를 불러왔다. 예컨대 1969년 연인원 1억 7300만 명을 기록한 영화 관객은 1972년 1억 1800만 명으로 급감했다. 줄어든 관객 숫자를 반영하듯 1970년 231편이 제작됐던 한국 영화는 1972년 112편으로 줄어들었다. 이게 시사하듯, 영화는 TV 대중화의 직격탄을 맞았다.[85]

과유불급이라고 했던가? 방송 3사 간의 스카우트 경쟁으로 스카우트 비용이 급증해 방송사의 부담이 더욱 커졌다. 과열 경쟁에 따른 몸값 상승은 신인 연기자 발굴의 촉매가 되기도 했는데, 1970년대에 이미 이른바 '길거리 캐스팅' 시도가 있었다는 게 흥미롭다. 당시 '길거리 캐스팅' 장소 가운데 하나는 여대 앞이었다. 탤런트가 인기 있는 직업으로 부상하고 있긴 했지만, 당시 상황에서 '길거리 캐스팅'은 낯선 일이었고, 이 때문에 연출가들은 때로 봉변을 당하기도 했다. 김연진이 전하는 〈파도〉(1972) 제작 당시 에피소드를 감상해보자.

"당시 임학송 씨는 주연을 맡을 연기자의 이미지를 물색하기 위해 멋쟁이들이 돌아다닌다는 E여대 앞에서 특유의 빵모자를 쓰고 서성거리다가 치한으로 몰려 봉변을 당한 적이 있었다. 멀쩡하게 생긴 남자가 애인을 찾는 것처럼 대학 문 앞에서 강의를 마치고 나오는 여대생들의 얼굴만을 뚫어져라고 지켜보고 있으니 경비가 임무인 수위들 눈에 걸릴 수밖에 없었다. '당신, 뭐하는 사람이오?' '나는 방송국에서 나온 연출자요!' 임학송 씨의 말소리는 두툼하고도 컸지만 그들에게 그 말이 통할 리 없었다. 그만 수위들 손에 이끌려 인근 파출소로 끌려갔다."[86]

TV 드라마의 사투리 차별

1960년대와 1970년대 드라마의 문제점 가운데 하나로 지적된 게 드라마의 사투리 차별이었다. 등장인물의 성격 창조를 위해 적절한 사투리의 사용은 필요한 일이었다. 문제는 스테레오타입화였다. 드라마 속 사투리가 지역 주민에 대한 편견과 선입견을 확대재생산하며 '서울과 지역', '지역과 지역' 사이의 갈등을 조장하고 나섰기 때문이다. 방송사들의 사투리 차별은 공통적으로 나타나는 문제였는데, 특히 1970년대 초반엔 TBC의 사투리 차별이 심각했다.

"의리 있고 싹싹한 인물은 으레 경상도 출신이고 노랭이, 깍쟁이는 이북 출신이며 빡빡한 타향살이에 비천한 인품은 전라도 출신으로 설정했다. 천하태평에 무량태수 격은 충청도 출신이 도맡아 했고 날렵하고 분별력이 좋은 인물은 서울 출신의 차지였다. 이러한 지방별 도식적 인물 설정과 선입견은 특히 TBC 드라마에 민감하게 작용했다. 당시 TBC 사주 측이 영남 출신이라는 사실을 포함하여 지역 투자나 개발의 호남 소외 현상도 반사적으로 작용한 탓이었다."[87]

드라마의 사투리 차별과 이로 인한 '서울과 지역', '지역과 지역' 사이의 갈등이 쌓여가면서 드라마의 사투리 차별에 대한 문제가 사회적 논란으로 떠올랐다. 하지만 드라마의 순기능을 강조해왔던 박정희 정권은 드라마가 특정 지역 차별과 그로 인한 지역 갈등 유발 효과를 낳을 수 있는 것에 대해서는 외면하는 이중적인 모습을 보였다. 드라마 속 사투리 차별은 '저속 퇴폐'가 아니었기에 괜찮다고 생각했던 것일까? 아니면 사투리 차별이 국민 통합에 별다른 악영향을 주지 않는다고 생각했던 것일까? 박정희 정권이 드라마의 사투리 차별에 대해 큰 문제의식이 없던 반면 대다수의 사람들은 이를 불편하게 받아들이고 있었다.

특히 피해받는 지역 출신들의 불만이 대단했다. 충청도 출신 김석영은 "극마다 등장하는 식모 역과 하인 역의 말투가 거의라고 할만큼 충청도 사투리를 사용하고 있다."라면서 다음과 같이 비판했다.

"충청도의 사투리를 그토록 살리지 않으면 극이 구성되지 않으며 실감이 안 나는지는 모르겠으나 그 수많은 지방 방언 중 하필이면 충청도 방언만을 천역들의 사용어로서 애용하는 것인지, 또는 충청도만이 식모와 천인들의 소산지란 말인지 도시 이해가 안 가며 심지어는 불쾌감과 함께 자존심마저 꺾이는 듯한 느낌을 받는데 이는 충청도 출신인 나의 옹졸한 생각에서만 발산되는 감정만은 아닐 것으로 안다."[88]

사투리 차별은 국회에서도 문제가 되었다. 1971년 11월 13일 국회문공위 감사에서 이도선 의원은 "나는 전라도 출신인데 TV 드라마나 방송극을 보면 전라도 사람은 모두 식모 등으로 나오고 있으며 연기자의 전라도의 사투리도 엉터리다. 이를 시정해주기 바란다."라고 했다.[89]

리영희는 『신동아』 1972년 3월호에 쓴 「텔레비전의 편견과 반지성」에서 "볼

● 리영희는 TV를 보다가 드라마 속 역할에 따라 쓰이는 사투리가 정해져 있다는 느낌을 받았다고 한다.

때마다 불쾌해지는 것에 우리 집 식구들이 열중하는 단막 또는 연속의 사회물이 있다."라며 "한 스토리에 주인이 있고 그에 매인 사람이 있으면 주인은 으레 서울말을 쓰고, 매인 사람은 사투리를 쓰면서 등장한다. 또 유심히 보았더니 가정극에 나오는 식모에게는 어느 도의 사투리로 한다는 것이 정해져 있는 것 같고, 사회 풍자극 등에서는 또 건전치 못한 행위를 하거나 수모를 당하는 역의 출신지도 대개 정해져 있고, 쾌감을 주거나 용기와 정의를 상징하는 역의 언어는 거의 예외 없이 또 어느 도 사투리가 독점하고 있는 것 같은 느낌을 준다."라고 꼬집었다.[90]

사투리 차별이 가져오는 사회적 갈등을 뒤늦게나마 깨달았던 것일까? 박정희는 1972년 유신을 단행하면서 드라마 제작과 관련해 방송사에 '지방 사투리를 남용하지 말 것'을 세부지침으로 하달했다. 하지만 이는 형식적인 내용에 그쳤다. 이후에도 드라마의 사투리 차별은 여전했으며, 특정 지역에 대한 선입견과 편견을 확대재생산하는 기제로 작용했다. 흥미로운 것은 박정희 정권과 마찬가지로 드라마의 사회적 역기능을 비판해온 신문들 역시 '사투리의 정치학'에 대해서는 외면하는 모습을 보였다는 사실이다. 드라마 속 사투리의 차별은 이후에도 자주 논란이 됐다.

한여름 해수욕장 백사장을 텅텅 비게 만든 〈여로〉

〈아씨〉 이후, 치열하게 벌어진 일일 연속극 전쟁의 승자는 〈여로〉였다. 가난한 집안의 착하고 예쁜 처녀 분이(태현실 분)가 부잣집에 팔려와 바보 남편 영구(장욱제 분)와 살아가는 애환을 그린 작품인 〈여로〉는 한여름 해수욕장에서도 피서객들이 TV가 있는 곳을 찾아다니는 바람에 백사장이 텅텅 빌 만큼 높은 인기를 끌었다.[91] 방송사가 추산한 당시 시청률은 70퍼센트대였다고 하는데, 아이들 사이에선 "땍띠(색시)야, 밥 줘" 하는 영구 흉내를 내는 게 유행이 됐고, 영구가 아내와 다시 만나는 장면에선 온 국민이 눈물바다를 이뤘다. '영구식 제기차기'와 그의 기계충 머리도 화제였으며, 집 나간 며느리가 드라마를 보고 돌아왔다며 방송국에 찾아와 분이의 손을 잡고 울던 할머니도 있었다. 〈여로〉는 갔어도 '영구'라는 캐릭터는 살아남아, 1990년대에 코미디언 심형래가 영구를 재연하기도 했다.[92] 『한국방송사』는 KBS가 1972년 4월 2일부터 방영한 〈여로〉에 대해 다음과 같이 말한다.

"태현실의 바보 남편 역인 장욱제의 연기는 인기도 올랐지만 어린이 사이에 바보 흉내를 유행시켜 비난을 받기도 하였다. '여로'란 이름의 과자가 나오고 다방이 생겼다는 것도 이 드라마의 영향이 얼마나 컸던가를 보여주는 한 단면이기도 하다."[93]

엄청난 인기를 기록했던 드라마에 추억이 없을 리 없다. 〈여로〉는 분이 역을 맡은 태현실에게 잊지 못할 작품이겠지만, 분이의 못된 시어머니 역할을 맡은 박주아에겐 더 잊지 못할 작품이기도 하다. 『중앙일보』에 따르면, "그해 태현실 씨와 박 씨는 함께 자동차 사고를 당했다. 병원에서 가벼운 상처를 입은 태 씨에겐 사람들이 몰려 위로하는데 꽤 큰 부상으로 누워 있던 박주아 씨는 거들떠보지도 않았다고 한다. 녹화 날에 공수부대원 7명이 들이닥쳐 고함을 지르기도 했

● 〈여로〉의 인기에 힘입어 아이들 사이에서는 장욱제가 연기했던 영구(왼쪽)를 흉내내는 것이 유행이 었고, 이후 개그맨 심형래가 영구를 흉내내(오른쪽) 큰 인기를 얻었다.

다. '시어머니, 달중이(김무영 분), 시누이(권미혜 분) 나와!'" [94]

〈여로〉는 시청자들의 기억 속에도 강렬하게 남아 있다. 추억담을 몇 편 감상해보자. 정치인 이광재는 어린 시절 누나와 함께 TV가 있는 이웃집에 〈여로〉를 보러 갔다가 그 집에서 사나운 개를 푸는 바람에 쫓겨났다고 회고했다. 정순일은 〈여로〉의 인기에 대해 다음과 같은 경험담을 말하고 있다.

"덜떨어진 바보 남편, 장욱제와 태현실 내외의 연기는 전국의 시청자를 매일 밤 7시 30분만 되면 웃고 또 울리고 했는데 수상기가 100만 대 가까이는 보급되었어도 그리 흔치는 않던 시절이라 극장에서도 이 시간이 되면 관객들이 영화를 보다 말고 휴게실로 몰려가서 텔레비전을 보고 돌아오는 바람에 아예 20분간은 영화 상영을 중단했다는 얘기도 있었고, 저녁 시장은 텅텅 비고 상인들과 손님들이 모두 근처 다방으로 모였다느니, 이 시간에 도둑맞는 집과 밥 태우는 집이 많았다느니 하는, 에피소드도 저으기나 많았다. 특히 고생 끝에 부산까지 내려오는 데 성공한 태현실이 장욱제를 만날 날이 점점 가까워오자, '오늘 만난다', '아니 내일이다' 하는 논쟁이 심심치 않게 벌어졌고, 국무회의가 열리기 전에 장관들이 한담을 나누는 자리에서도 자주 화제가 되었다는 소문이 들릴 정도였다. 작가가 시청자의 애간장을 태울 만큼 태우다 드디어 두 사람을 만나게 해준 날 저녁, 필자는 고려대학교 경영대학원 강의실에 있었는데 7시가 좀 지나면서 수강생이 한둘씩 휴게실로 빠져 나가더니 방송 시간이 다 되어서는 그만 강의실이 거의 텅 비어 버리던 광경이 지금도 눈에 선하다."[95]

한양대 국문과 교수 이도흠의 기억 속 〈여로〉다.

"아직 가정 텔레비전이 정착되지 않은 때 한국인들은 남녀노소를 가리지 않고 텔레비전이 있는 집에 모여 이 드라마를 보고 울고 웃었고 분노하였다. 드라마의 배경 이름을 딴 '감골식당'이 우후죽순 격으로 전국 각지에 들어서고 어린 아이마저 일본놈 앞잡이 역을 한 탤런트(김무영)에게 '저기 달중이가 왔다' 며 돌팔매질을 하는 통에 그 탤런트가 오랫동안 바깥 출입을 자제할 정도로 전 국민의 인기를 끌었다."[96]

소설가 이순원은 〈여로〉가 초등학생 사이에선 이른바 '구별짓기'의 수단이었다고 했다.

"다른 건 몰라도 텔레비전은 강릉 지역이 참 늦게 나왔다. 대관령에 중계탑을 세워 전파를 쏘아주어야 하는데, 그동안은 군사상의 보안 때문에 중계탑을 세우지 못하다가 뒤늦게 그걸 세워 강릉 지역도 텔레비전을 볼 수 있게 된 것이다. 그러나 우리 마을하고는 아무 상관도 없는 얘기였다. 학교에 가면 시내에 사는 친구들이 노는 시간마다 연속극 〈여로〉에 대한 얘기를 했다. 아이들의 입을 통해 그 연속극에 '영구'라는 바보가 나오는 줄 알았다. '영구'를 모르면 텔레비전도 볼 수 없는 곳에 사는 촌놈이어서 대화에 낄 수 없었다."[97]

〈여로〉는 그렇게 국민 드라마가 됐다.

김수현 시대의 개막

〈아씨〉와 〈여로〉의 흥행으로 드라마 경쟁에서 열세에 놓인 MBC는 시청자의 이목을 끌기 위해 이벤트로 대응했다. 이른바 시청자와의 '피드백 전략'이었다. MBC는 1972년 7월 10일 현상금 30만 원을 걸고 일주일 후에 시작할 일일 연속극 〈장희빈〉의 장희빈 역으로 기성 연기자 가운데 누가 좋은지 시청자 의견을 묻는 사고社告를 냈는데, 일일 연속극 전야제에서 발표된 당선자는 윤여정이었다.[98] 이것만으로는 부족했다고 판단했던 것일까? MBC는 〈여로〉에 대항해 일일극 〈새엄마〉를 편성했다. 〈새엄마〉는 1972년 8월 30일부터 1973년 12월 28일까지 411회 동안 방영돼 "우리나라 일일극 사상 최장수를 기록"했다. 〈새엄마〉는 '김수현 시대'를 알리는 드라마이기도 했다.[99] 오명환은 〈새엄마〉에 대해 다음과 같이 말하고 있다. "〈새엄마〉는 의붓엄마에 대한 선입견을 완전히 뒤엎는 데 결정적으로 공헌했으며 여성들에게 재혼, 재취의 긍정론을 일거에 고취시켰다는 점에서 진취적인 여성 사회극이 되었다. 복잡하고 말도 많은 대가족 식구 속에 후취로 들어간 여자는 일단 편치 못할 것이라는 대전제가 도마 위에 오른 음식처럼 시청욕을 돋구었다."

안방 관객의 사랑을 듬뿍 받았지만 〈새엄마〉는 사실 모험이었다. PD 김포천은 "〈새엄마〉를 기획 확정하기까지, 신참 작가가 일일 연속극을 집필하기는 매우 까다로웠던 당시로서는 우여곡절이 많을 수밖에 없었다."라며 "우선 시놉시스에 등장인물만 있고 이렇다 할 스토리가 없었다. 일상성을 바탕으로 한 홈드라마였기 때문이다. 스토리 중심의 멜로드라마가 주류를 이루고 있었고, 일일 연속극이라는 프로그램은 그 채널의 사활이 걸렸다고 할 만큼 시청자 확보 면에서나 광고 수입 면에서나 절대적인 위치에 있었기 때문에 그 시놉시스는 생소하고 불안했던 것이다."라고 했다.[100]

　김수현의 성공 비결은 무엇이었을까? 드라마의 주요 시청층이 여성과 가정주부였다는 점에 주목할 필요가 있겠다. 앞서 이야기한 바와 같이, 당시 드라마의 주요한 소재와 내용은 주로 남녀 관계나 가정 문제였다. 여성이 겪는 애환과 여성의 내면세계를 묘사하는 데 여성 작가가 남성 작가에 비해 경쟁력을 가지는 것은 물론이다. 지금이야 여성의 진출이 활발한 전문직 가운데 하나가 드라마 작가지만 당시만 하더라도 여성 작가는 대단히 희귀한 존재였다. 1970년대 일일 연속극을 주로 집필한 작가들은 한운사, 신봉승, 유호, 김동현, 이은성, 이남섭, 윤혁민, 곽일로, 조남사 등으로 거의 남성이었다.[101] 이들이 자료를 수집하고 다른 사람의 경험을 활용해 드라마 극본을 집필한다고 하더라도 남성이라는 한계를 벗어나기는 쉽지 않았을 것인바, 여성의 입장에서 여성의 이야기를 써내려간 김수현의 드라마가 높은 경쟁력을 가질 수밖에 없었을 것이다.

통속극의 유행은 시대의 산물

서구 열강과 일제에 의해 강요된 개화와 근대는 한국인에게 나라 잃은 설움과 고통을 가져다주었지만 그와 동시에 설움과 고통을 달래줄 수 있는 '근대의 선물' 또한 한국인들의 품에 안겨주었다. 라디오였다. 초보적인 수준이긴 했지만 한국인은 라디오드라마를 식민지 백성의 삶을 위로하고 설움을 날려버리는 '정신적 치료제'로 활용하기 시작했다. 일제강점기 한국인과 조우한 드라마는 식민지 세월과 분단 그리고 한국전쟁을 겪으며 절망과 고통 속에서 신음하는 한국인에게 때론 꿈과 낭만을, 때론 눈물의 카타르시스와 웃음을 선사하며 가파르게 인기를 얻어나갔다. 그 인기의 중심에 통속극이 자리 잡고 있었다.

라디오드라마의 피를 물려받은 TV 드라마가 가야 할 길은 자명했다. 바로 통속극의 재생산이었다. 암울한 시대 상황과 드라마의 주요 시청 부대라 할 수 있는 여성과 가정주부의 취향 때문이었다. 꿈과 미래가 없는 사회정치적 모순과 가부장제도하에서 이중고를 겪던 여성과 가정주부가 남녀 간 사랑과 가족 이야기를 중심으로 한 통속극을 적극적으로 소비하고 있었으니, 그 길 외에 다른 길을 선택하기란 쉽지 않았다.

게다가 통속극은 당대 대중문화의 흐름을 선도하고 있었다. 예컨대 1950년대 후반과 1960년대 초반의 영화계는 통속극의 전성시대였다. 1957년 제작된 영화 37편 가운데 26편, 1959년 제작된 111편 가운데 86편, 1960년엔 87편 가운데 64편이 멜로물이었다. 멜로 영화의 주요 관객 역시 30~40대 여성이었다. 당시 영화계에선 이들을 '고무신 관객'이라 불렀는데, 두 가지 이유가 있었다. 하나는 이들 여성 관객이 고무신을 신고 다녔기 때문이고, 다른 하나는 영화가 끝나면 극장 앞에 주인을 잃은 고무신만 한 트럭이 나왔기 때문이다. 당시엔 고무신도 귀했으니, 악착같이 되찾아야 할 물건이었다. 따라서 상영 다음날이면 극장 앞은 어김없이 북새통이었는데, 미처 신발을 챙기지 못하고 인파에 떠밀려 쫓기듯이 극장 문을 나섰던 여성 관객들이 잃어버린 고무신을 찾기 위해 몰려오는 진풍경이 벌어졌다.[102]

여성과 가정주부의 취향을 겨냥한 통속 드라마는 급속한 '쏠림 현상'을 불러왔다. 한 방송사에서 히트작이 나오면 경쟁 방송사들 역시 비슷한 소재와 내용으로 무장한 이른바 아류작을 내놓기에 바빴다. 특히 1970년대 초 〈아씨〉와 〈여로〉의 흥행 이후, 그런 현상은 급속하게 확산되어 이 채널 저 채널에서 모방작들이 쏟아져 나왔다. 쏠림 현상은 그렇지 않아도 열악하던 드라마 제작 시스템을 더욱 악화시켰지만 카타르시스 제공에 있어서 통속극을 능가할 만한 상품이 없었기에 방송국은 통속극 제작에 매진할 수밖에 없었다.

통속극의 유행은 시대의 산물이었지만 통속극으로의 거센 쏠림을 부정적으로 바라보고 있는 사람들이 있었으니, 바로 신문과 지식인이었다. 일찍부터 라디오와 TV의 교육적 측면을 강조해오던 신문과 지식인은 드라마에 '저속 · 퇴폐'의 낙인을 찍으며 비판의 예봉을 세웠다. 그리고 1972년 단행된 유신을 기점으로 드라마는 본격적인 수난을 당하기 시작한다.

02장

1972~1979년

'국민 동원 수단'과
'저속 퇴폐의 멍에'
속에서

'국민 동원 수단'과 '저속 퇴폐의 멍에' 속에서
1972~1979년

2

10월 유신과 드라마 제작 가이드라인

박정희는 1972년 10월 유신 선언 말미에서 "나 개인은 조국 통일과 민족중흥의 제단 위에 이미 모든 것을 바친 지 오래"라고 말했다. 이 발언이 시사하듯이 박정희 정권은 "시대적 상황이 국력의 조직화와 능률의 극대화를 요구하고 있고, 이에 대처하기 위해 국민들의 '철통같은 단결', '대동단결'과 같은 국민적 '총화'가 필요하다."라고 강조했다.[1] 유신의 궁극적인 지향점은 반공정신 고취를 통한 안보 태세 확립과 더불어 새마을운동이라는 근대화 프로젝트를 통한 부국강병에 있었다.

신문과 방송은 유신 정권의 홍보 도구로 총동원돼 방송의 경우, 유신을 내용으로 한 스팟 드라마가 1268회에 이르렀다.[2] '유신 용비어찬가'에도 만족하지 못한 것일까? 박정희 정권은 프로그램 제작 가이드라인도 제시하고 나섰다. 유신 정신 구현에 장애가 되거나 국민 총화를 좀먹을 가능성이 있는 프로그램, 그러니까 ①프로그램의 주제 설정에 있어 국민정신이나 공서양속, 사회질서를 문란케 할 우려가 있는 것, ②음악에 있어 광란적 리듬이나 선율이 담긴 것, 과도한 노출 쇼와 저속한 언행, 부도덕한 내용을 담은 것, ③내용이 퇴폐적이고 비관적인 것, ④비능률적인 요소가 담긴 것, ⑤폭력이나 살인, 선정적인 내용으로 청소년에게 악영향을 끼칠 우려가 있는 내용 등은 최대한 피하도록 하달했다.[3]

박정희 정권은 드라마 통제에도 본격적인 시동을 걸었다. 시청자들은 통속극에 열광하고 있었지만, 박 정권은 이를 달갑지 않게 여겼는데 유신을 계기로 드라마 제작 가이드라인을 하달한 것이다. 멜로드라마의 경우 삼각관계, 불륜, 가정 파탄 등의 소재는 피할 것, 역사 드라마의 경우, 흥미 본위의 작품을 지양, 역사적 사실의 왜곡 또는 탄식, 비애, 체념 등의 내용을 담지 말 것, 현대극은 중류 이상의 가정을 배경, 소재로 삼는 일은 피하고, 사투리를 남용하지 말 것, 다큐멘터리 드라마는 국론 통일을 저해할 정치적 사건의 소재 선택을 피하도록 할 것 등이었다.[4] 이 조치가 새로운 것은 아니었다. 박 정권은 유신 이전인 1970년부터 이미 드라마를 정치적으로 활용해왔기 때문이다. 예컨대 KBS는 1970년 4월부터 국정 홍보용으로 일일 홈드라마 〈10분쇼〉를 방영했는데, 이는 그다음 해로 예정된 7대 대통령 선거와 국회의원 선거를 앞두고 급조된 선거용 드라마였다.[5]

유신의 서슬이 워낙 시퍼렇기 때문이었을까? 드라마 제작 가이드라인에 포함되지 않았어도 정권 고위층의 심기를 불편하게 하는 드라마는 이유 같지 않은 이유로 된서리를 맞아야 했다. 오명환의 증언이다.

"TV 고전 시리즈에 〈춘향전〉, 〈흥부전〉에 이어 어느 날 〈장화홍련전〉이 나가고 있었다. 이 드라마는 나가기가 무섭게 '방송 중단' 지시가 내려왔다. 왠고 하니 당시 고위층 모 인사의 부인이 계모이기 때문에 윗분의 노발대발을 산 것이다. 제작진은 부랴부랴 장화홍련의 악덕 계모를 천하에 훌륭한 여성으로 변신시켜 단칼에 막을 내려버리고 말았다. 표독스럽던 계모를 개과천선한 여자로 둔갑시켜 삼척동자도 다 알고 있는 원전을 뒤집어놓은 이 선문답은 제작진의 고심 끝에 일어난 깜짝쇼였다. 1972년 KBS에서 연출된 해프닝이었다."[6]

물론 박정희 정권의 드라마 정책은 이중적이었다. 이후 보겠지만, 통속적인 드라마는 '저질', '퇴폐' 프레임에 가두어놓고 국민 동원을 위해 드라마를 정치적으로 활용하고 나섰으니 말이다.

일일 연속극은 저질 퇴폐의 상징

유신 정신 구현에 나서고자 한 것이었을까? 1960년대부터 드라마의 저속 퇴폐 논란을 증폭시켜온 신문 역시 드라마 비판에 팔을 걷어붙였다. 『조선일보』 1972년 10월 29일자 기사는 "가을철 프로 개편 이후 안방 관객은 3국 TV가 보여주는 하루 12편의 연속극에 묻혀 지내고 있다."라고 비판했다.

"안 보면 되지 않느냐는 반문이 있을 수 있지만 일간지들이 저질의 드라마를 사진과 함께 거의 매일 스토리까지 안내하면서 TV 드라마의 저질화를 부채질하고 있다는 인상을 주고 있다고 독자는 불만하고 있다. 지난 23일 KBS의 프로 개편을 끝으로 일단 겨울 프로는 확정이 되었으나 프라임타임인 7~9시는 20분짜리 연속 드라마로 찢겨져 있다. …… TV 3국은 드라마에서 집중적인 경쟁을 벌이고 있으나 새로 시작한 드라마도 거의 이미 브라운관에 보였던 대로의 스토리를 재탕하는 성격을 그대로 지니고 있는 것 같다. …… TV 3국의 연속극은 대개 20분이다. KBS를 제외하고는 CM이나 몇 번 듣고 나서 흥미를 좀 느낄 만할 때 야속하게도(?) 끝이 난다. 다음 프로에 오늘의 시청자를 어느 정도로 그대로 끌고 가느냐에 너무 신경을 써서 클라이맥스는 늘 잘리게 마련이라는 것도 시청자는 눈치 채게 됐다. …… 더구나 채널을 돌려가며 연속극을 재방까지 보는 사람일 때, TV 연속극이 일으키는 중독 현상은 크지 않을 수 없을 것이다."[7]

『동아일보』 1972년 10월 19일자 기사는 "새로운 형태의 프로그램 개발이 거의 없는 이번 시즌에는 주간 드라마가 줄어든 반면 일일 연속극이 3국 모두 네 개씩 방영된다는 것이 가장 큰 특징이라 하겠다."라며 "국영 KBS가 이번 개편에서 10시 띠의 일일 연속극을 9시 15분으로 옮기고 10시 띠에 홈드라마란 명목으로 사실상 일일 연속극 한 개 늘린 것은 국영·민영 할 것 없이 프로 경쟁이 아직도 저차원의 드라마에 집중되고 있음을 증명하고 있다. 3국을 합치면 연속극 방영시간은 하루 4시간에 이르는데 연속극의 팽창은 시청자를 비생산적인 시간 낭비로 유도할 뿐 아니라 TV 중독 현상을 일으키게 한다는 점에서 상당한 사회교육적 문제를 제기하고 있다. …… 전체 프로의 20퍼센트 이상을 차자하게 된 일일 연속극의 득세와는 달리 주간극은 쇠퇴일로를 걷고 있다. 1971년 가을까지만 해도 주당 4~5개에 이르던 주간극이 MBC 2개, TBC 3개로 줄어들고 KBS만이 〈실화극장〉, 〈KBS무대〉, 〈금요극〉, 〈명인백선〉 등 4개를 유지하고 있는 정도다."라고 했다.[8]

이런 분위기 속에서 〈아씨〉는 저속 퇴폐의 상징이 됐다. 『한국연감 1972』는 "드라마의 저질, 퇴폐성은 〈아씨〉 이후 성행 일변도로 흘러온 삼각관계와 같은 테마, 다시 말해 불륜 관계, 선정적인 장면, 치명적인 상황 설정, 저급한 유행어 혹은 과도하고 어색한 행동 등으로 요약할 수 있다."라고 했다.[9]

TV 광고 허용으로 시작된 스폰서의 횡포는 날이 갈수록 심해졌는데, 이는 드라마에서는 서민과 농촌 차별로 나타났다. 방윤에서 1972년 10월 23일부터 31일까지 방송 3사의 멜로드라마를 대상으로 조사한 결과에 따르면, TV 드라마의 대다수가 상류층과 중류 가정을 배경으로 하고 있었다. 방윤은 이 조사 결과를 바탕으로 "도시 특수층 내지 상류 지향이 농어민뿐만이 아니라 도시의 서민 계급에 자조 의식과 불합리한 사고방식 그리고 좌절감을 초래하고 있으며 도시와 농어촌, 상류층과 서민층의 괴리 현상을 더욱 심화시킨다."라고 지적하고 나섰지만, 광고 유치에 목을 맬 수밖에 없던 상업방송의 본질적인 한계로 인해 스폰서의 횡포를 막을 수는 없었다.

일일 연속극의 편수를 줄여라

1973년 2월 16일 박정희 정권은 방송법을 개정해 TV에 대한 규제의 고삐를 더 바짝 죄었다. 개정 방송법은 이른바 '유신 방송법'으로 불릴 만큼 방송사의 자율성을 대폭 침해하는 내용으로 가득 찼다.[10]

방송법 개정은 효과가 있었을까? 별다른 소득이 없었다. 방송법 개정과 방윤법 제정으로 인해 방송사가 사전 자율 심의제를 도입해 심의실을 신설하고 광고 횟수를 줄이는 모습을 보이긴 했지만, 박 정권을 흐뭇하게 만들지는 못했다. 여전히 황금 시간대는 오락 프로그램의 차지였고 교양 프로그램은 찬밥 취급을 받았다. 가장 큰 문제는 방송사들의 전략 상품으로 자리를 굳건하게 잡은 일일 연속극의 무한 질주였다. 방송사마다 제작되는 드라마 편수는 계속 늘어 1973년 방송 3사에서 매일 방영하는 일일 드라마는 무려 15개에 달했다. MBC가 6편, TBC가 5편, KBS가 4편이었다. 더 중요한 것은 일일 연속극들이 황금 시간대인 저녁 7시 30분부터 10시 사이에 집중적으로 편성되었다는 사실이었다.[11]

TV가 일일 연속극의 전쟁터가 되자 신문과 지식인 등 이른바 오피니언 리더들은 일일 연속극에 '저차원', '비생산적인 시간 낭비', 'TV 중독', '사회교육적 문제', '통속사극으로 전락' 등의 낙인을 찍었다.[12] 박정희 정권은 그런 평가

● 새마을운동을 홍보하기 위해 만들어진 새마을 연예반 발대식에 참석한 윤주영 문공부 장관의 모습. 윤주영 장관은 일일 연속극의 편수를 줄이고 그 제작 의도를 시청자에게 공지하라고 지시했다.

를 드라마 규제의 알리바이로 활용했다. 유신 정신 홍보와 국민 계몽을 위해 사용되어야 할 텔레비전의 황금 시간대가 눈물 공세를 퍼붓는 멜로드라마와 순결한 가정을 위협하는 불륜 드라마로 채워지고 있다는 사실은 국가적으로 이만저만한 손실이 아니라고 판단했기 때문이다. 결국 일일 연속극에 대한 정권의 인내심이 폭발했다.

1973년 7월 16일 문공부 장관 윤주영은 일일 연속극의 편수를 줄이고 그 제작 의도를 시청자에게 공지하라고 말했다. 물론 이는 방송사들에게 청천벽력이었다. 일일 연속극이 '저질', '퇴폐'의 멍에를 쓰고 있긴 했지만, 소재와 내용에 대한 규제를 넘어서는 일일 연속극 편수 규제는 시쳇말로 방송사를 공황 상태로 몰고 갔다. 방송사의 주요 '밥줄' 역할을 하던 일일 연속극의 감축은 곧 방송사 수익에 직접적인 타격을 가져올 수밖에 없었기 때문이다. 『조선일보』 1973년 7월 19일자 기사는 "매일 연속극을 줄이고 하루 1편 이상의 교양 프로를 편성토록 하라는 정부의 요망을 민간 상업 방송 측은 상당한 충격으로 받아들이고 있다."라며 "민방의 TV 드라마 1편에 평균 35만 원이란 제작비가 들고 또 연속 드라마 외엔 별로 스폰서가 매력을 느끼지 않기 때문에 2편의 일일 연속극만 빠져도 약 1000만 원의 수입이 줄어드는 계산이 나온다. 물론 새 교양 프로에도 스폰서가 붙기는 하겠지만 인기 드라마만큼 스폰서가 몰릴 것으로 기대하는 사람은 별로 없다. 때문에 매일 연속극이 줄면 경영난이 올 것으로 예상, 충격적으로 받아들인다는 것이다."라고 했다.[13]

아닌 밤중에 홍두깨라고 했던가? 정부의 강권에 의해 울며 겨자 먹기 식으로 방송사는 일일 연속극을 축소할 수밖에 없었지만, 이는 오래가지 못했다. 이후 보이듯이 방송사들은 조금이라도 빈틈이 보이면 일일 연속극 강화에 적극 나섰다.

유신 정신을 명분으로 한 신문의 드라마 비판

일일 연속극의 주요 시청층이었던 여성들에겐 반갑지 않은 소식이었겠지만 박정희 정권의 일일 연속극 축소 지시는 1960년대부터 지속적으로 일일 연속극을 비판해온 신문과 지식인 등의 오피니언 리더들로부터 큰 환영을 받았다. 앞서 거론했듯, 사실 일일 연속극 축소는 신문과 지식인층 그리고 박정희 정권의 합작품이었다.

박정희 정권은 드라마 내용에도 미주알고주알 간섭하기 시작했다. 1973년 담화에서 윤주영 장관은 "텔레비전 방송국 시청자의 반수 이상이 농민과 어민들인데도 드라마는 농촌을 소재로 한 것이 거의 없다."라며 "각 방송국이 농민들에게 지혜를 불어넣어 주는 프로를 만들어주어야 되지 않겠느냐."라고 말했다.[14] 농촌 근대화를 위해 국가적으로 새마을운동을 진행하는 상황에서 새마을

운동의 정당성과 효과를 안방에 전달해도 부족한 마당에 오히려 드라마가 농촌 주민의 사기를 꺾는 해악을 저지르고 있다는 인식이 낳은 발언이었다. 문공부 장관의 담화에 자극을 받은 것일까? 유신 정신 구현의 전위부대로 활약하던 신문사들은 기다렸다는 듯 방송의 공공성을 강조하며 드라마에 대한 공세를 더욱 강화하고 나섰다.

흥미로운 것은 신문의 방송 공격이 이전과 사뭇 다른 양상을 보이기 시작했다는 사실이다. 과거엔 주로 저질과 퇴폐를 양 축으로 삼아 드라마를 공격한 신문들은 이 무렵엔 TV 드라마가 부추기는 빈부 격차와 사회 갈등에 비판의 포커스를 맞추었다. 소비주의 조장과 이에 따른 서민과 농민의 상대적 박탈감이 유신 정신이 구현하고자 한 '국민 총화'와 '대동단결'의 장애물이자 막대한 사회적 갈등을 유발하는 복마전伏魔殿 역할을 하고 있다는 게 비판의 고갱이었다.

『서울신문』 1973년 7월 17일자 사설은 "아직도 '프로'의 태반이 저속성을 지양했다고 보기에는 요원한 것 같다."라며 "밝고 씩씩하고 의욕적인 면보다는 여전히 어둡고 실망어린 감상적인 연속극이 사태를 이루고 있다. TV의 경우 방송국마다 5~6종의 일일 연속극을 방영하면서 무모한 경쟁을 일삼는다는 것은 다른 나라에서는 그 유례를 볼 수 없는 상업성 위주의 현상이라 하겠다. …… '스폰서'에 지나치게 의존한 나머지 소비성 향락이나 도시 취향적인 편성으로 기울어 역사적인 새마을 사업에 총력을 쏟고 있는 농촌의 피나는 현실에 눈을 돌리지 않고 있다는 것은 방송이 정녕 국민을 위해 봉사하고 있는지 의심마저 든다."라고 했다.[15]

『동아일보』 1973년 7월 18일자 사설 역시 "작년 통계에 의하면 멜로드라마의 경우 그 주제나 소재가 농어촌을 배경으로 한 것이 TV와 라디오를 합쳐 불과 23.8퍼센트에 지나지 않으나 도시를 소재로 한 것은 무려 72퍼센트나 된다는 편

● 모두가 잘 살아보자고 새마을운동을 시작한 상황에서 드라마는 사회 갈등과 빈부 격차를 부추긴다는 비판을 받았다.

중 현상을 빚어내고 있다."라며 다음과 같이 개탄했다.

"이와 같이 도시 중심의 드라마는 농어민의 도시 동경심과 좌절감을 자극할 것이며 결국 농어촌 문화와 도시 문화와의 상이성을 비집어내는 결과를 초래할 것이다. 사실 우리나라 중세사가 기록하고 있는 바와 같이 이조 사회에 양반 문화와 서민 문화의 병립은 그 당시의 신분 제도로 인해 불가피했었다. 그러나 그 신분 제도가 사라진 지 오래인 현 자유 사회에서 단지 인공적인 전파 미디어의 편중성으로 말미암아 도시 문화 대 농어촌 문화권이 피상적으로 갈려나가야 할 이유는 하나도 없는 것이다. 우리는 이 기회에 불과 몇 안 되는 방송 회사들이 시청망을 넓히기 위해 편성하는 무절제한 전파 미디어가 3000만 온 겨레의 심장에 독버섯을 피우고 있다는 사실을 지적해두고자 하는 바이다."[16]

하지만 어이하랴. 시청자들이 바로 그 '독버섯'을 강렬하게 원하고 있었으니 말이다.

가정의 순결을 위해 수난당한 불륜 드라마

박정희 정권은 오락 프로그램에 대해선 다소 애매한 태도를 취했다. 집권 기간 내내 각종 규제와 검열을 통해 방송사의 자율성을 빼앗아 가긴 했지만, TV가 제공하는 오락과 재미가 산업 현장에서 지친 한국인의 심신을 위로하고, 나아가 한국인의 정치 무관심을 부추기는 역할을 수행한다는 점에선 내심 '오락의 가치'를 인정하고 있었다. 문제는 방송사 간 치열한 시청률 경쟁이 자주 "병영 국가를 이룬 총사령관 박정희를 비롯한 그의 참모들의 정서상 인내하기 어려운" 수준을 넘어섰다는 사실이었다.[17]

드라마 역시 마찬가지였다. 박정희 정권은 '퇴폐 드라마'의 조기 종료, 편수의 감축, 방송시간대 제한 등과 같은 지침을 하달하는 채찍을 사용하는 동시에 드라마의 파급력과 인기를 이용해 '반공극'과 '정책 홍보 드라마' 등 이른바 목적극을 적극 장려하는 이중적인 모습을 보였다. 하지만 그런 의도는 시청자들의 눈높이에 맞추고자 하는 방송사들의 상업성과 자주 부딪혔고 정권은 인내심이 바닥에 이르면 규제의 칼날을 휘둘렀다.

특히 박정희 정권이 민감하게 반응한 드라마는 성 표현 드라마였다. 사회가 조금이라도 혼란해지기라도 하면 성 표현 드라마는 드라마 전체를 대표해 희생양이 됐다. 박정희 정권이 남녀 윤리와 가정 윤리를 해치는 이른바 성 표현 드라마에 엄격한 규제를 가하면서 시나브로 방송사의 자기 검열도 고개를 들기 시작했다. 1972년 〈무지개〉를 촬영하면서 발생한 에피소드는 드라마 연출자의 자기 검열을 잘 말해준다. 연기자 윤여정의 증언이다.

"첫 녹화 대본부터였다. 연출자 정문수 씨가 고개를 갸우뚱거리게 만드는 장면이 있었다. 내가 아침에 몹시 바쁘게 옷을 입으면서 남동생인 송재호 씨에게 원피스 지퍼를 올려달라고 등을 돌려대는 장면에서 연출자가 고개가 갸우뚱했고, 우리 연기자들도 상당히 생경스럽기는 했다. 지금이야 그 장면에 우리가 다같이 좀 그랬었고 연출자가 '갸우뚱' 했다면 웃기는 얘기로 웃어버릴 일이이지만 지금부터 거의 30년 전 일이었다. 그 시절 우리는 다 같이 참 촌스러웠다. 아무리 동생이라지만 남자 여잔데……." [18]

성 표현 드라마와 불륜 드라마에 대한 규제는 당대 한국인의 전통 관념과 윤리 의식을 반영한 것이어서 시청자들의 적잖은 동의도 얻었다. 성 표현에 대한 정부의 간섭은 해가 갈수록 강화되어 유신 이후엔 성 표현 드라마에 대한 가위질이 시시때때로 행해졌는데, 불륜 드라마에 대한 규제는 대다수 한국인의 뜻이기도 했다는 말이다. 그러니까 박정희 정권은 한국인의 전통 관념과 윤리 의식을 성 표현 드라마에 철퇴를 내리는 알리바이로 적극 활용한 것이다. 1973년 한 시청자가 TBC 드라마 〈어머니〉와 관련해 낸 진정서는 아주 좋은 사례가 될 것이다. "죽은 남편의 탈상 날 밤의 정사 장면은 가족 전체가 모여 시청하기에는 어머니의 입장이 난처했으며, 7월 5일자 방송에서 어머니를 꾀어내는 장면은 부모에 대한 어린이들의 불신을 조장하고 있다." [19]

흥미로운 건 박정희 정권이 국가가 나서서 성 산업을 육성했으면서도 '혼인의 순결' 과 '가정의 순결' 을 강조하는 이중성을 보였다는 사실이다.[20] 백미숙과 강명구는 "1970년대 한국의 국가는 성 산업을 사실상 묵인했다. 외화벌이를 위해 관광 산업은 외국인 상대의 '기생 관광' 이 중심이었으며, 향락 산업은 산업 역군의 성적 위안소로 묵인되었다." 라면서 다음과 같이 말하고 있다.

"공적 영역에서 국가가 열심히 보호하고자 했던 가정의 순결은 근대화 시기 성 규제의 핵심적 역설을 보여주었다. 공개적 성 표현의 불허, 일탈된 성 풍속의 표현 최소화 그리고 불륜과 이혼에 대한 금기 및 혼전 순결 등 성 표현에 대한 규제 정책은 국가와 심의기구가 안방의 순결을 지키기 위해 무엇을 허용하고 금기시했는가, 무엇이 정상이고 비정상인가를 보여주는 시금석이었다. MBC 텔레비전이 출범한 1969년부터 언론통폐합이 이뤄진 1980년까지 방윤 보고서를 분석해보면 성 표현 규제에서 가장 핵심적인 상징어는 혼인의 순결, 가정의 순결이었다. 가장 자주 반복적으로 규제 대상이 된 소재는 성행위 암시 장면, 일탈적 성 풍속, 불륜, 혼전 성관계 등이었다. 허용과 금기의 영역은 ①성 표현이 부재하는 남녀 간 사랑, ②일탈적 성 풍속의 금지, ③불륜의 금지와 순결한 성 등 세 가지로 나타났다. 텔레비전 드라마에서 성 표현은 사랑하는 사람들 사이에서도 암시될 수 없었다."[21]

가정의 순결을 명분으로 한 성 표현 드라마와 불륜 드라마에 대한 강력한 통제는 한국인이 도덕과 윤리의 잣대로 드라마를 평가하게 만드는 데 크게 기여했다.

황금 시간대의 도둑 특별경계령

1973년 10월 6일 발발한 제4차 중동전쟁은 일일 연속극 경쟁을 다시 불 지피는 연료가 됐다. 방송 시간 단축과 광고 수주율 하락 때문이었다. 게다가 오일 쇼크의 영향으로 살림살이가 팍팍해진 한국인들은 소비를 줄이고 허리띠를 졸라맨 채 여가 시간의 대부분을 TV 앞에서 보내고 있었다.

당시 일일 연속극은 '만들면 본다'는 불문율에 지배할 만큼 여전히 시장성이 높았다. 그 인기가 어찌나 높았던지, 서울 시경은 1974년 10월 16일 황금 시간대에 도둑에 대한 특별경계령을 내리고, 좀도둑이 들어온 것도 모를 정도로 TV에 푹 빠진 서울 시민들에게 주의를 당부하는 담화까지 발표했다.[22] 일일 연속극 경쟁에서 나타난 주목할 만한 현상은 황금 시간대에 벌어진 편성 경쟁이었다. 편성 경쟁에 불을 지핀 방송사는 TBC였다. 4월 춘계 개편을 단행한 TBC는 얼마 안 있어 MBC보다 연속극들을 5분씩 일찍 시작하게끔 손질했고, 같은 해 추계 개편 뒤에도 두 번의 손질을 더 했다.[23] TBC가 당긴 방송사 간 편성 경쟁은 '5분 앞당겨 편성하기'를 넘어 드라마와 드라마 사이에 5분짜리 미니 프로를 끼워 넣는 상황으로까지 발전하는 등 '5분 단위의 경합'마저 나타났다.[24]

방송사끼리 머리를 싸매고 유리한 시간을 확보하기 위한 전략이 횡행하면서 방송사 간 눈치 보기와 함께 치열한 정보전도 진행되었다. 『경향신문』 1974년 9월 5일자 기사는 "1974년 동계 프로그램의 개편을 앞두고 3개 TV국은 열띤 정보전을 벌이고 있다."라며 "기본 편성표의 청사진은 A급 비밀임은 물론 개편 작업도 방송국 내가 아닌 은밀한 장소(주로 호텔)에서 진행되는데 여기에 참석하는 멤버도 편성 실무의 중견 이상 급이다. 1974년도 하계 개편 때 A국의 청사진이 B국으로 넘어갔다. 어떤 첩자(?)에 의해 넘겨진 것으로 예상되는데, 이로 인하여 B국은 A국의 일일 연속극이 시작되기 5분 전에 자기네 일일 연속극을 시작시킴으로써 유리한 고지의 경쟁을 벌였다. 이렇듯 기본 편성표의 정보전은 A급 비밀이므로 때로는 이중 청사진을 작성하는 때도 있다. 상대국의 스파이로 하여금 그 청사진을 절취해가게 함으로써 상대국 편성에 혼란을 빚게 하는 작전이다. 또 어떤 때는 상호 동시에 청사진을 교환하고 여기서 교환 편성표에 '변동을 않기로' 약속하는 화평 조약을 한 적도 있지만 아직 그 화평 조약이 실천된 적은 한 번도 없다. TV 3국 동계 프로그램 개편 작업에 바쁜 편성 간부들은 한결

● MBC의 〈갈대〉(왼쪽), TBC의 〈인목대비〉(오른쪽). 치열한 눈치 보기와 정보전을 벌였던 방송사들은 시청자를 선점하기 위해 다른 방송사가 예고한 날보다 먼저 드라마를 시작했다.

같이 묵비권을 쓰고 있다."라고 썼다.[25]

　눈치 보기와 정보전 이후엔 방송사 간 실력대결이 펼쳐졌다. 1974년 10월 방송 3사는 마치 약속이나 한 것처럼 4편의 드라마를 새로 방영하면서 정면 대결을 피하지 않겠다는 것을 분명히 했다. 『경향신문』1974년 10월 29일자 기사는 "시간 띠는 물론 작가와 테마, 그리고 스태프와 캐스트에 이르기까지" 치열한 대결을 벌여왔다며 "이제 남은 것은 현재 상태에서의 3국의 실력대결뿐, 이런 판국에 4개의 드라마가 동시에 막을 올렸다는데서 주목을 끌게 된 것. MBC는 9시 20분 일일극 〈복녀〉의 후속물로 남지연 작 〈갈대〉를 내놓겠다고 이미 1개월 전부터 예고해왔다. 그 디데이는 10월 28일. 그런데 여기에 하루 앞질러 27일부터 TBC가 신봉승 극본의 〈인목대비〉를 터뜨렸다. 바로 같은 시간인 9시 20분 〈윤지경〉의 후속물로, 이것도 그 주연을 놓고 이미 오래 전부터 화제를 뿌려오던 것, 그러니까 상당한 기간을 두고 으르렁대던 두 TV국의 결전인 셈이다."라고 진단했다.[26]

　1974년 11월까지 방송된 TV 드라마는 모두 55편으로, KBS와 TBC가 20편,

MBC가 15편이었다. 일일 연속극의 주종은 여전히 멜로물로 전체 드라마의 50%에 육박하는 26편에 달했다.[27]

한국인과 박정희 정권의 'TV 동상이몽'

박정희 정권은 TV를 국정 홍보와 국민 동원의 수단으로 활용하고자 했지만 한 가지 문제가 있었으니 바로 TV 수상기 보급률이 형편없던 농촌의 사정이었다. 급속하게 진행된 근대화의 성과가 도시에 집중된 탓에 1970년 약 38만여 대에 달한 TV의 95퍼센트, 그 이듬해 약 61만여 대 가운데 92퍼센트가 도시 거주 가정의 소유였다. 〈아씨〉와 〈여로〉 등 일일 연속극 붐으로 TV 수상기가 가파르게 증가했지만, 어디까지나 도시 사람들만이 TV의 혜택을 누렸을 뿐 농촌은 TV 보급의 사각지대였다.

이에 박정희 정권은 1972년 1월부터 장기월부제로 고향에 텔레비전 수상기를 보내는 '텔레비전 효자 캠페인' 운동을 벌이고 1974년 '새마을TV'를 개발해 농촌 지역 TV 보급에 박차를 가했다. 이에 따라 1975년 TV 수상기는 200만 대를 돌파했으며, 1975년까지 텔레비전 농촌 보급률을 22.7퍼센트까지 끌어올리는 성과를 거두었다.[28] 물론 이렇게 국가 주도로 이루어진 TV 수상기 보급은 그 자체로 농촌의 근대화를 상징하는 아이콘이자 안보 태세 확립과 새마을운동을 전파하는 지배 이데올로기 홍보 창구 역할을 톡톡히 수행했기에 박정희의 입가엔 흐뭇한 미소가 번졌을 것이다.[29]

하지만 박정희 정권이 마냥 쾌재만 부를 수 있는 상황은 아니었다. TV 수상기 증가로 유신 정신 구현을 위한 정부 정책의 홍보 통로가 확장된 것은 부인할 수 없는 사실이었지만, 가정주부와 아이들이 주목한 것은 TV 드라마였기 때문이다. 1970년대 농촌의 실상을 사실적으로 묘사한 것으로 평가받는 이문구의 소설『우리 동네』의 한 대목이다.

"그는 걸으면서 식구들한테 졸리다 못해 봄누에 쳐서 TV부터 산 것을 못내 후회했다. TV를 들여놓고부터 아이들은 숙제나 간신히 때울 뿐 장난삼아 책자 한 장 들여다보는 법이 없었고, 전 같으면 저녁 숟갈 놓기 바쁘게 지쳐 쓰러지고 샛별 있어 일어나곤 하던 아내마저 연속극에 팔려, 밤이 이슥토록 전기를 닳리 며 앉았다가 한나절은 되어야 꿈지럭거렸다. 그것은 온 동네 집집이 그 모양이 어서 하루 품을 식전에 절반이나 삶던 엊그제가 아득한 옛날 같았다."[30]

시청자들의 TV 이용 행태가 시사하듯, TV를 두고 박정희 정권과 한국인은 동상이몽을 꾸고 있었다. 정권은 TV를 근대화와 산업화를 위한 훌륭한 도구로 간주했지만 시청자들은 삶의 시련과 고통을 달래주고 재충전을 위해 필요한 오 락과 여가를 제공하는 '마법상자'로 이용하고자 했다. 따라서 이 둘 사이엔 건

● 1970년대 TV 생산 공장 모습. 박정희 정권은 전자산업 육성과 각종 세제 혜택을 통해 TV 보급에 매 진했다.

널 수 없는 강이 존재하고 있었고 TV와 드라마를 둘러싼 갈등은 TV가 증가하면서 더욱 커질 수밖에 없었다. 게다가 시청자의 취향을 고려한 방송사의 상업주의 전략마저 가세하면서 일일 연속극을 둘러싼 방송사의 과열 경쟁은 더욱 심화됐다.

박정희 정권의 입장에서는 그런 문제를 타개할 해결책이 필요했다. 전자산업 육성과 각종 세제 혜택 등의 정책적 수단으로 TV 보급에 매진했지만, 그 결과가 자신들의 의도와 어긋나고 있었기 때문이다. 하지만 한국인들이 드라마에 죽고 못 사는 이상 달리 어찌할 도리가 없었다. 목마른 사람이 샘을 판다고 했던가? 박정희 정권은 드라마를 국민 계몽과 계도를 위한 수단으로 적극 활용할 수 있는 카드를 제시하고 나섰다. 바로 1970년대 중반 전성기를 구가한 '정책 홍보성 드라마', 이른바 목적극이었다.

반공 사상 고취와 시청률 사이에서

이승만 정권 시절부터 시작된 반공극은 1960년대를 거쳐 1970년대에 이르러 만개했다. 반공을 국시로 삼은 박정희 정권은 의식적으로 반공 드라마 제작을 독려했다. MBC는 1973년 1월 반공 드라마 〈자유무대〉를 제작했으며, 이 해 10월부터는 〈113 수사본부〉로 확대 개편했다. 1974년 8월 15일 조총련의 사주를 받은 문세광이 도시락에 숨긴 권총으로 영부인 육영수를 저격하는 사건이 발생했는데, 이 사건은 반공 드라마 제작에 박차를 가하는 결정적인 계기로 작용했다.

박정희 정권은 이 사건을 국민의 반공정신 무장의 기회로 활용했는데, 그 일환으로 만들어진 게 반공극의 대명사인 〈실화극장〉을 대신해 9월 6일부터 일일 연속극으로 방영된 반공 드라마 〈조총련〉이었다. 김연진은 이렇게 말한다.

"북한의 지령에 의한 조총련의 음모라고 즉각 결론을 내려 온 겨레가 조총련의 만행에 분노를 표할 때, 그날따라 토요일이라 12시에 퇴근해 머리를 식히느라 나는 방송국 근처에 있는 당구장에서 탤런트들과 당구를 즐기고 있었다. …… 내가 당구장을 나와 피곤한 몸을 이끌고 곧바로 집에 들어섰을 때였다. 어머니가 걱정스런 표정으로 나를 맞아주시며 왜 지금 오느냐고 야단을 치셨다. 오후 2시부터 부장이 찾는 전화가 뻔질나게 걸려왔다면서 무슨 사고라도 저질렀나 해서 걱정을 하신 것이었다. 나는 무슨 일 때문인가 하고 급히 전화를 걸었다. 그랬더니 무조건 택시를 타고 빨리 사무실로 나오라는 명령이었다. 사무실에 도착해 얘기를 들어보니 월요일부터 당장 〈조총련〉 드라마를 제작, 방송해 내야 한다는 것이었다. 나는 어안이 벙벙할 수밖에 없었다. 〈조총련〉이 정부의 정책 드라마라서 시의에 맞게 빨리 제작해야 한다는 것은 이해하겠지만 이렇게 번갯불에 콩 튀겨먹는 식으로 채근을 할 줄은 몰랐기 때문이다."[31]

반공 드라마를 비롯한 목적극의 가장 큰 문제는 재미였다. 목적성을 앞세우다 보니 오락을 무기로 장착한 일일 연속극이 주는 재미에 비해 아무래도 흥미가 없었기 때문이다. 따라서 반공 드라마를 제작하는 방송사 입장에서는 최대한 시청률을 끌어올리기 위한 전략을 구사해야 했다. 반공 드라마가 정부의 전폭적인 지원을 받으면서 제작되긴 했지만, 모두 지원받은 것도 아니었다. 따라서 반공 드라마는 반공의 가치와 시청률 사이에서 줄타기를 할 수밖에 없었는데, 시청률을 끌어올리기 위해 신경 쓰다 보면 본래 의도에서 이탈하는 경우도 생겼다. 물론 그런 경우에는 방송사 고위층의 압력이 내려왔다.

1975년 반공 드라마 〈대동강〉이 그런 경우였다. 〈대동강〉은 "아바디! 던기불이 번떡번떡해디 않아요?"라는 유행어를 낳으며 높은 시청률을 기록했는데, 문제가 발생했다. 김연진에 따르면, "원래 반공극이란 것이 북쪽의 잔학상이나 빈곤한 생활상을 그대로 보여주는 것이어서 북쪽의 얘기만을 자주 하다 보니 북쪽 사람들의 강한 이미지만이 어필된 것이 문제였다. 방송사 고위층으로부터 질책의 소리가 날아들었다. '드라마가 재미있기는 하지만, 왜 이북 사람들로 분장한 쪽은 강한 인상을 주고 남쪽 사람들은 하나같이 나약한 인상을 주는 거지?' 반공 의식을 고취시키자고 만들고 있는 드라마가 연출 효과만을 노린 나머지 반공 교육을 염두에 둔 본래의 의도를 이탈하고 있지나 않을까를 염려한 지적이었다."[32]

반공 드라마의 목적에 맞게 연출은 달라질 수밖에 없었다. 하지만 반공 의식 고취를 강조하면서 시청률은 뚝 떨어졌다.

"북한 쪽의 무대를 부쩍 줄이고 남한 사람들이 활기 있게 살아가는 모습을 강조하다 보니 드라마가 갖는 재미는 줄어들고, 장면이 싱거울 수밖에 없었다. 방송사 고위층에서는 그 정도로 만들면 된다고 적이 안심을 하고 있었는데 이번에는 또 시청자들로부터 냉랭한 반응이 나타나기 시작했다. '무슨 놈의 반공 드라마가 처음에는 재미있는 척하다가 용두사미로 싱겁게 얼버무리는지 모르겠다. 드라마란 다 속임수에 불과하다.' 끝내는 구렁이 담 넘어가는 식으로 〈대동강〉은 끝나고 말았다."[33]

반공만 앞세우면 시청자가 떨어져나가는 현상이 발생했으니, 연출자들은 이래저래 적잖은 고통을 겪어야만 했다.

반공 드라마에 대한 배려와 특혜

그래서 1970년대 역시 1960년대처럼 반공 드라마 시청률을 올리기 위해 '스타 시스템'이 적극 활용됐다. 반공 드라마는 정권에 의해 강압적으로 제작되었기 때문에 탤런트는 물론이고 영화계 스타들도 출연을 거부하기가 어려웠다. 대표적인 경우가 영화배우 신성일로, 그는 1993년 한 인터뷰에서 "중앙정보부의 강압에 못 이겨 20여 년 전 김신조 사건을 다룬 TBC 특집 반공 드라마에 '강제 출연' 한 적이 있다."라고 밝혔다.[34] 물론 신성일뿐만 아니라 다른 유명 배우들도 강압에 의해 출연할 수밖에 없었다. 반공극 제작을 위해서 방송사와 정부 사이에 이른바 '반공방송협의회' 라는 협의체가 구성되어 소재와 자료 수집 등에도 전폭적인 지원을 아끼지 않았는데, 이 협의체는 월 1회 이상 정기적으로 만나기도 했다.[35]

시청률을 끌어올리기 위해 시청자들에게 새로운 볼거리를 제공하는 경우도 있었다. 물론 이런 경우엔 막대한 정부의 지원이 있었다. 김연진은 반공 드라마 〈타향〉을 연출하기 전 당시로서는 생각도 할 수 없었던 6박 7일간의 일본 출장길에 작가 김동현과 함께 오르기도 했으며, 1975년 6월 시작된 KBS의 〈전우〉 역시 파격적이라고 할 수 있는 야외 촬영으로 대부분의 내용을 만들었다. 〈전우〉는 군 당국의 전폭적인 지원을 받았다.[36]

시청률을 신경 쓸 수밖에 없는 방송사의 애로를 알았던 것일까? 아니면 목적극의 메시지를 위해서 어느 정도의 선정성이 필요하다고 생각했던 것일까? 박정희 정권은 퇴폐 저속을 추방한다는 이유로 일일 드라마를 규제했지만, 반공극에 대해선 비교적 유연한 자세를 견지했다. 예컨대 방윤은 1974년 TBC에서 방송한, 여간첩 김수임을 다룬 〈운명〉과 무용가 최승희를 다룬 〈최승희〉에 대해 "반공극에서조차 여성 취향적. 그래서 거기에 적당한 흥미를 유발하는 소재를 고려하고" 있다고 지적하는 데 그쳤다. 또한 MBC의 〈113 수사본부〉의 경우에도 "수사본부의 간첩 색출 일변도로 고정된 것이 특징인데 이는 반공 의식 고취나 주의 경각심을 환기시키는 의의도 있겠으나 다분히 추리극 형태에서 오는

● 반공 드라마 〈전우〉. 반공 드라마는 정권에 의해 강압적으로 제작되었기 때문에 영화계 스타들도 어쩔 수 없이 드라마에 출연해야 했다.

색다른 재미와 검거의 테크닉에 그 초점이 있다.'라는 지적만 했을 뿐 별다른 규제는 가하지 않았다. 본말이 전도되지 않는 이상, 없는 것보다는 있는 게 낫다는 생각을 했던 것인지도 모르겠다. 또한 방윤은 앞선 사례들을 거론하면서 반공극이 지나치게 오락화하고 있다며 반공극이 "반공 사상 고취에는 별무 효과"라는 평가를 내렸지만, 이후에도 반공극은 적극 권장됐다.[37]

반공극에 대한 배려는 특히 선정적인 장면에서도 나타났다. 여성에 대한 성폭력 등의 장면에 대해서도 남녀 관계의 '관능적 묘사와 자극적 표현을 흥미 위주로 지나치게 확대 묘사하는 사례'가 반공정신 고취의 주제를 흐리게 하고 국민의 건설적 기풍에 악영향을 주고 있다는 정도의 일반적인 권고만 내렸을 뿐, 강력한 제재는 동원하지 않았다.[38] 보다 못했던 것일까? 차범석은 다음과 같이 비판하고 나섰다.

"반공 수사극은 그것이 목적극이라고는 하지만 오락적인 요소를 지나치게 과장 묘사할 뿐만 아니라 폭력, 관능적 묘사, 잔인 등 방송윤리규정에서 엄격히 규제받고 있는 것까지도 반공 수사극이라는 목적극을 방패로 지나친 표현을 일삼아 청소년들에게 악영향을 줄 뿐만 아니라 천편일률적인 사건 전개와 장난기마저 느끼게 하는 사투리의 남발과 이면 사회의 범죄를 노골화하는 사례는 애당초의 목적과는 달리 관념적이며 획일적인 '스테레오타입'으로 빠져 들어가고 만 셈이다."[39]

강도 높은 자극의 제공 없이 목적극의 딜레마를 해결할 수 있는 뾰족한 방법이 있는 것은 아니었기에 목적과 재미 사이에서 줄타기하는 것은 반공 드라마의 숙명이 될 수밖에 없었다고 봐야 할 것이다.

'새마을 드라마'와 개발 이데올로기의 전파

박정희 정권은 새마을운동 전파를 위해 새마을 드라마 제작도 독려했다. 반공 드라마보다 한 단계 세련된 홍보 감각을 보여준 새마을 드라마는 박정희식 개발 이데올로기의 핵심이라 할 수 있는 '잘살아보세'를 강조했다. 새마을 드라마의 효시는 1974년 방영된 〈단골네〉다. 〈단골네〉는 역경을 딛고 일어서 새로운 농촌을 가꾸어가는 새마을 지도자들의 이야기를 소재로 삼았는데, 대부분의 새마을 드라마 역시 새마을 정신으로 가난한 농촌을 살찌워가는 내용이 주를 이루었다. 반공극과 마찬가지로 새마을 드라마도 실화에 근거하거나 실화를 차용해 소재로 자주 활용했다. 특히 새마을 콘테스트에서 새마을운동의 상징이 된 인물들의 성공 사례가 주로 활용되었다.[40]

새마을 드라마의 방점은 근대화였다. 따라서 정형화된 등장인물과 메시지로 무장했다. 장소와 사건, 소재, 등장인물은 다르지만 공통적인 게 있었으니, 바로 개발 이데올로기를 강력하게 전파하는 것이었다. 이도흠은 "60~70년대 드라마를 지배한 이데올로기 가운데 상석은 개발독재 이데올로기에 내주어야 할 것이다."라고 했다.

"이런 개발독재 이데올로기는 여러 선전수단을 통해 전파되며, '새마을 드라마'는 당시 흑백 텔레비전이 매우 빠른 속도로 보급되고 마을에 한 대만 있어도 온 마을 사람들이 시청하는 효과를 지녔기에 주요 홍보 수단이었다. …… 새마을 드라마를 보면 사건은 다르지만 공통적인 것이 있다. 아직 전통적인 가치를 추구하거나 아니면 무지하거나 게으른 자, 가끔은 정부에 비판적인 자가 그것으로 말미암아 사건을 일으키고 우여곡절 끝에 근대화한 주인공의 계몽적 가르침으로 모든 문제와 갈등을 해결한다는 내용을 중심 줄거리로 삼고 있는 것이다. 이들 드라마는 '개발독재 이데올로기를 강력한 신념으로 가지고 있는 주인공→전통적 가치를 지닌 자로 인한 시련과 도전→조력자의 출현 또는 주인공의 설득과 계몽으로 문제와 갈등 해결→개발독재 이데올로기의 구현'의 구조를 이루고 있다. 이 드라마엔 전통/현대, 야만/문명, 미신/과학, 무지/교양, 퇴보/발전, 게으름/성실, 초가/개량주택, 전통 농법/서구 농법, 토종/개량종 등의 이항대립이 있으며 후자를 선으로 간주하도록 드라마를 구성한다. 이 드라마는 '전통의 가치는 낡은 사고이며 빨리 서구적 근대화를 이루는 것이 나의 행복과 나라의 발전을 이끄는 길이다', '전통은 모두 전근대적 사고에서 비롯된 것이며 전통의 혁파만이 근대화할 수 있는 지름길이다', '미신과 무지, 게으름과 초가와 전통 농법은 서로 통하며 구시대의 잔재이자 야만이다', '전통에 얽매인 자에게는 오직 퇴보만이 있다' 등의 신화를 전파했다."[41]

이항대립 구조는 새마을 드라마뿐 아니라 반공 드라마에서도 효과적으로 활용되었다. 사실 이런 구조를 활용한 드라마들은 박정희 시대의 시대정신이라 할 수 있는 '이분법'을 반영한 것이라고 할 수도 있었다. 쿠데타를 통해 정권을 장악한 후 생을 마감할 때까지 박정희 정권은 이분법을 효과적인 통치 기술이자 지배 방식으로 활용했다. 물론 이런 이분법에서 최고의 선善은 박정희 정권과, 박정희 정권이 추구한 정책이었다. 따라서 정부 정책 홍보를 위해 활용된 드라마 속 이분법은 박정희 시대를 이해하는 하나의 단면이라고도 할 수 있을 것이다.

〈팔도강산〉 작가가 아니라 잡가올시다

인권과 민주주의를 희생양으로 삼은 경제성장은 더 많은 자유와 민주주의를 요구하는 사람들을 탄생시켰고, 비판적인 목소리들이 커져가기 시작했다. 정부의 정당성을 위해서라도 경제 발전의 성과를 홍보해나가는 '정책 홍보성 드라마'가 필요했다. 1974년 4월 15일 KBS에서 방영을 시작해 1975년 10월 5일 398회로 종영한 〈꽃피는 팔도강산〉이 바로 그런 대표적인 드라마였다. 〈꽃피는 팔도강산〉 역시 새마을 드라마로 분류할 수 있는데, 여타의 새마을 드라마가 개발과 근대화의 필요성을 강조했다면 〈꽃피는 팔도강산〉은 주로 경제 성장의 성과와 과실을 보여주는 데 치중했다.

애초 〈꽃피는 팔도강산〉은 영화 〈팔도강산〉을 드라마화한 것이다. 1966년 영화로 제작된 이후, 속편만 4편이나 쏟아져 나왔다. 그러다가 영화 흥행을 등에 업고 정권 홍보 차원에서 TV 드라마로 제작되었다. 원래 황정순이 교통사고로 사망하게끔 돼 있었는데 당시 윤주영 장관의 강력한 요청으로 황정순을 살

©KBS

●정책 홍보 드라마인 〈꽃피는 팔도강산〉은 우리나라의 경제가 성장한 모습을 주로 보여주었다.

리느라 영화가 엉망이 되고 말았다. 나중에 윤주영은 당사자들에게 사과하면서 〈팔도강산〉을 텔레비전 드라마로 만들기 위해서 그랬다고 회고했다. 〈꽃피는 팔도강산〉에도 역시 시청률을 높이기 위해 다양한 방법이 동원되었다. '스타 시스템'과 한국인이 사랑하는 코드인 멜로드라마적인 요소가 가미된 것이다. 특히 김희갑 · 황정순 · 최은희 · 장민호 · 황해 · 박노식 · 태현실 등 당대의 톱 스타들이 총출동한 초호화 캐스팅으로 시청자들의 이목을 사로잡았다.[42]

〈팔도강산〉의 TV 드라마화는 순탄치 않았다. 당시 드라마의 대본 집필을 의 뢰받은 작가 신봉승은 다음과 같이 말한다.

"당시로서는 파격적인 원고료에다 새마을훈장도 주선해주겠다는 조건이었 지요. 내가 TBC에 전속돼 있어 어렵다고 난색을 표하니까 윤주영 문공부 장관은 'TBC 측의 양해를 얻어놓을 테니 염려 말라'는 거예요. 친한 친구들과 의논했더니 괜히 정치적으로 이용만 당한다며 한결같이 말려요. 그래서 아예 잠적해버렸습니다. 문공부와 KBS에서는 나를 찾느라 비상이 걸렸지요. 인천 올림푸스호텔, 서울의 앰배서더호텔, 세종호텔을 열흘 가까이 전전했습니다. 결국 필자는 윤 모 씨로 바뀌었습니다."[43]

〈꽃피는 팔도강산〉은 정책 홍보성 드라마답게 정부의 후원이 대단했다. 당시만 하더라도 승용차가 드물어 고속도로를 달리는 장면을 찍을 때면 오가는 차가 없어 애를 먹기도 했는데, 그럴 때면 경찰이 나서서 차량을 막았다가 한꺼번에 풀어 도로가 승용차로 붐비는 모습을 화면에 담기도 했다. 또 황정순과 김희갑 부부가 울산, 포항 등지의 산업 시설을 시찰할 때 아들 내외나 관계자들이 "이게 다 박정희 대통령 각하의 영도력 덕분이 아니냐"라고 말하는 등 노골적으로 정권을 홍보하는 장면이 등장하기도 해 박정희의 통치 기간 중 "가장 성공적인 홍보물에 속한다"는 평가를 받았다.[44]

〈꽃피는 팔도강산〉은 큰 성공을 거두었지만, 드라마 극본을 집필한 윤혁민은 "나에게는 곧잘 당혹감을 안겨주는 작품의 하나"라면서 다음과 같이 말한다.

"다행이 많은 사람들이 봐줬기 때문에 아직도 어떤 자리에서 누가 나를 초면의 사람에게 소개를 할 때는 그 작품을 들먹이는 경우가 많고 중년 이상들은 거의 다 그 작품을 기억해주기 때문에 굳이 '족보'를 대줄 필요가 생략되는 이점은 있다. 그런데 그 반응은 대체적으로 두 가지다. '아…….' 감탄사 한마디로 그냥 재미있게 봐줬다는 사람이 있는가 하면 소위 먹물깨나 들은 사람들 중엔 '아, 그거요? 박통이 우리나라 발전상을 홍보하기 위해서 만든 홍보 드라마였죠?' 하는 식으로 아는 체를 했고 그 표정의 근저엔 '짜식, 뭔가 했더니 어용작가였구만' 하는 비아냥이 배어 있게 마련이었다. 그럴 때마다 나도 하는 얘기가 있다. '아, 〈팔도강산〉 작가가 아니라 잡가올시다.' …… 그 무렵(1975년-필자 주)의 일이다. 한밤중에 전화가 걸려왔다. '아무개 씁니까?' '네, 누구신데요?' '아, 나 팔도강산 시청자올시다.' 그래놓고 대뜸 욕이 터져나왔다. '야 이 개새 끼야. 너도 똑같은 놈이야 임마.' 꽈당!"[45]

정책 홍보성 드라마라곤 하지만 대히트를 친 드라마의 작가가 받아야 했던 사회적 지탄과 눈총은 박정희 정권 시절 한국 드라마가 처한 수난의 좌표를 상징적으로 보여주는 것인지도 모른다. 남녀 간 사랑과 가정 문제를 다룬 지극히 사적인 소재는 정권에 의해 '저속 퇴폐'의 올가미에 걸리고 정책 홍보성 드라마는 시청자에게 격한 항의의 손가락질을 받아야 했으니 말이다. 어찌 보면 그런 이중적 수난이야말로 박정희 정권이 한국 드라마에 남긴 유산인지도 모를 일이다.

급증한 '성 표현' 드라마

일일 연속극에 비해 재미가 덜한 한계를 보완하기 위해 스타 시스템을 비롯해 다양한 방법을 동원했지만, 목적극의 시청률은 전반적으로 높지 않았다. 물론 〈꽃피는 팔도강산〉처럼 시청자의 사랑을 받은 드라마가 없던 것은 아니지만, 시청자들은 일일 연속극에 비해 흥미가 떨어지는 목적극을 외면하는 것으로 나타났다. 국민 동원이라는 박정희 정권의 목적이 개입할수록 오히려 역효과가 났다. 언론인 정경희의 말마따나 박정희 정권이 추구한 가치를 전파하기 위해 만들어진 목적극 속 주인공들은 "20세기의 '시민'이라고 하기에는 너무나도 터무니없는 현실 괴리의 꿈속을 헤매고 있는 19세기의 리바이벌"이라고 할 만큼 현실성도 없고 매력도 없는 인물이었기 때문이다.[46]

시청자의 목적극 외면은 목적극이 방영되는 시간에 TV를 끄는 적극적 행동,

그러니까 TV 드라마의 선택적 시청으로 나타났다. 정부의 강권에 의해 목적극을 제작한 방송사들에겐 마른하늘의 날벼락이었다. 그동안 열악한 제작 환경에서 힘들게 만들어놓았던 시청자를 잃어버려야 했기 때문이다. 시청률 하락이 방송사 경영에 타격을 주었다는 것에 문제의 심각성이 있었다. 시청자를 브라운관으로 불러모으기 위해 드라마는 다시 자극적인 내용으로 채워질 수밖에 없었다.[47]

1975년 사회 기풍을 좀먹는 해악으로 낙인찍히는 드라마가 대거 등장했다.[48] 여기엔 그럴 만한 이유가 있었다. 1970년대 중반 들어 경제 사정이 좋아지고 국민 소득이 증가해 지긋지긋한 가난에서 탈출하는 데 성공하자 경제성장을 보여주기라도 하듯 거리엔 '룸살롱'을 비롯해 향락 산업이 고개를 들기 시작했다. 사업가는 물론이고 주머니에 여유가 생긴 샐러리맨까지 흥청망청하며 경쟁하듯 소비에 나섰고, 향락 산업의 활황으로 이른바 '호스티스'라는 신종 직업도 생겼다. 1974년 공전의 히트를 친 영화 〈별들의 고향〉과 1975년 최고 흥행작 〈영자의 전성시대〉는 이런 사회 분위기가 만들어낸 결과물이었다.[49]

사회 기강 확립과 퇴폐 저속 추방을 강조하며 장발 단속과 미니스커트 추방을 강조해온 박정희 정권이었기에 퇴폐 저속의 온상이던 향락 산업에 철퇴를 내려야 마땅했다. 하지만 박정희 정권은 한국 사회를 흥청망청으로 몰고 가는 향락 산업의 활황에 대해서만은 유독 관대한 태도를 보였다. 왜 그랬을까? 향락 산업의 호황은 경제 성장의 뚜렷한 증거였을 뿐만 아니라 향락 산업이 한국인의 '정치로부터의 도피'를 부추기는 효과를 발휘했기 때문이다.

앞서 거론했듯, 박정희 정권은 유신을 단행한 후 "현대극은 중류 이상의 가정을 배경, 소재로 삼는 일은 피하고" "건전한 가치관 제시와 삶의 질 향상"을 위해 드라마를 제작하라고 했다. 하지만 드라마가 경제성장과 사회 분위기를 반영하게 되면서 문제가 발생했다. 드라마가 시청률을 끌어올리고 광고주가 원하는 시청층인 구매력을 갖춘 도시민과 상류층을 겨냥해 향락에 물든 도시인들의 흥청망청한 사회상을 보여주는 데 집중하면서 빈부 격차와 상대적 박탈감이 고개를 들고 있었기 때문이다.

드라마 속 패륜은 '반공 국민 총화를 해치는 이적 행위'

이런 가운데 1975년 4월 30일 월남이 패망했다. 박정희 정권은 월남 패망을 국내 정치에 십분 활용하고 나섰다. 그해 5월 13일 긴급조치 9호가 발동됐고 억압적인 분위기 속에서 드라마는 또 직격탄을 맞았다.

신문은 그런 공격의 든든한 후원자였다. 『한국일보』 1975년 2월 5일자는 안방 관객이 '시각 공해의 인질'로 잡혀 있다고 비판했고, 심지어 스포츠신문인 『일간스포츠』 1975년 4월 2일자까지 "소재 내용의 거의가 남녀 간의 삼각관계, 이중생활, 남녀 갈등에만 치중한 채 현실과 너무나 동떨어져 이제는 흥미마저도 상실해가고 있다."라고 목소리를 높였다. 『조선일보』 1975년 5월 11일자는 일일 드라마에서 묘사되는 남녀 간 애정 관계를 '불륜과 저질', '퇴폐풍조 지적 1호'라고 비난했다.[50] 『동아일보』 1975년 5월 19일자 사설은 "우리나라 TV 프로는 과연 얼마만큼 건전한가. 밤 휴식 시간의 대부분을 빼앗고 있는 TV 프로를 놓고 최근 그 저속성이 다시금 문제가 되고 있다는 것은 주목할 만한 일이다."라고 했다.

"사실 시청자들한테 가장 인기가 있으며 그래서 각 TV국이 가장 제일 역점을 두고 있는 것으로 알려진 일일 연속극을 살펴보면 어쩌면 그렇게도 하나같이 저속하고 비윤리적인 것만을 내용으로 하고 있는지 사뭇 아연해진다. 거기

● 「동아일보」 1975년 5월 19일자 사설. 신문들은 이 사설처럼 일제히 드라마의 저속성을 문제 삼았다.

선 어떤 진실성이나 호소력도 찾아볼 수 없으며 오직 눈에 뜨이는 것이 있다면 작가의 비현실적이고 관념적인 감정의 유호와 제작진의 양식을 도외시한 최루 취미가 있을 뿐이다. 그중에도 어떤 것은 시청자의 인기를 유지하기 위해 되지도 않는 이야기를 엿가락처럼 억지로 늘이고 있는 후안무치한 것이 있는가 하면 어떤 것은 도무지 상상할 수도 없을 만큼 불륜한 내용의 것이 있고 사극 등에 있어서도 국적을 분별할 수 없는 웃기는 내용의 것 등이 보통으로 방송되어 시청자들을 우롱하고 있는 데서 더한층 개탄을 자아내고 있다."[51]

당시 일일 연속극에 대한 비판은 가히 장마철 폭포수처럼 쏟아졌다고 해도 과언이 아니었다. 경쟁하듯 쏟아진 신문과 지식인의 드라마 비판을 일별하면 대략 다음과 같다.

"혼외정사 · 혼전임신 등의 비도덕적 소재(퇴폐적), 질질 끈다 · 진전 없이 맴돈다(무절제), 천편일률 · 겹치기 출연(식상), 주제의식의 빈곤 · 신변잡기 · 통속적 애정행각 · 삼각관계 · 울고 짜는 퇴영적 여성 취향(비생산적), 현실과 거리가 멀다(비현실적), 드라마 수가 많다(과다), 등장인물 간의 갈등 심화(화합 저해), 도시 중심(농촌 소외), 상류층 소재(계층 간 위화감), 고증이 안 되어 있거나 빈약하다(사극의 고증 부재), 암투·모략·음모 투성이(역사의 희화화) 등."[52]

대학생도 가세했다. 한 대학생은 신문 독자 투고를 통해 "요즈음 우리의 유일한 오락물이 되어버린 TV가, 온 가족이 모여 보는 저녁 시간의 소위 일일 연속극들은 남녀의 패륜을 공공연히 보여줌으로써 건전한 가정 파괴의 기수가 되기에 조금도 손색이 없게 되었다."라고 말했다.

"하나같은 TV 무대의 호사스런 배경은 오늘 같이 살기 어려운 많은 서민층을 기만하는 듯이 보이며 '강 건너 불구경' 정도가 아니라 '불난 집에 부채질'이란 말이 새삼 생각하게 한다. 침대에 누워 고급 담배와 양주를 즐기며 사랑에 빠져 고민하는 중년 신사, 일류 의상실에서 앉아 디자이너와 환담하는 여대생, 으리으리한 레스토랑에서 식사하고 맥주를 마시는 청춘 남녀들, 이것이 진정 오늘날 대학생의 모습으로 비쳤단 말인가? 그러기에는 학비, 하숙비 걱정으로 일주일 내내 가정교사로 뛰어다니며 공부하느라 발버둥치는 대학생들에게 너무나 커다란 인간적 모욕이 아니겠는가. 그러한 TV의 황홀한 무대는 '다수'가 아닌 '일부'를 생각나게 하며 나도 저렇게 한번 잘살아보겠다는 가슴에 부푼 희망을 자극하기에는 증오감이 앞선다. 요즘 한창 절정에 오른 반공 국민 총화를 해치는 이적 행위라 규탄한다 해서 지나친 언변일까."[53]

그런 분위기 속에서 MBC의 〈안녕〉과 〈갈대〉, TBC의 〈아빠〉 등은 된서리를 맞았다. 방윤에서 드라마가 퇴폐적인 내용을 담고 있어 건전한 가정생활과 사회 윤리를 해칠 우려가 있기 때문에 빨리 끝내라는 압력을 넣었기 때문이다. 당시 방윤은 〈안녕〉은 처녀가 유부남을 좋아한다는 설정 자체를, 〈아빠〉는 20대 여자와 40대 유부남의 사랑이 사회와 가정윤리를 해친다는 퇴폐 저속의 근거로 삼았다.[54] 〈갈대〉에 대해선 "등장인물의 애정 행각이 과잉 표현되어 건전한 사회 기풍의 진작을 해치고 퇴폐성을 조장했으며, 어린이를 어른들의 가정불화에

끼어들게 하여 아동 교육상 좋지 않고 극 중의 김혜자를 주변인물이 건전한 가정의 질서를 지키는 데서 출발하지 않아 본래 지녀야 할 가정의 순결성과 건전성을 저버렸다."라며 작가에게 집필 정지 처분을 내렸다.[55]

박정희 정권의 딜레마와 연속극 폐지론

하지만 이 과정에서 박정희 정권은 적잖은 딜레마에 빠졌을 것이다. 왜 그런가? 정책 홍보성 드라마를 통해 경제성장의 증거를 보여주고자 했지만, 시청자의 외면으로 그런 목적을 달성하긴 어려웠다. 이런 상황에서 경제성장에 따른 사회 발전상을 안정적인 시청률을 확보한 일일 연속극이 보여줌으로써 국민들이 경제성장의 성과를 텔레비전을 통해 확인하는 순기능이 있었기 때문이다. 하지만 신문이 득달같이 일일 드라마의 퇴폐 저속을 문제 삼고 나섰을 뿐만 아니라 정권이 계몽과 지도 편달의 대상으로 여긴 국민들까지 일일 연속극이 부추기는 불륜과 빈부 격차를 비판하고 나서자 일일 연속극을 손보지 않을 수 없었을 것이다. 게다가 경제성장의 이면에서 희생해야 했던 사람들이 '빈부 격차'를 확인하며 소외감과 사회적 불만을 키워나가고 있었다.

일일 연속극이 경제성장의 성과를 적당한 선에서 조율해 방영했다면 박정희 정권의 딜레마는 해결될 수도 있었을 것이다. 경제성장의 증거는 정권의 안정화를 꾀하고 정부에 대한 국민의 지지를 끌어올리는 매력적인 지배 수단이었기 때문이다. 하지만 방송사마다 목적극 방영으로 떨어진 시청률과 광고 수익을 올리기 위해 과거보다 더 자극적인 소재와 내용으로 브라운관을 채웠고, 그러다 보니 수위 조절을 하기가 쉽지 않았다. 설혹 수위 조절을 했다고 하더라도 신문의 공세가 한결 강화되었기에 일일 연속극은 '논란의 중심'에서 벗어나기도 쉽지 않았을 것이다.

이렇듯 정부의 규제가 강화되고 신문의 비난마저 거세지자 방송사들은 1975년 5월 23일 '방송정화 실천요강'을 채택하고 바싹 엎드렸다. 방송사들은 앞으로 "가정의 순결성과 예절을 존중하고 특히 역사물에 있어서는 권력암투, 부패, 고기枯悶 등의 묘사를 지양하고 역사를 통한 국난극복의 애국정신 등 교훈적 내용을 강조"하겠다며 "국론을 분열케 하거나 사회의 공공질서를 문란케 하는 내용, 민족의 주체성을 해치거나 국가 간의 문제에 편견을 가지게 하는 내용, 전통문화를 해치거나 국민의 올바른 역사관을 그릇되게 하는 내용, 불건전한 남녀관계와 선정적 묘사로 미풍양속을 해치거나 퇴폐풍조를 조장하는 내용, 국민의 사치성을 조장하거나 지역 및 계층 간의 감정을 유발하고 문화적 격차를 느끼게 하는 내용" 등을 금지하겠다고 밝혔다.[56]

● 『경향신문』 1975년 5월 26일자 기사. 방송사들은 정부의 규제가 강화되고 신문의 비난이 거세어지자 '방송정화 실천요강'을 채택했다.

방송사가 자율 정화를 선언했지만, 1975년 6월 12일부터 3일간 열린 방송인 세미나에서는 '연속극 폐지론'이 나오는 등 1975년은 일일 연속극 수난의 해였다.[57] 문공부는 그해 9월 초 '추계기본방송순서개편방향'을 방송국에 시달하고 일일 연속극을 하루 3편 이내로 줄이도록 지시하며 일일 연속극 홍수에 제동을 걸고 나섰다. 또 범죄 수사극이나 폭력 액션극, 퇴폐적이고 저속한 드라마를 지양하도록 지시했다.[58] 정권의 행태에서 영감을 받은 것일까? 이익집단과 시청자들도 차츰 드라마를 동네북으로 간주하기 시작했다. 김연진의 술회다.

"1975년도에 KBS로 방영된 〈엘루야〉에서 이효춘은 극 중 면도사로 나왔다. 같은 이발소의 총각이 이효춘을 짝사랑해 고백하나, 이효춘은 재벌집의 대학생 애인이 있는 몸. '너 같은 이발사한테 내가 왜 가니?' 단호한 보이콧이다. 다음 날 방송사 예능국엔 하루 종일 사무가 마비될 정도로 항의 전화가 쇄도했다. 정식으로 공개사과 않으면 전국 이발사협회 회원들이 집단항의 시위하겠다고. 그뿐이랴. 메디컬 드라마 〈소망〉에서 간호사가 채혈하는데 팔에 고무줄도 안 묶고 하고, 의사가 간호원이라고 호칭한다고 해당 협회에서 '간호원'을 '간호사'로 호칭해달라고 시정을 요구하는 전화가 왔다."[59]

신문은 왜 일일 연속극을 비판했나

신문의 일일 연속극 비판은 어제오늘의 일이 아니었다. 앞서 지적한 것처럼, 이미 1960년대부터 신문은 일일 연속극 비판의 전위부대였다. 아마 신문의 비판이 없었더라면 일일 연속극이 '저속', '퇴폐', '저질'의 불명예를 뒤집어쓰지 않았을지도 모르는 일이다. 신문의 비판은 날이 갈수록 그 강도를 더해갔고 1970년대 중반 들어 최고점에 다다랐다.

신문은 왜 그렇게 일일 연속극을 소리 높여 비판한 것일까? 민족중흥과 국민 총화에 힘써야 할 방송이 국가와 민족의 앞날에 도움이 되는 프로그램을 제작하기는커녕 오히려 사회기풍을 해치는 일일 연속극만 양산하는 모습을 보면서 발동한 우국충정 때문이었을까? 그런 애국심도 작용했겠지만, 더 큰 이유는 광고 시장을 TV에 빼앗겼다는 위기감 때문이었다. 한국의 광고 시장은 1974년부터 크게 팽창했다. 1973년 230억 원이던 광고비 총액은 1974년 430억 원으로 뛰어올랐고 이듬해엔 650억 원을 기록했다. 중요한 것은 1974년을 기점으로 TV 광고 총액이 신문을 따돌렸다는 사실이다. 1970년 TV 광고비는 18억 원에 불과해 신문(60억 원)은 물론이고 라디오(26억 원)에게조차 뒤졌다. 1971년엔 라디오를 따라잡았지만 여전히 신문과의 차이는 좁히지 못한 상태였다. 하지만 1974년을 기점으로 전세가 역전됐다. 1973년 65억 원에 그친 TV 광고비는 1974년 150억 원으로 급증했다. 반면 같은 기간 신문 광고비는 81억 원에서 137억 원으로 증가하는 데 그쳤다. 신문에 더 심각한 일은 1975년에 발생했다. 1975년 TV 광고비는 260억 원으로, 200억 원에 그친 신문을 훌쩍 따돌렸기 때문이다. 1970년대 초만

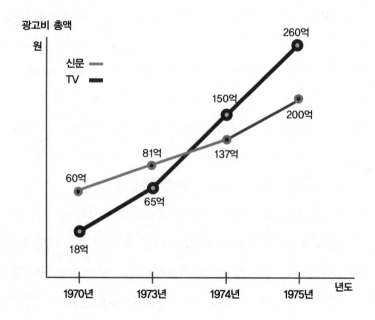

하더라도 광고주를 구하지 못해 발을 동동 구른 TV가 드디어 신문을 따돌리고 광고 시장의 지존으로 등극한 것이다. 일등 공신은 물론 일일 연속극이었다.[60]

　광고 시장에서의 리더십을 방송에 빼앗기자 신문업계는 큰 충격을 받았다. 위기감을 반영이라도 하듯, 그동안 방송 순서와 프로그램 하이라이트를 지성스럽게 중계해주던 신문은 1975년을 기점으로 TV 문화 면에 'TV 주평', '모니터' 등의 고정 칼럼을 마련해 방송과 일일 연속극에 대한 공격에 본격적인 시동을 걸고 나섰다.[61]

드라마는 왜 국화빵이 되었나

달리는 말에 채찍을 가하겠다는 생각이었을까? 박정희 정권은 월남 패망을 계기로 방송 편성에 직접적으로 개입하고 나섰다. 이 과정에서 효율적으로 활용한 게 있었으니 바로 미국 FCC Federal Communications Commission의 가족시청시간대였다.[62]

　FCC의 가족시청시간대를 바로 도입해 만든 것이, 방송을 국화빵으로 만든 '시간대별 편성지침'이었다. 정권은 1976년 4월 12일 방송의 국민 계도와 계몽 기능을 확장해 교육 수단으로 삼는다는 명분을 앞세워 이른바 '국민교육매체화 방침'을 발표했는데, 이는 방송의 자율성을 송두리째 흔들었다. 정부가 직접 방송사의 시간대별 편성표를 작성해 하달했기 때문이다.[63]

　시간대별 편성지침의 주요 내용은 무엇이었던가? 첫째, 동일 시간대에 동일 프로그램을 편성할 것, 둘째, 황금 시간대에는 사회 교양 프로그램을 편성할 것, 셋째, 연예 오락 프로는 9시 30분 이후에 편성할 것, 넷째, 일일극은 1일 2편 이내로 편성할 것 등 총 4가지였다. 이에 따라 오후 6시대는 어린이 시간, 오후 7시대는 뉴스나 가족이 함께 볼 수 있는 건전 오락물 시간, 오후 8시대는 민족사관 정립 드라마 및 캠페인 시간, 오후 9시대는 종합뉴스 시간으로 대못이 박혔다. 이에 따라 3개 방송사 모두 동일 시간대를 편성해 월요일 반공, 화요일 청소년 선도, 수요일 새마을, 목요일 국방, 금요일 경제 등의 공동 주제로 제작하는 초유의 일마저 발생했다.[64]

정부가 방송 편성권을 장악한 시간대별 편성지침은 1978년까지 계속됐는데, 부작용이 만만치 않았다. 이와 관련 정순일과 장한성은 "문자 그대로 각 방송사가 획일 편성을 강요당하는 '혁명적'인 전환이었으나, 이런 강경책에 대해 '공민영을 통틀어 TV 프로그램의 획일화 현상을 빚을 수밖에 없어 당국이 의도하던 정책 홍보 면에서는 오히려 기대한 바 효과를 제대로 거두고 있는지 의심스러운 결과마저 맞기도 했다"면서 다음과 같이 말했다.

"특히 일일 연속극의 같은 시간대(밤 9시 반 이후) 중복 편성은 1970년대 초의 각 TV국의 시청률 경쟁을 또 다시 불러일으킬 위험마저 내포하고 있었다. 어떻든 시간대와 프로그램 내용까지를 지정한 당국의 편성 정책은 방송 내용 정화에는 효과가 컸을지 모르나 각 TV국 간의 개성 있는 편성을 오히려 악화시켰고 …… 결국 TV가 재미없어졌다는 사회 여론이 고개를 들어 TV 정책의 새로운 전환이 필요한 것이 아닌가 하는 또 다른 과제가 남게 된 것이다'는 견해'가 지배적이었고, '동종의 프로그램을 동시간대에 편성하거나 프로그램을 모방하는 경향 등은 국민 소유의 제한된 전파의 낭비일 뿐 아니라 시청자의 선택권을 박탈하여 사상의 공개 시장의 형성을 저해하고 있는 사실'을 지적하면서 '방송인에 의한 편성권의 자진 반납'을 개탄하는 소리도 컸다."[65]

일일 연속극은 시간대별 편성지침으로 방영시간이 9시 30분 이후인 말석으로 밀려난 데 이어 방송사당 1일 2편으로 제한받았기 때문에 큰 피해를 받을 것으로 예측됐지만 막상 그렇지도 않았다. 가정주부들이 선택적 시청을 통해 여전히 일일 연속극을 챙겨보았기 때문이다. 이호철이 1978년에 낸 소설 「반상회」의 한 대목이다.

"벽시계의 기다란 시계추가 징하고 하나를 쳤다. 아홉시 반이었다. 그러나 문 앞에 앉았던 증권회사 집 아낙네가 일어서면서 말하였다. '어마, 아홉시 반이네. 이제 일어들 섭시다. 어서 가서 〈당신〉 봐야지.' 곁따라서 한방 가득히 앉았던 아낙네들도 응, 참, 당신, 당신 하며 〈당신〉 프로가 기다리고 있는 것도 모르고 아직 멍청하게 앉아 있었다는 듯이 마루로 나가 현관 신장에서 제가끔 제 신을 찾아 신고 뜨락으로 나섰다."[66]

1977년 한국방송보호협의회가 발표한 한국 TV 시청 경향 조사에 따르면, TV를 가장 즐겨보는 시청층은 가정주부로 32.8%에 달했다.[67] 이 조사가 시사하듯, TV와 드라마에 대한 가정주부의 열렬한 지지 때문에 시간대별 편성지침이 도루묵이 될 가능성은 농후했으며 실제 이는 현실이 됐다.

범람하는 '무늬만 민족사관 정립극'

세상엔 좋은 드라마와 나쁜 드라마가 있다. 물론 좋은 드라마는 국가 발전과 국민 총화에 이바지할 수 있는 드라마다. 따라서 국민 의식을 계몽할 수 있는 드라마는 더 많이 제작되어야 한다. 거칠게 말하자면, 이게 바로 드라마에 대한 박정희 정권의 생각이었다. 나쁜 드라마엔 채찍을 가하고 좋은 드라마엔 당근을 준 이중적 드라마 정책 역시 그런 사고가 낳은 산물이었다.

정치적 위기에 직면할수록 박정희 정권은 좋은 드라마, 그러니까 목적극 제작을 적극 장려하고 나섰다. 반공 드라마와 새마을 드라마, 정책 홍보 드라마로 이어지는 목적극의 흐름을 이어받은 것은 이른바 '민족사관 정립극'이었다. '시간대별 편성지침'에 따라 일일 연속극이 방영되던 황금 시간대에 민족사관 정립극 시간이 마련되면서 민족사관 정립극은 1976년부터 목적극의 흐름을 주도했다. 국난 극복의 의지, 역경과 시련을 이겨낸 선현들의 발자취, 국가관과 민족혼을 제시하자는 게 바로 민족사관 정립극이었다.[68]

민족사관 정립은 박정희의 단골 레퍼토리였다. 박정희는 이미 1960년대부터 이를 줄기차게 강조해왔다.[69] 방송사 간 민족사관 정립극 경쟁이 붙었다. 문제는 역시 시청자들의 선택적 시청이었다. 민족사관 정립극은 시청률에서 경보음을 자주 울렸다. 따라서 막중한 사명을 띠고 출발했음에도 민족사관 정립극은 시간이 지나면서 약화될 수밖에 없었고 이른바 '무늬만 민족사관 정립극'들이 안방극장에서 범람하는 현상을 낳았다.

조항제는 "시간대 편성지침조차 강경했던 초기가 지나가게 되면 명시적으로 철회되지 않은 채 일정 정도 강제성을 상실하게 된다."라고 했다.

"MBC의 경우 1977년 추동계 개편에서 8시 20분 정책 시간대에, 가정 드라마라는 캐치프레이즈가 붙어 있었지만 멜로물임에 손색이 없는 〈빨간 능금이 열릴 때까지〉(TBC는 〈아름다운 이 청춘아〉)를 다시 심었다. 별다른 규제를 받지 않자 이 시간대는 이후, 〈남풍〉, 〈주인〉 등의 현대 멜로 시간대로 다시 복귀했다가 1978년 추동계 개편 시 '정책시간대' 원래대로의 캠페인 단막극 〈알뜰가족〉으로 바뀌었다. 민족사관 정립극으로 설정된 8시 40분~9시에서도 초기에는 비교적 정책 방향에 충실했던 〈예성강〉, 〈사미인곡〉, 〈거상 임상옥〉, 〈정화〉 등을 계속해서 방송했으나 임진왜란 당시 일본에 끌려간 조선 도공들의 이야기를 다룬 〈타국〉 이후에는 전형적인 사극 멜로물인 〈옥녀〉를 방영하였다. 이 시간대는 이후에도 같은 작가의 시리즈로 이어져 시대적 배경만 바뀐 채 〈정부인〉,

● 박정희 정권의 규제로 일일 연속극을 줄여야 했던 TBC는 토요 연속극 〈결혼행진곡〉을 일요일까지 늘렸는데 이게 주말 연속극의 시원이다.

〈연지〉, 〈안국동 아씨〉로 계속되었다."[70]

박정희 정권의 일일 연속극 규제는 주말 연속극 시대의 개막으로 이어졌다. 1976년에 이어 그다음 해에 또다시 일일 연속극을 줄이라는 압박을 받은 TBC가 일일 연속극을 한 편 줄이는 대신 토요 연속극 〈결혼행진곡〉을 일요일까지 늘려버렸는데 이게 주말 연속극의 시원이다. TBC의 성공에 자극받은 MBC 역시 1977년 7월부터 주말 연속극을 신설해 맞대응하고 나섰다. 물론 이후 주말 연속극은 일일 연속극으로부터 바통을 이어받아 방송 3사의 주전장主戰場이 되었다.[71]

선정적인 드라마는 공해

박정희 정권이 방송사의 편성권을 박탈하는 극약 처방을 통해 일일 연속극 정화에 나섰지만, 일일 연속극과 멜로물을 제작하던 방송사의 정신과 철학이 사라진 것은 아니었다. 드라마 제작 동인이었던 이윤 추구를 위한 대중성과 수익성 추구는 여전히 기승을 부렸다. 이런 환경에서 애정 표현과 성적 묘사는 진화하고 있었다. 키스로 시작한 드라마의 성적 묘사는 혼전동거, 혼전·혼외 임신, 혼외정사 등을 주요 내용과 소재로 하며 그 외연을 확대해나가고 있었다. 특히 MBC와 TBC는 한국 사회의 성 윤리와 성 풍속의 경계를 더욱 과감히 넘어가는 경쟁을 벌였다. 남편의 외도뿐 아니라 아내의 외도, 소실을 거느린 채 한집에 살며 당당히 아내를 구박하는 일부다처제의 남성 등을 여전히 등장시켜 나간 것이다.[72] 이 때문에 저질 논란은 끊이지 않았고 심지어 '드라마 공해'라는 주장마저 등장하는 지경에 이르렀다. 결국 방송윤리위원회는 1977년 5월 12일 "일부 드라마에서 선정적인 키스 장면과 남녀의 자극적인 사례가 증가하고 있다."라며 '텔레비전 드라마의 선정적 장면 억제에 관한 일반권고'를 내렸다. 7월 1일엔 방송 드라마 기준을 제정해 다시 저속 드라마 일소에 나섰다.

당시 금지된 내용은 ①무분별한 남녀 간의 애정관계나 환락, 윤락가의 일들을 소재로 하거나 지나치게 묘사 부각시키는 내용, ②가정의 고부간, 부부간, 기타 가족 성원 간의 갈등을 지나치게 묘사함으로써 혼인 제도와 가정생활을 해칠 우려가 있는 내용, ③등장인물을 무절제하게 비생산적인 것으로 묘사하거나 지역 간, 계층 간의 감정을 유발케 하는 내용, ④범죄 수사물을 흥미 위주로 다루거나 관능적인 남녀 관계, 치정, 지나친 폭력 등을 묘사하는 내용, ⑤어린이와 청소년의 품성과 정서를 해칠 우려가 있는 방송극에 그들을 배역하거나 소재로 하는 내용, ⑥사치스런 무대, 장치, 소품, 의상 등으로 호화스러운 생활을 묘사하는 것 등이었다.[73]

방윤은 또 향후 방송 드라마가 기준을 벗어날 때는 작가에게 집필 정지 처분을 내리는 등 강력하게 대응하겠다고 밝혔다. 방윤의 규제 방침에 방송 작가들은 "무엇을 어떻게 쓰라는 것인지 모르겠다."라며 반발하고 나섰다.[74] 그럴 수밖에 없었다. 방윤의 기준이 워낙 포괄적인 내용을 담고 있었기 때문에 방송 기준에 저촉되지 않은 드라마를 찾기 어려웠다.

방윤의 횡포가 보여주듯, 박정희 정권의 드라마 규제는 모순이었다. 앞서 이야기했듯, 정권은 조금이라도 사회적 모순에 의문을 제기할 수 없도록 사회성을 철저하게 차단해 드라마 소재를 불륜과 저속으로 몰아간 근본적인 원인을 제공했다. 그러면서도 퇴폐와 저속을 이유로 걸핏하면 드라마 정화에 나섰으니, 어느 장단에 춤을 추어야 할지 방송 작가들은 난감해할 수밖에 없었다.

소재 제한과 내용 규제는 새로운 실험과 모험을 하지 못하게 만드는 이유로 작용했다. 정부의 간섭 속에서 방송사가 할 수 있는 것은 기존 성공 사례에 의지해 드라마를 제작하는 정도였다. 따라서 규제가 강화될수록 정치 상황에 따른 소재의 한계와 제작 시스템 때문에 멜로드라마의 선정성은 심화되었고 정권과의 갈등은 더욱 커져갔다. 특히 사회적으로 민주화를 요구하는 목소리도 커져가던 상황이었기 때문에 박정희 정권의 칼질은 더욱 심해졌다.

드라마의 놀라운 생명력

방윤의 각종 규제에도 불구하고 드라마는 여전히 강세였다. 방윤이 1978년 3월 낸 보고서에 따르면, 1977년 11월 현재 라디오와 텔레비전 드라마는 총 847편이었다. 방송시간으로는 23만 658분이었으며, 이를 일수로 환산하면 약 160일에 해당하는 수치였다. '드라마 공화국'이라는 말이 괜히 나온 게 아니었다. 정권의 강요에 의해 축소되었다지만 여전히 일일 연속극은 50편에 달할 만큼 드라마 시장을 주도하고 있었다. 방송사별로는 TBC가 15편, KBS가 20편, MBC가 15편이었다. 드라마 가운데 19편이 멜로드라마로, 이 가운데 17편을 TBC와 MBC 등 두 상업 방송이 제작해 여전히 일일 연속극과 멜로드라마가 시청률 효자 노릇을 하고 있다는 것을 보여주었다.

시청률 경쟁이 치열한 만큼 방윤이 정한 방송심의규정에 저촉된 작품의 숫자도 늘어만 가 1977년 1년 동안 방송심의규정에 저촉된 작품은 모두 36건에 달했다. 이 가운데 21건이 상류층이 주인공이 되고 '불륜'을 소재로 한 멜로드라마였다. 퇴폐적이며 비생산적이어서 가정 질서나 국민 생활을 파괴할 우려가 있다는 게 저촉의 주요 이유였다.[75] 안방극장이 규제와 검열 속에서 신음하던 것과 달리 영화계엔 이른바 호스티스물이 넘쳐났다. 1977년 개봉돼 60만 명을 동원한 〈겨울여자〉의 대히트를 시작으로 이른바 호스티스·창녀물은 한국 영

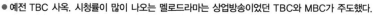
● 예전 TBC 사옥. 시청률이 많이 나오는 멜로드라마는 상업방송이었던 TBC와 MBC가 주도했다.

화계를 접수했다. 같은 해 〈내가 버린 여자〉는 38만 명, 〈속 별들의 고향〉은 32만 명을 동원했고, 이듬해엔 〈O양의 아파트〉가 28만 명을 불러 모았다. TV에 밀려 하향세에 있던 영화는 관객 수가 폭발적으로 증가하는 기염을 토했는데, 이 때문에 "영화 경기를 살리는 데는 아무래도 호스티스와 창녀들의 공이 큰 것 같다."라는 말이 나올 지경이었다.[76]

숨을 쉴 공간을 열어주고자 한 것일까? 박정희 정권은 영화계에 범람한 호스티스물에 대해선 비교적 관대했지만, TV에 대한 규제의 칼날은 더욱 시퍼렇게 세웠다. 특히 1978년 대통령 선거를 앞두고 박정희 정권의 폭압 통치가 마지막을 향해 달리면서 TV에 대한 통제는 극에 달했다. 바로 그런 이유 때문에 1978년은 드라마뿐 아니라 방송사의 수난의 해라 기억될 만했다.

정순일에 따르면, "2월 5일 TBC의 〈엄마 안녕〉과 MBC의 〈옥녀〉를 경고 처분한 윤리위원회는 2월 25일 방송에 장발자 출연 금지 권고안을 방송사에 발송했고 3월 14일에는 부유층의 호화 생활을 방송하지 말라고 각 사에 통보한다. 5월 10일에는 TV 출연자들에게 주는 상품이 과다하므로 줄여줄 것을 요구하고 26일부터는 텔레비전 외화의 사전심의를 시작한다. 6월 1일 〈해외토픽〉에서 지나치게 선정적이고 퇴폐적인 장면이 방영되고 있다고 지적하면서 각 사가 이를 억제하도록 요청하는 일반 권고문을 보냈다. 7월에 들어와서는 〈묘기 대행진〉에서 전율감을 느낄 정도의 소재는 삼가달라는 일반 권고안을 각 사에 보내고 8월 1일에는 민방의 어린이 TV 프로그램 가운데 50퍼센트가 외국 제작이라고 지적하면서 국내 프로그램으로 대치해야 할 것이 아니냐는 문제를 제기했고 8월 31일에는 요즘 TV 게임 프로그램은 의도적으로 남녀가 몸을 비비거나 껴안게 하는 사례가 많다고 지적하면서 그 시정을 요구했다. 9월 7일에는 MBC의 〈청춘의 덫〉을 경고했고, 11월 30일에는 극에서 가능한 한 사투리 사용을 억제해줄

●박정희 정권은 TV에 대한 규제는 강화했지만 영화계에 불던 호스티스 바람에는 관대했다.

것을 요구하는 일반 권고를 방송사에 보냈다." [77]

　그런 수난 속에서도 드라마는 놀라운 생명력을 유지했으니, 그 중심에 바로 시청자의 취향을 적극 고려한 대중성이 있었다. 이연현은 1970년대 말을 "질투, 멜로드라마의 삼각연애, 근검절약에 위배되는 위화감이 판을 치는 …… 압제하의 상업성 추구 소재의 시대"였다고 분석했는데, 사실 이는 1970년대 말뿐만 아니라 1970년대를 관통한 특성이라고 보는 편이 옳을 것이다.

드라마가 바꾼 농촌 풍경

급속히 보급된 TV는 보급은 농촌 사회를 근본적으로 뒤흔들어 놓았다. 1977년 말 한국방송공사가 집계한 TV 수상기 보급대수는 380만 대였으며, 1978년 2월 400만 대를 돌파했다. TV가 도시 중심에서 농어촌까지 깊숙하게 침투했음을 보여주는 수치이자 TV가 한국인들의 생활과 밀착 되었다는 사실을 의미하는 것이었다.

농촌의 TV 수상기가 급증하면서 TV가 부추기는 도농 격차에 대한 우려의 목소리는 더욱 커졌다. 도시 중심형 프로그램, 외국풍이 범람하는 프로그램, 소비성과 열등의식을 자극하는 내용 등 도시와 농촌 간의 괴리를 확대재생산하는 부작용을 낳았기 있었기 때문이다.[78] TV가 부추기는 빈부 격차에 대한 비판은 이미 1970년대 초반부터 신문 지면에 등장한 것이라 새삼스러울 게 없었다. 하지만 한 가지 중요한 차이점이 있었으니, 바로 비판을 하는 집단의 인적 구성과 특성이 과거와 달라졌다는 사실이다. 과거엔 주로 지식인과 신문이 비판하고 나섰지만, 농민들에게서까지 불평과 불만이 터져 나오기 시작했다.

1978년 3월 경북 영양군의 농민들은 반상회를 통해 텔레비전 프로그램이 대부분 상류 부유층 생활을 소재로 삼아 농민들에게 열등의식을 심어주고 이농을 부채질한다고 지적하며 프로그램을 농촌 소재로 바꿔줄 것을 건의하고 나섰다. 이들은 특히 연속극의 폐해를 집중적으로 지적했다. 드라마가 모두 도시 부유층 가정을 소재로 만들어져 농어민들에게 사치성을 조장하고 열등감을 주며 이농을 부채질하는 결과를 빚는 등 악영향을 끼치고 있다는 게 이들의 주장이었다.[79]

드라마의 도시 사랑은 어느 정도였던가? 방송사를 가리지 않고 일일극과 주간극, 주말극의 배경이 도시 일색이었다. 『동아일보』1978년 3월 6일자에 따르면, "KBS가 그래도 그중 자중하는 듯하나 매일 밤 10시 10분부터 20분간 내보내고 있는 일일 연속극 〈행복의 문〉은 도회지 아가씨 김자옥을 내세워 가난한 집 아들과의 결혼을 못하게 하고 부자집 '사장댁'에 시집가게 하고 있다. 또한 MBC의 일일 연속극 〈남풍〉, 〈당신〉, 주말극 〈후회합니다〉 등이 모두 도회지 가정을 배경으로 하고 있다. …… TBC가 내보내는 일일 연속극 〈엄마 안녕〉도, 또 5일 저녁으로 끝난 주간극 〈그건 그려〉도, 11일 저녁부터 시작되는 〈시집 갈 때까지는〉도 모두가 도회지를 무대 배경으로 하고 있다."[80]

도시 사람들 역시 드라마가 부추기는 위화감에 거부감을 느끼고 있었다. 1978년 대도시 주민 250명, 중소도시 주민 150명, 농어촌 주민 200명 등 총 600명을 대상으로 실시한 한 조사에 따르면, 응답자의 3분의 2 이상이 '상류 계층의 생활 묘사가 많다', '도시 중심적이다'고 지적했다. 또 응답자 가운데 절반가량은 연속극의 '내용 전개가 지루하다', '비정상적인 애정 관계가 많다'고 생각하는 것으로 나타났다.[81] 급속한 산업화와 근대화 과정에서 도시 노동자의 저임금을 뒷받침하기 위해 적잖은 희생을 치러야 했던 농촌은 드라마에서도 그렇게 차별을 당했으며 도시 주민의 구매력을 높이 산 방송사의 전략 속에서 농촌 소재 드라마는 자연스럽게 몰락해갔고 이후 드라마에 등장하는 농촌은 피폐해진 농촌 현실은 외면한 채 목가적이고 낭만적인 대상으로 묘사된다.

〈뿌리〉의 영향과 대형 드라마의 등장

각종 규제와 통제 속에서 드라마 제작 경향에도 큰 변화가 닥쳐오고 있었다. 바로 대형 드라마 제작 경쟁이었다. 1978년부터 경쟁하듯 이른바 대형 드라마가 등장했다. 방송사의 새로운 실험에 시청자들은 어리둥절했다. 심현우는 "1978년 3월부터 밀어닥치기 시작한 소위 '대형 특집 드라마'라는 거대한 회오리바람 때문에 한국 TV 드라마는 17년 만에 드디어 껍질을 깨는 지독한 아픔을 겪게 되었다."라면서 "숱한 비난과 논란 속에서 연속극이라는 이름으로 안방극장을 휩쓸어왔던 TV 드라마가 그 존폐 위기론까지 대두되었던 한계 상황에서 돌연 새로운 모습을 나타내기 시작한 것이다. 매일 연속극 패턴에 익숙해 있던 주부층 시청자들로부터는 이게 무슨 아닌 밤중의 홍두깨냐는 식의 못마땅함과 경외의 눈초리를, 평소 TV 드라마를 외면해온 지식층들로부터는 설마 하는 반신반의

와 기대감을 한 몸에 모았"다고 했다.[82]

대형 드라마의 탄생은 일일 연속극에 대한 정부의 규제 탓이 컸지만, 미국에서 날아온 미니 시리즈 〈뿌리〉의 영향 또한 적지 않았다. 1978년 TBC에서 방영된 미국 ABC 방송국의 작품 〈뿌리〉는 일일 연속극에 푹 빠져 있던 한국인에게 드라마의 새로운 가능성을 선보이며 새로운 볼거리를 제공했다. 일본의 영향도 컸다. 1960년대 일본에서는 홈드라마 경쟁이 심해지면서 'TV 백치론' 까지 등장할 만큼 TV 프로그램의 저속화 · 저질화를 비난하는 목소리가 커지자 NHK가 각계각층의 기대에 부응할 수 있는 '국민적 드라마' 기획에 열중해 드라마의 대형화에 박차를 가했는데, 이 역시 우리나라에 적잖은 영향을 끼친 것이다.[83]

방송 기술의 발달도 한몫했다. 1976년 당시로서는 첨단 방송 장비인 ENG 시스템이 야외 녹화에 투입되어 드라마 제작에 획기적인 변화를 가져왔다. 스튜

● 외화 〈뿌리〉의 영향으로 드라마의 대형화 경쟁이 시작됐다.

디오에서 탈출해 야외 로케가 활성화될 수 있는 환경이 조성되었기 때문이다. 또 같은 해 KBS는 여의도 방송센터로 이전해 여유 있는 제작 공간을 확보해 드라마 제작 수준을 한 단계 끌어올렸다.

대형 드라마 역시 '목적극' 형식을 띠고 있었다. 초기 대형 드라마의 소재가 주로 6 · 25나 8 · 15 등과 관련된 것이었다는 점에서 그렇다. 이게 시사하듯이, 정부 정책에 어울리지 않는 대형 드라마 제작은 생각하기 어려웠으며, 나아가 당국의 전폭적인 지원이 없었다면 실행하기 불가능한 프로젝트였다. 이 역시 졸속 제작 혐의에서 자유로울 수 없었다.[84] 조항제는 "그러나 인적 자원과 제작 시설의 획기적인 확충이 없는 가운데서 시도된 4~5간물 대형 드라마의 제작은 무리한 것일 수밖에 없었다."라고 진단했다.

"4~5명의 한정된 작가에 촬영 · 편집 · 녹음 · 방송까지 불과 1개월 내외의 기간밖에 주어지지 않았고, 원고료 · 출연료 또한 일일극과 다르지 않아 매너리즘을 면치 못했으며, 테마 선택에서도 여전히 편협해 목적극 일변도를 벗어나지 못했기 때문이다. 민방의 영업적 측면에서도 대형극은 바람직하지 않았다. 광고주가 제한되어 있어 수입의 증대보다 오히려 감소시킬 우려가 더 컸던 것이다. 1978년 이후 대형 드라마의 장이 열렸다고는 하나 아직도 대부분이 정책용 제작물인 계기 특집인 것은 이러한 이유 때문이다. 따라서 이러한 대형극의 의미는 저질 · 퇴폐라는 비판에 대한 대응으로 우선의 스테이션 이미지의 고양 효과와 함께 앞으로의 가능성 타진을 위한 파일럿 프로그램의 의미가 들어 있었다고 볼 수 있다."[85]

그럼에도 한번 타오르기 시작한 드라마 대형화 경쟁은 가열 양상까지 보였다. TBC는 '테마 드라마'라는 이름하에 〈통곡〉, 〈파도여 말하라〉 등 90분에서 최장 3시간짜리 와이드 드라마를 내놓았으며, MBC 역시 이에 뒤질세라 1979년

2월 27일부터 3일간 90분짜리 〈대한문〉을 방송한 후, 계속해서 다부작 형식의 대형극을 내놓았다. 1978년 3월부터 1979년 3월까지 1년간 총 15편의 대형 특집 드라마가 제작 방영되었다.[86]

이익집단의 압력과 훼손되는 드라마의 자율성

드라마에 대한 시청자의 항의와 불만 그리고 압력은 더욱 거세어졌다. 이 때문에 악역을 맡은 연기자는 시청자의 항의에 적잖이 시달려야 했다. 이런 불만과 항의야 애교로 봐줄 만한 것이었다. 문제는 이익집단의 불만과 항의였다. 이익단체의 압력이 본격적으로 고개를 들기 시작했기 때문이다. 『경향신문』 1978년 6월 14일자 기사는 "우리 조상들의 슬기를 극화하는 MBC 〈역사의 인물〉을 싸고 시청자들의 사론 논쟁이 잇달아 제작자들이 진땀을 빼고 있다."라고 했다.

"특히 역사상의 특정 인물의 얘기를 방영할 경우 후손들이 방송국으로 몰려와 '우리 선조는 절대로 나쁜 분이 아니다' 라고 항의한다는 것. 이럴 때마다 담당 연출자 이병훈 씨는 갖가지 사료를 내보이며 정사를 토대로 작품을 극화한다고 해명하지만 이들은 정사조차 당시 사관의 곡필이라고 주장한다고. 이 씨는 그래서 '역사적 사실을 다룬다는 게 얼마나 어려운 일인지를 새삼스럽게 느꼈다' 면서 '이 프로에 관심을 가지고 많은 시청자들이 그처럼 적극 참여해주는 것에 감사하지만 명백한 사실에 대해 억지를 부리면 정말 난처하다' 고 한마디 했다."[87]

현대극 역시 마찬가지였다. 오명환의 증언이다.

"1979년 TBC 신년 특집으로 방송한 90분 3부작 〈해오라기〉는 최초로 공해에 대한 테마를 들고 나섰는데 방송 직후 P신발 메이커 측의 격렬한 항의를 받

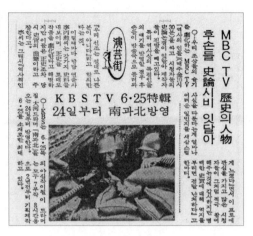

● 『경향신문』 1978년 6월 14일자에는 〈역사의 인물〉을 둘러싸고 후손들의 항의가 빗발친다는 기사가 실렸다. 드라마에 대한 이익단체의 압력이 본격적으로 시작됐음을 알 수 있다.

있다. 문제는 고무 제품을 취급한 한 여직공이 고무 독성으로 임신 불능이라는 무서운 공해병 환자로 전락하는 부분에서 발단되었다. P회사는 드라마의 제작을 위해 공장 촬영까지 협조했으나 결과는 특정 제조업의 엉뚱한 직업병을 추인한 모습이 되고 말았다. P회사의 움직임이 심각해지자 TBC는 재방송 편성을 취소했고 P회사 여공들의 근면한 모습을 담은 다큐멘터리 〈인간만세〉를 통해서 이 후유증을 보상했다. 이 작품은 초등학교 교사들의 항의도 받았는데 내용 중 노래를 개사한 부분이 문제가 되었다. '학교 종이 땡땡땡 어서 모이자 선생님이 돈 봉투 기다리신다' 가 그 부분이었다. 이 항의는 교육연합회를 통해 제기되어 드라마 대본의 심의 그리고 최종 대본의 수정에 대한 미비한 장치를 크게 각성하는 계기가 되었다."[88]

항의와 불만 표출만 있었던가? 거대 기업은 강력해진 광고주의 힘을 이용해 드라마 제작에 입김을 행사하며 자율성을 훼손하고 있었다. 『참세상』 편집국장 이정호는 "1970년대 들어 재벌들이 농장이나 목장을 돈벌이 사업으로 이용했다. 삼성의 이병철 회장이 경기도 땅 450만 평에 세운 용인자연농원은 농장과 목장, 공원, 유원지를 겸했다. 그 재벌이 운영하던 신문과 텔레비전엔 자연농원 광고가 한때 유행했다. 그 재벌의 텔레비전에서 방영하는 드라마에까지 자연농원이 무대로 등장했다. 주말마다 국민들은 사자들 틈으로 자동차 드라이브를 하자고 보채는 아들딸의 손을 잡고 꾸역꾸역 몰려들어 농원의 재무제표에 동그라미를 많이 기록했다."라며 "1970년 후반 안방극장의 금요 드라마 〈서울야곡〉과 주말 드라마 〈그건 그려〉 등 당시 TBC 연속극에선 자연농원이 숱하게 무대로 등장했다. 부동산 개발의 이익의 떡고물을 이렇게까지 처절하게 활용한 자본이 어디 또 있을까"라고 꼬집었다.[89]

박정희 정권의 두 얼굴 드라마 정책

TV가 급속하게 확산되면서 1970년대 통속극의 인기는 더욱 올라갔다. TV를 구입하려는 이유가 드라마 시청에 있었을 만큼 한국인이 통속극에 열광했기에 방송사 역시 그런 대중의 취향에 적극 영합했다. 이를 못마땅하게 생각한 박정희 정권은 드라마에 저속 퇴폐의 멍에를 씌우면서 동시에 반공 드라마, 정책 홍보 드라마, 정권 찬양 드라마 등 목적극 제작을 강요하며 드라마를 효율적 지배 수단으로 활용하고자 했다. 이 과정에서 드라마가 은연중이라도 사회 현실과 체제를 비판하는 모습을 보이면 강력하게 탄압했다. 한마디로 박정희 정권의 TV 드라마 정책은 '두 얼굴 정책'이었다. 이런 이중적인 드라마 정책은 시장성을 생명으로 한 방송사와 자주 충돌해 시시때때로 정권 차원의 탄압과 규제의 채찍이 등장했다.

흥미로운 사실은 박정희 정권의 드라마 정책이 방송사의 수익성을 더 부추기는 요인으로 작용했다는 점이다. 정부의 강요에 의해 어쩔 수 없이 제작해야 했던 목적극에는 아킬레스건이 존재했다. 바로 재미와 흥미의 부족이었다. 목적극은 메시지를 중심으로 제작해야 했기에 한국인이 드라마를 시청하는 가장 중요한 이유였던 재미를 희생해야 했기 때문이다. 몇몇 목적극이 높은 시청률을 기록하긴 했지만, 대체로 시청자들은 목적극을 외면했으며 목적극이 방영되는 시간에는 아예 텔레비전을 껐다가 일일 연속극이 시작되는 시간에 다시 텔레비전을 켜는 이른바 '선택적 시청' 현상마저 나타났다.

소재와 내용 자체가 철저히 통제 대상이었기 때문에 방송사들은 '기존의 자극'을 뛰어넘는 '새로운 자극'을 통해 대중의 눈과 귀를 사로잡으려 했지만 자극의 강도가 커지면 커질수록 더욱 엄격해진 규제가 부메랑이 되어 다시 날아왔다. 하지만 또 잠시라도 규제의 칼날이 무뎌지면 드라마는 한층 업그레이드된 자극을 가지고 안방을 찾았다. 거의 매년 그런 일이 되풀이됐다. 박정희 정권의 통제와 방송사의 시장성 위주의 전략은 1970년대 내내 길항 관계를 맺으면서 리플레이됐으며 '드라마 망국론'이 등장할 만큼 드라마는 '저속 퇴폐'의 울타리에 완벽하게 갇히고 말았다.

중요한 것은 그런 현상이 줄기차게 반복되면서 통속극에 열광하던 한국인들마저 차츰 드라마에 대한 양가감정을 갖게 되었다는 사실이다. 그러니까 '욕하면서 보는 드라마'는 이미 1970년대에 등장했다고 보아도 크게 틀리지 않는다. 이 과정에서 중요한 역할을 수행한 게 바로 신문이었다. 한정된 광고 시장을 두고 방송과 '제로섬 게임'을 벌이던 신문은 1970년대 중반 TV를 중심으로 광고 시장이 재편되자 드라마에 대한 비판의 수위를 높이며 드라마를 도덕적 잣대로 단죄하는 데 앞장섰다.

방송사들은 시청자의 취향 변화에 민감하게 반응했다. 박정희 정권의 강요가 크게 작용하긴 했지만 방송사들이 1970년대 후반 그동안 주력 상품으로 팔아온 일일 드라마와 멜로물 위주의 전략을 변경하고 나선 배경에는 대중의 취향 변화가 자리 잡고 있었다. 문제는 수요의 불확실성이었고 그런 문제를 해결하기 위해 드라마는 외국에서 시장성 테스트가 끝난 상품을 적극적으로 모방하는 한편 본격적으로 스타 시스템을 가동하기 시작했다.

박정희 정권은 자신이 근본 원인을 제공했으면서도 집권 말기까지 드라마의 '퇴폐 저속'을 뿌리 뽑겠다는 모순에 가득 찬 태도로 일관했는데 그런 앞뒤 안 맞는 드라마 정책은 쿠데타를 통해 등장한 전두환 정권이 그대로 이어받았다.

03장

1980~1991년

'충성 경쟁'과
'자기 검열'
속에서

'충성 경쟁'과 '자기 검열' 속에서
1980~1991년

3

신군부의 등장과 방송사의 충성 경쟁

18년 절대 권력이 하루아침에 몰락하고 권력의 중심에 신군부가 등장하면서 1980년은 정초부터 술렁거렸다. 갑작스럽게 발생한 정치 공백은 크게 느껴졌다. 신군부가 쿠데타를 통해 권력을 손아귀에 넣긴 했지만, 끝을 알 수 없던 혹독한 '정치적 겨울'을 견뎌낸 야당과 시민들의 민주화 요구가 맞서면서 한국 사회는 한 치 앞을 알 수 없는 안개 정국으로 치달았다. 정치 상황이 매우 혼란스러운 가운데 막연한 불안을 느끼긴 했지만, 시민들은 모처럼 찾아온 자유와 민주주의를 만끽하기 시작했다. 시민들의 눈과 귀는 향후 정치 일정과 차기 권력의 향배에 쏠렸다. 사회 정서는 방송사에도 그대로 반영되어 방송은 각종 프로그램을 통해 정치 상황을 예측하고 나섰다.

　일찍부터 대중의 정서와 관심사를 겨냥해 맞춤 드라마를 제작해온 방송사의 순발력과 민첩성이 즉각 발동되었다. 대중성과 시장성을 드라마 제작 동인으로 삼아왔던 방송사들은 차기 권력의 주인공에 대해 궁금해하는 시청자의 기대에 부응이라도 하듯, 발 빠르게 당시 정국을 은유하는 드라마를 내놓기 시작했다. 박정희 정권 시절, 권력의 검열과 규제 때문에 드라마에 사회성을 담아내는 것은 물론이고 정치적 상황을 암시하는 것조차 시도하지 못했던 한계에서 벗어나 보겠다는 의지가 작용한 것인지도 모르는 일이었다.

MBC는 3월 31일부터 〈고운님 여의옵고〉를 내보내기 시작했고, 이에 질세라 KBS는 4월 13일부터 일요사극 〈파천무〉를 개시했다. 두 작품은 공교롭게도 단종의 폐위와 세조의 권력 찬탈을 다뤘다. 하지만 신군부가 광주를 피로 물들이고 정권을 장악하면서 상황이 달라졌다. 쿠데타를 통해 정권을 장악한 전두환 정권은 비록 역사 속 이야기지만, 정권 찬탈을 다룬 이 두 드라마에 대해서 대단히 신경질적인 반응을 보였다. 여러모로 볼 때, 드라마 내용이 쿠데타 이후부터 정권 장악까지 1980년의 정치 상황과 너무나 유사하게 전개되었기 때문이다. 결국 〈파천무〉는 방영 3달도 못 되어 도중하차해야만 했다. 〈고운님 여의옵고〉

● MBC의 〈고운님 여의옵고〉(왼쪽)와 KBS의 〈파천무〉(오른쪽). 두 작품은 공교롭게도 세조의 권력 찬탈을 다룬 작품이어서 신군부의 눈치를 볼 수밖에 없었다.

는 조기 종영은 피했지만 방영 내내 살얼음판을 걸어야만 했다.[1]

1980년 5월 17일 방송 3사 드라마 프로듀서 30여 명은 한국TV드라마PD협회 창립총회를 열고 더 이상 권력의 입김에 휘둘리지 않겠다며 "우리는 프로그램 제작에 유형, 무형으로 가해져 온 일체의 타율적인 힘을 배제하며 PD 주도의 자율적인 방송 제작을 주장한다.", "TV 프로듀서는 프로그램 제작에 있어서 자주성과 창조성이 보장되어야 한다.", "우리는 무책임하고 일시적인 방송 운영 태도를 배척하며 대중성과 예술성을 동시에 가진 보다 차원 높은 프로그램을 제작한다."라는 등 8개 항의 결의문을 채택했다.[2]

하지만 전두환이 방송사에 낙하산 사장을 투하하면서 이들의 시도는 수포로 돌아가고 말았다. 전두환은 1980년 7월 28일 이원홍을 KBS 사장으로, 8월 6일 이진희를 MBC 사장으로 임명해 방송사를 손안에 쥐었다. 이진희와 이원홍은 이후 경쟁하듯, '충성 경쟁'에 나서게 되는데, 수장의 충성 경쟁은 '눈덩이 효과'를 불러오며 방송사 조직 내에서도 확대재생산됐다. 방송사 사장의 충성 경쟁과 이에 따른 방송사 구성원의 자기 검열은 1980년대 내내 방송을 지배하는 기본 원리로 자리 잡았으며 이는 드라마에도 그대로 적용됐다.[3]

드라마에 몰아친 자율 정화 바람

전두환 정권은 방송의 사회적 영향력을 고려해 박정희 정권 말기에 느슨해진 방송 심의도 대폭 강화하고 나섰다. 방윤이 1980년 8월 29일 발표한 이른바 TV 프로그램 정화 시행에 따른 세부 지침은 이후 방송 심의의 기준이 되었다. 『동아일보』 1980년 8월 30일자 기사는 "이 지침에 따르면 퇴폐적이고 저속한 방송 내용이나 지역 간 계층 간 위화감을 조장하는 내용, 폭력, 살상, 학대 등 비도덕적인 내용 등을 규제하는 것을 원칙으로 품위가 손상된 연예인의 출연 억제조처까지 포함되어 있다."라고 했다.

"TV 드라마의 경우 호화 주택이나 응접실, 가구, 장식, 정원, 별장, 농장 등이 무대로 등장하지 못하며 부동산 투기 행위, 자가용차 드라이브 데이트, 고액계놀이, 명분 없는 해외 나들이, 여러 명의 가정부 사용 등은 규제의 대상이 되며 고부간의 갈등, 노부모와 자식 간의 갈등, 친척·부부·형제 간의 갈등 역시 규제된다. 또한 혼전 동거, 혼외정사, 혼전 임신 등이나 이중생활 등 비도덕적인 남녀 관계, 퇴폐풍조를 조장하는 남녀 관계, 선정적인 포옹이나 침실 장면, 정사 관계 묘사에서 옷을 차례로 벗어던지는 장면, 신음소리, 침구 등을 움직이는 간접적 정사 표현은 TV에 내보낼 수가 없다. 사회 질서나 공중도덕에 위배되는 내용에 있어서는 교통 법규 위반, 길거리에 담배꽁초를 버리는 장면, 침 뱉는 행위, 공중전화를 장시간 사용하는 행위도 규제된다. 사극의 경우 계도성이 없는 야사에 의거한 흥미 위주의 내용은 다룰 수가 없으며 당파 싸움, 궁중의 암투, 권모술수 등 부정적 측면의 묘사 등도 금지된다. 수사극에서도 살상 및 폭력 장면의 클로즈업, 총포의 난사, 칼 등을 사용한 난투장면도 내보낼 수 없고 윤락가 유흥 접객업소의 빈번한 무대 설정도 억제된다."[4]

전두환 정권이 그렇게 미주알고주알 간섭하고 나섰으니, 드라마가 수난을 당하지 않을 재간이 없었다. KBS와 MBC의 충성 경쟁 속에서 방송가엔 이른바 '자율 정화' 바람이 불었다. MBC의 〈홍 변호사〉는 1980년대 드라마 수난의 첫 타자로 1980년 3월 방영을 시작했다가 8월 말 22회로 막을 내렸다. 〈홍 변호사〉는 왜 정권의 미움을 받았던 것일까? 오명환은 "이 작품은 '법과 인간' 관계를 골격으로 하여 법의 뒤안길에 묻힌 인간상과 법 해석에 희생된 사람들의 실상을 드라마로 들춰냄으로써 법치국가에서 있을 수 있는 법의 허실과 양면성을 묘사하려 했다."라면서 다음과 같이 분석했다.

"법률과 인간을, 검사와 변호사, 원고와 피고, 승소와 패소 등으로 교차되는 드라마의 전개는 자연히 양분법 형식을 띠면서 그 명암을 극명하게 갈라냈다. 타이틀 롤인 홍 변호사(박근형)의 동분서주 활약과 인간적인 배려가 두드러졌다. 그는 항상 피해자의 대변인 격이었고 억울한 사건의 구제자로 비쳐졌다. 반면에 검사 측은 비정하고 비인간적인 집단으로 묘사되었다. 이 상대적인 설정과 전개는 드라마 해석을 둘러싸고 논란을 불러일으키기에 충분한 것이었다. 항상 변호인의 인간적 승리로 결말나는 것은 검사 측의 직업적 특성을 왜곡하는 것으로 전달될 수 있었다. …… 장차 이 드라마는 법철학에 대한 불신에서 법질서의 훼손까지 우려되었다. 더구나 이 드라마는 픽션을 자처하지도 않았고 시청자 역시 픽션으로 간주하지 않았다."[5]

쿠데타를 통해 헌법 질서를 파괴하며 권력을 장악한 정권이 법질서에 대한 훼손을 걱정해 드라마를 단두대에 세웠다는 게 어이없는 일이지만 그래도 〈홍 변호사〉는 〈홍길동〉에 비해선 행운아였다. 〈홍길동〉은 세상 구경도 못했던 데 비해 〈홍 변호사〉는 잠깐이나마 안방극장을 찾는 호사(?)를 누릴 수 있었기 때문이다. 방송사의 자율 정화라는 미명으로 인해 신봉승이 1970년대부터 구상한 〈홍길동〉을 접어야만 했던 것과 관련해 김연진은 다음과 같이 증언한다.

"서슬이 퍼런 5공 초기 때인지라 구렁이 담 넘어가듯 어름어름 넘어갈 수도 없는 노릇이었다. 나는 우선 작가 신봉승 씨를 만났다. '선생님 쓰려고 구상을 잡아놓은 〈홍길동〉은 안 되고 부득이 다른 것으로 써주셔야 하겠습니다.', '다른 것으로 쓰라니 …… 왜 〈홍길동〉 드라마가 안 된단 말이오?' '빤히 아시잖습니까. 지금 시국에 의적 홍길동 애기를 쓰면 정부가 좋아하겠습니까?' '무슨 말인지 …… 알았소.' 신봉승은 아무 말 없이 다른 작품(대하드라마)을 내놓았다."[6]

너무 닮아서 죄송합니다

그래도 이들 드라마의 운명은 탤런트 박용식이 당해야 했던 일에 비하면 그야말로 약과였다. 박용식은 벗겨진 머리와 얼굴 모습, 표정 등이 전두환의 모습과 너무 흡사하다는 이유로 5·17 이후 7년간 출연 정지를 당했다. KBS 사장 이원홍의 작품이었다. "이원홍은 텔레비전이 방송되는 시간에는 어디든지 가는 곳마다 텔레비전 수상기가 있어야 안심" 했을 만큼 용비어천가 생산을 위해 태어난 사람처럼 행동하던 인물이었다.[7] 그러니 탈이 나지 않을 수가 없었다.

강준만은 "이원홍은 전두환을 위해 태어난 사람 같았다. 그는 KBS의 모든 역량을 전두환을 위해 바치기로 작정한 양, 사장이라는 직위에도 불구하고 PD 역할까지 도맡아 하려고 들었다. 탤런트 박용식이 단지 전두환과 닮았다는 이유만으로 TV 출연을 금지당한 것도 바로 이원홍의 작품이었다."라고 했다.

"그가 KBS 사장으로 부임한 지 얼마 후 〈민족중흥의 대잔치〉라는 쇼 프로가 기획되어 생방송으로 나가게 되었다. 박용식은 고향이 강원도 춘천이라 강원도 대표로 출연하였다. 이원홍은 담당 PD들과 함께 부조정실에 앉아 생방송 장면을 TV 모니터 화면을 통해 보고 있었다. 그날의 사회는 코미디언 남철, 남성남이었는데, 박용식이 등장하자 남철, 남성남이 박용식을 향해 절을 하는 게 아닌가. 조연출은 손가락으로 자신의 목을 그어대는 신호를 연속 보내며 허둥거리기 시작했고, 모니터 화면을 통해 공연을 지켜보던 이원홍은 박용식의 상반신이 카메라에 잡히자 깜짝 놀라 의자에서 벌떡 일어난다. 이원홍은 박용식의 얼굴이 전두환과 너무 닮아 순간적으로 놀랐기 때문이었는데 거기다 남철, 남성남이 절을 하자 그걸 전두환에 대한 불경스런 행동으로 보았던 것이다. 이원홍은 카메라를 빼서 멀리 잡으라고 고함을 쳤고, 이 소동은 자리를 함께했던 전 간부들에게는 암암리에 박용식의 'TV 출연 금지' 라는 메시지로 여겨졌다. 그 후

● 탤런트 박용식은 전두환과 닮았다는 이유로 TV 출연을 금지당했는데 1991년 7월 19일 전두환은 박용식을 연희동 자택으로 불러 미처 몰랐던 일이라며 사과했다.

박용식은 천직을 잃은 채 고통스러운 세월을 보내야만 했다."[8]

드라마의 수난을 보여주는 일은 또 있었다. 1981년부터 드라마에서는 '순자'라는 이름이 없어졌다. 왜 갑자기 순자라는 이름이 사라졌는지는 모를 일이지만 전두환의 부인 이름과 같다는 이유가 작용했다고 보는 해석이 있다.[9] 이순자의 입김이 개입되었는지, 아니면 방송사의 자기 검열이 낳은 눈덩이 효과였는지 모르겠지만, 드라마 속 등장인물의 이름마저 자유롭게 정하지 못한 게 바로 1980년대 드라마 제작 현실이었다.

컬러 방송의 개막과 '드라마의 의상쇼화'

1980년 12월 1일 컬러 방송 시대가 개막되었다. 첫 컬러 방송은 1980년 12월 1일 아침에 있었던 '수출의 날' 기념식 중계방송이었는데, 이는 컬러 TV 도입의 의

미를 상징적으로 보여주는 사건이었다. 컬러 TV를 통한 수출의 날 기념식 중계 방송 시청은 수출뿐만 아니라 컬러 TV 도입 자체가 경제 성장과 국력 신장의 상징으로 받아들여질 수 있었기 때문이다. 컬러 방송은 모든 여건이 갖춰진 상황에서 실시되었기에 컬러 TV 보급은 말 그대로 초고속으로 이루어졌다.[10]

5공화국하에서 드라마는 대형화, 단막극화, 사전 제작화, 탈스튜디오화 등 굵직굵직한 변화를 겪게 되는데, 그런 변화의 중심에 바로 컬러 TV가 있었다. 컬러 TV의 도입에 따라 시청자들에게 '시각적 볼거리'를 주어야 했는데, 소품 몇 가지 위주로 구성된 스튜디오 세트에서 촬영하는 드라마는 보여줄 게 거의 없었기 때문이다. 『문화방송사』에 따르면, 컬러 TV는 "시청자에게 의식구조에서부터 일상생활에 이르기까지 많은 변화를 초래하게 하였는데, 흑백의 단조로운 문화에서 다양하고 새로운 색채 문화를 창조하게 되었고, 모든 분야에서 컬러 문화의 새 바람을 일으켰다."[11]

컬러 TV의 등장으로 가장 바빠진 사람은 연기자들이었다. 머리 모양은 물론 분장에도 세심한 신경을 쓰기 시작했고, 가능한 한 자신의 약점이 노출되지 않도록 연기하는 경우도 있었다. 특히 연기자들이 집착한 것은 의상이었다. 컬러 TV가 연기자들의 옷 입는 풍속도를 바꿔놓았기 때문이다. 흑백 시대에는 아무 것이나 몸에 걸쳐도 옷의 질이나 문양이 선명하게 나타나지 않아 값싼 옷이든 비싼 옷이든 그저 비슷한 옷으로 보였지만, 선명한 색상이 그대로 드러나니 자존심 차원에서라도 의상에 신경 쓰지 않을 수 없었다. 그래서 연출자 사이에선 "저마다 화려한 옷을 입고 나오고, 화사한 분장을 하는 바람에 드라마가 의상쇼 같은 분위기를 낼까 봐 걱정"이라는 말도 나왔다.[12]

연기자 간 경쟁도 치열했지만, 컬러 TV는 방송사 간의 치열한 시청률 경쟁을 촉발시켰다. 드라마는 물론이고 쇼, 오락 프로그램 등 모든 프로그램을 컬러로

● 컬러 TV의 도입으로 제작비가 상승하다 보니 방송사들은 시청률 경쟁에 뛰어들 수밖에 없었다.

제작하다 보니 자연 제작비가 상승할 수밖에 없었고, 이는 방송사의 재정을 압박하는 요인으로 작용했다. 늘어나는 제작비를 감당하기 위해서 방송사들은 광고에 더 의존할 수밖에 없었다. 광고주들 역시 컬러 TV 광고의 위력을 차츰차츰 알아가던 시점이어서 프로그램은 시청률 제일주의를 앞세우며 진군하게 된다. 물론 시청률 경쟁의 최선두에 선 프로그램은 시청률 효자 프로그램이었던 드라마였다.

컬러 TV 시대 개막은 드라마 제작자에겐 달갑지 않은 소식이었다. 드라마 제작 시스템은 과거에 견주어 크게 개선되지 않았지만 급증한 편수를 제작하느라 노동 여건은 열악해졌고, 이에 드라마의 질도 떨어졌기 때문이다. 그런 상황에서 컬러까지 의식해야 했으니, 흑백 시대가 그리워졌을지도 모르는 일이다.

정권 홍보를 위한 대형 드라마 제작 독려

정권 창출이 성공적으로 이루어지자 전두환은 방송의 국민 동원과 통합 기능을 최대한 활용하며 방송사에 드라마 제작 지침을 하달했다. 국가 발전과 민족정기의 고취, 시청자의 의식 개선, 건전한 오락성 지향을 내걸고 드라마가 지닌 순기능 제공을 권장하라고 나선 것이다.[13] 박정희 정권 시절, 줄기차게 만들어진 이른바 목적극의 부활이었다.

1970년대 말 등장한 대형 드라마 제작도 독려하고 나섰다. 이 때문에 주간 드라마와 2시간 드라마 등 대형 드라마가 정규 편성되기 시작했다. KBS는 1980년 12월부터 2시간짜리 드라마를 정규 편성했으며, 이듬해 1월에는 신년 특집으로 3시간짜리 드라마인 〈옛날 나 어릴 적에〉를 방송하며 대형 드라마 제작에 앞장섰다. MBC 역시 1981년 3월 〈제1공화국〉을 시작으로 대형 드라마 제작에 적극 나섰다. 대형 드라마는 정규 편성 이외에도 기획 특집 형식으로 수시로 선을 보였으며, 특집 드라마들도 자주 만들어졌다.[14]

전두환은 왜 대형 드라마 제작을 독려하고 나선 것일까? 박정희와 똑같은 이유였다. 박정희 시대의 대형 드라마는 주로 정부의 정책을 홍보하고 정부의 정치적 의도에 부합하는 내용 위주로 제작되었는데, 전두환 정권 역시 드라마를 역사의식 고취와 총화 단결의 수단으로 활용하고자 했다. 또 대형 드라마는 1970년대 중반부터 본격화된 경제 성장의 성과를 보여줄 수 있는 좋은 수단이기도 했다. 대형 드라마는 스튜디오에서 벗어나 로케이션 촬영을 통해 제작되었기 때문에 드라마 곳곳에서 국가의 발전상을 보여줄 수 있어 국민들이 국가적 자부심을 함양하는 효과도 낼 수 있었다. 국가 발전과 사회 번영의 아이콘으로 이용할 수 있었던 것이다.

신문은 대형 드라마 제작을 격려하고 나섰다. 예컨대 『조선일보』 1981년 4월

16일자 기사는 "TV 드라마가 새 활로를 찾기 위해 여러 가지 시도를 꾀하고 있다."라면서 다음과 같이 호평했다.

"KBS와 MBC는 서로 대형 드라마를 기획하여 해외 촬영에 나서는가 하면 오픈세트 건설과 미니어처 촬영 등 제작 방식에도 변화를 노리고 있다. 스튜디오 안을 맴돌며 졸속 제작을 일삼던 종래의 타성에서 벗어나려는 이 같은 의욕은 드라마의 질을 높일 수 있는 계기도 될 수 있을 것 같다. …… 종래의 대형 드라마들이 실패한 원인은 제작 시스템 미비에 있었던 만큼, 앞으로 초대형 드라마가 성공을 거두려면 사전의 철저한 기획과 일관성 있는 제작을 지속시킬 수 있는 제작 시스템의 구축이 선행되어야 한다. …… 현재 TV 드라마는 너무도 많다. 30편이나 되는 TV 드라마의 대부분은 무사안일주의로 '적당히' 제작되고 있는 실정이다. 이런 현실을 뚫고 나가기 위해 사전의 철저한 기획 단계를 거쳐 충분한 제작 기간을 두고 대형 드라마를 제작하겠다는 것은 TV 방송에 새바람을 일으키는 바람직한 현상이라고 하겠다."[15]

컬러 TV 혁명의 영향도 컸다. 컬러 TV는 속성상 시청자에게 다양한 볼거리를 제공해야 했는데, 스튜디오 촬영만으로는 시청자의 시선을 확 사로잡을 메리트가 없었다. 요컨대 대형 드라마 제작은 일석삼조의 효과를 불러올 수 있는 '신기한 램프'였다. 방송사들 역시 밑질 게 거의 없었다. 1970년대 말부터 일일 드라마에 대한 시청자의 애정이 줄어들고 대형 드라마를 선호하게 되면서 높은 시청률을 확보할 수 있었기 때문이다. 예컨대 1980년 방영된 대하드라마 〈토지〉는 KBS 1TV를 통해 방영되며 선풍적인 인기를 얻은 〈가정고교방송〉과 견줄 만한 시청률을 기록해 방송사의 효자 노릇을 톡톡히 했다.[16]

'포옹'이라는 제목은 아침 드라마로 어울리지 않는다

전두환 정권은 집권 초부터 이른바 '3S sex, sports, screen 정책'을 공격적으로 전개하고 1982년엔 야간 통금을 해제해 '밤 문화'를 활성화시켜 사회 전체적인 분위기를 향락과 퇴폐로 몰아갔다. 특히 1981년 5월 28일에서 6월 1일까지 5일간 열린 국풍81은 '유사 이래 가장 거대한 놀자판'으로 사회 전체를 흥청거리게 만들었다. 5공은 그러면서도 퇴폐 저속한 사회 문화를 정화하겠다며 이른바 '국민정신개혁운동'이라는 정화 운동을 전개하는 모순적인 행태를 취했다. 정화운동의 일환으로 음반의 마지막 트랙에는 건전가요가 삽입하도록 강요했으며 극장에서는 영화를 상영하기 전에 애국가를 틀어주었다. 그러니까 정권이 앞장서 '퇴폐 저속'을 조장하고 바로 그 '퇴폐 저속'을 빌미로 사회와 국민을 통제하는 이중적인 대중문화 정책을 구사한 것이다.[17]

이런 이중적인 대중문화 정책에서 가장 큰 피해를 입은 게 바로 드라마였다. 아침 드라마의 부활과 폐지는 드라마가 이중적인 대중문화 정책 속에서 얼마나 좋은 먹잇감이었는지를 생생하게 보여준다. 1981년 5월 아침 방송이 부활했다. 석유 파동으로 오전 방송이 중단된 지 7년 만이었다. 아침 방송 부활은 국민 여론을 얻기 위한 이른바 전두환의 '선심조치'였다. 퇴폐 저속한 드라마가 다시 방영된다면 아침 방송 부활의 본래 의미를 그르치는 것이라는 비판 속에서도 전두환 정권은 아침 방송을 허용하고 나섰다.[18]

충성 경쟁을 벌이던 KBS와 MBC가 건전한 내용을 중심으로 아침 드라마를 제작하겠다고 약속했기 때문이었을까? 하지만 아침 드라마 방영은 구조적으로 가열 경쟁을 불러올 수밖에 없었다. 언론통폐합을 통해 공영방송 체제를 출범시키긴 했지만, 방송사 재원의 전부 혹은 대부분을 광고에 의존해야 했기 때문에 사실상 1970년대의 상업방송 체제와 달라진 게 거의 없었다. 달라진 게 있다면 방송사 사장들의 충성 경쟁과 드라마를 통한 이른바 '우민화 정책'이 강화되었다는 것뿐이었다. 광고 유치와 재원 마련을 위해 과거처럼 대중성과 수익성을 드라마 제작의 동인으로 삼을 수밖에 없는 방송사의 구조적 한계는 고스란히 유지되고 있었다. 따라서 5공의 의도는 아침 드라마를 통해 대중에게 적당한 수준의 즐거움을 주는 것이었는지도 모르지만, 문제는 그 '즐거움의 수위'의 기준이 명확치 않았다는 사실이다. 기준이 있었다면 그것은 오로지 전두환 정권 마음이었다.

청춘남녀의 애정을 그린 MBC의 〈포옹〉은 방영 초 제목부터 논란이 됐다. 높은 시청률을 기록했지만, 아침 시간과 아침 시청자를 도외시한 무분별한 드라마라는 비판이 쏟아졌다. 『조선일보』 1981년 6월 2일자 기사는 "지난 한 주 KBS 1TV와 MBC는 경쟁이나 하듯 아침 8시에 일일 연속극을 방영했다. KBS의 〈은하수〉, MBC의 〈포옹〉이 그것인데, 아침부터 '포옹'하는 것이 방송사 입장에서도 쑥스러웠던지 MBC는 금주부터 일일극 방영 시간을 오전 9시 10분으로 늦췄다."라면서 다음과 같이 비판의 칼을 들이밀었다.

"내용은 더 두고 보기로 하고 도대체 아침 방송에 20~25분짜리 연속극을 방영할 필요성이 있는지 따져볼 필요가 있다. 아침 방송이 주부 대상에 역점을 두었다지만, 한국의 주부들은 아침 8시부터 TV 앞에 앉아 이쪽저쪽 연속극이나 보고 앉아 있을 만큼 한가하다는 말인가. 더구나 농번기를 맞아 아침 일찍부터 논밭으로 일하러 나가는 농촌 여성들에게 아침 드라마가 행여 위화감을 주지나 않을는지 생각해볼 일이다. 더구나 아침 방송은 저녁 방송과 달리 서서 보는 시간이 많고, 어느 가구를 막론하고 바삐 움직이는 시간인데, 여기에 축축 처지는 사랑 이야기나 하고 있어도 좋은 것인지 묻고 싶다."[19]

결국 문공부가 제목에서부터 남녀 간의 불륜을 부채질할 뿐만 아니라 내용이

●MBC의 〈포옹〉은 제목과 내용이 아침 드라마와 어울리지 않게 퇴폐적이라는 이유로 폐지를 강요당했다.

너무 선정적이니 아침 드라마로 어울리지 않는다는 이유로 폐지를 강요해 〈포옹〉은 9월 102회로 중도 하차당했다. 아침 일일 연속극은 1982년 가을 개편 시에 슬그머니 다시 등장했다가 문공부에 의해 1983년 9월 다시 폐지되는 등 부활과 폐지를 되풀이했다.

〈전원일기〉는 정서 순화 드라마

5공은 퇴폐 저속한 사회 분위기를 정화한다는 명분을 앞세워 이른바 국민 정서 순화 드라마 제작을 강요했다. 불륜 퇴폐 드라마를 정화한다는 바람이 불면서 방송사가 적극적으로 정서 순화 드라마 제작에 나섰음은 물론이다. 농촌 드라마의 대명사 〈전원일기〉는 바로 그런 흐름 속에서 MBC가 대안으로 내놓은 드라마였다. 그러니까 〈전원일기〉의 제작 의도는 "어디까지나 농촌 차원에 근거한 우리 한국의 보편적인 진리와 교훈을 터득하는 데 작품 가치가 있"는 드라마를 만드는 것이었다.[20] 시청률에 신경 쓰지 않고 공해 없는 농촌 드라마로 잔잔한 감동을 전달하겠다는 기획 의도를 담았던 만큼 사실 〈전원일기〉는 '비정치성'으로 포장한 대단히 '정치적인' 드라마였다.

당시 농촌은 박정희 정권 때부터 지속된 저곡가 정책과 시장 개방에 따른 외국 농산물 수입으로 벼랑 끝으로 내몰리고 있었다. 전두환 정권은 물가 안정을 명분으로 5공 내내 추곡 수매가를 인상하지 않고 쌀값을 낮은 가격으로 묶어두었다. 1982년부터 1986년까지 5년간 추곡 수매가 인상률은 평균 약 4.3퍼센트에 그쳤는데, 물가 인상률을 고려할 때 사실상 마이너스를 기록한 것이나 다름없었다.[21] 특히 1983년에는 수매가를 단 1원도 올리지 않았을 뿐더러 쌀을 팔지 못해 농민들이 아우성을 치는 가운데서도 농가당 쌀 한 가마에서 46.1퍼센트의 이득을 보았다고 선전하는 파렴치한 짓마저 저질렀다.[22]

쌀값 하락으로 1983년 179만 원이었던 농가 호당 평균 부채는 그 이듬해에는 300만 원을 넘어서 농가는 말 그대로 파탄이 났다. 이런 농촌의 비참한 현실을 비관해 자살하는 농민들의 숫자가 급격하게 증가했는데, 신민당 의원 황병우의 조사에 따르면, 1983~1984년 농약을 먹고 자살한 농민은 무려 2600여 명에 이르렀다.[23] 한 농민은 유서에서 이렇게 절규했다. "여태까지 뼈 빠지게 일만 한 것이 잘못이란 말이냐? 사람을 이토록 못살게 구는 세상이 또 어디에 있단 말이냐."[24]

하지만 정서 순화 드라마 〈전원일기〉가 농촌이 처한 그런 구조적 모순과 아픔을 소재로 삼는 것은 불가능한 일이었다. 비참한 현실과 달리 〈전원일기〉 속 농촌의 모습은 한결같이 편안함과 넉넉함의 상징으로 그려졌으며 농촌은 도시인의 '추억'을 되새기는 용도로만 쓰였다.

물론 농촌의 문제를 담아내는 경우도 있었지만, 그때마다 '한국 TV 드라마 수난사'에 오르는 탄압을 받아야 했다. 대표적인 게 1982년 이른바 '양파 사건'을 다룬 '괜찮아요' 편이었다. 당시 전국에서 양파 파동이 발생했고, 이 때문에 함평군의 한 농민이 자살하는 비극이 발생했다. 이때 〈전원일기〉가 농촌 사회가 직면한 비극적 현실을 정면에서 응시했다. 높은 시청률을 자랑하고 있던 〈전원일기〉가 농촌 문제의 실상을 예리하게 드러내자 사회적으로 큰 파장이 발생했다. 정서 순화용으로 출발한 드라마가 오히려 국민 정서를 자극하고 나섰으니, 5공의 심기가 편할 리 없었다. 농수산부를 비롯해 무려 5곳의 기관이 "드라마마저 농정 실패를 공격하고 전 농민의 사기를 일거에 무너뜨린 있을 수 없는"이라며 발끈하고 나섰다. 후폭풍의 위력은 컸다. 이 사건으로 인해 작가와 연출자에 대한 신원 조회와 행적 조사가 이루어졌고, 이들에 대해서 며칠간 거처 제한이 가해졌다. 심지어 기획 의도와 저의를 추궁당하는 사태마저 낳았다.[25] 정권의 통제와 방송사의 과잉 충성 속에서 왜곡되고 굴절될 수 밖에 없었던 〈전원

● 〈전원일기〉는 농촌의 비참한 현실을 외면하고 농촌을 한결같이 편안함과 넉넉함의 상징으로 그렸다.
   농촌은 도시인의 '추억'을 되새기는 용도로만 쓰인 것이다.

03장_ '충성 경쟁'과 '자기 검열' 속에서

일기〉의 농촌 묘사는 1980년대 중반 농촌에서 들불처럼 번진 '시청료거부운동'
의 불쏘시개 역할을 했다.

드라마에 대한 가위질

〈전원일기〉의 사례가 말해주듯, 5공은 은연중이라도 드라마가 체제 비판이나
사회 비판적인 내용을 다루는 것에 대해 민감한 반응을 보였다. 충성 경쟁에 나
선 방송사 경영진이 연출자도 모르게 가위질을 하는 경우도 적지 않았다. MBC
의 드라마 연출가였던 유길촌의 증언이다.

"1980년대의 어느 날 필자는 사극 연출을 하고 있었다. 매우 추웠던 겨울 며
칠간 야외 촬영을 마치고 부석부석한 얼굴로 여의도의 방송사로 돌아왔다. 사
무실 안은 후끈했고, 여기저기 커피를 마시며 담소하는 동료들이 얄밉기까지
했다. 우리 제작팀은 방한복으로 무장해 마치 우주인 같았기 때문이다. 그날은
필자가 연출한 프로그램이 방송되는 날이라 뒷정리를 마치고 제작국 모니터 앞
에 모여 앉아 방송을 보던 필자는 아연실색할 수밖에 없었다. 극의 클라이맥스
부분이 10분 정도 삭제, 편집된 채 방송이 끝난 것이다. 극의 내용은 노비와 양
반 간의 갈등을 묘사한 장면이었는데 뒤에 확인한 것이었지만 계층 간의 갈등
을 유발할 수 있다는 이유로 프로듀서인 필자에게 단 한마디 협의도 없이 편집
되어 방송했던 것이다. 당시의 황당하고 분노한 마음은 지금까지 잊을 수 없다.
그러나 그 후로도 이러한 행위들은 보편화되어 일어나곤 했다." [26]

가위질이 난무하는데 방송사 경영진과 간부의 사전 심의의 폐해가 없었을
리 만무했다. 이와 관련 한 연출자는 "작품이 연출자에게 맡겨지지 않고 전문성
이 무시된 채 타의에 의한 '조종'으로 드라마가 만들어지기 때문에 일선 연출자

들은 의욕을 잃"었으며 "사회적인 문제 등을 다루는 경우 '정공법' 대신 코믹 터치 등으로 피해나가"야 했다고 토로했다.[27]

훗날 한 신문은 "그동안 지나친 심의 규제에 따른 소재 제약으로 제작이 취소된 경우로는 중소기업의 문제를 다룰 계획이었던 MBC의 중소기업 드라마 〈내일은 태양〉, 현대판 〈임꺽정〉이랄 수 있는 〈장길산〉, 기지촌의 문제를 다루려 했던 KBS의 〈책상과 돼지〉 등 여러 편이 있다."라고 했다.

"드라마화하는 과정에서 원작은 물론 프로듀서들의 제작 의도와 다르게 표현된 것들이 이루 헤아릴 수 없이 많다. MBC 〈베스트셀러극장〉의 '아들' 편에서 빨갱이로 몰려 감옥에 간 아버지가 도둑질로 수감된 것으로 둔갑한 것을 비롯해, KBS의 〈맥〉에서 데모로 수감 중인 학생이 아무 설명 없이 그냥 교도소에 있는 것으로 바뀌었으며 기업과 관련한 사기 행각을 그린 〈TV문학관〉 '백치의 달'도 원작과는 달리 코믹 터치로 얼버무렸다. MBC의 정치 드라마 〈제1공화국〉은 관료, 군 등의 부조리를 전혀 다루지 못하게 한 채 4·19 이전까지만 묘사토록 제한됐으며 〈조선왕조 오백년〉에서도 수양대군의 왕위 찬탈 부분이 빠졌는가 하면 유생들이 상소문을 올리는 내용도 삭제됐다. MBC의 〈이화〉에서도 동학 혁명 관련 부분은 얼버무렸으며 과거 〈토지〉에서도 민중 봉기 장면 등은 다루지 못했다."[28]

정권의 규제는 물론이고 방송사 경영진의 사전 심의와 가위질로 인해 방송사 내부에선 자기 검열 문화가 걷잡을 수 없을 정도로 확산됐다. 이와 관련해 정순일은 다음과 같이 말한다.

"드라마 내용에는 무척 신경들을 썼다. 특히 사극. 이성계의 건국이념을 그리는 것은 참 좋은 일이지만 위화도회군이 나올 때쯤이면 꼭 고민을 하게 마련이다. 금기처럼 되어 있는 쿠데타가 아닌가. 조선 왕조 초기의 태종도 어려운 존재였다. 대하드라마 〈풍운〉의 경우도 마찬가지였다. 대원군을 주인공으로 한 이 드라마는 정말 1980년대 KBS의 역작이었다. 그러나 혹시 누가 드라마 내용을 곡해해서 현실 풍자로 받아들이면 어쩌나…… 하는 불안감 때문에 방송국의 관리층이 자기 규제에 빠지기 쉽다. 그 장면과 대사 하나가 없다고 해서 명작이 갑자기 졸작으로 변할 것도 아니고…… 안전제일이라는 생각에서 이것저것 신경을 쓰다 보면 결국 작가가 팔팔 뛰게 되고 '쓴다 안 쓴다' 로 발전하게 마련이었다."[29]

자기 검열이라는 눈덩이는 갈수록 커지고 커져 1980년대 내내 드라마 제작의 자율성을 질식시켰다.

경제 권력의 압력과 기업 드라마의 수난

정치권력의 규제와 검열, 방송사 경영진의 사전 심의와 가위질 못지않게 드라마의 자율성을 심각하게 위협하는 요인은 또 있었다. 시청자의 압력이었다. 물론 박정희 정권 시절에도 드라마에 대한 시청자의 압력은 존재했지만, 주로 가정 윤리와 도덕에 의한 한국적인 가치관 그리고 기존의 사회적 통념과 관행에 역행하는 TV의 내용을 지적하는 수준에 그쳤었다. 예컨대 불륜, 저속, 과소비 조장, 도덕성 상실, 비속 언어 구사, 무분별한 애정 행각, 범죄 조장 등이 주를 이루었다.[30]

하지만 사회가 복잡해지고 다양한 집단의 이해가 충돌하면서 특정한 집단이 드라마에 대한 압력을 행사하는 사례들이 대폭 증가했다. 대표적인 게 경제 권력이었다. 1980년대 들어 경제 문제를 다룬 드라마가 속속 등장했는데, 여기엔 그럴 만한 이유가 있었다. 1982년 터진, 이후 '단군 이래 최대의 금융사기 사건'

으로 불리게 되는 '장영자·이철희 사건'과 '금융실명제 파동', 1983년 발생한 '명성사건'과 '영동진흥개발사건' 등 사회를 떠들썩하게 만드는 경제 사건들이 연이어 발생하면서 경제 문제에 대한 한국인의 관심은 높아갔다. 특히 농촌과 노동자의 희생 위에서 일군 경제 성장의 열매가 소수에만 집중되면서 사회 전체적으로 부의 편재에 대한 문제의식이 확산됐고, 자연 소득 분배를 둘러싼 사회적 갈등이 차츰차츰 고개를 들고 있었다. 따라서 경제 드라마는 당시 시대가 잉태한 산물이었다.[31]

경제 드라마의 선두 주자는 MBC였다. MBC는 1982년 한말의 거상을 소재로 한 〈거부실록〉을 시작으로 이듬해에는 〈야망의 25시〉를 방영했다. 〈야망의 25시〉는 방송 드라마의 새 장을 개척한다는 캐치프레이즈를 내걸고 대하 경제 드라마로 만들겠다는 의욕을 가지고 시작한 기획물이었지만, 작가 사정으로 두 차례나 일시 중단되는 등 파행을 겪었다. 기업 총수로 등장한 주인공들이 실제 재벌 총수의 이미지와 오버랩되면서 사회적 논란을 불러일으켰고, 결국 방영 22회만에 중도 하차해야만 했다. 오명환에 따르면, "기업 총수로 등장한 주인공들의 소묘와 형태가 작금의 대기업 총수들의 그것과 너무 흡사하여 당해자 측의 예민한 귀추를 주목시킨 것이다. 최불암은 정주영 회장과 비슷한 양상을 보였고, 조경환은 대우의 김우중 회장을 연상시켰다. 정욱은 삼성의 이병철 회장과 유사하고 오지명은 명성의 김철호 회장을 본뜬 것 같았다. 재벌 2세로 등장한 길용우는 D그룹의 분위기를 자아냈다. 화제와 회자 속에 20회를 넘긴 6월 초 어느 날, 이 작품은 자체 내부 측(이응희 사장)으로부터 '이유는 묻지 말고 내려라'는 지침을 하달받았다."[32]

사회 모순을 정면으로 응시하진 못했지만, 한국인이라면 누구나 어렴풋하게나마 짐작하던 경제 문제를 드라마가 다루기 시작하면서 부를 독점한 이들이

● 드라마 〈야망의 25시〉는 기업 총수로 등장한 주인공들이 실제 재벌 총수와 오버랩되면서 결국 중도 하차하고 말았다.

그런 드라마를 불편하게 간주해 압력을 행사한 것은 당연한 결과였다. 자본의 힘이 점점 커지면서 드라마에 대한 경제 권력의 압력 역시 자주 발생하기 시작했다.

정권 정통성 콤플렉스와 이성계

정권의 후원을 듬뿍 받은 만큼 대형 드라마는 정치성을 강하게 내포하고 있었다. 정치성이 강조된 대형 드라마로 사극을 빼놓을 수 없다. KBS가 1981년부터 매년 1월에 새롭게 선보인 대하드라마가 대표적인 경우였다. 대하드라마는 수난의 역사 속에서 민족의 긍지를 일깨운 선대의 지도자를 도도한 강물처럼 큰 스케일로 담아내겠다는 의도로 기획된 대형 드라마다. 첫 작품은 효종대왕의

지도력과 의지에 찬 북벌 정책을 그린 〈대명〉으로 1년간 50회 방송되었다. 두 번째 작품은 1982년 1월부터 방송된 〈풍운〉으로 조선조 말 개화기를 배경으로 대원군의 통 큰 정치와 격동의 역사를 그린 작품이었다.

그런 사극은 주로 전두환 정권의 정당화를 위해 혁명의 필요성과 정당성을 옹호하는 내용으로 채워졌다. 주인공은 주로 한국 역사에서 뛰어난 활약을 보인 영웅들이 대부분이었다.[33] 앞서 말했듯, 전두환 정권은 사극 제작과 관련해 "계도성이 없는 야사에 의거한 흥미 위주의 내용을 다룰 수 없으며 당파 싸움, 궁중의 암투, 권모술수 등 부정적 측면의 묘사 등도 금지" 시켰다.[34] 오로지 지도자를 중심으로 군신君臣이 혼연일체되어 국가 발전을 이룩하고 민생을 살피는 아름다운 드라마를 제작하라는 게 전두환 정권의 생각이었다. 따라서 "중대한 사회 규범이 타인에 의해 붕괴되어(문제 야기 단계) 주인공이 야기된 문제를 바로잡는 책임을 떠맡아(죄책 단계) 주인공은 그 자신이 애초에 설정한 목표를 스스로 선택한 방법에 의해 대중을 인도하여 해결(정화 단계)함으로써 지도자의 가치 체계가 지배적인 것으로 정립되는(재건 단계) 과정을 밟"는 게 이들 드라마의 이야기 구조였다.[35]

지도자 중심의 드라마는 국가 건설 단계에서 국민 단합의 수단으로 이용되는 정치성이 강한 드라마였으니, 이른바 후진국형 드라마였다. 하지만 그런 게 뭐 중요하랴. '새 시대 새 질서'를 거창하게 내건 전두환 정권에 필요한 드라마는 정통성이 부족한 정권을 강화하고 유지하는 데 도움이 되는 드라마였으니 말이다. 정통성에 대한 콤플렉스 때문이었을까? 전두환 정권하에선 역성혁명을 정당화하는 드라마가 자주 방영됐다. 역사 인물 가운데 전두환 정권이 애호한 인물은 조선을 건국한 이성계였다. 박정희 정권도 역성혁명을 통해 조선 왕조를 개국한 이성계를 자주 활용했는데, 전두환 정권 역시 이를 효과적으로 활용하고 나선 것이다.[36] 이처럼 박정희 정권과 전두환 정권에서 4번이나 안방을 찾은 이성계를 다룬 드라마는 "천륜과 인륜을 교차시키면서 이성계를 긍정적인 인물로 묘사"하고 있다는 점을 동류항으로 삼았다.[37]

예컨대 KBS가 1983년 초부터 방영한 총 49부작 대하드라마 〈개국〉은 고려 말의 부패와 혼란상 등과 함께 이성계의 위화도회군과 고려 충신의 제거, 대권 장악 등을 묘사하는 가운데 모순과 부조리에 가득 찬 구시대를 해체할 새로운 왕조의 개국이 불가피하다는 내용을 전개했다.

MBC 역시 KBS 못지않았다. 〈조선왕조 오백년〉 시리즈의 첫 타자로 1983년 3월부터 방영한 〈추동궁 마마〉는 이성계의 조선왕조 창업의 정통성을 강조했다. 이도흠은 "아예 전두환 정권이 들어서자마자 방영한 〈추동궁 마마〉는 이성계의 쿠데타에 반대하여 산속으로 숨은 고려 말 충신의 아들이 한양의 놀라운 발전상을 접하고선 이성계가 역적이 아니라 성군이며 위화도회군이 쿠데타가 아니라 역성혁명임을 깨달아가는 과정을 그리고 있다."라면서 "이것은 그대로 현재와 알레고리를 이루어 10 · 26쿠데타가 '정권욕에 눈먼 정치군인들의 반동'이 아니라 '혼란한 나라를 바로잡으려는 우국충정에 불타는 군인들을 중심으로 한 혁명'이란 그릇된 의식으로 옮아간다. 이처럼 이런 식의 사극은 단지 역사를 왜곡하는 데 그치지 않고 현재에 대해서도 허위의식을 가지게 한다."라고 했다.[38]

이게 시사하듯 사극은 현실 정치와 얽혀 해석되는 경우가 많았는데 정치와 권력문제에 관심이 많은 한국인의 취향을 고려해 방송사는 정치 격동기마다 사극을 십분 활용해나갔다.

〈수사반장〉의 폐지와 일일 연속극의 수난

5공은 한사코 드라마를 정치적 목적을 달성하기 위한 수단으로 활용하고자 했다. 그런 의도는 1983년 6월 8일 한국방송작가협회가 주최한 세미나에 참석해 '국민 의식에 미치는 방송 드라마의 영향'이라는 주제로 강연한 문공부 차관 허문도의 발언에서도 잘 나타났다. 이날 허문도는 "드라마는 오늘을 사는 사람으로서 오늘의 문제의식으로 접근함으로써 대중에게 즐거움을 주어야 할 것"이라며 "대중은 정의가 통용되지 않는 것을 생활 속에서 많이 보아왔기 때문에 오히려 드라마를 통해서는 정의가 이기는 작품에서 자기 충족을 느낀다. 문제만 제기하고 구원이 없는 작품은 좋은 작품으로 볼 수 없다."라고 말했다. 그는 드라마는 대중에게 삶에 대한 용기, 진보와 전진에 대한 신뢰, 공동체 의식 등을 회복시키는 데 앞장서야 한다고 주장했다.[39]

이른바 '구원이 없는 드라마'에 대해 문공부는 방송사 편성 책임자를 불러 개편 지침이나 방송 시정 사항을 수시로 제시했다. 물론 정해진 기간까지 결과를 보고하도록 요구해 점검도 확실하게 했다. 예컨대 문공부는 1983년 9월 29일 KBS와 MBC 편성 이사를 불러 '개선 사항'이라는 메모를 주고, KBS의 경우 1TV의 아침 드라마 〈딸이 좋아요〉와 2TV의 〈청춘일기〉를 10월에 종영하도록 했으며, MBC도 아침 드라마 〈새댁〉을 폐지하도록 종용했다.[40]

일일 연속극이야말로 구원과 어울리지 않는 드라마였다. 여전히 온통 '도시인 취향'으로 무장한 일일 연속극은 드라마의 국민 정서 순화 기능을 강조했던 전두환 정권의 드라마 제작 방침에 정면으로 어긋나는 것이기도 했다. 5공은 일일 연속극이 불륜을 미화하고 빈부 격차를 조장한다는 이유로 1983년 10월 채널당 일일 연속극은 1편으로, 주간 드라마는 2편으로 축소시켰다.

일일 연속극에 대한 5공의 불편한 심기를 깨달았던 것일까? MBC는 1984년

● MBC는 〈수사반장〉(위)은 치안이 좋아졌기 때문에, 〈암행어사〉(아래)는 국민을 암행할 필요가 없는 정부를 만들기 위해서라는 이유로 이들 드라마를 폐지했다.

10월 가을 개편에서 "방송사 간의 시청률 경쟁에서 비롯된 중복 편성을 지양하여 시청자의 프로그램 선택권을 보장함으로써 공영방송의 새로운 면모를 보여줄" 것이라며 일일 드라마 폐지를 선언하고 나섰다. 폐지의 이유로 시청자의 시청 행태가 변해 일일 연속극의 느린 템포에 싫증을 느낄 뿐만 아니라 TV 드라마의 발전을 위한 선택을 결단한 거라고 강조했지만, 이는 상식적으로 이해하기 어려운 결정이었다.

대중성과 수익성 측면에서 봤을 때, 일일 연속극 폐지는 이치에 맞지 않는 일이었기 때문이다. '빈부 격차'와 '불륜'을 조장해 국민 간의 위화감을 조성하고 건강한 가정의 안정을 해친다는 비판 속에서도 일일 연속극을 폐지하지 않던 주요한 이유가 바로 대중성과 수익성이었는데, 뜬금없이 일일 연속극을 폐지했기 때문이다. 그러니까 MBC의 일일 연속극 폐지는 시청자의 취향 변화로 일일 연속극의 인기가 시들해지고, 대형 드라마가 부상하면서 결단을 내린 것으로 볼 수도 있겠지만, MBC의 과잉 충성이 낳은 결정이었을 가능성도 적지 않았다.

정권 안정기에 접어들었다고 판단한 것인지 5공은 1983년 12월 21일 학원 자율화 조치를 발표하며 이른바 유화정책을 폈다. 유화정책은 드라마에도 적잖은 영향을 주어 목적극 형식의 드라마들이 폐지되기 시작했다. MBC는 1984년 10월 가을 개편에서 〈수사반장〉, 〈암행어사〉 등을 폐지했는데 〈수사반장〉은 치안이 좋아졌기 때문에, 〈암행어사〉는 국민을 암행할 필요가 없는 정부를 만들기 위해서라는 게 폐지의 이유였다. 하지만 드라마 폐지 이유에 동의하지 않는 사람들도 있었다. 그런 사람 가운데 한 명이 탤런트 최불암으로 그는 이들 드라마의 폐지 이유를 납득하기 어려웠다고 말했다.[41]

이에 앞서 MBC는 1983년 7월엔 대공수사 드라마였던 〈113 수사본부〉를 폐지한 바 있다.

해외 제작 드라마를 둘러싼 현대와 삼성의 신경전

기업들이 외압만 행사한 것은 아니었다. 기업이 문제를 삼은 것은 드라마에서 기업을 다루는 방식과 그 내용이었다. 기업 비판 드라마는 용납할 수 없지만 기업 홍보 드라마엔 얼마든지 지원할 수 있다는 게 그들의 생각이었다. 따지고 보면, 기업 홍보용 드라마 제작은 누이 좋고 매부 좋은 일이었다. 기업은 드라마를 통해 재벌에 대한 한국인의 부정적인 인식을 불식시키고, 방송사는 예산과 야외 촬영 등 제작상의 어려움을 해결할 수 있었으니 말이다. 그래서 기업 홍보용 드라마가 본격적으로 등장했다. 『동아일보』 1983년 5월 17일자는 "TV 브라운관을 통한 기업 드라마가 경쟁적으로 등장할 기미다. MBC에서 재계 인사와 재벌의 생성 과정을 다룬 기업 드라마를 방영하고 있는데 이어 KBS에서도 유사한 드라마를 준비 중"이라면서 "새 드라마는 정주영 현대그룹 회장의 생애와 현대의 성장 과정을 중심으로 한국 경제의 과거를 돌아보고 진로를 모색하려는 취지"라고 했다.[42]

특히 현대와 삼성이 해외 드라마 제작을 적극 지원하고 나섰다. 이 과정에서 현대와 삼성 간에 치열한 경쟁과 신경전이 벌어졌다. 『동아일보』 1984년 9월 11일자 기사는 "KBS와 MBC의 드라마 경쟁이 해외에서까지 맞부딪치게 됐다."라며 "〈불타는 바다〉가 현대그룹의 지원을 받아 제작된 데 이어 〈적도전선〉은 삼성그룹의 후원으로 싱가포르, 포르투갈, 아프리카, 파나마, 멕시코, 알래스카, 호주, 일본 등 8개국에서 현지 촬영으로 제작된다. 제작비는 4시간짜리 미니 시리즈인 〈불타는 바다〉가 KBS 측 부담 1억 원, 현대 측 부담 1억 2000만 원이었던 데 기준하여 6시간용인 〈적도전선〉은 모두 3억 원 정도가 들 것으로 추정된다고. …… MBC 〈대도전〉의 스폰서는 현대그룹으로 알려졌다. 현대 측은 애당초 〈불타는 바다〉에 이어 〈적도전선〉의 스폰서도 되겠다고 나섰으나 삼성과의 치열한 경쟁 끝에 밀려났다. 현대 측은 그 후 전국경제인연합회의 이름으로 지원하겠다고 다시 제의했으나 KBS에서는 전국경제인연합회의 회장이 정주영 씨이기 때문에 결국 현대가 스폰서가 되며 한 기업이 연이어 두 드라마의 스폰서가 되는 것은 바람직하지 못하다는 이유로 이를 사양했다고. 이에 따라 현대 측은 MBC와 손을 잡았다는 후문"이라고 했다.

신경전을 벌인 것은 현대와 삼성뿐만이 아니었다. KBS와 MBC의 신경전도 그 못지않았다. KBS가 MBC가 기획한 〈대도전〉에 대해 "왜 우리가 먼저 기획한 해외 제작 경제 드라마를 따라 하느냐."라며 MBC의 기획은 궁극적으로는 국민의 간접세를 축내는 행위로 해외 제작에까지 양 방송사가 과열 경쟁을 하는 것은 문제라고 공격하자 이에 MBC는 "〈야망의 25시〉가 도중하차한 후 지난해부터 해외 제작 경제 드라마를 기획해왔는데 제작비가 많이 들기 때문에 망설여왔다."라며 "〈불타는 바다〉보다 먼저 기획한 것인데 무슨 얘기냐."라고 반박하는 등 갈등은 삼성과 현대의 대리전 양상을 보이기까지 했다.[43]

기업의 후원을 받은 해외 제작 드라마는 모두 해외로 뻗어나가는 한국 제품과 기업인들의 활약상을 국민들에게 널리 알리는 것을 목적으로 삼았기에, 드라마 속 기업 홍보는 봄날 꽃 피듯 만발했다. 예컨대 타이틀백에 '제작협조 삼성'이라는 자막이 큼지막하게 나오고 드라마 곳곳에서 삼성 마크가 찍힌 헬멧과 세일즈용으로 활용한 카탈로그에도 삼성 로고가 선명하게 나타났다. 본전 생각을 해서라도 최대한의 광고 효과를 거두어야겠다는 기업의 횡포에 불편해한 시청자도 있었겠지만 지구촌을 누비고 다니는 한국 기업의 활약상을 흐뭇하게 바라본 시청자도 적지 않았을 것이다. '세계 속의 한국'에 굶주린 한국인들에게 살 떨리는 감동과 카타르시스를 주기에 충분했으니 말이다.

키스신은 '안방의 순결'을 위협하는가

대형 드라마의 유행은 '정권의 정당성' 홍보를 위한 목적극뿐만 아니라 문예 단막극도 태동시켰다. KBS는 1982년 〈TV문학관〉을 선보였으며,[44] MBC는 1983년 〈베스트셀러극장〉을 시작했다. 이들 문예 단막극은 문학성 있는 소설을 드라마화한 것으로, 사실 방송사 입장에선 큰 모험이었다. 남녀 간의 사랑과 가정 문제를 중심으로 한 '통속성'에 바탕을 둔 일일 연속극의 재미에 푹 빠져 있던 시청자가 문예 단막극에 어떠한 반응을 보일지 미지수였기 때문이다. 하지만 걱정은 기우였다. 시청자들은 문예 단막극에 큰 호응을 보였다.

문예 단막극의 성공에는 컬러 방송도 한몫했다. 컬러 방송의 실시로 드라마의 내용 못지않게 '시각적 만족'이 중요한 요소로 부각됐기 때문이다. 스튜디오를 중심으로 등장인물 간의 대화가 주를 이룬 일일 연속극이 줄 수 있는 시각적 효과는 많지 않았다. 하지만 문예 단막극은 야외 촬영의 비중을 높임으로써 컬러 TV 시대에 어울리는 화려한 볼거리를 선보였다. 단막극은 새로운 작가와 연출자, 배우를 발견하는 부수적인 효과도 낳아 드라마 제작 인력을 풍성하게 만들기도 했다. 예컨대, 〈베스트셀러극장〉은 정문수, 김종학, 최종수, 장수봉, 김승수, 황인뢰, 이관희처럼 이후 TV 드라마 역사에서 한 획을 긋는 굵직굵직한 연출자들을 등장시켰다.[45]

1980년대 드라마의 두드러진 특징 가운데 하나는 박정희 정권하에서 엄격하게 규제당한 '성 담론'이 상대적으로 활발하게 다루어지기 시작했다는 것이다. 물론 불륜을 소재로 한 드라마는 1980년대에도 여전히 규제 대상이었지만 박정희 정권 시절에 비해 훨씬 적극적으로 표현되었다는 점은 사실이었다. 드라마에서 '성 담론'을 수면으로 떠오르게 한 일등 공신이 바로 문예 단막극이었다.

아침 드라마나 일일 연속극에서 가정의 순결을 해치고 남녀 간의 애정 관계를 다룬 소재와 내용이 등장하긴 했지만, 정권의 통제와 방송사의 자율 규제 때문에 수위가 비교적 낮은 편이었다. 하지만 문예 단막극은 주로 작품성 있는 소설을 원작으로 만들어졌기 때문에 "뚜렷한 주제 의식과 예술성 추구를 표방하는 가운데, '가정의 순결성 및 청소년의 정서 함양을 보호' 하기 위한 심의기구의 성 표현 한계에 가장 강도 높게 도전"하고 나설 수 있었다. 하지만 바로 그런 이유 때문에 문예 단막극을 표방한 KBS의 〈TV문학관〉과 MBC의 〈베스트셀러극장〉은 성 표현 제재를 받는 단골손님이기도 했다.[46]

문예 단막극에서 가장 문제가 된 장면은 과거와 마찬가지로 자극적으로 표현되는 성 묘사였다. 문예 단막극은 사회의식과 저항성 등 뚜렷한 주제의식을 담았기 때문에 창녀, 범죄자, 주변인 등 소외 계층 등이 주요 인물로 등장했는데, 이들의 혼전 동거나 윤락, 성범죄 등이 주요한 소재로 다루어졌던 것이다. 이는 방송 심의에서 당연히 논란이 됐고 방송위원회 심의실은 문예 단막극이 "흥미 위주의 작품을 선정할 뿐 아니라, 메시지를 도외시한 채 선정적인 자극을 의도적으로 추구하며 문학작품을 천박한 통속 소설로 만들고 있다."라며 규제에 나섰다.[47]

문예 단막극에서의 성 표현은 원작의 내용 때문이기도 했지만, 컬러 TV 도입으로 한층 격화된 시청률 경쟁이 낳은 현상이기도 했다. 시장에서의 불확실성을 줄이기 위해 단막극들이 초창기엔 문학성보다는 흥미 위주의 소재를 선택하고 농도 짙은 애정 묘사나 비윤리적 성적 유희 장면을 많이 내보낸 것은 사실이었기 때문이다.[48] 하지만 시간이 흐르면서 점차 작품성을 인정받은 소설을 원작으로 삼기 시작했는데, 따지고 보면 그런 흐름 역시 방송사의 고도의 상업주의 전략이 작용한 결과였다. 작품성을 검증받은 원작의 아우라에 기대어 드라마를 제작한다면 '검열과 규제'로부터 한층 자유로울 수 있었기 때문이다.

무엇보다 문학성을 인정받은 작품을 영상으로 옮겼기에 식자층, 구체적으로 문인들의 지원을 든든하게 받을 수 있다는 장점이 있었다. 1970년대에 신문

못지않게 일일 연속극의 퇴폐 저속성을 강하게 비판한 게 식자층이었는데, 문예 단막극의 원작이 바로 식자층에 속하는 소설가에 의해 쓰였다는 사실은 그런 추론을 가능케 한다. 예컨대 당시 『한국일보』 문화부 기자였던 김훈은 드라마에서 키스신을 보여주지 않아야 '안방의 순결'을 지킬 수 있는 것은 아니라며 문예 단막극을 적극 옹호하고 나섰다.[49]

여성의 사회적 욕망을 솔직하게 표현한 〈사랑과 진실〉

1970년대 일일 연속극의 황금기를 이끈 〈아씨〉와 〈여로〉는 어떤 상황에서도 끝없는 인내와 자기희생을 잃지 않는 여성을 주인공으로 삼았다. 드라마가 꼭 의도한 것은 아니었겠지만, 1970년대 일일 연속극은 여주인공을 대부분 절대적인 순종과 끈질긴 인내를 지닌 현모양처로 묘사했다. 가부장제 질서와 가정 내에서 겪어야 했던 고부 갈등, 남편의 외도, 나아가 첩과의 갈등 같은 가정을 둘러싸고 발생하는 고통을 얼마나 속에서 잘 삭히느냐가 현모양처와 악처를 가르는 절대적인 기준이었다고 해도 틀린 말이 아니었다. 물론 〈신부일기〉나 〈결혼행진곡〉처럼 자기주장이 강한 여주인공이 간혹 등장하기는 했지만, 드라마 속에서 여성상은 대부분 정형화된 현모양처였다.[50]

현모양처 이데올로기를 양산하며 여성을 가정 안에 가두는 드라마는 1980년대 초반까지 계속됐다. 이혜옥에 따르면, 드라마에 출연하는 여성은 남성보다 훨씬 적었으며, 직업 역시 제한된 영역에서 남성에 비해 차별당하고 있었다. 여성의 주요 관심사 역시 가정이나 가족에 대한 문제가 대부분이었으며, 국가나 사회에 대한 관심은 현저하게 낮은 것으로 나타났다. 여성의 성격 역시, 수동적이고 남성에게 복종하며 인내심을 가지고 살아나가는 전통적인 여성상이 강조되고 있었다.[51] 요컨대 1980년대 초반까지 멜로드라마 속 여주인공은 '사회적 욕망'이 없는 인물로 묘사됐다.

하지만 시대가 변하면서 여성 시청자들은 드라마 속에서 표현되는 정형화된 여성상에 대해 조금씩 거부감을 드러내기 시작했다. 남명자가 여성 시청자를 대상으로 한 조사에 따르면, 드라마는 여주인공을 '한에 맺힌 여성'과 '억척스럽고 역경을 헤쳐나가는 여인', '인내하고 순종하는 여인' 순으로 묘사된 것과 달리, 여성 시청자들이 현실적으로 바라는 여성상은 '지적이고 품위 있는 여인', '귀엽고 사랑스러운 여인', '성실하고 근면한 여인' 등이었다. 드라마 속 여성의 모습이 시대 변화에 발맞추지 못한 채 여전히 과거에 머물렀던 셈이다.[52]

1984년 가파른 근대화를 겪으면서 한국인이 내면화하기 시작한 물질 만능주의, 탐욕과 배신 등을 소재로 한 드라마가 등장해 공전의 히트를 쳤다.[53] 바로 MBC에서 방영한 멜로드라마 〈사랑과 진실〉이었다. 1970년대 후반부터 경제 성장의 결과로 생활수준이 향상되면서 한국인이 추구하는 욕망의 크기 또한 커져갔는데, 〈사랑과 진실〉은 이를 날카롭게 잡아냈다. 특히 〈사랑의 진실〉은 그동안 드라마 속에서 '욕망'이 제거된 인물로 그려지던 여성의 개인적·사회적 욕망을 표현해 동시대 여성에게 큰 인기를 얻었다.

〈사랑과 진실〉은 컬러 TV 방송 시대가 낳은 산물이기도 했다. 인간의 욕망은 컬러와 밀접한 관련을 맺고 있기에 그렇다. 이는 무채색 마을이던 플레전트 빌이 인간의 자연스런 욕망인 사랑, 성욕, 분노, 질투 등에 눈을 떠가면서 천연색으로 변화되는 내용을 다룬 할리우드 영화 〈플레전트 빌〉(1998)이 잘 보여주고 있다. 그러니까 〈사랑과 진실〉이 "컬러 시대의 한국적 멜로드라마 불모지대에 불을 지르고 새로운 씨를 뿌리는 역할을 하게 된" 것도 우연이 아니었다.[54] 실제, 컬러 TV는 한국 사회에 새로운 '색의 혁명'을 일으키면서 본격적인 소비

● 그동안 드라마 속에서 '욕망'이 제거된 인물로 그려지던 여성의 개인적·사회적 욕망을 표현한 〈사랑과 진실〉이 큰 인기를 얻었다.

자본주의 체제로의 편입을 가속화했는데, 컬러 TV가 선도한 "컬러화 선풍은 모든 분야에서 소비 패턴의 고급화와 다양화로 이어졌다."[55]

1987년 방영된 〈사랑과 야망〉 역시 급속한 근대화의 물결 속에서 훌쩍 키가 자란 한국인의 욕망을 두 형제를 중심으로 잘 보여준 작품이었다. 〈사랑과 진실〉과 〈사랑과 야망〉은 김수현을 한국의 대표 드라마 작가 반열에 올려놓으며 이른바 김수현 신화 형성에 크게 이바지했다.

커져가는 한국인의 욕망은 1980년대 후반 이르러 이른바 '중산층 신화'를 낳은 원동력이 됐으며, 1990년대 소비주의 시대가 개막하면서 만개한다. 방송사들이 한국인의 욕망을 재빠르게 잡아내 드라마 속에서 이를 반영하는 민첩함 역시 1990년대 들어 크게 강화된다.

선거 홍보용 드라마와 "당신 똥 먹어봤느냐"

5공의 유화 정책은 통치술이 더욱 정교하고 치밀해졌다는 사실을 의미하는 것이기도 했다. 그런 정교한 통치술의 중심엔 역시 TV가 있었다. 1985년 2·12총선을 앞두고 이른바 선거 홍보용 드라마가 판을 쳤다. KBS가 앞장섰다. 당시 KBS는 선거 홍보용 드라마를 무려 15편이나 제작해 방영했다. 선거용 드라마를 제작하며 KBS가 표면적으로 내건 제작 이유는 혼탁, 과열돼가는 선거 분위기를 지양하고 공명선거 분위기를 조성한다는 것이었다.

그러나 선거 홍보용 드라마의 대부분은 야당을 일방적으로 비난하는, 저급하고 야비스러울 정도의 내용 일색이었으며 시청자들에게 여당을 지지하도록 강압하는 내용도 있었다.[56] 예컨대 2월 5일 방송된 KBS 1TV의 '연속 입체 기획'의 〈내가 진짜요〉란 미니 드라마는 입후보자들이 서로 자기가 배비장 선생의 직계 양아들이자 대변자라고 주장하는 장면을 보여주고 이 같은 일들은 '허수아비 작태'이며 정치를 꼭두각시놀음으로 만드는 짓이라고 비꼬면서 미래에 대한 확고한 비전과 정책 대결이 중요하다고 지적했다. 물론 이날 〈내가 진짜요〉란 미니 드라마는 야권 입후보자들을 싸잡아 비난하는 인상을 강하게 풍겼다.[57]

KBS의 선거 홍보용 드라마는 사장 이원홍의 작품이었다. 이에 대해 KBS노동조합이 1989년 펴낸 『5공하 KBS 방송 기록』은 "사장인 이원홍의 지시로 예능국 김현직 국장과 안국정 씨가 제작했다. 그 당시 인기 있었던 고발 프로인 〈추적 60분〉의 형식을 본 따 사회자가 진행하면서 모니터로 드라마를 꾸며나가는 형식이 채택됐다. 당시 송재호 씨는 이 같은 일방적인 여권 옹호성 편파 방송을 맡을 수 없다고 항의했으나 묵살됐고 당시 분위기로 더 이상 거절할 수 없었다."라면서 다음과 같이 말하고 있다.

"이에 송 씨는 그렇다면 여·야 공정한 비판을 하는 관심 있는 드라마를 제

● KBS노동조합이 펴낸 「5공하 KBS 방송 기록」은 선거 홍보 드라마가 당시 KBS 사장 이원홍의 지시로 진행됐음을 밝히고 있다.

작하자고 건의했으나 김 국장은 나라를 위한 일이니 맡으라고 부탁했다 한다. 녹화가 진행되는 동안 당시 KBS 사장이었던 이원홍 씨는 수시로 녹화 장소에 찾아와 지켜 서서 즉석에서 맘에 안 드는 대목을 고치라고 지시하는 등 반민주적 작태를 행했으며 수시로 전화를 걸어 녹화 진전 상황을 점검하기도 하였다. 송 씨는 이 프로그램으로 인해 국민들로부터 거센 항의와 협박을 받고 심지어 방송국에서도 한 1년간 출연에 심한 불이익을 보았다고 주장한다. 효성빌라에 산다는 한 주부는 송 씨에게 '당신은 그 같은 방송을 하느냐, 돈이 없어서라면 내가 돈을 줄 테니 그따위 방송을 하지 말아라'는 전화를 했는가 하면 무수한 편지를 통해 강력한 항의를 받았다고 한다. 방송국에서도 한 1년 동안 저 친구가 나오면 시청률 떨어진다며 배역 주기를 거부했으므로 자신도 2·12총선에서의 KBS 편파 왜곡 선거 방송의 피해자라고 주장한다. 부산 영도에 사는 한 시민은 송 씨에게 '당신 똥 먹어 봤느냐? 나는 똥은 먹어도 당신의 방송은 못 듣겠다'고 항의, 이에 견디다 못한 송 씨는 '대한민국의 수준이 당신 같으면 이 KBS에서 아무리 친여권적인 편파 방송해도 야당이 승리할 것이다'라고 항의했다한다. 송 씨는 지금도 이 일로 인해 늘 억울하고 죄스런 마음을 가지고 있다고하며, 당시 이 프로그램에 참여한 탤런트들도 역시 항상 부끄러움을 떨쳐버리지 못하며 이 같은 프로그램을 제작한 간부들을 맹렬히 비난했다."[58]

탤런트를 안쓰러운 눈으로 바라보는 시청자

KBS가 뛰자 MBC도 함께 달렸다. 『동아일보』1985년 2월 6일자는 "KBS와 MBC 두 공영방송이 국회의원 선거일이 임박해지자 점점 특정 정당 지지 유도를 위한 방송 태도를 노골적으로 드러내고 있어 시청자들의 항의가 빗발치고 있다."라고 전했다.

"MBC에서 지난 4일 밤 9시 45분부터 미니 드라마 형식으로 방영된 이른바 〈공명선거캠페인〉은 '……설사 저희 당이 92개 모든 지역구에서 당선이 된다해도 전국구(61석)를 합해 전체 의석의 55퍼센트밖에 안 됩니다. 야당에서도 지역구에서 92석이 당선되게 돼 있습니다. 결국 153대 123석이니까 30석 정도의차이로 해서 국회는 안전하게 운영되게 돼 있습니다'는 내용이 나갔다. …… 또KBS와 MBC의 캠페인 프로그램, 코미디 프로그램 등에서 타락이나 흑색선전을묘사하면서 '구정치인이 다시 당선돼서는 안 된다', '정상적인 방법으로 표 얻기가 힘드니 과격하고 강경한 발언을 해 선동해야 한다', '저희 당이 그런 것이아니라 상대 당에서 한 짓'이라는 등의 대사가 나와 프로그램의 앞뒤 내용으로보아 누가 봐도 암암리에 특정 정당을 비방하는 인상을 교묘하게 방영하기도 했다."[59]

시청자를 우롱하는 몰상식적인 드라마에 시청자들이 격한 반응을 보였음은 물론이다. 한 시청자는 "TV에서 공명선거를 위한 미니 드라마, 입체 드라마 등의 임시 프로를 제작해서 계몽하고 있다."라며 "그러나 이들 프로가 공정성을 잃은 채 야권 비난을 위한 도구로 이용되고 있어 제작자의 의식 수준을 의심하지 않을 수 없다. 예를 들어 후보자가 몇 년 만에 해금된 민주 투사라고 자기소개를 하는 장면을 보여주고 그것은 군중을 선동하는 것이라고 설명하는가 하면 신문에 이름을 내기 위해 일부러 사무실을 어지럽혀놓고 테러를 당했다고 신문사에 연락하라는 후보자를 소재로 삼아 이런 일이 야권 후보자들에 의해 자주 자행되는 양 드라마를 이끌어갔다. 그뿐만 아니라 이들 드라마의 다른 소재도 거의가 야권을 겨냥한 것이라는 데서 공영방송으로서의 책무를 망각한 것이 아닌가 걱정스럽다."라고 개탄했다. 이어 이 시청자는 각본에 따라 열연(?)을 하는 탤런트들을 시청자들은 안쓰러운 눈으로 바라보고 있다고 했다.[60]

선거 홍보용 드라마까지 제작 방영했지만 1985년 2·12총선은 김대중과 김영삼을 앞세운 야당의 승리로 끝났다. 총선 패배로 사기가 크게 떨어진 전두환 정권은 다시 사회 통제에 돌입했고, 드라마는 또 정권의 입김에 휘둘렸다. 양 방송사는 봄을 맞아 봄 개편을 확정하고 4월 22일부터 개편된 프로그램을 방영할 예정이었지만 문공부가 국민 건전 생활 계도와 외화 절약 운동을 내세워 개편안을 백지화했기 때문이다. 이 과정에서 드라마 편수는 대폭 줄어들었으며, 중종과 조광조를 주인공으로 삼은 사극 〈풍란〉은 도중하차해야만 했다. 파벌 형성과 권력 다툼 등 당쟁을 빼놓고 중종 시대와 조광조를 다루는 게 사실상 불가능했기 때문이다.[61] 문공부 지침 때문이었을까? 1985년 KBS는 뜬금없이 '유익한 방송'과 '재미있는 방송'을 두고 내부 진통마저 겪었다.[62]

목적 달성을 위해 수단과 방법을 가리지 않던 선거 홍보용 드라마는 드라마 연출가는 물론이고 연기자들에도 씻을 수 없는 상처와 아픈 기억을 남겨주었다.

스타 작가와 탤런트 스카우트를 둘러싼 감정싸움

공영방송으로서의 책무와 상업성 추구 사이에서 줄타기를 하던 KBS와 MBC는 1987년 정초부터 시청률 경쟁에 본격적으로 나섰다. 사회적으로 민주화 열기가 고조되고 전두환 정권이 권력 누수기에 접어들면서 규제와 통제가 약화되었기 때문이다. 시청률 경쟁을 잉태한 원인은 또 있었다. 바로 1년 앞으로 다가온 88 서울올림픽 특수였다. 3저 호황에 따른 경제 안정과 올림픽 특수는 광고 시장의 급속한 확산을 불러왔다. 예컨대 1988년 광고비가 1조 원을 돌파했는데, 이는 1980년에 비해 4.6배가량 증가한 것이었다. 1989년엔 광고비가 GNP 대비 1퍼센트를 넘어섰다. 여기엔 경쟁 매체인 신문의 광고 특수에 대한 질투심도 작용했다. 신문 업계가 올림픽 특수를 앞두고 이를 광고 수익과 연결하기 위해 대대적인 증면 경쟁에 돌입했기 때문이다.[63] 방송사가 정치적 변화와 올림픽 특수가 맞물리며 만들어내는 그런 좋은 기회를 놓칠 리 없었다.

그동안 정권의 눈치를 보느라 나름 자제할 수밖에 없었던 불만을 풀려던 것이었을까? 양 사 제작 책임자가 전면에 나서 드라마 경쟁을 지휘했다. 특히 일일 연속극 폐지 후, 안방의 주인으로 자리를 굳힌 주말극을 두고 싸움에 불이 붙었는데, 이 과정에서 인기 작가와 탤런트 스카우트 경쟁으로까지 비화됐다. 상대 방송사에서 상업적 성공을 거둔 작가를 스카우트하는 과정에서 양 방송사가 신경전을 벌일 만큼 한 치의 양보도 없었다. 인기 작가에게 거액의 계약금이 지급되었다. 작가 경력이나 드라마의 인기도에 따라 계약 고료도 달랐다. 인기 작가에 대한 스타 시스템이 본격화되면서 작가들에겐 이른바 '특별고료'라는 게 지급됐다.[64] 스타 작가의 파워는 PD와 작가 사이에서 스타 작가가 드라마 연출의 주도권을 쥐는 현상도 낳았다.

탤런트 스카우트 경쟁은 더 뜨거웠다. 스카우트 경쟁은 이른바 유명 스타들이 '프리 선언'을 하면서 걷잡을 수 없이 확산됐다. 스카우트를 두고 방송사 간 감정싸움으로까지 치달았다. 『조선일보』 1987년 1월 24일자 기사는 "KBS와 MBC 간의 '드라마 전쟁'이 갈수록 가열되는 추세. 최근에는 작가와 탤런트 스카우트를 둘러싸고 경쟁이 과열, 감정 대립으로까지 번지고 있다. 최근 몇몇 탤런트들의 '자유 출연'이 방송사 조종에 의해 이루어진 경우가 있는가 하면, 양 사 제작 책임자까지 정면에 나서 전쟁을 지휘할 정도"라고 했다.

"양 사 제작진들은 날카로운 신경전을 펴고 있다. 지난 22일 MBC에서 활동하던 황신혜가 이례적으로 KBS 예능국장실에서 '자유 출연' 의사를 밝혔다. 이는 3월초 시작할 2TV 주말극 〈애정의 늪〉에 김주승과 함께 출연시키기 위한 KBS의 작전. KBS 측은 '본인들의 자유의사'임을 강조하고 있으나 MBC 측에서는 '애써 키워놓은 연기자를 KBS가 빼앗아간다'며 격한 반응을 보였다. …… 황신혜를 뺏긴 MBC 측은 '21일 본인과 어머니를 제작 간부가 직접 만나 MBC 출연을 확약받았는데, 하루 사이에 바뀐 것은 KBS가 조종을 했기 때문'이라고 분개하고 있다. 이에 대해 KBS 측은 '노주현, 차화연의 MBC행에 대해 별 이의를 달지 않았는데, 무슨 터무니없는 비방이냐'고 반박하고 있다."[65]

MBC와 KBS의 감정싸움은 1970년대 민방 사이에 벌어졌던 정보전의 부활도 불러왔다. 『동아일보』 1987년 3월 5일자 기사는 "치열한 TV 드라마 시청률 경쟁을 벌이고 있는 KBS와 MBC 양 TV의 관계자들은 서로 자사에서 독창적으로 기획한 새로운 포맷의 드라마를 상대사에서 빼내 은밀하게 신속히 추진, 먼저

● 우리나라 최초의 미니 시리즈 〈불새〉의 한 장면.

방영해버리고 있다고 주장하고 있다."라며 "최근 방송가에는 양 TV가 새로운 포맷의 드라마 기획을 상대사로부터 빼내오는 등 '산업 스파이전'을 벌이는 듯한 인상을 강하게 풍기고 있다."라고 했다.[66]

스타 시스템의 본격화와 함께 드라마의 형식적 실험도 계속돼 1987년 1월엔 MBC에서 우리나라 최초의 미니 시리즈로 대접받는 〈불새〉가 방영됐다. 〈불새〉는 작가 최인호의 독특한 구성에 의해 사회상을 적나라하게 해부한 작품으로 첫 방송이 나간 직후, 부도덕한 애정 행각과 범법 행위를 무비판적으로 묘사했을 뿐만 아니라 계층 간의 위화감을 조장했다는 이유로 방송심의위원회의 경고 처분을 받았다.

〈사모곡〉 파문은 무엇을 남겼나

특정 집단이 드라마에 압력을 가하는 일은 계속 증가해갔다. 1987년 터진 이른 바 '사모곡 파문'은 대표적인 사례였다. 1987년 2월부터 KBS가 방영한 일일 연속극 〈사모곡〉의 8월 19일 방송분에서 '절간의 중이 고기 맛을 보면 빈대도 잡아 먹는다'는 속담을 인용한 대사가 나갔다. 이 대사가 화근이 되어 불교계가 벌집 쑤셔놓은 듯 들썩거렸다. 드라마 대사가 승려를 왜곡 모독해 불교계를 모독했다는 게 불교계의 주장이었다. 조계종이 문제를 삼고 나서면서 사건의 파장이 커졌다. 시국이 어수선한 상황에서 이 사건이 사회적 논란거리로 비화되는 것을 두려워한 KBS 경영진들은 드라마 국장과 담당 작가 그리고 KBS 불교신도회장인 탤런트 강부자 등이 조계종을 방문해 사과하는 것으로 무마하려 했지만, 불교계는 관계자를 문책하라며 물러서지 않았다.[67]

불교계의 강경 기류가 지속되면서 KBS 드라마 PD 67명은 8월 27일 '제작 자유를 침해하는 어떠한 형태의 내외부적 간섭과 부당한 압력을 배격한다' 등 6개 항의 결의문을 채택했다. KBS PD들은 이 결의문에서 "최근 불교계 일각의 부당한 요구는 불교계 전체의 품위를 손상시키는 일부 인사의 무분별한 처사로 편견과 독선에 기인한 횡포이며 이 같은 비이성적인 압력은 마땅히 철회되어야 한다."라고 주장했다. 또한 이들은 △제작자의 양식에 따른 드라마 제작 △국민의 필요와 편의에 부응하는 내용의 드라마 제작 △사내 간부들의 외부 압력에 대한 미온적 대처 태도 우려 △불교계의 항의에 따라 사과 방송을 낼 경우 제작 자유 수호를 위한 제작 거부 불사 등을 결의했다.[68]

1987년 9월 KBS와 MBC 양 TV 드라마 PD들의 모임인 한국TV드라마연구회는 〈사모곡〉에 대한 불교계의 항의를 드라마 표현의 자유에 대한 중대한 침해로 규정하고 '불교계의 자숙이 있을 때까지 양 TV 드라마 모두가 불교와 관련된 내용을 일체 다루지 않는다'고 결의했다.[69] 브레이크 없이 질주하던 갈등은 극적인 화해를 통해 해결되긴 했지만, 드라마 제작에 대한 외부 압력이 끊이지 않으면서 방송사 조직 문화에 적지 않은 영향을 주었다. 당시 KBS는 물의를 일으킨 데 대해 정식으로 사과하고 합의서를 작성하는 수준에서 불교계와의 편치 않은 관계를 해결했다. 문제는 그 이후에 발생했다. 이 사건과 관련해 KBS 경영진이 민감하게 반응하고 나섰기 때문이다. 〈사모곡〉 사태를 이유로 드라마 국장과 담당 PD를 전격적으로 타 부서로 발령 내버린 것이다.

〈사모곡〉 사태에서 보이듯 이익 집단의 입김은 정치권력·경제 권력과 함께 드라마의 자기 검열을 더욱 강화하는 계기로 작용했다. 수용자의 드라마에 대한 압력은 기술의 발달로 인터넷이 본격적으로 대중화되기 시작하는 1990년대 중반부터 일상화된다.

여류 작가 전성시대와 '미망인 드라마'의 유행

1987년 『TV가이드』가 1980년 이후 방영된 TV 드라마 141편의 제목을 조사한 결과에 따르면, TV 연속극 제목에서 가장 많이 사용된 낱말은 '사랑'으로 7편이었다. 이어 '사람'(6편), '꽃'(5편), '행복'(5편) 등 여성 취향이 물씬 풍기는 낱말이 그 뒤를 이었다.[70] 또한 방송 평론가 신상일이 1986년 6월부터 1년간 14편의 드라마를 대상으로 한 「TV 드라마의 주제 및 소재에 관한 분석적 고찰」에 따르면, TV 드라마의 90퍼센트가 여성 취향의 멜로물이었다.[71] 이런 조사 결과가 시사하듯, TV 시청의 주도권은 여전히 여성과 가정주부가 쥐고 있었다.

여성과 가정주부의 드라마 사랑은 여류 작가의 전성시대를 불러왔다. 1981년 한국방송작가협회에 가입한 회원 150여 명 가운데 여류 작가는 15명 정도에 불과했지만 1980년대 중반에 이르러 안방극장은 여류 작가의 경연장이 되었다. 특히 당시 안방극장에서 인기를 모은 드라마 가운데 대부분을 김수현, 홍승연, 박리미, 서영명 등 여성들이 집필하면서 "TV 드라마는 여성 작가들의 천국인가."라는 말마저 나왔다.[72]

여류 작가가 집필한 드라마의 대부분은 멜로물로, 역시 주 시청층인 가정주부와 암울한 시대상황 때문이었다. 멜로드라마의 번성은 한 가지 흥미로운 현상도 낳았는데, 바로 '미망인 드라마'의 유행이었다. 미망인은 1950년대부터 멜로드라마의 단골 주인공이었지만 1987년엔 '미망인 파티'라는 말까지 나올 만큼 창궐했다. 1980년대가 그만큼 괴롭고 힘든 시대였다는 방증이라 할 수 있겠는데, 특히 김수현과 홍승연이 집필한 2개의 드라마에서는 미망인이 무려 13명이나 쏟아져 나왔다. 김연진은 이렇게 말하고 있다.

"1987년 KBS, MBC 양 방송사는 우연의 일치치고는 너무나 묘하게 주말 연속극에 숱한 미망인이 출연하는 드라마를 내보낸 적이 있었다. 그래서 속된 말로 주말만 되면 안방극장에서 미망인 역을 맡은 탤런트들이 얼마나 등장했는지 '미망인 파티'가 열린다는 우스갯소리까지 나올 정도였다. KBS 〈애정의 조건〉의 경우, 각기 극 중 역할을 다르지만 6명의 미망인이 등장했다. 톱 가수를 노리는 황신혜 씨를 필두로 그녀의 어머니 서우림 씨, 서우림 씨의 친구 이진숙 씨, 그녀의 고모 정영숙 씨, 그녀의 후원자 김영애 씨 그리고 이웃집 여자 김을동 씨등이 하나같이 남편 없는 미망인으로 등장해 시청자들의 눈을 휘둥그렇게 했다. MBC 〈사랑과 야망〉에서는 이에 질세라 〈애정의 조건〉에서 나온 6명의 미망인보다 하나 더 보탠 7명이 나왔다."[73]

신문은 멜로드라마 비판에 팔을 걷어붙이고 나섰다. 「드라마 단골 메뉴는 부유층 사랑 놀음」, 「호화판 TV 드라마」, 「얽히고설킨 애정 관계 TV 드라마 현기

중」, 「"골든아워는 너무 시끄럽다"」, 「TV 연속극 진부한 소재 …… 억지 묘사
…… 감정놀음 …… 태반이 여성 취향 멜로물」 등이 그런 기사다.[74]

방송심의위원회의 발표에 따르면, 1987년 KBS와 MBC에서 방영된 드라마는
총 360편으로 이는 전체 방송 시간의 12.2퍼센트를 차지했다. 주 시청시간대의
드라마 편성 비율은 36.5퍼센트에 달하는 등 드라마 대부분이 주 시청시간대에
편성돼 TV 방송의 드라마 의존도가 매우 높은 것으로 나타났다. 또한 드라마 가
운데 가장 많은 비중을 차지하는 것은 연속극으로 33.2퍼센트를 차지했다.[75]

좌절하는 사회성 드라마

1987년 6월항쟁은 사회 전반에 걸쳐 폭넓은 변화를 가져왔다. 민주화 열풍은 방
송 환경에도 획기적인 변화를 불러왔고 드라마 제작 역시 변화의 조류에 몸을
실었다. 일선 PD들은 TV 드라마의 발전을 위해 드라마 제작에 가해지는 소재
제약이 없어져야 한다고 목소리를 높였고 이는 부조리한 사회 현실을 폭로하고
정치 사회적으로 금기시되어온 영역에 대한 도전으로 나타났다. 『경향신문』
1988년 11월 21일자 기사는 "TV 드라마가 달라지고 있다. 최근 방영됐거나 방
영 중인 TV 드라마 중에는 사회성이 짙고, 풍자와 고발 형식을 띤 작품들이 부
쩍 늘어 새로운 경향을 보이고 있다."라며 "안방극장에서 큰 인기를 모았던
MBC 미니 시리즈 〈우리 읍내〉를 비롯해 KBS 수목 드라마 〈풍객〉, 연속극 〈은
혜의 땅〉 등이 그 대표적인 예이다. 〈우리 읍내〉가 가벼운 터치의 코믹 사회 풍
자극으로 인기를 끈 반면 〈풍객〉과 〈은혜의 땅〉의 경우 사회비판적 성격이 강
해 뚜렷한 메시지를 시청자에게 던져주었다. 〈풍객〉은 주제를 우회하거나 비유
함이 없이 직접적인 사회비판을 드라마의 주 내용으로 삼아 흥미와 함께 감동

을 주었다. 지난 주 막을 내린 〈풍객-쓰라린 세월〉은 우리 사회에서 고질적 병폐 중 하나로 비판을 받아온 반체제 문인들의 의식 말살 과정을 고발, 충격을 주었다. 이 드라마에서는 기관원들에 잡혀가 작품의 내용을 추궁받는 과정에서 언론 탄압의 한 면을 보여주고 있다. 이 드라마는 폭력에 의해 한 인간이 어떻게 상처를 입고 폐허화돼가는 것을 보여준 반면 주인공을 통해 시대정신에 족쇄를 채웠던 암울한 사회 분위기가 우리의 모습이었다는 점을 강조하고 있다."라고 했다.[76]

사회성 드라마의 대표 주자는 KBS의 〈논픽션 드라마〉였다. 〈논픽션 드라마〉는 1988년부터 약 1년 동안 방영되었는데, 방영 내내 "이대로 놓아두면 사회 고발극, 폭로극으로 치달을 위험"이 크다는 평가를 들을 만큼 방송 경영진과 정치권의 심기를 불편하게 만들었다. 그럴 수밖에 없었다. 오명환에 따르면, "올림픽을 4개월 앞두고 신인 작가와 젊은 연출가의 투입, 로케에 의한 필름 제작이라는 점도 의욕적이었으나 무엇보다도 논픽션이 갖는 현실 진단욕 그리고 그 가능성에 대한 개발 의지가 충만했다. …… 전반적으로 흐르는 작품 분위기는 척박한 삶과 소외받는 계층의 정황 노출로 무겁고 우울했다. 사회의 구조적 모순에 대항하는 왜소한 서민들의 모습, 그리고 진실의 고발 작업이 실화와 사례를 통해 떠올라 불행한 시대에 희생된 삶들이 편편히 묘사되었다. 예전에 금기와 성역으로 묻어버렸던 제도적 폭력과 부조리도 크게 강조하였다. …… 방영 8개월을 넘으면서 작품이 어둡고 우울하며 첨예한 소재로 일관되었기 때문이다."[77]

〈논픽션 드라마〉는 방영 내내 경영진을 불편하게 만들었고 결국 KBS는 "과다한 제작비 부담으로 매주 1편씩의 물량을 감당할 수 없는 실정"이라는 과중한 제작비 부담을 이유로 이 프로그램을 폐지했다. 실제 〈논픽션 드라마〉의 편당 제작비는 2500만 원으로 다른 드라마의 2배에 달할 만큼 제작비가 많이 들어가 드라마 제작에 부담으로 작용하기도 했다.[78] 이에 일선 제작자들은 "사회 고발 성격을 강하게 띠면서 시청자들의 관심이 집중되자 이에 대한 반작용으로 종영 결정이 이뤄진 것"이라며 철야 농성에 돌입하는 등 적잖은 파문이 일었다.

이게 시사하듯 절차적 민주화는 진행되었지만, 여전히 사회성 드라마는 방송사 경영진과 정치적 압력 속에서 자유롭지 못했다. 드라마에 사회성을 담아내고자 했던 노력은 다양한 요인에 의해서 좌절되었는데, 시청률이 낮아졌다는 점도 적지 않게 작용했다. 빈부 격차와 계급 문제, 땅 투기 등 한국 사회의 여러 모순을 소재로 삼은 드라마들은 약속이나 한 것처럼 전반적으로 큰 인기를 얻지 못했다. 〈논픽션 드라마〉역시 예외는 아니었다. 그런 의미에서 말하자면 낮은 시청률은 방송사 경영진과 정치권이 사회성 드라마를 통제할 수 있었던 가장 큰 요인이었는지도 모른다.

드라마의 벗기기 경쟁

6월항쟁 이후, 표현의 자유를 만끽한 것은 '성 표현 드라마'였다. 정부의 규제 속에서도 꿋꿋하게 생명을 유지해온 불륜 드라마는 규제의 울타리가 풀리자 외연을 더욱 확대해나갔다. 심지어 기존의 성 윤리에 정면으로 도전하며 '불륜'을 위해 가정을 버릴 수도 있다는 내용까지 등장할 정도였다.[79] 드라마 속 벗기기 경쟁도 아슬아슬한 수위를 넘나들고 있었다. 반공 드라마라고 예외가 아니었다. 예컨대 KBS가 5부작으로 방영한 6·25 특집 드라마 〈비극은 없다〉에 대해 『경향신문』 1989년 6월 28일자는 "낯 뜨거운 정사 장면이 지나치게 많아 시청자들의 빈축을 사고 있다."라고 했다.

"이 드라마에는 전라에 가까운 남녀 주인공들이 걸핏하면 정사 장면을 연기

● KBS의 〈비극은 없다〉 같은 반공 드라마도 선정성 논란에서 벗어날 수 없었다.

하는가 하면 잦은 키스신, 성폭행 등을 직접적으로 묘사, 소위 '벗기기 영화'를 방불케 하고 있다. …… 남녀 주인공들이 등장할 때마다 키스신이 빠지지 않고 삽입되는가 하면 노골적이고 직접적인 묘사로 시청자들의 눈살을 찌푸리게 하고 있다. 더구나 전라의 모습으로 남녀가 부둥켜안고 있는 장면이나 여성의 옷을 찢으며 성폭행을 감행하려는 자극적인 묘사도 여과 없이 방영됐다. …… 여주인공을 폭행하는 장면에서 옷을 찢어 상반신을 드러내게 하는가 하면 혁대를 푸는 모습이 클로즈업되는 등 충격적인 묘사가 그대로 방송됐다. 또한 팬티 차림의 남성은 물론 마치 접객업소의 직업여성을 연상할 만큼 선정적인 여주인공의 교태도 빈번히 비쳐졌다."[80]

방송사의 치열한 시청률 경쟁이 크게 작용했겠지만 당시 선정성 경쟁은 대중매체의 메인스트림으로 외부 환경의 영향도 적지 않게 받았다. 선정성 경쟁이 비단 드라마만의 문제가 아니었다는 말이다. 가장 두드러지게 나타난 변수는 VTR, 유선방송 등 신규 매체의 등장이었다. 1985년경 난립하기 시작한 무허가 유선방송의 경우, 공연윤리위원회(공륜)의 심의도 거치지 않은 외설물과 폭력물을 안방에 전달하며 급속도로 영향력을 확장해나갔으며, 가정용 VTR 역시 빠른 속도로 증가해 TV를 위협했다.[81] YMCA가 1989년 공륜의 심의를 받은 비디오테이프 중 가장 대여 빈도가 높은 20개를 모니터한 결과에 따르면, 이 가운데 12편이 〈이조춘화도〉, 〈뽕〉, 〈자녀목〉, 〈씨받이〉, 〈빨간앵두 4〉, 〈변강쇠〉 등 외설물인 것으로 나타났다.[82]

영화와 잡지, 연극의 활약도 TV의 벗기기를 부추겼다. 『동아일보』 1989년 3월 7일자 기사는 "요즘 영화가에서는 영화의 소재가 다양해지고 표현의 영역이 확대됨에 따라 일반의 관심도가 높은 사회성 소재에 에로성을 가미한 흥미 본위의 작품을 만드는 추세를 보이고 있다."라며 "종전 한국 영화의 전통적 장르를 구축했던 여성 위주의 멜로드라마가 머리를 숙이는 한편 간통, 인신매매 등 강렬한 사회성 주제를 앞세운 에로물들이 붐을 이루고 있"다고 했다. 〈제2의 성〉, 〈오늘 여자〉, 〈간통〉, 〈정부와 정사〉, 〈밀실부인〉, 〈빠리꾼〉, 〈옐로하우스〉, 〈인신매매〉, 〈미스 코뿔소 미스터 코란도〉, 〈매춘〉 등이 그런 경우였다.[83]

누가 땅을 흔드는가

정권의 드라마 탄압과 관련해 빼놓을 수 없는 드라마가 바로 〈땅〉이었다. 〈땅〉은 한국 TV 드라마 역사에서 정치적 통제를 상징하는 드라마라 할 수 있을 만큼 커다란 사회적 논란을 낳았다. 1991년 1월 6일 안방을 찾은 〈땅〉은 15회 만에 막을 내려야 했는데, 바로 정치적 입김 때문이었다. 〈땅〉은 당시 한국 사회에 불어닥치던 부동산 투기의 심각한 문제점을 반영이라도 하듯, 땅에 얽힌 한국 사회의 구조적 모순과 비리를 고발하는 성격을 지닌 대하드라마였다. 따라서 정치 권력과 경제 권력 그리고 부동산 투기를 통해 졸부가 된 부유층의 심기가 편할 리 없었다.

첫 회분이 방영된 직후 빈부 갈등을 조장할 우려가 있다는 이유로 방송위원 회로부터 법정 최고 제재인 '사과 명령'을 받았다. 당시 방송위 산하 연예오락 심의위원회(의원장 팽원순 한양대 교수)는 단순 '해명' 조치를 취하도록 방송위에 건의했으나 방송위는 이를 뒤엎고 강력한 제재 조치인 '사과 명령'을 내렸다. PD 고석만과 MBC 제작국장 김성희는 각각 근신 10일의 징계 처분을 받았다. 또 MBC 사장 최창봉과 제작이사 민용기는 청와대에 불려 들어가 청와대 정무수석 손주환에게 드라마 내용과 관련해 심한 질책을 받았다.[84] 이 때문에 〈땅〉은 폐 지되기까지 약 4달간 관련자 징계와 사과 방송 등을 내보내는 등 방영 내내 수 난을 당해야 했다.

10월까지 방송키로 예정되어 있던 〈땅〉의 5월 종료가 가시화되면서 방송사 안팎에서 비판이 쏟아졌다. MBC 노조는 4월 19일 낸 성명에서 "'땅'을 중단시 킬 수 있는 사람은 시청자들뿐"이라며 회사 쪽에 대해 외압 여부를 밝힐 것과 본래 기획대로 50회분을 모두 방영할 것을 촉구했다.[85] 〈땅〉 조기 종영 논란은 한국 방송 사상 최초로 연기자들이 출연료 문제가 아닌 방송의 자주성과 자율성 수호를 위해 출연 거부를 선언하는 '하나의 사건'도 불러왔다. 방송연예인노조 는 1991년 4월 22일 발표한 성명서에서 "땅이 소용돌이치고 있다. 땅은 형태상 으로 안정이 기본이다. 누가 땅을 뒤흔들고 있는가."라며 "요구가 관철되지 않 을 경우 MBC 프로덕션 제작물에 대한 출연을 거부하겠다."라고 말했다.[86] 〈땅〉 의 작가 김기팔은 훗날 제1회 민주언론상 수상 소감에서 이렇게 말한 바 있다.

"드라마 〈땅〉을 준비하면서 고석만 연출과 나는 '이번에는 괜찮겠지' 하는 생각을 했었다. 비록 군 출신이지만 직선 대통령 아래, 민주화를 말끝마다 내세우는 정부가 설마 '발이 저릴 리가 있으랴' 하는 생각이었다. 하도 당해서 웬만한 데는 속지 않는 우리지만 진짜 '이번에는' 이었다." [87]

하지만 그런 예측은 완벽하게 빗나갔고, 〈땅〉 사태는 TV 드라마 제작 문화에도 적지 않은 영향을 주었다. 과거에 비해 형식적 민주화가 이루어졌다곤 하지만 정치권력의 탄압과 규제 앞에서 방송사의 자율성과 메시지를 담은 드라마의 운명은 여전히 '바람 앞의 등불'이라는 것을 보여주었으니 말이다. 그런 의미에서 말하자면 〈땅〉의 유산은 드라마 제작진의 자기 검열 문화를 더욱 증폭시켜 현실에 순응하는 '안전제일주의'야말로 가장 현명한 처세술이라는 것을 알려준 데 있지 않았을까?

민족 고대인은 드라마 하나 제대로 볼 수 없나

정치적 민주화가 어느 정도 이루어졌다고 생각했던 것일까? 아니면 1987년 6월 항쟁은 승리로 끝났지만, 12월에 실시된 대통령 선거에서 야권이 분열하면서 노태우가 당선된 결과에 실망했던 것일까? 시청자들은 드라마를 시청하면서까지 복잡한 현실 사회의 문제와 맞대는 것에는 인색했다. 당시 사회 분위기와 복잡한 정치 사회상이 주는 피로감에서 벗어나고자 하는 현실 도피 심리가 크게 작용한 까닭이었는지 가볍게 웃고 즐길 수 있는 코믹 드라마에 빠져들었다. 코믹 드라마는 1990년대 초반까지 인기를 끌었다. 또한 당시 한국 사회엔 정치 냉소주의와 패배주의 등도 적잖게 확산되었는데, 드라마가 그런 대중의 정서를 반영한 것이었다. 예컨대 1989년 방영된 KBS의 〈사랑의 굴레〉는 고두심의 대사 '잘났어 정말'을 대히트시켰는데, 당시 사회적으로 널리 퍼져 있던 냉소적 허무

● 드라마 〈사랑이 뭐길래〉는 보수적인 가정과 진보적인 가정을 등장시켜 그 대비를 통해 양쪽의 장단점을 보여주었다.

주의를 반영한 것이라는 평을 들었다.[88] 이런 가운데 1990년 군사작전 식으로 이루어진 3당 합당은 정치에 대한 대중의 냉소와 환멸을 더욱 부추겼다.

그런 대중의 정서를 반영한 것이었을까? 1991년부터 방영된 MBC의 〈사랑이 뭐길래〉는 군사 독재 정권하에서 형성돼온 한국 사회의 흑백논리를 탈피한 이른바 '탈이분법적 정서' 로 무장한 드라마라는 평을 얻었다.

문화평론가 강영희는 "작가는 어느 일방으로도 치우침 없이 불편부당한 자세를 견지하는 것으로 보이나, 사실은 쌍방에 대해 공히 냉소를 보낸다. 그러나 이것은 작가가 이전의 작품에서 일방적 피해자인 주인공에 대한 감정 이입을 전제로, 가해자인 현실에 대해 냉소하던 것과는 본질적으로 성격을 달리한다." 라고 했다.

"다시 말해 이것은 작가가 일정 정도 현실의 금 안으로 들어왔음을 의미하며 또한 기성세대의 관점에 서게 되었음을 의미한다. 그런데 이처럼 〈사랑이 뭐길래〉에서 새롭게 모습을 드러낸 김수현의 작가 의식, 그러니까 불편부당의 얼굴을 한 체제 내적 시선이란 어쩌면 앞에서 언급한 대로 양비론의 형태로 드러나는 당대의 대중 심리와 같은 맥락에 놓였다고 할 수 있다. 이것은 또한 1990년대식 신보수주의의 흐름과 궤를 같이하는 것이기도 하다. 이것이 바로 이 작품이 누린 대중적 인기의 비결이다."[89]

이영미는 〈사랑이 뭐길래〉가 진보적 가정과 보수적 가정을 대비시키는 가운데 양쪽의 장단점을 보여주는 것은 결국 '양비론 또는 양시론적 냉소주의'라고 해석했다. 그는 "보수의 입장에서 진보는 비판하되, 진보의 입장에서 보수는 비판된다. 진보와 대비하여 보수의 구체적 장점이 드러나며, 보수와 대비하여 진보의 구체적 장점이 드러난다. 결국 두 집안은 세상에 대한 각기 다른 태도로 대립하지만 따지고 보자면 양쪽 다 장단점을 가지고 있다는 것이다."라며 "이 작품의 주제곡을 제치고 주제가에 대신할 만큼의 인기를 얻은 김국환의 '타타타'는 작가의 이러한 태도와 잘 맞아떨어진다. '알몸으로 태어나서 수의 한 벌 걸치고 땅에 묻히니 그래도 세상살이가 '수지맞는 장사' 아니냐는 말은 얼마나 냉소적인 반어反語인가!' …… 이것이야말로 1990년대를 사는 우리의 모습이다. 열정적인 1970~1980년대를 지나, 이제는 여당도 싫지만 야당도 꼴 보기 싫고 대안 없고 힘없는 운동권도 더 이상 보기 싫다는, 그래서 아예 생각하고 싶지 않고 더 이상 어디에도 자신의 희망을 내맡기고 싶어 하지 않는, 아니 어쩌면 희망을 만드는 것 자체를 스스로 거부해버리는 태도인 것이다."라고 했다.[90]

1992년 고려대학교에선 〈사랑이 뭐길래〉를 두고 이른바 대자보 논란이 발생했다. 한 대학생이 『월간 말』 1992년 2월호에 실린 비평을 인용해 "이 드라마는 진실이 전혀 없고 구성의 치밀함, 내용의 풍부함도 결여돼 있으나 흥행의 필수 요건이 위안과 재미는 가히 입신의 경지에 이르러 대중에게 왜곡된 친화력을 제공한다."라고 비판하는 내용의 대자보를 게재하자 이에 반대하는 학생들이 "그저 잘난 체하는 우리 사회 병폐의 대표적 예", "민족 고대인은 드라마 하나 제대로 볼 수 없나?", "수업은 빠져도 이 드라마는 꼭 보겠다.", "학생들의 억압에 굴하지 말라."라고 낙서로 응수한 것이다.[91]

통제와 자기 검열 속에 핀 다양한 장르적·형식적 실험

전두환 정권의 드라마 정책은 박정희 시대의 판박이였다. 선거 홍보 드라마가 말해주듯, 방송사 경영진의 충성 경쟁이 치열하게 벌어지면서 드라마를 정치적으로 활용하는 데에서는 오히려 더 공격적인 모습마저 보여주었다. 정권의 규제와 방송사 경영진의 충성 경쟁은 드라마 제작진의 자기 검열 문화를 급속하게 확산시켜 이른바 '눈덩이 효과'를 불러왔으며 그런 과정을 통해 드라마 제작진은 현실에 순응하는 '안전제일주의' 야말로 가장 현명한 처세술이라는 것을 터득하게 된다. 자기 검열 문화는 경제 권력과 종교 권력 등 이익집단의 압력이 더해지면서 더욱 증폭돼 드라마 제작의 자율성을 찾기란 서울에서 김 서방 찾기만큼 어려운 일이 되었다. 물론 이는 드라마가 재미와 흥미만을 더욱 추구하는 요인으로 작용했다.

6월항쟁의 성과로 드라마는 비로소 잃어버렸던 자율성을 회복할 계기를 마련하며 사회문제에 정면으로 응시할 기회를 얻었지만 각다분한 현실에 지친 시청자들은 이른바 '사회성 드라마'를 차갑게 외면했다. 정권과 방송사 경영진의 압력이 '사회성 드라마'가 좌절하는 데 크게 영향을 준 것도 사실이었지만 그보다 결정적인 이유는 시청자들의 취향이었다. 시청자들이 TV를 통해 진지한 이야기와 복잡한 사회 현실을 응시하시 않겠다는 게 분명해졌기 때문이다. 달콤하면서도 말랑말랑한 내용을 원하는 시청자의 취향은 1980년대 후반 이른바 '코믹 드라마'의 등장을 낳았으며 TV 드라마의 현실 도피 경향도 더욱 뚜렷하게 나타났다. 영화와 잡지, 연극, 유선방송 등 경쟁 매체의 섹스 마케팅도 드라마의 탈사회성을 부추기는 요인이 됐다.

권력의 입김에 휘둘리며 수난을 당했지만 1980년대는 여러 면에서 한국 드라마의 가능성을 보여준 시기이기도 했다. 그 중심에 컬러 방송이 있었다. 1981년 시작된 컬러 방송은 컬러 시대에 맞는 다양한 볼거리 제공을 위해 드라마의 대형화, 단막극화, 사전 제작화, 탈스튜디오화 등 제작 시스템에서 굵직굵직한 변화를 이끌어냈다. 다양한 드라마 장르의 공존도 1980년대의 한 특징이었다. 저녁 8시 황금 시간대엔 일일 연속극이 아닌 요일마다 다른 단막극이 줄줄이 편성됐으며 현대극과 사극으로 상징되는 시대극 외에도 서민 드라마, 어린이 드라마, 청소년 드라마, 농촌 드라마, 테마 드라마 등 다양한 장르가 사이좋게 공존했다. 〈베스트셀러극장〉과 〈TV문학관〉 등 문예성 높은 단막극도 안방 시청자의 눈을 즐겁게 했다.

형식적 실험도 왕성했다. 시청자의 높아진 눈높이를 만족시키기 위한 방편으로 쪽대본과 초치기 시스템이 아닌 사전 제작 드라마가 시도됐다. 비록 전작제라는 이름에 걸맞지는 못했지만 KBS가 1986년 4월 방영한 〈여심〉은 한국 드라마 최초로 전작제를 시도한 작품으로 기록되며 이듬해엔 〈불새〉가 미니 시리즈 시대의 첫 막을 올렸다. 비록 초창기엔 큰 성과를 거두지 못했지만 2000년대 중반 이후 드라마 제작 시장에 지각 변동을 불러오는 외주 제작사가 모습을 드러낸 것도 1980년대였다.

장르와 형식적 실험은 모두 다 변화무쌍한 시청자의 취향을 적극 반영하겠다는 극진한 서비스 정신의 표현이었지만 1990년대 정치권력의 입김이 퇴조하고 자본의 위력이 맹위를 떨치기 시작하면서 드라마의 실험은 바야흐로 '자본 논리'의 블랙홀 속으로 급속하게 빨려 들어가게 된다.

'SBS 개국'과
'IMF 한파'
속에서

'SBS 개국'과 'IMF 한파' 속에서
1992~2002년

4

안방 공습에 나선 '불륜 드라마'

박정희 정권과 전두환 정권 시절에 정치권력과 팽팽한 줄다리기를 했던 시장
권력은 1990년대 들어 정치권력을 능가하는 위력을 보이기 시작한다. 그런 징
후는 곳곳에서 나타났다. 1991년 9월 6일 『동아일보』 편집국장 김중배는 이임식
에서 "언론은 이제 권력과의 싸움에서 보다 원천적인 제약 세력인 자본과의 힘
겨운 싸움을 벌이지 않으면 안 되는 시기에 접어들었다."라고 말했다. 이른바
'김중배 선언'으로 알려진 이 선언은 언론이 시장의 통제 시대에 편입되었음을
암시하는 상징적인 발언이었다. 1991년부터 시작된 시청률 조사도 시장의 영향
력을 키웠다. 시청률 전문 조사 기관인 미디어서비스코리아MSK가 국내 TV 시
청률 조사를 시작했는데, 시청률 조사는 방송사의 아침 풍경을 크게 바꾸어놓
았다. 아침마다 방송사 간부와 PD의 책상 위에 프로그램당 혹은 시간당으로 쪼
개진 시청률 자료가 일일 성적표처럼 배달되었기 때문이다. 시청률 조사가 실

● SBS 목동 사옥. 상업방송 SBS의 개국은 방송사
들이 시청률 경쟁을 본격화하는 계기가 되었다.

시되면서 시청률은 방송의 성패를 결정짓는 잣대가 됐고 이는 훗날 보이듯 '시청률 독재 체제'로 나타났다.

그런 상황 속에서 1991년 12월 9일 상업방송 SBS가 개국했다. SBS는 신규 채널로서의 약점을 극복하고 상업방송의 목적이자 본질이라 할 수 있는 광고 수입 증대를 위해 시청률 경쟁을 본격화했으며, 최전선에 드라마를 배치했다. SBS가 편성의 리더십을 행사하면서 드라마 편수가 급증했다. 1992년 현재 3개 방송사 4개 채널에서 모두 30편의 드라마가 방송됐다. 일일 드라마, 주간 드라마, 주말 연속극, 미니 시리즈 등의 형식으로 사실상 한 주 동안 방송되는 드라마의 횟수는 57회에 이르고 있었다. 또 매일 10편 이상의 드라마가 거의 예외 없이 주요 시간대(밤 8~11시)에 방영되고 있었다.[1]

SBS 개국 이후, 1992년 안방은 '불륜 전쟁터'로 변했다. 누가 더 자극적으로 불륜을 묘사하는지 경쟁이라도 하듯, 방송사들은 불륜 드라마를 양산해내기 시작했다. TV는 '불륜상자', '섹스상자'라는 말까지 나올 정도였다. 불륜 드라마에 대한 비판은 어느 정도였던가? 당시 신문엔 드라마의 불륜을 개탄하는 기사와 사설, 칼럼이 연일 게재됐다. 1992년 하반기 일간지에 게재된 '불륜 드라마' 비판에 대한 기사 제목을 일별하자면 대략 다음과 같다.

「SBS TV 외설 장면 해도 너무 한다」(『세계일보』 6월 7일), 「TV 폐해 심각: 폭력-선정성 난무…… 여과 없이 방영」(『세계일보』 10월 11일), 「방송들이 '불륜'

을 경쟁하다니(사설)」,(『서울신문』 10월 12일),「"TV 노골적 성 표현 위험 수위"」(『서울신문』 10월 17일),「'선정성' 방송 부쩍 늘어」(『한겨레』 10월 21일),「TV 드라마의 '불륜' 경쟁(사설)」(『세계일보』 11월 1일),「TV 드라마도 불륜 범람: 민방 등장 후 공영방송도 덩달아 선정주의화」(『세계일보』 11월 10일),「TV 저질 경쟁 이대로 좋은가: 긴급 고발 '안방극장' (상)」(『동아일보』 11월 10일),「TV 저질 경쟁 낯뜨겁다」(『동아일보』 11월 10일),「안방 휘젓는 TV 드라마」(『한겨레』 11월 11일),「TV가 바람났다」(『동아일보』 11월 13일),「TV 방송의 저질 대행진(사설)」(『국민일보』 11월 14일),「텔레비전 저질 경쟁 단호히 대처해야(사설)」(『한겨레』 11월 16일),「TV 방송과 저질 문화」(『국민일보』 11월 19일),「TV 드라마 선정성 위주 '불륜의 삶' 범람」(『세계일보』 12월 6일).

불륜 드라마의 창궐은 시청률 독재 체제의 시대가 열렸음을 말해주는 징후였다. 당시 드라마를 제작하던 일선 드라마 PD들의 시청률 강박증은 어느 정도였던가? MBC의 한 PD는 "당장 개편 때 자신의 프로가 없어지느냐 살아남느냐 하는 것이 시청률에 달려 있기 때문에 시청률을 무엇보다 의식하지 않을 수 없다."라고 털어놓았으며 "기발한 불륜 관계를 설정할수록, 성을 노출할수록 시청률은 올라간다."라는 말마저 방송가에 공공연하게 돌아다녔다. 일부 프로듀서들 사이에선 시청자를 향해 "이래도 안 볼 거냐!?"라는 기분으로 프로그램을 만들고 있다는 자조적인 고백마저 나왔다.[2] 1992년 11월 17일 방송위원회 주관으로 열린 'TV 드라마의 윤리성 제고를 위한 토론회'에서 한 방송 작가는 "불륜이 없으면 드라마가 안 된다."라며 "불륜을 드라마의 소재로 다루는 것은 사회 현상의 반영이며 그런 병폐를 지적하는 것조차 매도당하는 현실이 서글프다."라고 말했다.[3] 탤런트 김희애는 1992년 중앙대 석사 논문 「TV 드라마의 갈등 구조에 대한 연구」에서 "시청자들의 흥미를 끌기 위해 삼각관계, 고부간의 갈등 등 지나치게 갈등 관계를 많이 담아 전통적 윤리관에서 벗어나는 경우가 많다."라고 결론을 내렸다.[4]

〈여명의 눈동자〉가 개척한 한국 TV 드라마의 신기원

1991년 10월 7일부터 이듬해 2월 6일까지 36부작으로 방영된 MBC의 〈여명의 눈동자〉는 한국 TV 드라마 역사상 하나의 '사건'이었다. "TV 드라마의 신기원을 개척했다."라는 평마저 나왔다. 드라마가 스튜디오를 박차고 나와 로케이션 촬영을 하긴 했지만, 여전히 스케일 면에서 부족한 게 많은 상황에서 〈여명의 눈동자〉는 과감한 물량을 투입하며 드라마에 대한 한국인의 인식을 바꾸어놓았다.

〈여명의 눈동자〉는 2년여에 걸친 장기 사전 제작을 시도했고, 등장인물의 숫자만 하더라도 우리나라 150명, 필리핀 40명, 중국 90여 명에 엑스트라 규모도 국내 2만 명, 중국인 5000명, 필리핀인 2000명 등이 참여해 사상 최대를 기록했다. 제작 비용도 당시로서는 막대하게 들었다. 36편 시리즈 제작에 간접비를 포함해 약 40여 억 원이 들어갔는데, 한 편당 제작비가 1억 원을 상회한 것이었다. 여러 면에서 당시 제작 시스템에서는 무모한 도전이었다. 칭찬의 의미로 한 말이었지만, 방송 작가 한운사가 "미친 사람들이 아니고는 도저히 만들 수 없는 드라마"라면서 "창사 특집극이라고 그렇게 겁 없이 돈을 펑펑 쓴 방송사 측도 미치기는 마찬가지"라고 말한 것도 그런 이유 때문이었을 것이다.[5]

그리고 영상 미학에 대해서도 관심을 기울였다. 물량 공세로 돋보인 스펙터클한 화면뿐 아니라 스피디한 진행, 다양한 카메라 기법 등 미학적 측면에서도 새로운 시도를 선보였다. 한마디로 안방에서 상영한 영화였다. 이는 비슷비슷한 소재와 느린 전개로 일관한 기존 드라마에 식상해 있던 이른바 '영상 세대'의 눈을 사로잡기에 충분한 것이었다. 영상 세대가 본격적으로 채널 선택권을 주도하기 시작하면서 드라마는 미학적 측면에도 신경을 쓰기 시작했는데, 그 선두에 〈여명의 눈동자〉가 있었던 셈이다.

막대한 제작비가 들어간 만큼 〈여명의 눈동자〉는 '시청률' 확보가 급선무였다. 방송 초기엔 여주인공 여옥의 종군위안부 생활과 731부대의 잔인한 생체 실험 등을 내보내 선정적이고 폭력적이라는 비판에 시달렸는데, 드라마 제작에 들어간 막대한 비용을 충당하기 위해서라도 그것은 피할 수 없는 일이었다. 사실 이 드라마의 최대 강점은 바로 기존 드라마의 스케일과 선정성을 압도한 그런 '다양한 볼거리'였다.

〈여명의 눈동자〉는 4 · 3항쟁을 재조명하는 등 왜곡된 현대사를 바로잡는 역할을 하기도 했지만, 역사에 대한 허무적 태도, 이념 자체에 대한 극도의 혐오감

● 막대한 제작비를 투입한 〈여명의 눈동자〉는 '영상 세대'의 눈을 사로잡기에 충분했으며 이후 TV 드라마의 스케일과 완성도를 재는 잣대로 작용할 만큼 큰 성공을 거두었다.

©MBC

등을 불러일으켰다는 진보 진영의 비판에 직면했다. 비판은 우익 진영에서도 나왔다. 〈여명의 눈동자〉가 '좌익의 영웅화'에 앞장섰다는 게 비판의 골자였다. '이념' 문제는 한국 사회의 뇌관이었기에 이를 정면으로 돌파한다는 것은 사실상 힘든 일이었다. 그런 고충은 드라마를 준비하면서부터 대두되었다. 극본을 쓴 송지나는 "아직은 이데올로기에 대해 민감한 사회에 살고 있으며, 어떤 식으로 이데올로기를 풀어내도 최소의 경우 양쪽으로부터 욕을 먹게 되리라는 계산이 있었다."라고 말했다.[6] 〈여명의 눈동자〉가 이념 논란을 피해가기 위해 역사와 좌우 이데올로기 투쟁 속에서 희생된 세 남녀 주인공의 비극적 운명에 초점을 맞추어 제작한 것도 그런 이유 때문이었을 것이다. 제작진이 휴머니즘을 바탕으로 드라마를 제작하지 않았더라면 상당한 사회적 논란을 낳았을지도 모르는 일이었다.

〈여명의 눈동자〉는 이후, TV 드라마의 스케일과 완성도를 재는 잣대로 작용할 만큼 큰 영향을 미쳤기 때문에 드라마 연출자들이 느끼는 부담 역시 커질 수밖에 없었다.

영상 세대의 등장과 트렌디 드라마 붐

1980년대 후반의 일본에선 거품 경제로 소비주의가 사회 전역에 퍼져나가는 가운데 기존의 TV 드라마에서 '메인 스트림'이었던 홈드라마가 거의 자취를 감추었다. 그 자리를 대신한 게 이른바 트렌디 드라마였다. 기존 TV 드라마가 주부를 주요 시청자로 삼았다면, 마흔의 젊은 여성을 주요 대상으로 삼은 트렌디 드라마는 가까운 미래에 자신도 드라마 속의 화려한 소비문화의 주인공이 될 수 있을 것 같은 환상을 제공하며 안방을 장악했다.[7]

이게 시사하듯, 드라마는 경제 구조의 변화에 민감하게 반응했다. 1990년대 한국에서도 소비문화가 급속하게 확산되자 경제 구조의 변화를 반영한 드라마가 대거 등장했다. 바로 트렌디 드라마였다. 한국 최초의 트렌디 드라마는 1992년 방영된 MBC의 〈질투〉였다. 한국 사회에 '트렌디 드라마' 열풍을 불러온 〈질투〉는 어떤 드라마였던가? 강준만은 〈질투〉와 관련해 "감각의 소비문화에서는 갈등과 고민조차도 소비지향적이다."라고 했다.

"최근의 MBC 인기 드라마 〈질투〉는 바로 그 점을 극명하게 보여주었다. 그 드라마에서 사랑은 '풍요 속의 선택'의 문제에 지나지 않는다. 구질구질한 현실 문제는 완전히 배제돼 있다. 이 드라마 속의 '보통 사람들'은 자본주의의 시장 경제가 제공해주는 소비의 특혜를 완벽하게 만끽한다. 피자, 점보트론, 롯데월드, 자가용 승용차, 컴퓨터, 팩시밀리, 편의점, 무선전화, 해외여행 등등. 자가용 승용차가 달리는 도로는 늘 쾌적하고, 아무리 중소기업이라지만 입사 1년 만에 차장으로, 실장으로 진급하는 '기적'이 아주 자연스럽게 이루어진다. 미남 미녀들의 갈고 닦은 연기력, 경쾌한 흐름, 볼거리에 집착하는 카메라, 부담 없이 감각을 건드리는 세련된 대사 등등 그 무엇 하나 신경을 건드리거나 귀찮게 하는 게 없다. 사랑도 아이스크림을 먹듯이 부드럽게 소비할 수 있는 것일 수 있다는 메시지를 던져준다. 갈등과 고민은 바닐라 아이스크림을 먹느냐 딸기 아이스크림을 먹느냐 하는 정도의 것에 지나지 않는다. 이 드라마에서 진정한 '질투'는 '소비 자본주의'의 문법을 거부하는 사람이 '소비 자본주의'의 환상적인 영상 이미지에 대한 질투에 다름 아니다. …… 〈질투〉를 도덕적으로 단죄하는 건 어리석다. 그것은 '소비 자본주의'의 문화적 공세이자 발현으로서 이미 우리의 생활에 깊숙하게 침투해 있다."[8]

이른바 신세대의 등장도 트렌디 드라마와 밀접한 관련을 맺고 있었다.[9]

1992년 현재 전체 인구의 26.7퍼센트인 1135만여 명이 학생이며 이 가운데 중고생이 절반을 차지했는데, 이들은 대중문화의 실세였다. 당시 소비문화의 주축을 이루며 대중문화에서 리더십을 행사한 신세대는 '영상 세대' 였다. 물론 '신세대' 개념은 언론의 상술이 낳은 현상이었지만, 이들이 구세대에 비해 영상에 친숙한 것 또한 사실이었다. 신세대는 태어날 때부터 TV를 보고 느끼고 친구 삼아 자랐기 때문에 영상 문화에 친숙한 감성을 소유했는데, 트렌디 드라마들은 이들이 '보는 즐거움' 을 극대화할 수 있도록 대사나 스토리보다는 영상으로 말하기 시작했다. 물론 보는 즐거움은 소비문화와 밀접한 관련을 맺고 있었다. 당시 국내에서는 트렌디 드라마라는 이름이 낯설어 언론은 트렌디 드라마를 부연설명하는 여러 형용사를 사용하기도 했는데, 대다수가 '영상' 이라는 단어를 사용했다. 예컨대 "영상 세대의 기호를 충족하는", "신세대 인기스타에 의존한", "감각적이고 경쾌한", "영상 감각이 돋보이는", "시대의 유행을 민감하게 반영

● 최초의 트렌디 드라마 〈질투〉의 인기는 소비 자본주의의 세례를 받은 신세대의 등장과 밀접한 관련이 있었다.

하는" 등이 그런 경우였다.[10]

트렌디 드라마는 멜로드라마의 퇴조도 불러왔다. 신세대의 가벼워진 취향이 멜로드라마와 궁합이 맞지 않았기 때문이다. 이른바 '쿨'한 정신으로 무장한 신세대의 사랑은 '부담 없는 사랑', '몰입하지 않는 사랑'이었다. 예컨대 트렌디 드라마 열풍의 주인공 〈질투〉가 보여준 사랑은 "사랑도 아이스크림을 먹듯이 부드럽게 소비할 수 있는 것일 수 있다는 메시지"를 던져주었을 만큼 신세대의 사랑법은 구세대와 확연한 차이를 보였다. 따라서 '한'과 '눈물'의 정조를 바탕으로 한 구세대의 사랑법을 강조하는 멜로드라마는 시장에서 밀려날 수밖에 없었다.[11] 멜로드라마가 빠져나간 자리는 신세대의 톡톡 튀는 감성과 가벼움으로 무장한 로맨틱 코미디가 자리 잡았다. 이 시절 〈우리들의 천국〉 등 대학을 무대로 한 이른바 청춘 드라마가 크게 유행한 것도 소비문화와 신세대의 구매력이 절묘하게 하모니를 이루었다는 것에서 찾을 수 있겠다.

국익에 좋다면 국책 드라마는 필요한가

1993년 김영삼 정권의 출범은 드라마 제작에도 적지 않은 영향을 가져 왔다. 가장 눈에 띠는 것은 소재의 확장이었다. 문민정부 출범을 앞두고 방송사의 드라마 소재에 대한 금기 타파 노력이 활발하게 진행돼 드라마 소재로 채택되기 어려웠던 운동권 대학생들의 이야기가 극화되는 일도 잦아졌는데, 그런 흐름에 대해 『세계일보』 1993년 7월 9일자는 "방송 소재에 성역이 없어졌다."라고 했다.[12]

소재 확장의 시대가 열렸지만 그렇다고 정치적 입김이 사라진 것은 아니었다. KBS에 대한 국정 감사가 열린 1993년 10월 19일 국회 문공위원회 회의실에서는 국회의원들과 KBS 홍두표 사장 사이에 〈한명회〉 시비가 벌어졌다. 이날

국종남, 채영석 등 야당 의원들은 1994년 1월 방영을 목표로 제작 중이던 KBS 드라마 〈한명회〉가 시대착오적인 역사 인물 설정과 드라마 주인공의 미스 캐스팅으로 공영방송의 드라마로는 부적합하다며 이의를 제기했다. 이들은 총제작비 30억 원을 들이는 이 드라마가 개혁 시대 공영방송의 이념과 맞지 않는 시대착오적인 드라마라며 이 드라마를 축소 방영하든지 아예 비디오로 제작, 판매하라고 요구했다. 이에 대해 KBS 사장 홍두표는 "드라마 제작은 제작진의 고유 권한이며 역사 속의 인물을 통해 재미와 교훈을 동시에 주기 위해 기획된 것으로 안다."라고 말했다.[13]

1993년 10월 노동부는 드라마가 주로 생산 현장과는 무관한 상류층 사회의 삶만을 담고 있는데다 일부 방영 중인 서민 취향의 프로그램도 농촌 드라마에 국한되어 있다는 점을 감안해 KBS와 MBC가 협조해 노동자들을 위한 새로운 내용의 드라마를 방영하기로 했다고 밝혔다. 이에 앞서 노동부 장관 이인제는 5월 KBS의 〈TV 손자병법〉에 출연한 후 기자들과 만나 "텔레비전에 출연하면서 그 숱한 드라마 가운데 국민의 대다수를 차지하는 노동자들의 삶을 다룬 것이 없다는 데 놀랐다."라면서 "이른 시간 안에 방송사들과 협의해 산업 현장을 무대로 노동자들의 고뇌와 사랑 등을 담은 드라마 방영 계획을 세워볼 계획"이라고 말한 바 있다.[14]

한국방송개발원 주관으로 1993년 11월 5일 열린 '좋은 드라마 극본, 어떤 것이어야 하나'는 주제의 토론회에서 공보처 장관 오인환은 "앞으로 '드라마 사전 전작제'를 전향적으로 검토할 계획"이라고 말해 TV 드라마의 경우 전편을 모두 제작한 뒤 방영토록 할 계획임을 밝혔다. 방송 작가 이희우는 "문민정부하에서 국책 드라마에 음모가 없고 순수하게 정의 사회 구현과 민족 번영을 목적으로 한다면 방송 작가들도 국책 드라마 제작에 흔쾌히 참여하리라고 본다."라며 "개혁을 앞당길수록 국익에 좋다면 당당하고 과감하게 국책 드라마를 만들어 방송을 통한 국민 의식 개혁 목적에 접근하는 것이 좋다."라고 말했다.[15]

드라마를 통해 국민 의식 개혁을 이루겠다는 뜻이야 가상했지만 문제는 1970대부터 줄기차게 정책 홍보성 드라마를 시청해온 시청자들의 취향이었다. 정책 홍보성 드라마에 대한 거부감이 여전히 살아 있는 상황이었기 때문에 문민정부의 드라마 정책은 애초부터 실패할 가능성이 컸다. 쾌락과 욕망의 보고라 할 소비 시대의 개막은 의미보다 감각과 훨씬 친화성이 강했으니 이제 드라마는 본격적으로 소비의 전도사로 나서게 된다.

구매력을 겨냥한 페미니즘 드라마와 전문직 드라마

소비문화의 본격적인 개막은 구매력이 강한 계층을 대상으로 한 이른바 '적합성relevancy' 드라마의 붐을 몰고 왔다. 페미니즘 드라마와 전문직 드라마가 그것이다.

여성의 사회 진출이 활발하게 이루어지면서 대중문화 산업은 발 빠르게 이들을 겨냥한 상품들을 쏟아내기 시작했다. 드라마 역시 예외는 아니었다. 『세계일보』 1993년 8월 19일자 기사는 "TV 드라마에 페미니즘(여성주의) 물결이 거세게 일고 있다. 전문직 여성을 드라마에 등장시키는 것은 이미 일반화됐고, 일부 드라마는 여성 문제를 다루면서 극 중 인물을 통해 정면으로 여성해방론을 펼치고 있다."라고 전했다. 〈절반의 실패〉(KBS2)나 〈서 있는 여자〉(KBS2)에서처럼 여성 문제의 본질적인 접근이 시도되는가 하면, 〈서른한 살의 반란〉(KBS2), 〈폭풍의 계절〉(MBC) 등이 그런 경우였다.[16]

페미니즘 드라마는 드라마 제작에 작동하는 '특수한 문화'가 낳은 현상이기도 했다. 여류 작가들의 TV 연속극 독점 현상과 무관하지 않았다는 말이다. 드라마 작가는 여성 파워가 보편화된 직업 가운데 하나였다. 1993년 현재, 방송작가협회에 등록된 방송 드라마 전업 작가는 대략 150명 선이었는데, 이 가운데 여류 작가가 90여 명에 이르렀다. 1994년 1월 현재 3개 방송사가 방영 중인 31편의 드라마 중 여류 작가가 집필하는 작품은 절반이 넘는 16편에 달했다.[17] 특히 여성 작가들은 이른바 '시청률'이 잘 나오는 노른자위 드라마를 집필하는 경우가 많았다. 그런 특수한 문화를 반영하듯, 신문엔 「"여류 드라마 작가, 안방극장 웃고 울리는 마술사"」,[18] 「"여성 작가 전성시대"」,[19] 「"TV 드라마, 여성 작가 판친다"」[20] 등의 기사가 실렸다.

하지만 여류 작가가 오히려 반페미니즘적 메시지를 전달하는 현상이 발생한다는 비판도 제기됐다. 이는 드라마가 작가의 영향력이 강하게 반영되는 프로그램이긴 하지만, 전체적인 방송 시스템 속에서 만들어지는 창조물이라는 점에서 발생한 '왜곡 현상'이었다. 방송사의 주요한 수입원인 드라마가 상품성을 극대화하는 과정에서 시장 논리를 반영할 수밖에 없었고 방송사 간부의 압력이나, PD와의 갈등, 시청률의 압박 등이 여성의식을 표현하는 데 한계로 작용했다는 것이다.[21] 여성 작가들이 성공한 전문직이라는 영향도 작용했을 가능성도 높다. 남성의 영역에서 혼자 힘으로 경제적 성공과 자아 성취 등을 이룬 몇몇 스타 작가의 개인적 경험은 구조와 개인의 관계에서 구조보다는 개인에 방점을 찍었을 가능성이 컸기 때문이다.

전문직 드라마도 빠르게 확산됐다. 리얼리즘을 높이려는 의도였을까? 전문직 드라마는 TV 드라마 공동 집필제의 확산도 불러왔다.[22] 『서울신문』 1993년 9월 1일자 기사는 "TV 드라마의 내용과 형식이 다양해지면서 드라마 집필 방식도 공동화·전문화 경향을 띠어가고 있다."라고 했다.[23] 드라마 대본 공동 집필

● 페미니즘 드라마 〈절반의 실패〉 같은 작품들은 여류 작가들의 TV 연속극 독점 현상과 무관하지 않았다.

은 유행처럼 번졌다. 1994년 현재 방송 3사의 드라마 30여 편 가운데 2명 이상의 작가가 집필하는 경우는 KBS의 〈느낌〉, 〈내일은 사랑〉, MBC의 〈전원일기〉, 〈사춘기〉, SBS의 〈박봉숙 변호사〉, 〈좋은 걸 어떻해〉 등 6편에 달했다. 하지만 혼자 쓰는 작가들도 아이디어 등을 제공하는 보조 작가를 두는 경우가 많아 공동집필은 겉으로 나타난 것보다 훨씬 많을 것으로 추산되었다. 이 때문에 방송가에서는 이제 더 이상 드라마 대본이 혼자만의 고독한 산물일 수 없다는 인식도 퍼졌다.[24]

'차인표 신드롬'은 연출의 승리

SBS 출범 이후, 스타의 몸값이 껑충 뛰어올랐다. 스타의 몸값 상승은 드라마 제작에 경제적 압박을 주기 시작했고 결과적으로 이는 드라마 졸속 제작의 요인으로 작동했다. 전체 제작비가 한정된 상황에서 간판 스타의 출연료 인상으로 인해 드라마에 꼭 필요한 엑스트라의 감축과 야외 촬영 횟수 줄이기 등이 나타났기 때문이다. 『한국일보』1994년 3월 8일자 기사는 "천정부지로 치솟고 있는 스타급 연기자들의 출연료가 고정돼 있는 드라마 제작비를 압박, 졸속 제작을 불러오거나 드라마 규모를 당초 기획보다 축소화한다는 지적이 높다."라면서 다음과 같이 말했다.

"이 같은 현상은 일부 방송사가 시청률만을 의식, 무분별하게 '스타 모서오기' 경쟁을 벌인 데서 비롯된 것. 고액 출연료를 보장하는 편법으로 작품당 계약 방식을 도입, 기존의 연기자 등급별 시간별 개런티 방식을 무너뜨려 드라마 제작 풍토를 어지럽히고 있다는 지적도 나오고 있다. 방송사에 따라 산정 방식이 조금씩 다르기는 하지만 현재 60분짜리 기획·특집 드라마 1회분을 만드는데 드는 출연료(엑스트라 포함)·의상·소품·극본료·진행비 등 직접 제작비는 대략 4000만~5000여만 원선으로 알려졌다. 이 가운데 출연료가 60~70퍼센트(드라마에 따라 40~50퍼센트인 경우도 있음)를 차지하며 나머지는 야외촬영 진행비, 음악료, 동시 녹음료 등으로 쓰고 있다. 때문에 작품당 계약의 경우 스타급 연기자의 출연료가 300만 원만 올라도 자연 나머지 비용이 그만큼 줄어들게 된다."[25]

스타의 몸값 상승에 따른 드라마 제작비용의 급증은 방송사의 경영난으로 이어졌다. 1994년 MBC는 방송위원회에 '업무 보고'를 하면서 광고 시간을 10/100까지 늘려줄 것을 요청했는데, 주요한 이유가 바로 스타 캐스팅에 따른 드라마 제작비용의 급상승이었다.[26] 스타 마케팅이 활성화되면서 스타의 몸값이 천정부지로 치솟아 드라마 제작에 부담으로 작용하면서 방송사들은 어쩔 수 없이 무명 연기자를 주인공으로 캐스팅해야 하는 상황에 직면했다. 문제는 TV의 속성상 드라마에 스타가 반드시 필요하다는 것이었다. 어찌할 것인가? 무명 연기자를 캐스팅해 스타 만들기에 나서는 방법이 동원되었다.

이와 관련해 일찍이 탁견을 제시한 인물이 있었으니, 바로 에드가 모랭이다. 그는 1984년 펴낸 책 『스타』에서 "스타의 제조 과정은 신인 발굴 담당자가 발견한 미녀를 합리화하고, 표준화하고, 선별하고, 결함을 없애고, 보석을 끼워 넣고, 조립하고, 가공하고, 다듬고, 장식한다. 한마디로 스타는 만들어지는 것이다."라고 말했다.[27] 문화 산업의 스타는 타고나는 게 아니라 기획과 훈련, 홍보에 의해서 만들어진다는 게 모랭의 생각이었다. 물론 연기자 개인이 지닌 매력과 상품성으로 인해 스타가 되는 경우도 있었지만 그런 경우는 드물었고, 대부분의 스타는 정교하고 치밀한 전략에 의해서 탄생한다는 것이다.

MBC가 1994년 6월 6일부터 방영을 시작한 〈사랑을 그대 품 안에〉는 TV의 '스타 만들기'를 생생하게 보여준 사례였다. 〈사랑을 그대 품 안에〉의 남자 주인공으로 캐스팅된 차인표는 무명 연기자였다. 하지만 하루아침에 스타가 됐고

● 〈사랑을 그대 품 안에〉는 '스타 만들기'를 생생하게 보여준 사례였다. 무명 연기자였던 차인표는 하루아침에 스타로 떠올랐다.

'차인표 신드롬' 마저 불러왔다. 〈사랑을 그대 품 안에〉는 처음부터 차인표를 스타로 만들기 위해 주도면밀하게 모든 것을 기획한 드라마로, 차인표 신드롬은 사실상 '연출의 승리' 였다.

차인표를 위한 배려는 어느 정도였던가? 카메라에서부터 대사의 양을 조절하는 일에 이르기까지 모든 제작 과정에 걸쳐 정치하게 진행됐다. 연출자 이진석은 처음부터 이 드라마의 기획 의도가 주인공을 멋지게 '포장' 하는 것이라고 분명히 밝히면서 다른 배우들에겐 '튀지 말라' 는 주문을 넣었다. 또 드라마 내용을 해치지 않는 선에서 전체적 구도에 따라 자연스럽게 처리하기 어려운 대사를 '수준' 에 맞게 고치고 상대역으로도 쟁쟁한 스타들을 캐스팅했다. 요컨대 〈사랑을 그대 품 안에〉의 흥행과 차인표의 스타화는 연출과 배우의 '집단 노력' 의 결과였고, 그런 스타 만들기는 결국 대성공을 거두었다.[28]

지존파 사건과 방송사의 '자정 선언'

1994년 발생한 이른바 '지존파 사건' 은 한국 사회를 발칵 뒤집어놓았다. 살인 실습까지 해가며 잔인한 수법으로 무고한 사람들을 살해하고 시체를 불태우거나 암매장한 이들의 만행은 전 국민을 충격의 도가니로 몰아넣었다. 이에 김영삼 정부는 1994년 9월 29일 '사회기강 확립 관계 장관회의' 를 열어 부정 축재한 공직자의 재산 몰수 등 공직부정비리대책을 확정하고 사회 흉악 범죄 예방을 위해 '음란 폭력물 유통 규제법' 제정 등의 조치를 강구하기로 결정했다. 불똥은 방송사에도 튀었다. 9월 30일 오전 KBS는 긴급 편성 제작회의를 열고 모방 범죄를 야기할 가능성이 있고 폭력 장면이 난무하는 범죄 수사물 〈사건 25시〉를 폐지하기로 결정했으며, MBC 역시 실감나는 폭력 · 선정성으로 최고의 시청률을

유지해온 범죄 수사물 〈경찰청 사람들〉을 폐지하기로 결정하는 등 이른바 자정 선언을 하고 나섰다.[29]

하지만 방송사의 자정 선언에서 드라마가 빠져 신문의 심기를 불편하게 만들었다. 『동아일보』 1994년 10월 1일자 사설은 "지존파 사건, 택시 납치 살해 사건 등 잔혹 범죄가 잇달아 발생하자 정부는 종합 대책 중의 하나로 음란 폭력물 유통 규제법 제정과 불륜 폭력 TV극 규제 등의 방안을 내놓았다. 폭력 비디오 영화의 유통 규제법 제정도 시급하지만 그에 앞서 공익 · 공공 · 공정성이 요구되는 방송의 사회적 · 윤리적 책임은 더욱 크다."라고 주장했다.

"지난달 26일 밤 온 가족이 지켜보던 TV 화면에서 마치 인질극이라도 벌이는 듯한 여인이 불륜 관계의 남자 집에 쳐들어가 그 집 딸의 목에 칼을 대고 위협하는 장면이 나왔다. SBS TV 연속극인 〈작별〉의 한 장면이었다. 그렇지 않아도 꼬리를 물고 일어나는 온갖 잔혹범죄로 온 나라가 침통한 분위기에 휩싸여 있는 판에 방송에서 그런 장면을 내보낸 것이다. 그 방송만 탓할 일인가. 다른 방송의 TV극도 비슷하다. 불륜 관계 구도의 드라마를 경쟁적으로 내보내고 있다. 유부남과 유부녀, 상사와 부하 여직원 간의 불륜 내용들이 아침저녁 시도 때도 없이 안방에 쏟아져 들어온다. 물론 불륜을 포함하여 드라마의 소재 선택은 작가나 제작자의 자유에 속한다. 그러나 인간의 내면에 잠재해 있는 원초적 욕망을 이성으로 억제해야 하는 사회 규범이나 도덕률은 외면한 채 예외적이고 비윤리적 상황을 보편적 삶인 듯 묘사한다. 그것도 온가족이 함께 보는 가족 시청 시간대에 마구 내보낸다. 비윤리적인 내용뿐 아니라 폭력도 난무한다."[30]

드라마 비판에 보수 신문과 진보 신문의 차이는 없었다. 『한겨레』 1994년 11월 2일자 기사는 "MBC와 KBS 2TV의 수목 드라마가 지나친 경쟁 끝에 내용 전개와 상관없이 선정적 장면을 마구 끼워 넣어 눈살을 찌푸리게 하고 있다. 특히 두 방송사의 이런 눈요기 경쟁은 각 방송사가 방송의 역기능을 반성한다고 '자정 선언'을 한 지 한 달도 못되어 다시 불거져 나와 방송사들의 자정 의지를 의심하게 한다."라고 했다.

"독립제작사인 제일영상의 야심작인 〈인간의 땅〉도 야심이 지나쳐 대하드라마라는 타이틀에 걸맞지 않게 눈요기에 집착하는 모습을 보여주고 있다. 지난주 목요일 〈인간의 땅〉은 텔로프(프로 끝난 뒤 나오는 스태프 소개 자막) 부분에 옥소리와 염정아의 키스 장면만을 모아 10초가량 보여주는 새로운 전략을 선보였다. 단순히 시늉만 내는 키스신이 아니라 프렌치 키스에 가까운 사실적인 장면이었다. 폭포수 아래 목욕신이 나오는 1, 2회의 높은 시청률에 고무됐는지, 아니면 〈아들의 여자〉로 인해 날로 시청률이 떨어지는 데 불안을 느꼈는지 모르지만 너무 '속 보이는 수'라는 게 방송가의 지배적인 지적이다."[31]

'귀가시계'가 된 〈모래시계〉

〈사랑을 그대 품 안에〉가 1994년 최고의 화제작이었다면, 그다음 해의 주인공은 〈모래시계〉였다. 〈모래시계〉는 일명 '귀가시계'라는 평을 얻을 만큼 한국 사회에 신드롬을 몰고 왔다. 비수도권 사람들은 SBS가 서울과 수도권의 지역 방송이었던 까닭에 〈모래시계〉를 시청할 수 없었지만, 신문과 방송에서 그 열풍을 지극 정성으로 중계해주었기에 드라마를 시청하지 않고서도 '신드롬' 현상에 합류했다. 〈모래시계〉 신드롬은 실제 '모래시계'의 판매에까지 큰 영향을 줬다.[32]

거칠게 말해 〈모래시계〉는 상업방송인 SBS가 아니었으면 만들기 어려웠던 드라마였다. 실험 정신과 모험심은 후발 주자의 특권이자 경쟁력이다. 실패해

SBS 광복 50주년 기념 대작

WOOIL VIDEO
COLLECTION

유신정권, 광주 민주화 항쟁,
격동의 90년대를 헤쳐온
세 젊은이의 불꽃같은 삶!!

TV보다 진한 감동과 새로움이 있습니다!
- 극본 송지나, 연출 김종학 편집의 8시간 감동 대작!
- 드라마 제작과정 및 화제의 주제곡(백학) 특별 수록!
- TV미공개, NHK 자료화면(광주항쟁) 추가 수록!

©SBS

● 〈모래시계〉는 '귀가시계'로 불릴 만큼 큰 인기를 끌어 SBS의 지명도를 높여주었다.

도 잃을 게 별로 없기 때문이다. 개국 이후 계속 KBS와 MBC의 양강 체제에 도
전했지만, 여전히 SBS는 방송 시장에서 '약자'였다. 특히 '지역 방송'이라는 구
조적 한계에서 비롯된 낮은 지명도는 광고 수익에도 악영향을 주었을 것이기에
기존 구도를 뒤흔들 수 있는 강력한 수단이 필요했다. 〈모래시계〉는 양강 체제
에 균열을 가하기 위한 SBS의 야심 찬 전략이었고 결과는 대성공이었다.

문민정부가 출범했다지만, 광주민주화운동과 삼청교육대를 비롯해 현대사

의 가장 민감한 부분을 드라마 소재로 삼는 것은 도박에 가까운 일이었다. 사회성 드라마의 수난이 증명하듯, 사회문제를 정면으로 응시한 드라마는 도전에 따른 대가가 혹독했기 때문이다. 충만한 상업 정신으로 무장한 SBS가 '사회성' 드라마를 제작했다는 사실은 일견 아이러니하기도 하지만, 역으로 이는 상업방송의 생리를 가장 잘 보여준 것이었다. 상업적 목적을 위해서라면 물불 가리지 않는 상업방송의 본령이 충실하게 구현된 사례였기 때문이다.

〈모래시계〉는 사회적 신드롬을 불러일으켰지만, 적잖은 시청자를 불편하게 만들기도 했다. 특히 주인공들의 '사투리' 차별은 '호남 차별' 논란을 빚었다. 이수민은 『샘이깊은물』 1995년 3월호에 기고한 글에서 "나는 이 사회의 체제가 ─또 그중에서도 방송 작가 송지나나 PD 김종학 같은 사람까지도─ 얼마나 이 남한 사회를 두 패로 갈라놓는지를, 그 광주사태를 포함하고 있다고 해서 '의식 있다'고들 평가받는 연속 텔레비전 드라마 〈모래시계〉를 보고 확인했다."라면서 다음과 같이 말했다.

"고향이 서로 똑같다고 짐작하게 만든 위 드라마의 세 주인공─잘생기고 의로운 깡패, 성실하고 진지한 검사, 못생기고 교활하고 의리 없는 깡패─중에서 온 나라 여자들을 황홀케 했다 할 의로운 미남과 그 정의감으로 온 나라를 감격시킨 검사에게는 표준말을 시키고 하필 그 못된 자식에게만 특정 지역 사투리를 하게 하여, 그 맞아죽어 시원했던 놈의 품성과 그 사투리 사이에 동일성 연상이 일게 했다. 왜 그 동일 고향의 두 좋은 사람에게는 같은 사투리를 시키지 않았을까? 왜 또 그 세 사람의 현대사를 그렇게 몰고 갔다 할 정치, 경제 체제의 인물들─이를테면, 그 고급 노름꾼 집단 사람들, 또 그 사람들에게서 돈 받아 처먹은 고위층 놈들─에게는 그 누구에게도, 다들 알듯이 그때에 날고 기던 지역의 사투리를 시키지 않았을까? 이제라도 '아차' 하고 반성하는 경우라면, 식자층까지를 포함한 우리 국민의 이른바 '정서'라는 것이 얼마나 편견에 차 있는지를 확인하시기를 바란다."[33]

드라마의 사투리 차별 논란은 지역주의와 이에 따른 정치권력의 지역적 기반과 연결되면서 수시로 발생했다.

10초마다 한 번씩 볼거리를 주지 않으면 시청자의 시선이 흩어진다

기본적으로 시청자들은 변덕스러운 존재다. 프로그램에 대한 시청자의 반응을 사전에 예측할 수 없다는 것은 방송사가 지닌 원초적 딜레마다. 불확실성을 감소시키기 위해 방송사는 이른바 스타 시스템과 히트 공식 등에 의존하며 실패 가능성을 줄이기 위해 노력하지만, 다양한 시청자의 입맛을 맞추기엔 역부족이다. 리모컨의 확산은 시청자의 그런 변덕을 더욱 부추겼고 이는 방송사의 골칫거리로 떠올랐다.[34]

영상 세대로 불리는 '리모컨 세대'가 채널 선택권을 주도하기 시작하면서 방송사의 고민은 더욱 깊어졌다. 어찌할 것인가? 광고가 나오면 채널을 돌리는 현상인 재핑zapping을 방지하기 위해 감각적 영상과 볼거리를 앞세웠다. 이에 따라 드라마 연출가도 세대교체되어 비교적 영상에 익숙한 30대가 드라마 연출에 본격적으로 나서는 현상도 나타났다. 이들은 드라마의 주제부터 생각하던 선배들과 달리 화면부터 생각하는 경향을 보였다.[35]

『한국일보』 1995년 2월 14일자 기사는 "'10초마다 한 번씩 볼거리를 주지 않으면 시청자의 시선이 흩어진다.' 대사보다는 영상과 이미지에 의존하는 드라마가 강세를 보이고 있다. 발단과 전개, 위기와 절정의 플롯을 가지면서 스토리가 중시되는 전통적 드라마 문법이 무시되거나 약화되는 추세를 나타내고 있는 것이다."라고 했다.

"포르셰 자동차, 세련의 극치를 달리는 카페 인테리어 등 세부를 구성하는 소품과 배경이 눈에 띄게 강화되는가 하면, CF 컷 같은 감각적이고 화려한 화면과 마음으로 파고드는 배경음악이 드라마에 대한 강렬한 인상을 형성하고 있다. 질질 늘어지기만 했던 이전의 드라마 스토리를 빠른 속도로 축약하는 대신, 화면을 떠나려는 시청자들의 눈을 잡기 위한 PD들의 안간힘이 TV 드라마의 인상주의 시대를 열고 있다."[36]

드라마의 영상 강조와 볼거리 추구는 드라마 타이틀에서도 나타났다. MBC는 모든 타이틀을 계열사인 MBC 미술센터에 맡겼으며, KBS는 계열사인 아트비전이 여러 프로그램의 타이틀 제작을 담당하고 나섰다. 심지어 타이틀의 기획 단계부터 광고기획사나 전문회사에 의뢰하는 경우도 있었다. 『한국일보』 1995년 3월 17일자에 따르면, "CF 같이 화려하고 인상적인 드라마 타이틀로 우선 시청자를 끌어놓고 보자는 경쟁이 치열하다. 이에 따라 제목과 스태프·배우의 이름을 알리는 드라마 타이틀 제작에 광고기획사나 타이틀 제작 전문회사들이 앞다퉈 참여하고 있다."[37]

감각적 영상은 볼거리의 고전이라 할 벗기기 경쟁도 불러왔다. 선정성을 우려하는 비판의 목소리를 고려한 것일까? 그래서 명분을 내세워 벗길 수 있는 장소가 애용됐으니, 바로 목욕탕과 수영장이었다. 『경향신문』 1995년 4월 14일자에 따르면, "'공개적으로 벗긴다.' TV 드라마들이 요즘 들어 '벗어야 되는 공간'을 이용, 드러내놓고 벗기기 경쟁을 벌이고 있다. 단골로 이용되는 곳은 수영장과 목욕탕이다. KBS 2TV 사극 〈장녹수〉와 SBS TV 〈장희빈〉은 목욕 장면이 단골 메뉴. 〈장녹수〉의 박지영, 〈장희빈〉의 정선경이 극 초반부 시선끌기용으로 목욕탕을 거쳐갔고 최근에는 궁녀 역의 정은숙까지 굳이 필요치 않은 '눈요기감'으로 목욕 장면을 연출했다. 현대물의 경우는 정도가 더 심하다. 수영장에서의 노출 장면은 지난달 끝난 SBS TV의 수영 선수를 다룬 드라마 〈사랑은 블루〉 이후 유행처럼 번지고 있다. 〈사랑은 블루〉의 경우 수영 선수들의 샤워 장면이 지나치게 노출돼 방송위원회의 경고까지 받았었다. MBC의 일요아침 드라마 〈짝〉도 마찬가지. 이 드라마는 얼마 전 수영복 차림의 글래머 김혜수의 몸매를 의도적으로 드러내 보여 빈축을 샀다."[38]

볼거리가 강조되면서 해외 로케이션도 유행했다. 1994년 12월부터 방영된 MBC의 〈까레이스키〉를 시작으로 KBS의 〈인간의 땅〉, SBS의 〈아스팔트 사나이〉 등이 해외 로케를 통해 제작되었으며, 1995년 하반기에도 〈프로젝트〉, 〈국화와 칼〉, 〈해빙〉, 〈전쟁과 사랑〉 등이 그 대열에 합류했다.[39] 드라마 해외 로케는 대기업의 '협찬'이 뒷받침되면서 불붙었는데, 이로 인해 '간접 광고' 논란도 거세어진다.

자동차 홍보의 각축장으로 전락한 드라마

리모콘의 급속한 확산은 광고 기피 현상도 낳았다. 드라마 시청률과 광고 노출이 일치하지 않는 현상이 발생한 것이다.[40] 이에 광고 효과를 겨냥한 기업들의 TV 드라마 찬조 전쟁이 불붙었다. 간접 광고였다.

『한겨레』 1995년 5월 18일자 기사는 "국내 최대 제조업체인 현대자동차와 삼성전자가 협찬하거나 공동 제작한 텔레비전 드라마가 몇 개월 시차를 두고 방영된다. 양대 재벌 간판 기업의 협찬 드라마가 안방에서 평가받게 되는 것이다. 현대자동차는 지난해 말부터 제작하기 시작한 SBS의 기업 드라마 〈아스팔트 사나이〉에 16억 원의 제작비와 차량 100여 대를 제공하는 등 전례 없이 파격적인 지원을 했다."라고 썼다.

　"라이벌인 삼성전자는 올해 초 KBS와 기업 드라마 〈프로젝트〉를 공동 제작키로 하는 계약을 맺고, 현재 작품 기획과 출연진 선정 작업을 벌이고 있다. 〈아스팔트 사나이〉는 한 젊은이의 집념으로 국내 자동차 업체가 해외 업체들과의 경쟁에서 당당히 승리한다는 내용이다. 현대는 물적 지원 외에 홍보 담당 임직원을 미국 현지 촬영에 동행하게 해 진행을 돕고 울산공장을 촬영장으로 제공했다. 특히 사내의 일부 반대 여론에도 불구하고 자동차 업체로서는 1급 보안구역인 자동차기술연구소와 디자인실까지 세트로 제공했다. 여기에다 이달 초 서울모터쇼에서도 공개하지 않은 아반떼 쿠페형을 이 드라마를 통해 공개하는

● 현대자동차의 협찬을 받은 드라마 〈아스팔트 사나이〉의 주인공들이 자동차 이미지를 배경으로 포즈를 취하고 있다.

등 성의를 보이기도 했다. 삼성전자가 KBS와 공동 제작키로 한 기업 드라마 〈프로젝트〉는 삼성의 간판 업종인 반도체·전자산업이 발전하는 과정을 다뤘다. 특히 반도체 업체에 입사한 젊은 직원들이 일본 업체와 치열하게 대결해나간 끝에 대형 프로젝트를 따내는 데 성공하는 내용으로 돼 있다."[41]

'집은 없어도 차는 있어야 된다'는 한국인의 자동차 중독증을 겨냥한 것이었을까. 아니면 대기업의 배포를 보여주고자 한 것이었을까. 드라마 협찬에 가장 적극적으로 나선 업종은 자동차 분야였다. 드라마는 자동차 회사의 각축장이 되어야 했다. 『한국일보』 1995년 5월 30일자는 "국내 자동차 회사들이 TV 드라마와 영화 등에 자사 차량을 총동원하는 등 간접 광고에 열을 올리고 있다."라고 꼬집었다.

"드라마나 영화의 자연스런 분위기 속에서 제품의 이미지를 보다 효과적으로 높일 수 있다는 간접 광고의 장점이 부각되면서 간접 광고의 규모가 갈수록 대형화하는 등 자동차 회사 간 출연 경쟁이 더욱 치열해지고 있다. 현대자동차는 국내 최초의 자동차 드라마인 〈아스팔트 사나이〉에 사상 최대의 물량과 인력을 지원했다. …… 현대는 지난해 〈모래시계〉 등 각종 TV 드라마 등에 모두 31대의 차량과 제작비를 지원하는 등 드라마 출연에 앞장서고 있다. 대우자동차는 현재 MBC의 〈종합병원〉, KBS의 〈좋은 남자 좋은 여자〉 등 8개 드라마에 프린스, 씨에로 등 대우차 10여 대를 지원해주고 있다. …… 이와 함께 기아자동차도 KBS의 일요 드라마인 〈사랑한다면서〉에 스포티지를, MBC의 청소년드라마 〈사춘기〉에 세피아 1대를 지원해주고 있다. 이에 앞서 기아는 지난해 MBC에서 방영된 미니 시리즈 〈도전〉에서 포텐샤 등 차량 3대를 제공하는 한편 시흥의 소하리공장과 연구소 등을 촬영 장소로 제공해 주목을 받았다."[42]

드라마는 훗날 외제차 홍보의 각축장이 된다.

〈제4공화국〉과 〈코리아게이트〉는
'좌파들의 조직적 음모'인가

드라마에서 현대사는 영원한 성역인가? 1995년 제작 방영된 MBC의 〈제4공화국〉과 SBS의 〈코리아게이트〉를 둘러싼 논란은 그런 질문을 떠올리게끔 했다. 유신 시대와 신군부의 쿠데타를 다룬 이 두 드라마는 현실 정치와 맞물리면서 큰 파장을 낳았다. 1995년 11월 24일 대통령 김영삼이 1980년 5·17쿠데타 관련 자 처리를 위한 특별법 제정 지시를 내리면서 현실 정국이 긴박하게 돌아갔다. 불과 4개월 전이던 7월 5·18 관련 고소·고발 사건에 대해 '공소권 없음' 결정을 내렸던 검찰은 11월 30일 '12·12 및 5·18 사건 특별수사본부'를 설치하고 12월 3일 전두환을 군형법상 반란수괴 등의 혐의로 전격 구속 수감했다.

이에 12·12사태의 주역 가운데 한 명이던 국회의원 허화평은 〈제4공화국〉과 〈코리아게이트〉가 좌파들의 조직적인 음모에 의해 제작된 것이라고 주장하고 나섰다. 12월 7일 그는 〈제4공화국〉과 〈코리아게이트〉가 자신을 포함, 당시 합동수사본부 측의 명예를 실추시켰다며 양 방송사 사장과 드라마 PD, 작가 등 관련자 16명을 서울지검에 명예훼손혐의로 고소했다. 그는 고소장에서 "〈제4공화국〉은 존재하지도 않았던 정권창출기획팀이 있었던 것처럼 허위로 표현하고 〈코리아게이트〉는 고소인이 5·18 당시 강경책을 건의한 것처럼 표현하는 등 합수부 측 전원을 영상 테러의 희생물로 삼았다."라고 주장했다. 그는 또 "12·12와 5·18이 사법 심사의 대상이 되는 것과 방송 관계자들에게 명예훼손에 대한 책임을 묻는 것은 별개의 문제"라면서 "피고소인들은 관련자에게 치명적인 피해를 줄 내용을 방송하면서도 당사자에게 한 번도 확인하지 않았다."라고 비난했다.[43] 허화평과 함께 5공하에서 이른바 '쓰리 허'로 통한 국회의원 허삼수 역시 12월 21일 두 드라마가 12·12 및 5·18사건에 대해 악의적으로 왜곡하고

사실 무근의 내용을 방영해 명예를 훼손시켰다고 관련자 16명을 서울지검에 고소했다.[44]

전두환의 구속 그리고 관련 당사자들의 제소 위협과 항의는 방송사를 난처하게 만들었다. 결국 SBS는 12월 6일 기자회견을 열어 "최근 정치 드라마 과열경쟁으로 〈코리아게이트〉의 기획 의도가 훼손될 우려가 있다고 판단, 연출가 및 작가와 합의해 연내 종영키로 했다."라고 공식 발표했다. 32부작으로 기획됐던 〈코리아게이트〉는 20회를 끝으로 종영했다.[45] 종영과 관련해 외압설이 제기되었다. 〈코리아게이트〉의 연출자 고석만은 "공식석상에서 '외압' 때문이라고 말할 순 없다. 짧게는 한 달, 길게는 일 년 뒤에야 밝힐 수 있을 것이다."라면서 "하지만 집권하고 있는 사람들에게 잘 보여줘야 되는 것이 현실 아니냐."라고 말해 현실 정치가 드라마 제작에 개입됐음을 간접적으로 시인했다. SBS의 한 고위간부 역시 "JP와 5, 6공 세력 등 압력의 실체는 여러 가지가 있을 것"이라며

● 신군부 쿠데타 당사자들의 제소 위협과 항의에 입장이 난처해진 SBS는 〈코리아게이트〉를 조기 종영하기로 결정했다.

©SBS

"그 때문에 순수성이 훼손돼 축소 종영한다."라고 말했다.[46]

〈제4공화국〉과 〈코리아게이트〉는 방영 내내 보수 언론의 비판도 적지 않게 받았다. 극 중에 적잖은 오류가 있다는 내용이었다. 이에 『한겨레』 논설위원 김선주는 "텔레비전 드라마 〈제4공화국〉과 〈코리아게이트〉가 좌파들의 조직적인 음모에 의해 제작된 것이라는 허화평 의원의 주장이나 제작사인 SBS와 MBC를 상대로 민형사상의 법적 대응을 하겠다는 전두환 씨 쪽의 발언은 논외로 하자."라며 "그러나 일부 언론이 드라마의 오류에 대해 맹렬하게 공격을 하는 것을 보면 그 저의를 의심하지 않을 수 없다. 일개 드라마에 지나치게 민감한 반응을 보이는 것은 사실상 무언의 압력이자 협박이 아닌가 하는 것이다. 극이 진행되면서 신군부가 정권을 창출하는 데 크게 기여했던 언론 쪽을 건드리지나 않을까 하는 우려에서 이를 피하기 위해 선제공격을 하는 것이 아닌가 하는 의혹이" 들고 있다고 비판했다.[47]

이 논란이 시사하듯 현대사를 소재와 내용으로 한 드라마는 이후에도 이해관계가 얽힌 사람과 집단으로부터 적잖은 항의와 불만을 받았으며 이 때문에 드라마는 현대사를 묘사하는 데 항상 이익집단의 압력과 자기 검열이라는 두 개의 장벽과 힘겨운 싸움을 해나가야 했다.

드라마도 삼성이 만들면 다르다?

간접 광고의 폐해를 지적하는 목소리가 커지는 가운데 1995년엔 이른바 '삼성 드라마' 논란이 일었다. 삼성이 외주 제작을 통해 제작하는 〈효 드라마〉를 KBS에서 방송하겠다는 게 논란의 시작이었다. 삼성이 만들면 드라마도 다르다는 것을 보여주고자 했던 것일까? 〈효 드라마〉는 그동안 기업의 협찬 방식이 제작비 일부를 부담하는 선에서 이루어져온 관례를 벗어났다는 점에서도 파격적이었지만 더 큰 파격은 삼성이 KBS에 제안한 모든 조건이 기존엔 상상할 수 없던 내용이었다는 점에 있었다.

이 드라마는 삼성그룹 영상사업단이 직접 제작해 KBS를 통해 방영될 예정이었는데, 삼성이 제안한 조건은 무엇이었던가? 대본 · 연출 · 제작 등 모든 과정을 삼성이 맡고 KBS는 일체의 납품료를 지불하지 않고 황금 시간대의 방영만을 제공한다는 것이었다. 또 스튜디오 등 제작 시설 활용에 있어서도 KBS를 이용하지 않고 삼성 계열사인 Q채널(케이블TV 다큐멘터리 채널) 시설을 사용한다는 계획이었다. KBS로서는 제작비 한 푼 들이지 않고 광고 수익은 물론이고 채널 이미지까지 높일 수 있는 조건이었다. 이 때문에 〈효 드라마〉는 재벌 회사에 특정 시간대를 임대해준다는 이른바 '임대 방송' 논란으로까지 번졌고 KBS노조가 "재벌에 방송의 일부를 팔아넘기는 꼴"이라며 강도 높은 반발을 하면서 무산되었다.[48]

삼성은 왜 지상파 방송 시간을 임대해 드라마를 만들려고 했던 것일까? 당시 KBS가 전개하던 효 캠페인과 삼성 창업주인 이병철이 주창해온 이른바 도의앙양의 정신이 일맥상통해 이병철의 유업을 기리기 위해 드라마 제작에 나섰다는 게 삼성 측의 설명이었다.[49] 〈효 드라마〉가 그렇게 큰 의미를 담고 있었던 바, 포기하기엔 안타까운 프로젝트라고 생각했던 것일까? 아니면 한국 사회가 '삼성 공화국'이라는 사실을 입증하고 싶던 것일까? KBS가 포기하자 삼성은 이듬해엔 MBC를 파트너로 삼아 이 프로젝트를 다시 시도하고 나섰다. MBC에 제시한 내용 역시 파격적이었다. MBC가 공중파 방영권을 갖는 대신 삼성은 케이블TV와 비디오 음반에 대한 판권을 보유하고 제작비 전액을 부담키로 한 것이다.[50]

물론 조건도 까다로웠다. 당시 삼성은 기존 드라마 제작비용의 몇 배를 들여서라도 "최고 품질의 가정 드라마"를 만들어줄 것을 요청하고 나섰는데, 방영시간이 주 시청 시간대여야 하고, 제작 시스템도 기존 방식을 과감히 탈피해야 하며, 감독 및 연출자도 최고 수준으로 선정해줄 것 등을 요청했다. '임대 방송'이라는 사회적 비판을 의식했던 것인지 이번엔 드라마의 기획·연출·극본 등 제작 작업은 MBC가 전담하고 삼성은 제작비를 전액 투자해 일부 판권을 소유하는 선에서 협상을 매듭지었다.[51]

가정을 지키기 위해서 〈애인〉은 중단해야 한다

1996년 최고의 화제작은 MBC 미니 시리즈 〈애인〉이었다. 9월 2일 시작해 10월 22일 종영된 〈애인〉은 기존 멜로드라마와 다르다는 평을 얻었다. 유부남과 유부녀의 사랑을 '불륜'이 아닌 이른바 '사랑'의 눈으로 새롭게 해석해냈다는 것이었다. 〈애인〉은 '아름다운 불륜'이란 유행어마저 낳았는데, 바로 그런 해석 때문에 더욱 뜨거운 논란의 대상이 됐다. MBC는 〈애인〉 띄우기에 매진했다. 10월 4일 MBC 〈뉴스데스크〉에서 주연배우와 연출자를 출연시켰고, 배경 음악과 세트도 좋다는 식의 자화자찬을 늘어놓았다.[52]

〈애인〉은 사회적 신드롬마저 낳았다.[53] 드라마 주제가인 '아이 오 유IOU'가 크게 히트했고 이른바 '황신혜 머리핀'과 '유동근 셔츠' 등은 불티나게 팔려나갔다. 드라마에 등장한 카페와 호텔, 식당 등도 문전성시를 이루었다. 〈애인〉 신드롬은 '가부장제'마저 위협하는 것으로 나타났다. 〈애인〉이 큰 인기를 끌면서 주부들의 외도를 주제로 한 드라마와 소설 등 '불륜 상품'이 쏟아졌고 이 때문에 '남성의 전화'를 비롯한 상담기관이나 신경정신과 병원에는 아내의 외도를 의심하는 남성들의 전화가 빗발치는 현상이 발생한 것이다.[54]

● 불륜을 아름다운 사랑으로 새롭게 해석한 드라마 〈애인〉이 사회적 신드롬을 일으켰다.

　〈애인〉의 파장이 걷잡을 수 없이 커지자 국회에서도 논란의 대상이 됐다. 신한국당 박종웅 의원은 1996년 10월 16일 국회 문공위 국감에서 "요즘 불륜을 미화하는 '불륜 상품' 이 번져 페놀보다 심각한 공해가 되고 있다는 게 정신과 의사들의 지적"이라며 "MBC가 〈애인〉의 인기를 업고 비슷한 내용으로 〈길 위의 여자〉라는 드라마를 방영하려 하는 것은 문제가 있다."라고 주장했다. 그는 또 "최근 '내 아내가 이상하다', '드라마 여주인공 같다', '가출을 했다' 는 말이 부쩍 늘고 있는데 애인 때문이라고 말이 많다. 〈엄마에게 애인이 생겼어요〉라는 비디오가 제작돼 선풍적 인기를 모으고 있다."라는 등 '애인 신드롬' 이 일고 있다며 드라마 〈애인〉을 정면 공격했다.[55]

　이에 주부들이 발끈하고 나섰다. 〈애인〉의 열렬한 옹호자로 활약한 주부들에겐 거칠 게 없었다. 〈애인〉의 문제점을 지적한 신한국당 박종웅 의원과 윤원중 의원의 의원회관 사무실에는 발언 다음 날인 17일 주부 시청자들의 항의 전화가 쇄도했다. 전화를 걸어온 사람들 가운데는 남성도 몇몇 포함돼 있었으나 대부분 주부였고 전화 내용은 7대 3 정도로 격려보다 항의가 많았다. 남성들은 전원 격려파인 반면 주부들은 항의 전화가 많았으며, 항의 내용은 주로 '사고방식이 너무 고리타분하다', '그런 식으로 국감 해서 여성 표를 얻을 수 있겠느냐', '주부들이 그런 것 볼 재미도 없으면 무슨 낙으로 사느냐'는 등이었다.[56]

안방극장의 수호자 역할을 자처해온 신문들 역시 〈애인〉에 호된 질책을 퍼부어댔다. 예컨대 『세계일보』1996년 10월 18일자 사설 「TV 드라마와 가정 파괴」는 "이 사회를 지탱하는 마지막 기둥인 가정을 지키기 위해서라도 드라마 〈애인〉은 당장이라도 중단하기 바란다. 그리고 국민에게 사죄해야 한다."라고 개탄했다.[57] 〈애인〉은 PC 통신에서도 논란이었다. 1996년 9~10월 하이텔에선 '저질 불륜 드라마', '있을 수 있는 아름다운 사랑 이야기'라는 주제로 찬반양론이 치열하게 맞섰다.

여성학계도 〈애인〉을 옹호하고 나섰다. 여성학계는 할리우드 영화 〈매디슨 카운티의 다리〉는 감동적이라고 하면서 〈애인〉은 불륜이라고 몰아붙이는 사회의 이중적 잣대를 도마에 올리며 "남편의 외도는 당연시하면서 왜 아내의 외도를 문제 삼는가."라고 반문했다.[58]

캐스팅이 끝나면 드라마 제작의 90퍼센트는 끝난다

드라마 경쟁이 가열 현상을 보이면서 방송사의 스타에 대한 의존도는 갈수록 높아만 갔고 이에 따라 스타 시스템의 위력도 증폭됐다. 스타 시스템의 강화에는 방송사의 스타 시스템도 큰 역할을 했겠지만, 시청자의 유별난 스타 사랑도 한몫 거들었다. 스타의 출연 여부에 따라 해당 드라마의 시청률이 좌우되었을 뿐만 아니라 그 스타가 출연하는 다른 드라마에까지 영향을 미치는 파급 효과를 낳기 시작했기 때문이다. KBS PD 신호균은 이렇게 말한 바 있다.

"근자에 〈별은 내 가슴에〉라는 드라마가 시청률에서 최고를 기록하며 예상과는 달리 안재욱이 스타로 탄생하였다. 그런데 안재욱이 이전부터 출연하던 MBC의 〈짝〉이라는 일요일 아침 드라마의 시청률이 상당 수준 오르는 현상이 발생했다. 그 드라마가 별다른 변화와 개선을 하지 않았음에도 불구하고 시청률이 상승한 것은 안재욱이라는 스타 이외에 다른 요인으로는 설명할 방도가 없다."[59]

스타 파워가 증폭되면서 방송사 간 스타 모셔오기 경쟁이 더욱 치열해졌다. 방송사를 상대로 한 스타의 협상력도 더욱 커졌다. 공급에 비해 수요가 많으면서 방송사들은 스타 캐스팅에 어려움을 겪어야 했지만, 반면에 스타는 '시장 권력'의 이점을 활용해 자신의 주가를 더 높여나갔다. 『한겨레』 1997년 7월 14일자 기사는 "'캐스팅이 끝나면 드라마 제작의 90퍼센트는 끝난다.' 한 텔레비전 드라마 연출자의 이 말은 캐스팅이 얼마나 어려운지를 미루어 짐작케 한다."라고 했다.

"최근 들어 늘어나는 드라마 수에 비해 연기자의 수가 턱없이 모자라 연출자들은 연기자 캐스팅에 골머리를 앓고 있다. 현재 텔레비전 방송 3사 4개 채널에서 쏟아내는 드라마는 주당 33편에서 36편에 이른다. 한 편의 드라마에 주요 배역으로 최소한 2~3명, 혹은 10여 명(가족 드라마)을 캐스팅할 경우 주요 연기자가 최소 70여 명에서 300여 명이 필요하다는 계산이다. 그러나 이른바 '상품 가치'가 있다고 인정되는 배우들은 3개사 통틀어 50명에서 많아야 100명 정도밖에 안 된다. 자연히 캐스팅 경쟁이 일어날 수밖에 없다. 그래서 요즘은 예전과 달리 연기자가 연출자와 작가를 선택하는 현상까지 벌어지고 있다. 원하는 만큼의 출연료는 기본이고, 배역이 자신의 이미지에 끼칠 영향, 연기하는 데 드는 품, 심지어는 작가나 연출자의 과거 히트작까지 따져보는 경우도 있다고 한다."

상품 가치를 최우선적 가치로 여기는 스타의 작품 선택 기준은 특정 드라마에만 출연하는 현상도 낳았다. 연기에 투자되는 노동력은 적게 드는 대신 자신의 스타성과 인지도를 끌어올릴 수 있는 미니 시리즈 등에 대한 선호가 높게 나타나기 시작한 것이다. 미니 시리즈가 주말 드라마나 아침 드라마에 비해 투자되는 노동력이 적고 인기를 쉽게 얻을 수 있었기 때문이다. 미니 시리즈는 광고 시장에서 몸값을 올리기도 한결 수월했다. 미니 시리즈의 주 시청층이 대중문화 시장에서 리더십을 행사하는 10대를 비롯해 20~30대 젊은 층이었으니 광고주들에게 어필하기에도 안성맞춤이었다.[60]

방송사의 스타 확보를 위한 경쟁이 치열해지면서 스타와 방송사 간 분쟁마저 발생했다. 1997년엔 SBS 방송국과 회당 300만 원씩 200회 출연을 계약했던 최진실이 MBC의 〈별은 내 가슴에〉에 출연하면서 양자 사이의 갈등이 법정 소송으로 비화된 것이다.

아침부터 드라마를 보다 정신을 차리니 해가 뉘엿뉘엿 지더라

1997년 3월 한국방송개발원이 발표한 보고서 '텔레비전 드라마의 선정성·폭력성 분석'에 따르면, 애정 드라마(32%)와 가족 드라마(29%)가 전체 드라마의 61퍼센트를 차지한 것으로 나타났다. 이 보고서는 드라마 속 폭력·선정성의 문제가 드라마의 주종을 이루는 애정 드라마에서 비롯되고 있다고 지적했다.[61] 『한겨레』 1997년 3월 17일자는 이 보고서를 바탕으로 "브라운관 속의 가족 관계와 애정 관계가 상식을 벗어나 갈수록 이상하고 복잡하게 변하고 있다. 현실성을 상실한 이런 비정상적인 드라마는 수용자들의 상대적 박탈감을 자극해 개인과 가족의 건강성을 해친다는 우려를 낳고 있다."라고 했다.

"문제는 드라마의 애정 관계가 비정상적으로 복잡하다는 점이다. 종전에는 '삼각관계'가 복잡한 애정 관계로 인식돼왔지만 KBS 2TV가 방영한 월화 드라마 〈내 안의 천사〉에선 2명의 여자와 3명의 남자가 복잡하게 얽힌 '5각 관계'가 줄거리를 이룬다. 같은 시간대에 방영된 MBC의 〈의가형제〉의 애정 관계도 비슷한 유형이다. 드라마의 가족 관계도 입양아 · 이복형제 · 사생아 등 비정상적인 형태가 많았다. SBS 월화 드라마 〈연어가 돌아올 때〉에선 사생아인 남자 주인공과 계모의 딸이 연인이 되고, 〈의가형제〉에선 주인공이 원수 집안에 입양돼 복수를 한다. 이런 이상한 가족 관계에 비춰보면 계모나 이복형제, 어머니를 버린 아버지와의 갈등을 다룬 드라마는 큰 문제가 없는 것처럼 보일 정도다. 애정 드라마의 단골 메뉴인 외도나 불륜의 성격도 복잡하게 바뀌고 있다. 종전에는 남성의 일시적인 '바람기'가 외도의 주류를 이루었지만, 최근 들어 첫사랑의 여인이나 부인의 여자 친구와 맺어지는 '끊기 어려운 불륜'을 소재로 삼은 드라마가 늘어나고 있다."[62]

김사승은 드라마에 만연한 폭력성과 선정성은 우연이 아니라 방송사들이 의도한 것이라고 주장했다. 시청자들의 눈길을 사로잡기 위해 비정상적인 애정 관계, 가족 관계 등으로 인물을 설정한다는 것이다.

"드라마의 이 같은 서사 구조는 폭력 · 선정성으로 쉽게 이어진다. 등장인물을 설정할 때 아예 폭력배를 집어넣어 폭력적인 표현을 정당화한다. …… 선정성도 마찬가지다. 등장인물들의 낮은 지적 수준이나 직업적 특성을 내세워 신체 노출이나 성적 표현을 정당화한다. …… 이야기 전개 과정에서도 폭력과 선정성은 고의적으로 이용된다는 주장이다. 이야기를 끌고 나가는 갈등의 증폭이나 해결 수단으로 폭력을 동원하고 비정상적 애정 관계를 바탕으로 한 이야기 전개를 위해 선정성을 끌어들인다. 여기다 시청률을 높이기 위해 이런 표현들을 고의적으로 부각하고 강조한다는 것이다."[63]

정철수는 1997년 4월 "TV 드라마는 만능이다. 그러나 드라마의 성역을 구별해줄 경계선은 이미 사라진지 오래다."라면서 "드라마의 과잉 현상은 숱한 부작용을 부른다."라고 말했다. 이어 그는 한국인의 '드라마 중독증'을 치료하기 위해 드라마 편수를 줄여야 한다고 했다.[64] 그런 말이 나올 만도 했다. 방송위원회가 분석한 자료에 따르면, 황금 시간대의 드라마 편성 비율이 SBS 62.6퍼센트, MBC 55.1퍼센트, KBS 39.3퍼센트로 드라마가 안방극장을 점령하고 있었다. 방송 3사가 일일·주중·주말·단막·특집·재현 등 갖가지 형식으로 포장해 내놓는 드라마 편수는 한 주일에 무려 30~40편에 이를 정도였다. '드라마 홍수'였다. 그래서 『한겨레』 1997년 11월 8일자 기사는 '드라마 공화국의 현실을 다음과 같이 묘사했다.

"'아침부터 드라마를 보다 정신을 차리니 해가 뉘엿뉘엿 지더라……' 요즘 주말에 텔레비전을 가까이 대하는 주부들 가운데 이런 말을 하는 사람이 많다. 토요일 오전 8시대부터 오후 5시까지 드라마가 쉴 새 없이 이어진다. 아이들 학교 보내고 잠시 차 한 잔 마시면서 눈을 돌려 보게 된 드라마. '이제 그만 봐야지' 하고 시계를 보면 저녁 지을 참이 되더라는 것이다. 아이들의 귀가 시간에 맞춰서도 여지없이 청춘물들이 기다리고 있다."

방송위원회의 자료에 따르면, 1996년 시청률 10위권에 오른 프로그램 중 7~8개가 드라마였다. 드라마 사랑엔 남녀노소가 따로 없었지만 특이한 현상은 초등학생 시청자가 급증했다는 사실이다. 한국방송광고공사가 1996년 10월부터

11월까지 미디어서비스코리아의 시청률 조사를 1차 자료로 삼아 공중파 TV 4개 채널을 분석한 결과에 따르면, 초등학생의 드라마 시청률이 청소년층보다 1.9배 높은 것으로 나타났다. 예컨대 당시 최고의 시청률을 기록한 드라마 〈첫사랑〉의 경우 초등학생 시청률은 28.2퍼센트로, 30대 주부의 시청률과 거의 맞먹는 수치였다.[65]

IMF 시대, 드라마의 생존 방식

소비 시대의 개막 이후 드라마는 과거보다 더 상류층의 호화 생활 묘사에 치중하고 있었다.[66] 이런 가운데 갑자기 닥친 IMF 한파는 대한민국을 충격으로 몰아넣었고 버블 경제의 생활 방식을 전면 수정해야 했다. 드라마 역시 예외는 아니어서 IMF 시대를 맞아 소비 시대의 전도사였던 트렌디 드라마는 퇴조하고 시청자의 정서를 고려한 이른바 'IMF형 드라마'가 대거 등장했다. 드라마 대사에 IMF가 등장하는 것은 물론이고 구조 조정과 정리 해고, 무급 휴직 등 IMF 시대의 사회상을 반영하는 데도 적극적이었다.[67] 힘들고 어려울수록 행복했던 과거를 떠올리게 되는 게 인지상정이다. 시청자들의 그런 심리를 이용하고자 했던지 '추억의 힘'으로 IMF 시대를 견뎌내자는 이른바 '복고 드라마'도 빠르게 번졌다. 이 과정에서 신세대 스타가 퇴장하고 중년 연기자가 다시 안방을 차지하는 연기자의 세대 간 '권력 교체'도 일어났다.[68] 톱스타와 막대한 물량으로 승부한 대형 드라마는 참패를 면치 못했다. 〈모래시계〉를 연출한 김종학이 편당 제작비 2억 5000만 원을 들여 제작한 화제작 〈백야 3.98〉은 저조한 시청률로 광고비를 반납할 위기에까지 몰렸는데, 김종학은 그 실패 원인을 "스토리 자체가 IMF를 겪고 있는 국민 정서에 실감 있게 다가가지 못했"기 때문이라고 분석했다.[69]

● 김종학 PD는 〈백야 3.98〉의 실패 원인으로 드라마가 IMF를 겪고 있는 국민 정서에 실감 있게 다가가지 못했기 때문인 것 같다고 했다.

IMF 경제 한파는 TV의 소아주의도 더 부추긴 것으로 나타났다. 경제 위기로 부모들이 씀씀이를 줄이기 위해 TV를 통해 여가의 대부분을 보내기 시작했으니, 아이들 역시 TV에 더욱 의존할 수밖에 없었기 때문이다. 또 먹고살기가 팍팍하니 시청자들의 정서가 무겁고 진지한 드라마보다 가벼우면서 쉽게 즐길 수 있는 드라마를 선호하게 된 때문인지 드라마의 이야기 구조 역시 복잡한 것보다는 단순한 구조를 강조하고 나섰다. 남녀노소를 가리지 않고 쉽게 이해하고 몰입할 수 있도록 선악구조와 권선징악 등을 주제로 한 드라마들이 대거 등장했다. 그거야말로 초등학생의 수준에 딱 맞는 이야기 구조가 아니던가.

방송사가 안전 위주 전략을 내세우면서 '복제 드라마'와 '모방 드라마'도 대거 등장했다. 당시 방송가엔 방송사 연출자나 작가들이 일본 출장길에 오를 때면 커다란 빈 가방을 가져간다는 얘기마저 떠돌았는데, 가방은 각종 비디오물과 TV물의 녹화 테이프를 넣어오기 위한 용도였다.[70] '히트 공식'에 대한 의존도도 더욱 커졌다. 『동아일보』 1999년 6월 8일자는 역대 드라마 히트작을 만든 스타급 PD와 작가들의 입을 빌려 IFM 시대에 각광받는 히트 공식으로 '꿈과 영웅을 만들어라', '만화 다시 보기', '빛나는 조역 만들기', '그래도 스타는 있어야' 등 4가지를 제시했다.[71]

히트 공식은 2000년까지 이어졌다. 예컨대 KBS 미니 시리즈 기획팀은 2000년 스포츠 드라마 제목을 공모하면서 자사 인터넷 사이트에 "'단순한 구조와 전개. 즉, 보는 사람 처지에서 쉬울 것!', '권선징악의 주제. 즉, 악한 자는 벌을 받고 선한 자는 복을 받을 것!', '성공담. 즉, 주인공의 통쾌한 성공 이야기를 다룰 것!' 이라는 이른바 인기 드라마의 조건마저 올려놓았다.[72] 이에 대해 『한겨레』 2000년 1월 17일자는 「낯부끄러운 드라마 제작 원칙」이라는 제목의 기사를 통해 비판했지만, 어찌하겠는가. 그게 당대 시청자가 원한 드라마였으니 말이다.

지상파에서 멀어져가던 젊은 층을 불러 모으기 위한 다양한 시도도 등장했다. 이병훈은 의대에 다니던 딸로부터 "자기 친구들은 재미없고 칙칙한 사극 아무도 안 본다."라는 말을 듣고 기존의 사극 문법과 전혀 다른 사극을 만들어냈는데, 그게 바로 국민 드라마 반열에 오른 〈허준〉이었다. 이병훈은 "젊은 애들은 대사나 행동, 스토리 전개가 빠르지 않으면 속 터져하고, 화면도 칙칙하면 싫어하거든. 기존의 전통 사극은 흰색, 갈색, 검은색이었는데 〈허준〉 때 처음으로 전 연기자에게 40가지 파스텔톤 의상을 입혔고, 음악이나 사극 용어도 현대적으로 다 바꿨"다고 했다.[73]

드라마 연장 경쟁은 죽음의 레이스

2000년 4월부터 지상파 방송의 광고료를 시청률과 연계시켜 차등 적용하는 이

른바 '탄력 요금제'가 실시됐다. 과거엔 방송 광고료를 시청 시간대에 따라 일
괄적으로 정했지만, 탄력 요금제의 시행으로 인해 시청률이 높은 프로그램은
더 많은 광고료를 받을 수 있게 되었으니, 방송사의 시청률 경쟁이 가열되어야
할 한 가지 이유가 더 생긴 것이다.

이런 가운데 MBC가 2001년 4월 4일 시작되는 수목 드라마 〈호텔리어〉 홍보
를 위해 방송 전날인 3일 밤 11시 5분에 이른바 '호텔리어 전야제'를 열겠다고
밝혔다. 드라마 홍보를 위해 전야제가 시도된 것은 이게 처음이었는데, 전야제
는 뜨거운 논란에 휩싸였다. 『한겨레』 2001년 3월 29일자 기사는 "미스코리아
선발대회나 국가적인 큰 행사 때나 볼 수 있는 '전야제'가 특정 드라마 하나를
위해 편성된 것은 유례를 찾기 힘든 일이다."라며 "더구나 '전야제'는 시사 고
발 프로그램인 〈PD수첩〉을 한 주 없애고 편성된 것이어서, 공영성보다 드라마
시청률을 우선시한 결정이라는 게 확연히 드러난다. '전야제'에 대해 MBC 구
성원들은 회사의 '총애'를 받는 〈호텔리어〉를 부러워하는 한편, '꼭 그렇게까
지 해야 하나'하며 황당하다는 반응을 보이고 있다. 심지어 〈PD수첩〉 제작진
에게 재충전의 휴식 기간을 준다는 측면에서 높이 살 만한 일'이라는 냉소까지
나오고 있다. 정규 편성을 허물고 특정 드라마를 위해 '전야제'까지 방송하는
것은 시청자 확보에 걸리는 시간을 최소화하기 위한 결정이라는 것은 누가 봐
도 뻔한 일이다."라고 일갈했다.[74]

전야제가 취소되긴 했지만 이게 시사하듯이 시청자 선점을 위한 방송사들의
전략은 갈수록 노골화되었다. 그런 방법의 하나로 등장한 게 드라마 첫 회의 비
중이었다. 새로 시작하는 드라마의 경우, 첫 회에서 다양한 볼거리는 물론이고
자극적이고 선정적인 장면을 집중적으로 배치하고 나섰다. 스펙터클한 영상과
함께 '여인들의 옷 벗기기' 경쟁이 대표적이었다.[75]

2001년 시청률 전문조사기관 TNS미디어코리아가 실시한 상반기 시청률 조사에 따르면, 상위 20개 프로그램 가운데 드라마가 16개를 차지해 이른바 '드라마 공화국'의 위상을 다시 한 번 보여주었다.[76] 시청자의 유별난 드라마 사랑은 가열 경쟁에 불 지펴 2001년부터 변칙 편성이 일상화됐다. 2001년 2월부터 SBS 〈여인천하〉가 10분씩 방송 시간을 늘리자 이에 질세라 KBS도 〈겨울연가〉를 시작으로 70분 편성을 공식화했고 MBC 역시 이 대열에 합류했다. MBC는 3월 11일부터 〈상도〉, 〈선물〉, 〈베스트극장〉 등의 밤 10시대 드라마와 뒤이어 방송되는 시트콤이나 오락 프로의 방송 시간을 모두 10분씩 늘리는 기본 편성안을 시행했다. 그동안 드라마 시간 연장은 타 방송사 프로그램에 시청률을 빼앗기지 않으려는 방편으로 편법적으로 동원돼 왔는데, 방송사들이 60분이라는 기본 편성 공식을 깨고 공식적으로 70분으로 편성하고 나선 것이다.[77]

연장 방영 역시 일상이 됐다. 이 때문에 주연배우나 작가가 도중하차를 선언하고 나서는 일마저 발생했다. KBS 〈명성황후〉의 경우 두 달 연장을 하면서 명성황후를 맡은 배우 이미연의 출연이 어렵게 되자 최명길로 바뀌었으며, MBC의 〈상도〉 또한 10부 연장 방침으로 인해 집필을 맡은 최완규가 도중하차해 다른 작가가 대신 집필해야만 했다.[78] 드라마 늘리기로 죽어나는 것은 작가와 연기자뿐만이 아니었다. PD 역시 마찬가지였다. 70분 기본 편성이 확정된 후 한 PD는 드라마 연장 경쟁을 '죽음의 레이스'에 빗댔다.

방송사의 드라마 홍보도 진화에 진화를 거듭했다. 과거엔 방송사별로 자사 프로그램 안내 시간대를 활용하거나 해당 드라마의 포스터를 제작해 부착하거나 현수막을 만들어 자사 건물에 내거는 수준에 불과했지만, 2001년부터 유동 인구가 많은 버스나 지하철역 등이 새로운 홍보 장소로 떠올랐다.[79] 기상천외한 홍보 방식도 동원됐다. 2002년 한 외주 제작사가 자사 소속의 여배우가 드라마 촬영 중 가슴이 노출됐지만 "작품의 완성도를 위해서라면 이보다 더한 장면도 찍을 수 있다."라는 투혼을 보였다는 홍보 메일을 기자들에게 보내 논란을 불러 일으키기로 했다.[80]

스타 몸값의 상승과 드라마 속 가족의 해체

한국 사회의 '가족 해체'를 반영하듯 2000년대 들어 드라마는 달라진 가족의 변화상을 보여주기 시작했다. 가족 해체는 물론이고 성과 도덕에 대한 인식이 과거와 달라지면서 드라마 역시 그런 사회 현실을 반영하고 나선 것이다. 불과 얼마 전까지만 해도 금기시됐던 소재인 미혼모와 혼전 동거, 전통적 가족 형태에서 낯설었던 연하남·연상녀 커플, 일하는 부인과 살림하는 남편, 비혼족非婚族 등이 주요 가족상으로 등장했다. 『한국일보』 2001년 4월 3일자 기사는 "이제 이혼의 갈등이라는 소재는 차라리 진부해진 느낌이고, 전통적 가족 형태는 찾아보기조차 힘들다."라고 했다.

"미혼모가 나오는 드라마는 〈비단향꽃무〉와 〈온달 왕자들〉 등이고, 높은 인기를 끌다 지난달 종영한 KBS 〈태양은 가득히〉에서도 역시 미혼모가 등장했다. 전 같았으면 선정성 때문에 비난받았을 혼전 동거 커플이나 혼전 임신녀도 버젓이 안방극장의 주인공으로 나온다. …… 연상녀·연하남 커플과 기존 성 역할을 바꾼 부부도 요즘 드라마의 단골 소재다. …… 이전의 드라마에서 미혼모가 불륜의 본보기였다면, 요즘 드라마에선 사랑의 한 형태로서 자신의 삶을 살아가는 모습으로 그려진다. 또한 일하는 아내, 살림하는 남편처럼 기존 역할을 바꾸는 것은 남편의 무능의 결과가 아니라 필요에 따라 역할을 바꾸는 것으로 묘사되고 있다. 나이 든 독신자 역시 자신 있게 생활하는 긍정적인 모습이 주류다."[81]

부모상도 과거와 달라진 모습을 보였다. IMF 사태 이후 가부장제가 약해지
면서 부모와 자식 간의 관계도 수평적으로 변화하는 등 가족 질서가 달라졌는
데, 드라마가 그런 사회 현실도 반영하고 나선 것이다. 특히 가부장제의 약화를
보여주듯, 드라마에서는 아버지의 모습이 한없이 작게 묘사되었다. 2002년 MBC
가 방영한 미니 시리즈 〈네 멋대로 해라〉에서 고복수(양동근)의 아버지 고중섭
(신구 분)은 헤어진 아내를 무서워할 정도로 경제 위기에 위축된 아버지로 묘사
되었고, 아버지 자체가 소재였던 주말 연속극 〈아버지처럼 살기 싫었어〉는
2000년대의 가정에서 아버지의 위치를 돌아보게 만드는 내용이었다. 변화된 가
족상은 여성 묘사 방식에도 변화를 가져왔다. 고정관념 속에서 갇혀 있었던 여
성 인물들이 새롭게 채색되기 시작했다. 〈아줌마〉의 아줌마, 〈여자만세〉의 노
처녀, 〈비단향꽃무〉의 미혼모, 〈그 여자네 집〉의 결혼한 직장 여성 등은 달라진

● 〈네 멋대로 해라〉에서 아버지 역을 맡은 신구는 IMF 사태 이후 급속하게 약화된 가부장제의 모습을 잘
보여주었다.

©MBC

사회 분위기와 변화된 가족상을 반영하는 여성 인물들이었다.[82]

스타의 몸값 상승도 드라마 속 가족 해체를 불러오는 요인으로 작용했다. 스타 연기자의 출연료가 상승하면서 드라마 출연진의 숫자가 크게 줄어들었기 때문이다. 제작비의 상당 부분이 스타에게 쏠리면서 나타난 현상이었다. 예컨대 SBS가 2002년 방영한 미니 시리즈 〈별을 쏘다〉의 출연진은 단 7명이었다. 〈별을 쏘다〉에는 행인 같은 단역은 나왔지만, 드라마의 감초 역할을 톡톡히 수행하는 조연은 한 명도 출연하지 않아 미니 시리즈 역사상 최소 인원으로 제작된 드라마라는 기록을 남겼다. 어떻게 7명이라는 최소 인원으로 드라마를 제작할 수 있었을까? 등장인물에서 '가족'을 뺐기 때문이었다. 톱스타의 몸값이 천정부지로 치솟으면서 제작비를 감당하기 어려워지자 궁여지책으로 조연의 수를 줄이기 위해 '불필요한' 가족을 등장시키지 않았던 것이다. 『한국일보』 2002년 11월 19일자 기사 「드라마 "별을 쏘다" 출연진 7명이 전부」는 "역대 최소 인원으로 꾸려가는 미니 시리즈가 탄생했다."라며 "이렇게 최소 인원이 될 수 있는 것은 드라마에서 '가족'을 뺐기 때문. 주로 중견 연기자가 포진하는 부모 세대나 친척들의 이야기를 과감히 생략하는 대신 젊은이들의 일과 사랑에만 집중했다. 드라마 기획 단계에서 전도연이라는 '대어'가 캐스팅됨으로써 줄거리를 소라(전도연) 위주로 짠 이유도 있다. 다만 출연 인원이 적다 보니 '왜 이렇게 내가 나오는 장면이 많냐'는 배우들의 불만은 어쩔 수 없다."라고 했다.[83]

스타의 몸값 상승에 따른 드라마 속 가족 해체는 2000년대 중반 이후 더욱 자주 나타나게 된다.

드라마인가? 광고인가?

2000년 방송법이 개정되면서 외주 제작이 강제 조항이 됐다. 외주 제도의 명문화로 간접 광고가 증가할 것을 우려했던 것일까? 방송위원회는 2000년 '협찬에 대한 규칙'을 제정해 간접 광고 규제에 나섰다. 협찬 고지 규칙은 방송 사업자가 협찬을 받더라도 협찬주에게 광고 효과를 줄 수 있게 프로그램을 제작, 구성해선 안 되고 협찬주 또는 관련 있는 삼자의 상품 구매를 권유하는 표현을 사용해서는 안 된다고 규정했는데, 이게 오히려 간접 광고 급증의 원인으로 작용했다. 외주 제작사들이 '협찬 고지에 관한 규칙'을 악용해 '협찬'이라는 이름으로 간접 광고를 대거 유치하고 나선 것이다. 간접 광고를 규제하기 위해 제정한 규칙이 오히려 간접 광고의 급증을 불러오는 아이러니가 발생하면서 방송위원회와 외주 제작사의 숨바꼭질이 이어졌다. 방송법을 악용한 간접 광고가 횡행하면서 방송위원회의 규제 역시 갈수록 늘어났다. 방송사들의 간접 광고는 2000년 462건의 제재 가운데 45.9퍼센트(212건)를 차지했으며 2001년 상반기에는 모두 266건의 제재 가운데 31퍼센트(85건)를 차지하고 있었다.[84]

방송위원회의 규제가 강화되면서 간접 광고는 좀 더 교묘해졌다. 경제정의실천연합(경실련) 미디어워치가 2002년 6월 11일 발표한 보고서 「기업의 홍보장으로 전락한 드라마 – 교묘한 형태의 드라마 속 간접 광고」에 따르면 협찬사의 상품이나 기업 로고가 아무런 규제 없이 화면에 등장하고 있는 것으로 나타났다. 이 보고서는 "드라마 자체가 기업 홍보를 목적으로 제작됐다고 할 정도로 매회 협찬사 로고와 제품이 등장하고 있다."라고 주장했다.

어느 정도였던가? 『미디어오늘』 2002년 6월 13일자 기사에 따르면, "기업 로고의 디자인은 그대로 둔 채 한두 글자만 바꿔 규제를 피하는 방식이 대표적이다. 무선이동통신업체인 CTF가 배경이 되고 있는 SBS 드라마 〈유리구두〉는 협찬사인 KTF의 K만 C로 바꾼 로고가 매회 수차례 등장한다. SBS 드라마 〈나쁜 여자들〉에서는 대형할인점 '홈플라자'가 배경인데 삼성의 '홈플러스'를 연상케 한다. 이 드라마에서 정수기 체인 청호는 상호나 제품명을 바꾸지 않은 채 방영 중이다. 또 최근 드라마에서 외제 수입차의 협찬 공세가 치열한 것으로 나타났다. 올 초 종영한 KBS 〈겨울연가〉에 협찬한 포드의 뉴익스플로러에 이어 MBC 드라마 〈위기의 남자〉와 〈로망스〉에는 BMW가 등장했는데 차 타고 가는 장면을 길게 잡거나 카메라 앵글을 다각도로 잡아줘 의도적 노출 아니냐는 의구심까지 샀다. 핸드폰 서비스나 패스트푸드점도 눈에 띄는 간접 광고로 꼽혔다. 한편, 출연자 의상마다 로고 자리에 '뉴논스톱'이란 자체 로고를 붙여 간접 광고를 방지하고 있는 MBC 시트콤 〈뉴논스톱〉도 연기자의 광고 상품과 박경림의 음반에 대한 홍보는 도를 넘어서고 있다는 비판을 받았다."[85]

경실련 미디어워치 보고서는 "프로그램 안에서 협찬사와 제품의 노출 빈도가 높아지는 단순한 차원에서 그치는 것이 아니라, 협찬사를 염두에 두고 프로그램을 제작하는 등 본말이 전도되는 경우까지 이르게 될 수도 있다."라고 경고했다.

" '협찬 형태를 공정하게 밝히지 않고 협찬사에 대한 모종의 보답(?)이라는 방식으로 방송 내용과 불가피하게 관련이 되는 내용으로 노출이 이뤄진다면, 시청자들은 방송사와 협찬사에 의한 선의의 피해자가 될 수 있음도 간과해서는 안 될 것이다. 그것이 기업의 노골적인 요구이든 제작진들의 필요에 의한 것이든지 간에 방송의 공정성을 저해하고 시청자들로 하여금 프로그램인지 광고인지 구분하기 어렵게 하는 속임수를 사용하는 등의 부당한 처사는 어떠한 이유로든 정당화될 수 없다. 이와 같은 방식이 거듭될수록 프로그램과 협찬자의 협력 관계는 프로그램에 직접적인 영향을 미쳐 결국 프로그램은 왜곡될 수밖에 없으며, 시청자들은 방송의 공정성과 공공성의 기능에 대해 의구심을 가질 수밖에 없을 것이다."[86]

방송사들은 간접 광고가 '우연의 일치'에 따른 결과일 뿐 의도적인 것은 아니라고 해명했지만, 경실련 미디어워치 보고서의 경고는 현실로 나타났다.

드라마는 명품 전시장, 연기자는 명품 모델

간접 광고의 폐해 가운데 하나는 지나치게 소비문화를 부추겨 계층 간 위화감을 조성한다는 것이었다. 이와 관련해 주목해야 할 게 2000년대 들어 한국 사회에 유행처럼 번진 명품 신드롬이다. 명품 열풍을 반영하듯 그동안 상류층의 전유물로만 인식되던 고급 소비문화가 서울 강남 일대를 중심으로 중산층과 일부 직장인들에게까지 확산됐다. 100만 원이 넘는 명품을 구입하기 위해 20대 여성들이 이른바 '명품계'를 드는 일도 흔한 일이 됐으며, '명품족'이라는 말도 생겼다. 심지어 초등학생들마저 성인 따라잡기에 나서 자기들끼리 '계'를 하는 현상마저 등장했다.[87]

바로 그런 명품 열풍의 중심에 드라마가 있었다. 『미디어오늘』 2002년 9월 19일자 기사는 "사회 전반으로 급속히 확산되고 있는 '명품 신드롬' 조성에 언론이 앞장서고 있다는 비판의 목소리가 높다."라고 말했다.

"TV 드라마에서는 명품으로 치장한 상류층이 주인공과 주요 배역을 차지하고 있고, 주요 일간지들은 너도나도 명품 소개나 상류층 문화 다루기에 나서고 있기 때문이다. 이 같은 명품 범람은 소비자의 과소비 불감증을 불러일으키는 한편, '명품=상류층=품격'이라는 허위 이데올로기를 조성하는 데 문제의 심각성이 있다는 지적이다. 명품을 단골 소재로 삼아 대중적으로 유포시킨 일등 공신은 단연 TV 드라마가 꼽혔다. 본지 분석에 따르면 현재 방송되고 있거나 방영을 앞두고 있는 18개 드라마(시대극·농촌 드라마·시트콤 제외) 중 16개 드라마에서 재벌과 재벌 2·3세, 기업체 사장, 명문가, 유학파 엘리트 등 이른바 '상류층'이 주인공과 주요 배역으로 등장한다. 여자 주인공의 신분 상승을 위한 배경으로 설정된 재벌 2·3세 남자 주인공이 나오는 드라마만 해도 10여 개에 이른다. 또 이들의 보석, 옷, 집, 자동차 등은 일반인들이 쉽게 살 수 없는 고가의 수입 명품이다. 최근 종영된 SBS 드라마〈순수의 시대〉에 출연한 탤런트 김민희 씨의 이태리 직수입 핸드백은 69만 9000원, 신발은 58만 9000원짜리였다. 간접광고 효과를 노린 명품업체들의 적극적 홍보와 협찬 수입을 노린 방송사의 이해관계가 맞물려 드라마는 '명품 전시장'으로, 연기자들은 '명품 모델'로 전락하고 있는 실정이다."[88]

한류 열풍도 드라마의 명품 사랑을 조장하는 요인으로 작용했다. 한국 대중문화 산업이 아시아 지역을 중심으로 리더십을 행사하면서 드라마를 비롯한 대중문화를 통해 한국 사회의 발전상을 과시하려는 '티내기' 욕망이 꿈틀거렸고, 이게 드라마 속에서 사치와 소비를 과시하는 것으로 이어진 것이다. 그런 의미에서 말하자면 한류 열풍 이후 드라마 속에서 급증한 사치와 소비주의는 세계 속의 한국에 굶주려 있던 한국인의 욕망이 드라마틱하게 나타난 현상이었다.

하지만 사치와 소비를 강조하는 드라마가 오히려 '안티 한류'의 연료로 쓰이는 현상도 나타났다. 베트남 정부는 한국 대중문화의 급속한 확산이 '위험 수위'를 넘어섰다고 판단해 한류를 규제하려는 움직임을 보였다.[89] 드라마의 명품 사랑과 외제 선호가 한국의 이미지에 부정적인 영향을 미친다는 의견도 제기되었다. 『한국일보』 2001년 12월 5일자에 실린 한 독자투고는 "요즘 싱가포르 TV에서는 몇 편의 한국 미니 시리즈와 드라마를 방영했다. 이를 본 사람들은 한

● 드라마에서는 여주인공들이 사회적 신분과 무관하게 항상 명품 가방을 메고 나온다. 드라마가 '명품 신드롬'을 조장한다는 비판의 목소리가 높아졌다.

결같이 일본 드라마보다 재미있다면서 주인공의 사진이나 주제곡 음반을 어디서 구할 수 있냐며 물어온다."라고 했지만 이어서 "아시아에서의 한류 열풍을 이곳에서도 느낄 수 있어서 뿌듯하다. 그러나 한편으로 드라마 주인공이 항상 백혈병으로 죽는다는 것과 부유층이 타는 차는 외제 승용차라는 것을 의아해 하기도 한다. 한국에 백혈병 환자가 그렇게 많냐는 질문을 하기도 하고 차츰 진부한 결말에 흥미를 잃어가고 있다. 또한 싱가포르에서도 현대, 기아, 대우, 쌍용 등의 한국 브랜드 차량이 팔리는데 드라마에서 부유층이 타는 한국 차량은 볼 수 없으니 자칫 한국 브랜드 차량은 가난한 사람들만 탄다는 인식을 갖게 할 우려가 있다. 드라마나 영화를 제작하는 연출자와 작가들은 외국에 우리나라 문화를 알린다는 사명감을 가지고 좀 더 다양한 소재 발굴과 한국 브랜드를 홍보할 수 있는 기회를 잘 이용해서 세심한 부분까지 신경을 써주길 바란다."라고 말했다.[90]

소비 자본주의와 시청률 독재 체제

독재 정권과 권위주의 정권이 물러가고 1991년 상업방송 SBS가 출범하면서 드라마는 급속하게 시장 논리에 휩쓸렸고 이는 이른바 시청률 독재 체제의 모습으로 나타났다. 시장이 전일적인 위력을 행사하면서 드라마는 경제 구조의 변화에 민감하게 반응했다. 이를 잘 보여준 게 바로 소비 시대의 개막과 버블 경제의 파국을 불러온 IMF 한파였다.

1990년대 초 본격적으로 막을 올린 소비 자본주의 흐름 속에서 드라마는 소비문화의 전도사로 맹활약했다. 어느 정도였던가? 1997년 '언론모니터를 위한 마창지역모임' 이 방송 3사에서 방송 중인 드라마 10개에 나타난 주요 극 중 인물의 직업 분포도를 조사 발표한 자료에 따르면, 조사 대상 인물 94명 가운데 회장, 사장 등 고급 간부진이 16명(17%), 약사, 변호사, 의사 등 전문직 27명(28%), 대학생 10명(11%) 등 고학력 엘리트 계층이 무려 56퍼센트에 달했다. 이 단체는 이를 거론하며 "상층 엘리트, 고학력 소유자들로 TV 드라마의 인물이 구성되어 있는 것은 우리 사회의 전문주의, 출세 지향적 선호도를 반영한 결과"라고 지적했다.[91] 같은 해 방송위원회가 실시한 'TV 드라마 현황 및 호화 드라마 분석' 에 따르면, 호화로운 배경 설정이 심각한 상태에 이른 것으로 나타났다. 4월 한 주

동안 방송된 드라마 중 주인공의 생활수준이 최상층에 속하는 호화 드라마는 모두 9편이었다. 호화 드라마는 전체 장면의 절반가량이 호화 장소에서 전개되었다.[92]

호화 드라마에 대해 계층 갈등 조장과 대리 만족 제공이라는 양극단의 평가가 엇갈렸지만 사실 따지고 보면 드라마의 호화 생활 강조는 어제오늘의 일이 아니었다. 기본적으로 드라마는 대부분의 시청자들이 살고 있는 상황보다는 사람들을 더욱 윤택한 세상에서 더 높은 지위를 누리면서 생활하는 것으로 표현하는 경향이 있기 때문이다.[93] 그렇다고 하더라도 한국 TV 드라마의 호화 생활 묘사가 지나친 것은 분명한 사실이었으니 여기엔 그럴 만한 이유가 있었다.

첫째, TV의 속성 자체가 볼거리를 필요로 한다. 기본적으로 볼거리는 오락성과 한 이불을 덮는다. 오락성을 강화하려면 자연 볼거리를 많이 보여주어야 하는데, 그런 면에서 궁색한 것보다는 화려한 것이 훨씬 낫다. 게다가 시청자들 역시 드라마에서 구질구질한 모습이 묘사되는 것을 싫어한다. 오히려 가난하기 때문에 대리만족 차원에서 부자들이 사는 모습을 보고 싶어 하는 것인지도 모른다. 현실 도피 성향이 강한 시청자의 취향이 크게 작용하는 것이다.

둘째, 간접 광고의 급증이었다. 드라마 제작비의 급증에 따른 제작비 충당과 광고 효과를 노린 광고주의 이해가 맞아떨어지면서 본격화된 간접 광고는 드라마 속 주인공의 호화 생활을 증폭시키는 기폭제가 됐다.

셋째, 방송인의 '정체성'이다. 한국 사회에서 방송인들의 생활수준은 중상류 이상으로, 샐러리맨들 가운덴 최상층에 속한다. 게다가 학벌 역시 대부분 상류층이다. 이른바 '일류 대학'을 나와 치열한 경쟁을 뚫고 성공한 샐러리맨이라는 방송인들의 정체성이 드라마 제작에 영향을 준다고 할 수 있다. 방송 제작자들은 우리가 생각하는 것 이상으로 꽤 협소한 가치 기준을 공유하고 있으며

그런 가치 기준에서 비롯된 '습속'의 산물이 방송 프로그램이기 때문이다.[94]

IMF라는 극단적인 위기 상황에서 드라마는 잠시 숨 고르기에 들어갔지만 그건 개구리가 멀리 뛰기 위해 일시적으로 몸을 움츠리는 것과 다르지 않았다. 시장의 위력을 배가시키는 일들이 계속해서 발생하기 때문이다. 바로 인터넷 열풍과 한류 열풍이다.

05장

2003~2005년

'인터넷 열풍'과
'한류 열풍' 속에서

'인터넷 열풍'과 '한류 열풍' 속에서
2003~2005년

5

드라마를 좌지우지하는 인터넷 드라마 동호회

1999년 6월 초고속인터넷사업이 시작된 이래 인터넷이 급속하게 확산됐다. 네티즌은 컴퓨터 통신망의 상호교류성을 바탕으로 압력 집단으로서의 위력을 배가시켜 나갔으며 네티즌의 취향을 고려한 인터넷 드라마도 등장했다.[1] 인터넷 드라마의 등장은 지상파 드라마 제작 방식에도 파란을 몰고 왔다. 인터넷을 기반으로 한 N세대가 '압력 집단화' 하면서 지상파 드라마의 내용이 훼손되는 일이 더욱 증가한 것이다. 특히 2002년부터 인터넷 드라마 동호회의 맹활약이 눈부셔 이들은 드라마의 제목 선정에서부터 캐스팅, 방송 횟수에 이르기까지 상당한 영향력을 발휘하기 시작했다. 드라마의 내용 변경에도 이들은 깊숙하게 개입했다.[2] 이에 작가들은 월권행위라고 불편해했지만 대세를 막을 순 없었다.[3] '드라마 동호회' 의 위력을 실감하게 하는 일들은 해를 넘겨 더욱 자주 발생했다. 『동아일보』 2003년 3월 24일자 기사는 "주인공의 비극적 죽음으로 결말을

맺을 것으로 알려졌던 드라마들이 대거 '해피엔딩'으로 유턴하고 있다."라고
했다.

"현재 멜로드라마로 인기를 누리고 있는 SBS 드라마 〈올인〉의 주인공 김인
하(이병헌 분)와 MBC 〈러브레터〉의 은하(수애 분)가 불치병으로 죽는 비극적 결
말이 예정됐으나 모두 죽지 않는 것으로 대본이 수정됐다. 〈올인〉의 경우 이병
헌이 12일 방영 분부터 가슴을 움켜쥐고 고통스러워하면서 약을 먹는 장면이
나오자 네티즌들로부터 '혹시 이병헌이 죽는 것 아니냐. 꼭 살아서 송혜교와 맺
어지게 해야 한다'며 '인하 구명운동'을 펼치기도 했다. 〈올인〉의 기획을 맡은
SBS 구본근 책임 프로듀서는 '이병헌이나 허준호, 유민 등 주요 연기자들은 감
동이 있는 결말을 위해 자신을 죽게 해달라는 요구도 있었다'며 '그러나 작가와
최종 상의한 결과 실제 모델인 차민수 씨가 살아 있는데 드라마상에서 죽게 할
수는 없다고 판단했다'고 말했다. 앞으로 4회 분량이 남은 〈올인〉은 이병헌과

● 드라마 〈올인〉은 주인공 이병헌의 비극적인 죽음으로 결말을 맺을 예정이었으나 네티즌의 압력에 따라 해
피엔딩으로 바뀌었다.

©SBS

송혜교가 맺어지는 해피엔딩으로 끝맺을 것으로 알려졌다. 〈러브레터〉의 수애도 원래는 12회에서 안드레아(조현재 분)는 사제서품을 받아 신부가 되고, 은하는 불치의 심장병으로 세상을 떠나는 것으로 돼 있었다. 그러나 시청자들로부터 '안 그래도 흉흉한 시대에 굳이 비극을 만들 필요가 있느냐. 밝고 따뜻한 멜로드라마를 보고 싶다'는 의견이 쏟아져 결말을 수정했다."[4]

네티즌의 적극적인 의사 표현과 참여는 명암을 지니고 있었다. 방송사가 순발력 있게 시청자의 요구를 수용해 대중의 정서와 취향을 반영한 드라마를 제작할 수 있다는 점은 명明이었다. 수용자의 압력을 효과적으로 활용해 시청률을 확보하고, 나아가서 대중의 정서에 기반을 둔 드라마를 생산함으로써 경쟁력을 키울 수 있었기 때문이다. 시청자와의 소통이 향후, 한류 열풍의 초석 역할을 했다는 평가도 있을 만큼 순기능은 무시할 수 없었다. 하지만 암暗 역시 컸다. 드라마가 시청자의 눈치를 볼 수밖에 없는 상황이 발생하면서 드라마의 졸속화 가능성이 더욱 커졌기 때문이다. 전작제가 한국 TV 드라마의 과제로 부각될 만큼 사전 준비 없는 드라마 제작의 문제점이 숱하게 지적되어왔는데, 네티즌의 압력으로 인해 전작제 드라마도 어려워졌다. 특히 시청자의 개입이 한국 TV 드라마의 고질병이라 할 수 있는 이른바 쪽대본과 초치기 관행을 더욱 악화시키는 주요한 원인으로 작용했다는 점에서 생각해볼 여지가 적지 않았다.

젊은 층의 VOD 다시보기와 인터넷 소설의 드라마화 붐

네티즌의 급속한 확산은 드라마 시청 행태에도 큰 변화를 불러왔으니, 그 가운데 하나가 드라마를 VOD(주문형 비디오)로 보는 시청자가 급격하게 늘었다는 점이다. 젊은 층의 VOD 다시보기가 유행처럼 번지면서 특이한 현상도 나타났다.

지상파 시청률과 VOD 다시보기 시청률이 일치하지 않는 현상이 그것이었다. 『서울신문』 2003년 4월 3일자 기사는 "인터넷 시대가 도래하면서 TV를 VOD로 보는 시청자가 늘었다. 하지만 여전히 프로그램의 인기를 따지는 척도는 시청률. 그렇다면 과연 시청률과 인터넷 다시보기의 접속률은 일치하는 걸까."라면서 다음과 같이 말했다.

"대답은 노! 큰 흐름은 비슷하지만 개별 프로그램으로 들어가면 종종 순위가 뒤바뀐다. TNS 미디어 코리아에 따르면, 지난 한 주간 KBS 드라마의 시청률 순위는 〈저 푸른 초원 위에〉, 〈노란 손수건〉, 〈아내〉, 〈무인시대〉 순. 하지만 인터넷의 VOD 접속 건수는 〈노란 손수건〉, 〈무인시대〉, 〈아내〉, 〈저 푸른 초원 위에〉 순으로 나타났다. 〈노란 손수건〉이 TV에서는 〈인어아가씨〉와 같은 시간대에 붙으면서 시청률이 기대치만큼 올라가지 못하는 반면, 시간의 구속이 없는 네티즌들은 〈노란 손수건〉을 가장 많이 시청한 것. 프로그램의 시간대와 함께 VOD 시청층이 주로 젊은 층인 것도 순위가 뒤바뀌는 데 한몫하고 있다. MBC의 경우 시청률은 〈인어아가씨〉, 〈타임머신〉, 〈신비한 TV 서프라이즈〉 순이지만, VOD 접속 건수는 〈강호동의 천생연분〉, 〈뉴 논스톱〉, 〈러브레터〉, 〈위풍당당 그녀〉 순이다. 〈인어아가씨〉는 6위에 그쳤다. SBS의 VOD 접속 순위는 〈올인〉, 〈야인시대〉에 이어 시청률 3위인 〈흐르는 강물처럼〉 대신 〈천년지애〉가 올랐다."[5]

이게 시사하듯이, 젊은 층의 지상파 이탈은 빠른 속도로 진행되고 있었다. 젊은 층의 이탈을 방지하기 위해서 드라마는 달라져야 했다. 그럼 어떻게 달라졌을까? 젊은 층이 열광하는 만화와 인터넷 소설 등을 원작으로 한 드라마가 구원투수로 등판했다. 특히 MBC의 〈옥탑방 고양이〉의 성공 이후 인터넷 소설이 블루칩으로 급부상하면서 인터넷 소설을 원작으로 한 드라마가 대거 등장했다.[6] 『동아일보』 2003년 7월 2일자 기사는 인터넷 소설이 드라마 소재로 인기를 끄는

● 젊은 층의 지상파 이탈을 방지하기 위해 방송사는 〈옥탑방 고양이〉 같은 인터넷 소설을 원작으로 하는 드라마를 내놓았다.

이유로 소설 자체가 각본의 성격을 띠고 있기 때문이라고 분석했다.

"인터넷 소설은 조회 수가 얼마냐가 관건. '클릭' 수가 떨어지면 소설이 끝날 수밖에 없다. 재미를 인정받으려면 조회수 1만 회 이상은 기록해야 한다. 이런 '클릭'의 시장 논리는 방송으로 치면 시청률. 결국 드라마화되는 인터넷 소설은 일정 팬 층을 확보해 드라마의 흥행을 담보할 수 있다는 것이다. 인터넷 소설은 독자가 매회 리플(댓글)로 반응을 표시하는 등 '성적표'가 곧장 나오므로 매순간 흥미진진해야 한다. 따라서 서사나 묘사보다 감칠맛 나는 대화 위주로 진행된다. 소설 속 대화는 드라마 대사로 쉽게 변환될 수 있다. 인터넷 소설은 심지어 서사도 대화(또는 독백) 식으로 진행돼 각색이 쉽다."[7]

〈1%의 어떤 것〉을 드라마화한 장근수 PD는 "재밌고 젊은 드라마를 만들고 싶었다."라며 "소설에서 작가 특유의 감성들이 말로 녹아져 나오는 것이 인상 깊어 꼭 드라마로 만들고 싶었다."라고 했다.[8]

● IPTV의 지상파 방송 VOD 화면. 젊은 층의 VOD 다시보기 시청 행태는 시청률만으로 드라마의 인기를 가늠하는 시대가 지나갔다는 것을 의미했다.

네티즌의 VOD 다시 보기 열풍을 타고 2003년 10월 1일 국내 첫 인터넷 드라마 〈내방네방〉이 웹사이트 세이클럽과 〈내방네방〉 홈페이지에서 서비스됐다. 3개의 일화 가운데 2화를 연출한 CF 감독 출신 백동훈은 "네티즌들이 인터넷으로 주문형 비디오를 보는 것에 익숙해져 있으므로 그들이 좋아할 만한 트렌디 기법 화면으로 기존 TV 드라마와 차별화하려 했다. 특히 스틸 화면만으로 장면을 전개하기도 했다."라고 말했다.[9] 2003년 12월 현재 SBS의 〈올인〉과 〈야인시대〉는 누적 이용 횟수가 각각 160만 건, 140만 건을 기록했으며, MBC의 〈옥탑방 고양이〉는 160만 건, 〈다모〉는 100만 건을 기록한 것으로 나타났다. 방영 기간 동안 1회당 평균 VOD 이용 건수는 〈올인〉이 6만 2000여 건, 〈옥탑방 고양이〉가 10만 건, 〈다모〉가 8만 3000여 건에 달했다.[10]

젊은 층의 VOD 다시보기 시청 행태는 지상파 시청률만으로 드라마의 인기를 재는 시대가 지나갔음을 의미하는 것이었다. 하지만 방송사는 여전히 시청률에만 목을 맸고 10대와 20~30대 젊은 층이 지상파를 버리고 인터넷으로 몰려가면서 드라마 시청의 주도권은 다시 가정주부에게로 넘어갔다.¹¹

임성한은 절필하라

네티즌이 압력 집단으로 성장하면서 방송사와 마찰을 빚는 경우도 발생했다. MBC의 〈인어아가씨〉가 그런 경우다. 〈인어아가씨〉는 임성한 작가에 대한 안티 운동으로까지 번져 인터넷엔 '임성한 안티 정정당당 카페(임안정)' 마저 개설되었다. 임안정은 특정 드라마 작가를 대상으로 한 최초의 안티 모임이었는데, 2002년 9월 개설된 이후 인터넷상에서 드라마의 조기 종영과 임성한의 절필을 요구하며 두 차례에 걸쳐 사이버 시위를 진행했다.

이에 MBC 드라마국의 한 부장급 PD는 "시청률이 나쁜 프로그램은 보고 있는 사람에 대한 텔레비전의 폭력"이라며 "일일 연속극은 시청자를 즐겁게 하는 게 제1목적이다. 흥행에 성공하려면 주인공은 멋있어야 하고, 남의 약점을 건드리고, 신분 상승의 과정이 있고, 착한 사람들이 피해를 받는 등 극적 코드가 있어야 한다. 〈인어아가씨〉는 이런 모든 것을 담고 있는 재미있는 드라마다. 특히 이 드라마는 등장인물 간 남의 흉을 보고 헐뜯는 게 최대 재미 요소다. 인간의 옹졸하고 조잡한 심리를 잘 이용한 드라마다."라고 극찬했는데, 이는 논란을 더욱 키웠다.¹²

임안정의 목적은 안티 사이트 첫 화면의 "우리는 작가의 드라마 창작을 막고 드라마 종영을 위해 모였다."라는 글로 압축할 수 있었다. 『동아일보』 2003년

5월 28일자 기사가 전하는 임안정의 활약상을 살펴보자.

"'임성한은 절필하라! 시청자 우롱은 그만' (이상희) 24일 낮 12시부터 자정까지 12시간 동안 MBC 일일 연속극 〈인어아가씨〉의 인터넷 게시판에는 작가 임성한 씨의 절필과 〈인어아가씨〉의 종영을 요구하는 메일이 쏟아졌다. 이 사이버 시위를 주도한 것은 임 씨의 절필을 주장하는 '임성한 안티 정정당당 카페' (이하 임안정). 12시간 동안 모두 몇 개의 글이 올랐는지 확실하지 않으나 '임안정'은 'MBC가 수천 건의 글을 삭제했다'고 주장했다. …… '임안정'은 특정 드라마 작가를 대상으로 한 최초의 안티 모임. 지난해 9월 개설됐으며 24일 사이버 시위 이후 회원이 급증하고 있다. 24일 회원이 약 8000여 명이었으나 27일 오후 2시경에는 1만 1209명으로 늘었다. '임안정'이 이처럼 확산되는 이유는 〈인어아가씨〉의 무리한 연장 방영에 대한 불만 때문으로 작가 임 씨도 공동 책임을 져야 한다는 것이다."[13]

임안정에 대해 임성한은 어떤 반응을 보였던가? 임성한은 2003년 6월 3일 〈인어아가씨〉 게시판에 올린 16절지로 8장이나 되는 글을 통해 안티 활동에 대한 소감은 물론, 간접 광고·표절 의혹·연장 방송 논란 등에 대한 심경을 토로하고 나섰다.[14] 이 글에서 임성한은 "〈인어아가씨〉는 어머니들을 대상으로 정하고 쓴다. 젊은 사람들은 컴퓨터나 여러 취미 생활을 즐길 게 많지만 대부분 보통 어머니들은 힘든 하루를 끝내고 드라마 시청하는 게 큰 낙이란 걸 알기 때문이다. 피곤한 분들이 잠시 일상을 잊으라고 쓰는 내용이라 어떨 땐 보기 싫을 정도로 리얼리티를 살리고 때로는 일부러 코믹 오버도 넣는다."라고 말했다.[15]

이에 대해 『한겨레』 2003년 6월 7일자 기사는 "하지만 임 씨의 이번 대응은 자신을 충분히 변호하고, 악화된 상황을 반전시키는 데 성공한 것 같지 않다."라며 "임 씨는 이 사태에 대해 지나치게 자기 방어적으로 접근함으로써 모처럼 비판자들과 최소한의 인식을 공유할 수 있는 기회를 놓쳐버린 것은 아닐까? 특히 안티 팬을 수용하기보다는 '적과 동지'라는 이분법 사고로 바라봐 결정적으로 상황을 악화시켰다."라고 평했다.[16]

하지만 모든 시청자가 〈인어아가씨〉에 대해 '안티의 깃발'을 든 것은 아니었다. 가정주부 정선자는 "나는 개인적으로 그냥 아무런 이유 없이 〈인어아가씨〉를 즐겨보는 직장인이자 주부이다. 드라마를 보면서 '아, 이때쯤 끝나겠구나' 혹은 '이렇게 바뀌면 어떨까' 하고 느끼면서 그 속의 주인공이 되어보기도 하고, 객관적인 시각도 가지게 되고, 본의 아니게 인물 설정이나 배경을 두고 험담도 늘어놓기 마련이다."라며 "연장 방영한다고 해서 그것을 두고 찬반 대결을 벌이는 사람도 그렇고, 언론에서 덧붙여 북 치고 장구 치고 하는 것도 우습다. 정말 상업적 속셈이 보이는 것이 아니라면, 그냥 작가가 의도하는 무엇인가가 있겠지 하며 지켜보는 여유를 가져보는 것도 괜찮지 않을까."라며 〈인어아가씨〉를 옹호했다.[17]

〈인어아가씨〉를 둘러싼 논란은 디지털적 감수성과 아날로그적 감수성의 차이 때문이었을까? 인터넷 이용을 중심으로 나눈 세대 간 감수성의 차이로 일반화해 설명할 수 없겠지만 훗날 논란의 정점에 서게 되는 막장 드라마를 두고서도 디지털 세대와 아날로그 세대가 서로 다른 입장을 견지하게 된다는 점에서 탐구해볼 만한 가치가 있었다.

〈노란 손수건〉과 호주제 폐지

2003년 5월 국회의원 52명은 호주제 폐지를 내용으로 하는 민법 개정안을 공동 발의했고 여성부는 7개 부처와 11개 시민단체가 참여하는 '호주제폐지특별기획단'을 구성해 9월 초 정기국회에서 호주제 폐지 내용을 담은 민법 개정안을 통과시키는 것을 목표로 활동했다. 호주제 폐지 활동은 변화된 국민 의식을 반영한 결과였다. 한국가정법률상담소가 그해 실시한 '호주제 국민 의식 조사'에 따르면, 호주제 폐지에 찬성하는 의견은 66.2퍼센트였다. 특히 여성은 82.3퍼센트가 호주제 폐지에 찬성할 만큼 압도적으로 지지했다.

이런 가운데 호주제 문제를 정면으로 다룬 드라마들이 경쟁하듯 선을 보였다. 『여성신문』 2003년 8월 15일자 기사는 "아줌마들의 수다거리마냥 치부됐던 드라마들이 호주제 폐지에 발 벗고 나섰다. MBC, SBS, KBS TV 방송 3사 드라마들이 모두 민감한 호주제 문제를 걸고 넘어졌다."라고 했다. 〈노란 손수건〉(KBS), 〈그대 아직도 꿈꾸고 있는가〉(MBC), 〈당신 곁으로〉(SBS)가 그 주인공이다. 이 드라마들은 여주인공이 처한 상황과 조건은 다소 다르지만 호주제 폐지를 직접적으로 드러냈는데, 미혼모의 아들에 대한 양육권을 둘러싼 친모와 친부 일가의 갈등을 골자로 등장인물의 대사와 행동을 통해 호주제의 문제를 구체적으로 그렸다는 평가를 받았다.

이 드라마들은 호주제 폐지 논의가 본격화된 시점에서 방영돼 파급력이 대단히 컸다. 드라마 게시판에서는 호주제 폐지를 둘러싼 논쟁이 활발하게 벌어졌을 뿐만 아니라 젊은 층은 물론이고 '핏줄'에 대한 관념이 뿌리박혀 있는 중년층까지 호주제 폐지에 찬성하게끔 만들었다. 예컨대 〈노란 손수건〉의 한 애청자는 "애를 지우랄 땐 언제고 나중에 와서 자기 애랍시고 우기며 호적에 올리겠다는 게 말이 되냐? '인지 신고'인지 뭐라고 떠들던데, 요즘 호주제 폐지 때문에 드라마에서도 다들 그 이야기를 하는 것 같다. 호주제인지 뭔지 빨리 없어져야 한다. 노인정에서도 다들 웃긴다고 그러더라."라고 분통을 터트렸다.[18] 작가 박정란은 "작가가 페미니스트이고 여성부의 사주를 받아 드라마를 전개한다는

● 드라마 〈노란 손수건〉을 통해 호주제 폐지에 찬성하는 사람들이 늘어났다. 이는 드라마가 현실을 모델링하는 역할을 수행하고 있음을 잘 보여준다.

주장도 있으나 억측에 불과하다."라며 "스토리의 전개 과정상 자연스레 이 부분이 돌출되고 있는 것"이라고 말했다. 이어 "이 드라마로 호주제 문제가 부각됐다면 좀 더 냉정하고 분별력 있는 논쟁으로 나아가길 기대한다."라고 했다.[19]

미디어세상열린사람들 회원 유희진은 "사회의식의 변화를 수용하는 데 있어서 늘보인 드라마에서 호주제 문제를 전면적으로 다뤘다는 사실은 매우 긍정적이다."라며 "이제까지 미혼모와 혼인 외 관계로 낳은 아이의 문제를 다룬 드라마는 무수히 많았으나 그들을 사회적 약자로만 그렸을 뿐, 별다른 특색을 보여주지 못했다. 그러나 〈노란 손수건〉 등은 같은 소재를 다룬 드라마라도 이를 어떻게 다루느냐에 따라서 현실 왜곡을 일삼는 드라마가 아닌, 사회의 긍정적 변화를 이끄는 드라마로 자리매김할 수 있음을 보여주었다. 이러한 드라마는 사회제도가 더 이상 약자를 보호하지 못하고 그들을 '비정상'으로 낙인찍을 때 언제든지 바뀔 수 있고 바뀌어야 한다는 사회적 공감대를 형성하는 긍정적 역

할을 한다. 현실의 모순에 당당히 맞선 드라마의 출현은 그래서 언제나 반갑다."라고 평했다.[20]

〈노란 손수건〉은 드라마가 현실 반영을 넘어 현실을 모델링하는 역할도 수행하고 있음을 잘 보여준 사례였다.

다모를 기다린 일주일이 정말 길더이다

인터넷 동호회를 바탕으로 한 네티즌의 열성적인 활동은 이른바 '팬덤 현상'도 불러왔다. 2003년 7월부터 MBC가 방영한 드라마 〈다모〉가 그런 경우였다. 조선조 여형사 '다모'를 주인공으로 한 이 드라마는 HD 영상미를 바탕으로 홍콩 무협식의 와이어액션, 컴퓨터 그래픽 등을 통해 기존 드라마에서 볼 수 없었던 '새로운 볼거리'를 제공했다.

〈다모〉는 같은 시각 타 방송사에서 방영되는 경쟁 드라마에 비해서 낮거나 비슷한 시청률을 기록했지만, 인터넷에선 가장 뜨거운 반응을 얻었다. 방송 초기부터 드라마 홈페이지에 열성 팬을 자처하는 이른바 '다모 폐인'들의 시청 소감이 줄을 이었다. 3회분 방송 후 올라온 게시물 건수는 5만 8000건을 넘어섰으며, 방송 시작 12일 만에 MBC 홈페이지 시청자의견 코너에 게재된 시청 소감은 10만 건을 훌쩍 넘어섰다. 대여섯 번씩 프로그램을 보거나 몇 시간씩 다모 게시판에 머물면서 올라오는 글을 지켜보는 광적인 팬들마저 생겨났으며, 일부 네티즌은 드라마 속의 명대사 명장면을 꼽아 꾸준히 소개하기까지 했다. 그런 과열 현상을 보여주기라도 하듯, 각종 인터넷 포털 사이트에서도 드라마와 관련된 단어가 검색어 순위에서 상위에 오르기도 했다.[21]

〈다모〉 열성 팬들은 스스로를 '다모 폐인'이라고 불렀는데, 무슨 뜻이었던가? 『한겨레21』 2003년 9월 17일자 기사에 따르면, "〈다모〉를 너무나 좋아하는 나머지 식음 전폐 및 다모에 대한 환상, 주변인들에게 다모를 보라는 무의식적인 추천 등 일상적인 생활 형태가 불가능해진 사람들을 가리키는 말. 다모 게시판에서 떠날 줄을 모르며 '~하오', '~했소' 등 '다모체' 어투를 사용함. 원래는 '사람됨을 포기한다'의 뜻으로 폐할 廢자를 쓰는 것이 보통이나, 이들에게 다모는 워낙 사랑의 개념이 지배적이어서 사랑할 嬖자를 사용한다."

〈다모〉의 인기가 하늘을 치솟자, MBC는 인터넷을 통해 아예 이들에게 "장안의 모든 다모 폐인은 들으라. 상감께서 그대들 충심을 갸륵히 여겨 다모 폐인 증서로서 …… 마음의 수양과 다모 사랑에 더욱 매진하시오."라고 적혀 있는 이른바 '다모 폐인 증서'를 '발급' 하기까지 했다. '폐인'으로 인증까지 받았으니, 이들이 해야 할 일은 더욱 많아질 수밖에 없었다. 이 기사가 전하는 '다모 폐인' 들의 활약상이다.

"다모 폐인들이 만들어낸 성과는 국내 드라마 역사에서 유례없는 일이었다. 지난 7일 밤에는 방송사 홈페이지 시청자 게시판 게시물 수가 100만 건을 돌파하는 초유의 사태가 벌어졌다. 1년 넘게 방송되면서 안티 세력까지 형성되어 찬반 논쟁이 후끈 달아올랐던 〈인어아가씨〉의 게시물 수는 삭제된 것까지 합쳐 20여만 건이었다. 또한 올해의 화제작이었던 〈올인〉과 〈옥탑방 고양이〉도 각각 6만 7000여 건, 3만 4000여 건에 그쳤다. 다모 폐인들이 얼마나 광적인 지지를 보냈는지 알 수 있다. 100만 돌파 이후에는 다모 폐인들의 '감축' 게시물 때문에 방송사 서버가 마비되기도 했다. 다모 폐인들이 '서버의 난'이라 부르는 접속 과부하로 인한 서버 마비 사태는 〈다모〉 방영 내내 수시로 일어났고 이에 방송사 쪽에서는 서버를 증설하기도 했다. VOD 서비스 이용 건수 또한 40만 건에 달해 iMBC 유료화 이후 최다를 기록했다. 드라마가 종영된 지금까지도 게시

● 드라마 〈다모〉(위)의 인기는 열성 팬인 '다모 폐인'을 양성했고, 그들은 다모 행사(아래)를 개최하는 등 새로운 드라마 마니아 문화를 만들었다.

판과 VOD 이용 건수는 계속 증가하고 있다."

이어 다모 폐인들은 수치상의 신기록뿐 아니라 새로운 드라마 마니아 문화도 만들어냈다고 진단하면서 다음과 같이 말했다. "이들은 단순히 드라마를 보고 시청 소감을 남기는 형태로 피드백을 보내는 데 그치지 않았다. '한성 좌포청 신보', '다모일보', '다모폐인일보' 등 〈다모〉를 소재로 한 가상 인터넷 신문들이 만들어졌고 〈다모〉의 내용을 토대로 만든 '다모도감'도 선보였다. 다모

전용 브라우저인 '다모우저'를 만들어 보급한 팬이 있는가 하면 '다모방송' (다방)의 DJ는 다모 폐인들 사이에서 화제의 인물로 떠올랐다. 〈다모〉 제작이 시작된 지난 1월 개설되어 현재 20만 명이 넘는 회원을 보유하고 있는 최대의 〈다모〉 팬카페에서는 드라마로 방영된 내용을 넘어 주인공들의 삶을 재구성한 외전도 볼 수 있다."[22]

〈다모〉와 '다모 폐인'은 인터넷의 발달로 인해 소수의 열성적인 팬을 만들어내는 이른바 '마니아 드라마'가 한국 사회에 본격적으로 등장했다는 것을 말해주는 '사회문화적 현상'이었다.

드라마는 외제차 전시장

1990년대 중반 국산 자동차의 각축장이던 드라마는 2000년대 들어 외제차의 각축장으로 변했다. 외제차의 드라마 공습은 2000년대 들어서면서부터 본격화돼 이 시절에 이르러선 어지간한 드라마에서 외제차는 빠지지 않는 소품이 됐다. 『동아일보』 2004년 2월 10일자 기사는 "요즘 한 드라마에 나오는 외제 차량이 모두 같은 브랜드인 경우가 많다."라고 했다.

"SBS 〈발리에서 생긴 일〉에서는 재규어 자동차(조인성 'XK8', 박예진 'X-Type', 김인태 'XJ')가 대거 등장하고, MBC 주말극 〈회전목마〉에는 볼보(김남진 'XC90', 유지인 'S60', 김지우 '컨버터블 C70')가 자주 나온다. KBS 〈진주목걸이〉에는 다임러크라이슬러(김유미 'PT크루저', 윤태영 'Jeep 체로키'), MBC 〈귀여운 여인〉에서는 폭스바겐(정보석 '투아렉', 이지훈 '뉴비틀 카브리올레')이 흔하다. 그 이유는 수입차 업체들이 같은 브랜드의 자동차를 통째로 PPL(특정 상품을 드라마 소품으로 활용하는 것) 협찬하고 있기 때문이다. 드라마 속 노출 빈도를 높여 호감을 사는 마케팅 전략의 하나인 것이다. 이들은 계약할 때 1회당 노출 빈도나 엠블럼이나 로고를 비추는 정도를 협의하기도 한다."[23]

외제차 간접 광고의 급증은 외제차 전문 대행업체들의 과열 경쟁도 크게 한 몫했다. 외제차 전문 대행업체들이 우후죽순 생기면서 드라마에 외제차를 무리하게 끼워 넣는 현상이 성행했기 때문이다. 한 수입차 업체 관계자는 "대대적인 광고를 할 여력이 없는 수입차 업체로서는 PPL이 새 차 홍보에 제일 효과적인 수단"이라며 "이 때문에 일부 업자들은 거액의 협찬료를 드라마 제작업체에 지불하면서까지 차량을 출연시키려고 한다."라고 말했다.[24]

외제차 간접 광고의 선구자는 BMW였다. 〈가을동화〉에서 원빈이 BMW X5를 타고 나온 이후, BMW는 공격적인 간접 광고 전략을 구사했다.[25] 드라마를 통한 외제차의 마케팅에 불을 당긴 것은 2002년 방영된 〈겨울연가〉였다. 〈겨울연가〉에서 배용준이 몬 흰색 '포드 뉴익스플로러'는 드라마가 방영되면서 고객들이 굳이 흰색만 찾아서 흰색 모델만 차량 인도가 몇 개월씩 늦어지는 현상이 벌어졌을 만큼 대단한 성공을 거두었다. 드라마 속 간접 광고가 '대박'을 터트리면서 외제차의 마케팅 공세가 거세졌다. 초기엔 드라마 제작진 쪽에서 드라마 시작 전에 의뢰서를 보내서 협찬하게 되는 경우가 많았지만 간접 광고 효과가 알려지면서 외제차 업체에서 차기 드라마에 대한 정보를 수집해 적절한 드라마에 먼저 의사를 타진하는 적극적인 형태로 바뀐 것이다.

외제차 구입 비율이 가파르게 상승하면서 상표 자체를 알리는 게 주 목적이었던 과거와 달리 출시 예정인 신차를 비롯한 특정 모델을 알리는 데 주력하는 현상도 나타났다. 대표적인 사례가 드라마 〈올인〉이었다. 아우디는 〈올인〉의 남자 주인공 이병헌이 아우디를 타는 한 장면을 찍기 위해 독일에서 차를 비행기로 공수하는 정성까지 보였다. 그런 지극정성을 보였으니, 속된 말로 뽕을 뽑아

● 드라마 〈발리에서 생긴 일〉에서 주인공 조인성은 외제차인 재규어 자동차를 타고 나왔다.

야 했을 것이다. 이병헌은 〈올인〉 종영과 함께 아우디 홍보대사로 변신했고, 수입차 모터쇼 현장에는 드라마 〈올인〉의 주제가가 흘러나왔다.[26] 드라마 속 외제차의 공세는 외제차에 대한 한국인의 거부감을 누그러뜨리는 데 크게 기여했다.

한국 탤런트들은 임기응변의 천재

네티즌의 입김이 거세지면서 드라마 제작 현실은 더욱 악화됐다. 이를 웅변하는 게 바로 쪽대본과 초치기의 기승이었다. 쪽대본과 초치기의 실상은 어느 정도였던가? 『문화일보』 2004년 4월 20일자 기사가 전하는 쪽대본의 실상을 들어보자.

"'당일치기·벼락치기·초치기' 수험생들 이야기가 아니다. 촬영 직전 받은 대본으로 대사 암기에 급급한 연기자들, 방송 직전까지 편집하기 바쁜 PD들이 증언하는 한국 드라마 제작의 현주소다. MBC 주말 드라마 〈장미의 전쟁〉은 지난 17일 방송분부터 김선영 작가를 노유경 작가로 교체했다. 교체 사유는 지각 대본. 지난주 막을 내린 SBS 〈애정만세〉 역시 같은 이유로 방송 초 8회분부터 정성주 작가를 박정주 작가로 교체했었다. 정 작가는 MBC 〈그대를 알고부터〉 때도 늦은 대본으로 연기자들이 한때 촬영 거부에 나설 정도로 어려움을 겪었다. 작가 교체는 극 전개나 캐릭터의 색깔을 뒤흔드는 모험이자 무리수지만 반복되는 지각 대본 앞에서는 불가피한 선택일 수밖에 없다. 자칫 '방송 사고'의 위험까지 있는데다가 드라마의 완성도에도 치명적이기 때문. 〈천생연분〉, 〈발리에서 생긴 일〉 등 인기리에 무사히 종영된 드라마도 '쪽대본'으로 방송 당일까지 촬영, 1~2시간 만에 편집하는 '초치기' 관행에서 자유롭지 못했다. 당장 코 앞에 닥친 촬영 분량 몇 줄만 팩스나 이메일로 받아보는 '쪽대본' 시스템에서는 극 전반의 흐름을 고려한 연기나 다른 연기자들과의 호흡은 꿈도 꿀 수 없다."[27]

쪽대본의 책임을 방송 작가에게만 돌릴 수 있을까? 방송사의 드라마 제작 시스템 자체가 기형적으로 굳어진 상황에서 작가의 역량 부족을 탓할 순 없었다. 말이야 바른 말이지, 쪽대본을 쓰고 싶은 작가가 도대체 어디에 있겠는가. 어찌 됐든 벼락치기 제작이 관행이 되면서 이 시절 방송 작가의 덕목 1순위는 '순발력'과 짧은 시간 안에 원고를 써내야 하는 '글발'이었다. 이 때문에 방송 작가가 느껴야 할 스트레스와 피로감은 이루 말할 수 없었겠지만, 방송 작가 못지않게 긴장해야 했던 사람들이 또 있었으니 바로 연기자들이었다.

쪽대본이 일상이 되면서 촬영장 근처 PC방에는 배우들이 장사진을 치는 진풍경이 자주 펼쳐졌다. 지친 연기자들이 PC방에 앉아 팩스로 전송되는 몇 쪽짜리 대본을 받기 위해서였다. 이에 연기자들의 푸념이 끊이지 않았다. 김승우는 "연기가 아니라 암기"라고 토로했고 차인표는 "연기를 그만두고 싶을 정도의 모멸감"을 느낀다고 말했다. 이 밖에도 "드라마가 아니라 생방송"(오승현), "한국 탤런트들은 임기응변의 천재들"(김혜리)이라는 이야기도 쏟아졌다.[28]

쪽대본 제작 시스템 탓에 안방극장에서 스타로 떠오른 뒤 충무로로 옮겨간 연기자들이 드라마에 발을 끊는 현상도 나타났다. 예컨대 2004년 최고의 히트작 〈파리의 연인〉에 출연한 배우 박신양은 "42시간 동안 쉬지 않고 촬영을 하는 등 연기자와 스태프를 혹사시키는 비인간적인 제작 환경은 개선돼야 한다."라며 "제작 환경이 바뀌지 않는 한 다음 드라마 출연은 심각히 고민해봐야겠다."라고 했다. 쪽대본과 초치기의 범람은 스타 연기자의 몸값을 더 폭등시키는 요인으로 작용했다. 거액의 출연료가 드라마 촬영의 각종 악조건을 견뎌낼 수 있는 효과적인 유인 수단이었으니 말이다.

드라마 PD 역시 힘들긴 마찬가지였다. MBC의 한 PD는 "스태프들이 드라마 촬영 중 쓰러져 응급실에 실려가는 일은 너무 흔한 일이라 신경 쓰는 사람들도 별로 없다"고 털어놓았다. 사람이 상하는 것보다 방송 사고에 대한 우려가 컸던 것일까? 쪽대본이 범람하면서 두 명의 PD가 드라마를 나누어 촬영하는 현상도 나타났다. 워낙 제작 일정이 촉박했기 때문에 발생한 일이었다. 일일 연속극의 강자로 군림했던 〈굳세어라 금순아〉의 경우엔 성대하게 열린 2005년 9월 27일 종방연에 드라마의 총 책임자인 PD가 참석하지 못하는 일도 발생했는데, PD가 병원 신세를 지고 있었기 때문이었다.[29]

대작 드라마 우선주의와 '사위어 가는 단막극 불꽃'

2002년 방영된 〈겨울연가〉를 필두로 한 한류 열풍을 타고 드라마는 해외 시장에서 호황을 누렸다. 2003년 드라마 수출액은 4300만 달러로 같은 해 영화 총 수출액 3098만 달러를 앞섰으며, 이 격차는 갈수록 벌어졌다. 한류 열풍으로 드라마 수출 가격도 급등했는데, 〈파리의 연인〉은 니혼TV에 7억 원에 팔려 드라마 수출 최고가를 기록했다.[30] 한류 열풍으로 드라마가 돈이 된다는 사실이 알려지면서 거대 투자자들이 드라마 시장에 뛰어들기 시작했다. 성공만 하면 한류 열풍의 진원지인 일본과 중국, 동남아 시장에서 드라마, DVD, OST, 화보집 등의 부수 상품을 통해 막대한 수입을 올릴 수 있다는 계산이 작용한 까닭이었다. 대규모 자본이 유입되면서 드라마도 몸집을 키워 나갔다. 방송 3사는 경쟁적으로 이른바 '대작 드라마'에 나섰는데 이를 불안하게 바라보는 시선도 적지 않았다.

이만제는 대자본의 투입이 드라마 발전의 새로운 기회이기도 하지만 누구나 다 아는 바대로 대형 제작비 투입이 자동적으로 좋은 드라마 제작으로 이어지는 것은 아니라면서 다음과 같이 우려했다.

"제작비의 대부분이 해외 촬영 경비나 대형 스타 출연료로 지불되는 드라마 제작 시스템의 오랜 문제점은 대형 드라마에서도 개선되지 않고 있다. 일반적으로 수요 예측이 어려운 드라마는 높은 시청률을 담보하기 위해 대형 스타, 특정 장르 및 이야기 구조에 대한 의존도가 높다. 대형 드라마의 경우는 회수 비용 부담이 크기 때문에 보다 강력한 시청률 확보 장치를 필요로 한다. 시청자들에게 눈요깃거리를 제공하는 해외 촬영이 늘고 선정적이고 폭력적인 드라마가 만들어지기 쉬워진다. 실제로 근래의 대형 드라마들은 한결같이 해외 촬영과 이미 바닥이 드러난 드라마 소재인 복잡한 가족 관계, 삼각관계, 부유층, 불치병 등과 같은 흥행 코드를 되풀이하고 있다. 대형 제작비가 새로운 포맷이나 대본 개발, 제작 시스템 개선에 투입되지 않고 있는 것이다."[31]

대작 드라마에 대한 우려의 목소리는 끊이지 않았는데, "방송사가 '한류 열풍'의 밝은 면에만 집착해 드라마 한 편으로 단숨에 큰돈을 벌려는 '한탕주의'

에 오염되고 있다"는 게 일반적인 우려였다. 방송사들의 지나친 '대작 드라마 우선주의'가 단막극 홀대를 부추긴다는 비판도 제기됐다. 『세계일보』2004년 5월 19일자 기사는 "바야흐로 영화계의 '블록버스터 바람'이 방송가에도 불어 닥친 것인지, 우리는 혹시 그것의 순기능에만 주목하고 있지는 않은지 의문이 든다."라고 했다.

"방송 3사가 대표 브랜드로 대작 드라마를 내세우고, 자사 전체의 이미지 제고를 꾀하려는 시도는 어쩌면 당연하고도 자연스러운 경영 행위이다. 6개월에서 길게는 1년가량 방송되는 대작 드라마는 시청률이 '대 박' 날 경우 미니 시리즈 같은 단기 프로그램에 비해 시청률 파급 효과가 상대적으로 커서 방송사 전체의 광고 수입을 끌어올리는 것은 물론이고, 음반·게임·캐릭터 사업 같은 각종 부대사업까지도 가능케 해주기 때문이다. …… 그러나 대작 드라마가 받는 화려한 스포트라이트의 이면에서 시름시름 앓고 있는, '단막극의 사위어 가는 불꽃'도 부정할 수 없다. 한여름 밤, 별들의 향연을 안방극장에서 지켜보는 것은 분명 즐거운 일일 것이다. 머지않아 맞이하게 될 '별이 빛나는 밤'을 부푼 맘으로 고대하며, '작은 것이 아름답다'는 어느 경제학자의 소박하지만 울림 깊은 경구를 생각해본다."[32]

그런 우려는 현실로 나타났다. 2004년 12월 MBC는 낮은 시청률을 이유로 단막극 〈베스트극장〉을 토요일 심야 시간대로 이동시키겠다고 밝혔다가 드라마국 PD들이 "MBC 드라마의 주춧돌인 〈베스트극장〉 없이 드라마의 미래는 없다."라며 격렬하게 비판하자 2005년 3월 봄 개편 때까지는 그대로 유지하겠다고 입장을 번복했지만,[33] 단막극은 말 그대로 풍전등화에 위기에 처했다.

TV 드라마 기업 현실 왜곡 많다

시장의 전일적인 지배를 반영한 것이었을까? 경제 권력이 드라마 제작에 영향을 미치는 사례는 크게 늘어났다. 현대와 삼성 그리고 박정희를 중심으로 한국의 경제 발전사를 다룬 MBC 드라마 〈영웅시대〉를 둘러싼 논란이 그런 경우에 속했다.

2005년 방영 예정이던 〈영웅시대〉는 제작 단계서부터 관심의 대상이었다. 〈영웅시대〉가 이미 고인이 된 현대 정주영 회장과 삼성 이병철 회장 두 재벌 창업주를 소재로 하고 있었기 때문이다. 삼성과 현대에 비상이 걸렸다. 삼성 구조본 관계자는 "창작성을 침해해서는 안 되지만 대기업의 성장사를 극적으로 묘사하다 보면 반기업 정서를 부추기는 요소가 부각될 수도 있다."라며 광고주 협회를 통해 MBC 측에 우려의 뜻을 공식 전달했다. 현대차의 한 임원도 "예민한 시기이고, 관련 당사자들이 현존해 있는 만큼 이 같은 드라마의 방영은 부적절하다."라며 우려를 표명하고 나섰다. 삼성과 현대는 MBC에 가급적 드라마를 방송하지 말아달라는 간곡한 뜻을 공식·비공식적으로 수차례 전달했으며 현대의 경우 작가에게도 드라마를 내보내지 말아달라는 공문을 전달했다. 심지어 인맥을 총동원해 드라마 방영 전에 미리 대본을 구할 수 있는 방안 등을 강구하기까지 한 것으로 알려졌다.[34]

2004년 11월 금융감독원은 이례적으로 드라마가 잘못된 경제 상식을 전파하는 일등 공신 역할을 하고 있다고 주장하고 나섰다. 금융감독원이 기업 경영 활동을 다룬 드라마를 모니터링한 결과, 기업 지배 구조 및 기업 공시 제도에 관한 왜곡 사례가 많이 발생해 결과적으로 국민들에게 잘못된 지식을 전달하고 있다는 지적이었다. 모니터링을 실시한 드라마는 〈그녀는 짱〉(KBS), 〈호텔리어〉(MBC), 〈줄리엣의 남자〉(SBS) 등으로 금감원은 이들 드라마가 경영권 분쟁 등 기업 경영 활동을 다루는 과정에서 주총, 이사회 등의 역할·권한을 왜곡해 방영했으며, 특히 주식의 대량 보유 및 변동 보고, 임원·주요 주주의 주식 소유 상황 보고 등 기업 공시 제도와 관련해 왜곡 사례가 심각하다고 주장했다. 금감원 관계자는 "상당수 TV 드라마들이 경제 현실을 잘못 묘사, 시청자들에게 그릇된 경제 상식을 심어주고 있다."라며 "대부분 시청자들이 드라마에 나온 잘못된 묘사를 실제 상황으로 받아들이는 경향이 강한 만큼 방송사들의 각별한 주의가 요구된다."라고 말했다. 금감원은 한국방송작가협회와 방송 3사에 드라마 분석 결과를 통보하고 방송사들이 요청하면 드라마 제작 과정에서 자문에 응하겠다고 밝혔다.[35]

2005년 1월 중소기업협동조합중앙회는 중소기업인을 주인공으로 하는 드라마 제작을 추진하겠다고 밝혔다. 중소기업에 대한 이미지를 개선하고 중소기업인들의 사기를 올리는 데 드라마만큼 좋은 수단이 없다는 판단에서다. 중소기업협동조합중앙회 관계자는 "올해 중소기업에 대한 '인식 개선 사업'의 하나로 정부 예산을 지원받아 아웃소싱 방식으로 중소기업인들의 사기를 진작시키는 드라마를 제작할 계획"이라고 밝혔다. 그는 또 "중소기업계에서 음지에서 열심

● 사진은 한 드라마의 주주총회 묘사 장면에서 주주들이 싸움을 벌이고 있는 모습이다. 금융감독원은 기업 경영 활동을 다룬 드라마를 모니터링한 결과, 드라마가 잘못된 경제 상식을 전파한다고 주장했다.

히 일하는 중소기업인을 다루는 드라마가 필요하다는 의견이 나와 드라마 제작을 추진하게 됐다."라며 "방송사와 프로그램 제작사 등과 구체적인 방안을 협의할 계획"이라고 말했다.[36]

한국 드라마 리얼리즘 어디 갔소

2004년 11월 'TV 드라마와 리얼리즘의 문제'를 주제로 열린 미디어 토론회에서는 국내 드라마의 팽창에도 불구하고 현실을 담아내는 리얼리즘의 부재는 문제점으로 지적됐다. 이 토론회에서 한국외대 언론정부학부 김영찬 교수는 "최근 트렌디 드라마는 사랑과 눈물의 과잉, 배경 음악의 과잉, 오해·억지·엇갈림·사고 등 '과잉의 미학'으로 이뤄져 있다."라며 "트렌디 드라마들이 전통적인 멜로드라마 못지않게 전형성에 매몰돼 있으며, 성차, 전통, 가족 이데올로기들을 재생산해내는 기제로 작동하고 있다."라고 말했다. 이원재 문화연대 사무처장은 "드라마는 동시대의 규범과 가치, 사상을 반영하는 문화적 공론장의 역할을 수행함에도 최근 한국 드라마에서 동시대의 역사적·사회적 사실을 발견하기 힘들다."라고 지적했다.[37]

『한겨레』 2004년 12월 7일자 기사는 "한국 드라마가 전성기를 구가하고 있다. 나라 안에서는 방송사를 먹여살리는 콘텐츠로 시청자와 광고주의 사랑을 한 몸에 받고 있다. 나라 밖에서도 한류 열풍의 진원지로 위세를 떨치고 있다. 잘 키운 드라마 하나가 열 제조업 부럽지 않은 상황이다."라면서 "하지만 역설적이게도 한국 드라마의 넓고 깊은 공백을 지적하는 목소리 또한 높아가고 있다. '상품'으로서 단기적인 성취는 이뤘는지 몰라도, 시청자의 삶에 중요한 영향을 끼치는 문화로서의 성취와는 여전히 거리가 멀다는 비판이다. 당대 리얼리티의 반영이라는 문화의 핵심적 기능이 한국 드라마에선 거세된 영역으로 남아 있다는 주장이기도 하다."라고 분석했다.[38]

이어 트렌디 드라마의 전면화와 정통 리얼리즘 드라마의 퇴조가 일치한다고 말했다. 1990년대 등장한 트렌디 드라마는 신파적 멜로 중심으로 만들어지던 이전 드라마와 질적인 차별성을 드러내며 한국 드라마의 진화를 상징하는 장르로 자리 잡았지만 1980년대 중반에서 1990년대 초반까지 당대 정치·사회적 현실을 드라마 속에 담아내려는 리얼리즘 드라마의 노력마저 묻어버리는 결과를 낳고 있다는 것이다.

"〈제3공화국〉과 〈땅〉 등 김기팔(작가)·고석만(PD) 콤비가 대표하는 다큐멘터리형 정치·경제 드라마가 현실의 가감 없는 극적 포착을 목표로 했다면, 〈여명의 눈동자〉, 〈모래시계〉 등은 멜로의 극적 구조 안에 추악한 현실의 수레바퀴에 깔려 스러지는 당대 젊음의 욕망과 이상을 비극적 정조로 그려냈다. 이런 리얼리티를 간직한 드라마를 요즘 안방극장에선 더 이상 만나보기 어렵다."[39]

충남대 교수 윤석진은 "2004년도 텔레비전 드라마는 이야기 구조 면에서 이전과 뚜렷이 차별되는 두 가지 색깔을 보여주었다."라면서 두 가지 색깔로 '신데렐라'와 '캔디' 혹은 그 둘이 결합된 '캔디렐라' 같은 드라마와 남녀 구분 없이 어느 해보다 많은 주인공이 죽은 비극적인 사랑 이야기를 들었다. 윤석진은 이어 "이야기 구조의 이런 두 가지 색깔은 행복한 결말과 비극적인 결말로 갈리지만, 비현실적인 이야기라는 뿌리만큼은 공유하고 있다. 특히 시청률이 높은 드라마일수록 리얼리티가 부족하다."라고 지적했다.[40]

특히 드라마의 극적 요소를 강조하는 과정에서 주인공의 죽음이 꼬리에 꼬리를 물고 이어졌다. 『조선일보』 2004년 12월 31일자 기사는 "요즘 한국 드라마는 음산한 죽음의 기운에 휩싸여 있다."라면서 "시청자들의 눈물샘을 끊임없이 자극하는 '주인공 죽이기'는 이제 주류로 탄탄하게 자리 잡았다."라고 했다.[41] 실제 2월 〈천국의 계단〉의 최지우와 신현준을 시작으로 3월엔 〈발리에서 생긴 일〉의 하지원·소지섭·조인성, 6월엔 〈불새〉의 정혜영이 죽음을 맞이했다. 또 〈미안하다 사랑한다〉의 소지섭, 〈러브스토리 인 하버드〉의 김태희가 불치병으로 삶을 마감했다. 방송가에선 '죽음의 향연'과 '눈물 코드'를 경기 침체의 영향으로 진단했다. 경기 침체 속에서 미래에 대한 불안감을 짊어진 시청자들이 어려운 형편의 주인공들이 등장하는 비극적 이야기에 과거보다 더 쉽게 감정을 이입하고 있다는 것이다.[42]

드라마 폐인 간의 인터넷 전쟁

10대와 젊은 층의 탈지상파 현상이 가속화되면서 젊은 층을 TV 앞으로 다시 불러들이기 위한 방송사의 홍보 방법도 더욱 진화했다. 젊은 층 사이에서 폭발적 인기를 얻고 있던 블로그가 드라마 홍보 마당으로 떠올랐다. 2001년 9월에 문을 연 싸이월드는 2004년 9월 현재 회원 수만 1000만 명을 넘어섰을 뿐만 아니라 2004년 11월 현재 종합 포털, 종합 일간지, 블로그 포털 등 사이트 가입을 통해 블로그를 만들 수 있는 곳이 20군데가 넘었다. 그해 12월 말 현재 블로그를 이용자는 2000만 명을 넘어섰다.[43]

『경향신문』 2004년 8월 19일자 기사는 "드라마가 방송사의 '얼굴마담'이 되면서 드라마 밖에서 펼쳐지는 방송사 간의 홍보전이 갈수록 치열해지고 있다."라고 했다.

"〈풀하우스〉는 인터넷 포털 사이트인 야후와의 제휴를 통해 클럽과 블로그를 운영하고 있으며 현재 가입 회원만 1만 명에 달한다. 작년 KBS는 〈그녀는 짱〉

의 시사회를 네티즌을 위해 열기도 했다. …… SBS 홍보 관계자는 '미니홈피의 열풍을 반영해 MSN과 제휴를 맺어 공식 홈페이지 외에 따로 미니홈피를 만들었다' 며 '현재 10만여 명이 다녀가는 등 드라마 메신저 역할을 충실히 하고 있다' 고 밝혔다. …… MBC는 이례적으로 예산을 따로 편성해 싸이월드에 〈영웅시대〉의 미니홈피를 만들었다. 드라마에 대한 기대에 힘입어 이 미니홈피는 한 달 만에 방문자 수가 40만 명을 넘어서는 싸이월드 자체 기록을 세우기도 했다. 또 영웅이란 이름을 가진 시청자를 찾아서 방송 출연 기회까지 주는 이벤트도 인기 속에 진행 중이다."[44]

통합보다는 분열을 부추기는 인터넷의 속성 때문이었을까? 드라마를 둘러싸고 열성 팬들 간의 사이버 전쟁도 심심찮게 발생했다. 열성 팬 사이의 입심 대결은 경쟁 드라마는 물론이고 경쟁 드라마 팬들에게도 전투적일 정도로 공격적인 성향을 보이기 시작했다. 항상 그런 것은 아니지만 인터넷을 통한 논쟁에선 극성팬들이 주도권을 쥐는 경향도 강하게 나타났다. 2004년엔 〈미안하다 사랑한다〉와 〈러브스토리 인 하버드〉 극성팬들 사이에 벌어진 격렬한 입심 대결은 그런 생생한 사례 가운데 하나다. 한 미사('미안하다 사랑한다'의 준말) 폐인은 "하버드 반칙한 거 아닙니까. 일찍 시작하고 5분 늦게 끝나고, 당당히 경쟁하세요." 라고 〈러브스토리 인 하버드〉를 공격했고, 이에 러브버드는 "미사 팬 여러분 그렇게 시청률에 자신이 없나요? 할 말 있으면 여기 들어오지 말고 미사 게시판에 올리세요." 라고 대응했다.

『동아일보』 2004년 11월 25일자 기사는 그런 내용을 거론하면서 팬들 사이에서 벌어지는 세 대결에 대해 다음과 같이 말했다.

"KBS2와 SBS의 월화 드라마 〈미안하다 사랑한다〉와 〈러브스토리 인 하버드〉의 열성 팬인 '미사 폐인' 과 '러브버드' 들이 상대 드라마의 인터넷 홈페

● 드라마 〈미안하다 사랑한다〉(위)와 〈러브스토리 인 하버드〉(아래)의 극성팬들은 인터넷을 통해 신경전을 벌였다.

이지에서 신경전을 벌이고 있다. 경쟁 드라마를 비방하고 좋아하는 드라마의 시청률을 지키자며 세몰이를 하고 있다. 누리꾼(네티즌)들의 비방은 극 중 영어를 구사하는 소지섭(〈미안하다 사랑한다〉)과 김래원(〈러브스토리 인 하버드〉)의 영어 발음에 집중되고 있다. 소지섭은 두 살 때 호주로 입양된 배역이고 김래원은 하버드 로스쿨 유학생으로 나온다. 미사 폐인들은 '김래원의 영어를 외국인들이 알아듣겠느냐'고 비아냥대고 러브버드들은 '갓난아기 때 입양 간 소지섭보다 좋으니 트집 잡지 말라'고 반박한다. 러브버드들이 〈미안하다 사랑한다〉에서 연기에 처음 도전한 가수 서지영에 대해 '(연기의) 기본도 모른다' 고 험담하면, 미사 폐인들은 〈러브스토리 인 하버드〉의 주인공 김태희를 두고 '연기 못하는 건 참아도 이쁜 척하는 건 도저히……' 라며 맞받아친다."[45]

폐인 간의 사이버 전쟁은 온라인 연예 매체의 '경마식 시청률 보도' 가 기승을 부리면서 더욱 강화된다.

온라인 연예 매체의 '경마식 시청률 보도' 경쟁

인터넷의 활성화로 온라인 연예 매체가 급속하게 늘면서 치열한 연예 기사 공급 경쟁이 벌어졌다. '속보성' 때문이었다. 그런 속보성을 생명으로 한 온라인 연예 매체의 연예 저널리즘은 언론의 시청률 보도 경향에도 파란을 몰고 왔다. 몇몇 인터넷 연예 매체가 하루도 거르지 않고 실시간으로 드라마의 시청률 중계에 나서면서 이른바 '경마식 시청률 보도' 가 온라인을 지배하기 시작한 것이다.[46] 특히 이들 연예 매체는 새 드라마가 시작되면 약속이나 한 듯 1회부터 시청률 보도에 나섰는데, 포털 역시 이들 연예 매체의 드라마 시청률 보도를 비중 있게 다뤄 경마식 시청률 보도를 확대재생산했다. 『경향신문』 2004년 12월 13일자 기사는 " '경마식 연예 저널리즘' 이 문제가 되고 있다. 드라마에 대한 관심이 높아지면서 드라마 시청률을 시시각각 중계하는 보도 양태가 늘어나고 있는 것이다. 목적지를 향해 달리는 말의 순위를 중계하듯이, 전날 방영된 드라마 시청률이 다음 날 아침이면 각 포털 사이트에 오른다. 시청률 싸움에 제작자뿐 아니라 언론과 시청자들까지 가세하는 것이다." 라고 지적했다.

"「〈하버드〉, 〈미사〉와의 격차 좁히며 맹추격」(11월 24일), 「월요일 밤의 대역전! 〈하버드〉가 〈미사〉 눌렀다」(11월 30일). 최근 KBS2와 SBS에서 각각 방영되고 있는 〈미안하다 사랑한다〉(미사)와 〈러브스토리 인 하버드〉(하버드)의 시청률 경쟁에 관한 인터넷 연예 매체 기사들이다. 이와 같은 기사들은 각 포털 사이트에서 높은 조회 수를 기록하며 첫 페이지를 장식하곤 한다. 그러나 정작 기사 내용을 살펴보면 11월 30일 〈하버드〉와 〈미사〉의 시청률 차이는 불과 0.7퍼센트. 조사 방법과 편성 시간대에 따라 달라질 수 있는 수치를 중대사인 양 과장해 보도하고 있는 것이다. 이러한 시청률 중계 보도 와중에 드라마의 가치는 오직 시청률의 고저에 달려 있는 것으로 여겨진다. 방영 2회 만에 시청률 20퍼센트를 넘어선 KBS2 〈해신〉은 '수목 안방극장 독주 체제를 구축' 한 것으로 평가되고, 13.1퍼센트의 시청률로 출발한 SBS 〈유리화〉는 '참담한 결과' 를 보였다고 보도됐다. '시청률만 높으면 훌륭한 드라마' 라는 상업주의 공식에 이를 견제해야 할 언론이 오히려 앞장서는 양상이다."[47]

악화가 양화를 구축한다고 했던가? 드라마가 시작하자마자 1회 시청률이 즉각 보도되고 방영 2~3회 만에 경쟁 드라마 간 승패가 결정 난 것처럼 보도하는 이른바 '판세 굳히기' 보도가 대세로 자리를 잡으면서 '경마식 시청률 보도' 는 드라마 보도의 지배적 관행으로 굳어졌다.

양성희는 "드라마 전체의 향방을 가늠하기엔 아직 절대적으로 미약한 1회 시청률 자료만으로 전체 성패의 윤곽을 짓는 듯한 이런 보도는 전형적인 과장 추측성의 무책임한 보도지만, 시청자에게 강력하고 유의미한 사전 정보로 작용해 여론몰이의 혐의가 짙다. 또 초반 승부수가 아닌 장기적인 승부수를 노리는 드라마들은 제대로 주목받거나 평가받는 기회를 애초에 박탈당해 공정 경쟁의 기회를 잃고, 양적 평가에 불과한 '시청률' 에 미디어 스스로가 과도하거나 절대적인 의미를 부여하는 이중성을 보여준다는 지적도 있다."라고 했다.

"지난해 시청률 40퍼센트를 돌파하며 인기 돌풍을 일으켰던 〈파리의 연인〉

이나 〈내 이름은 김삼순〉 같은 대박 드라마의 신화 뒤에도 이런 즉각적인 시청률 보도와 지배적 관심사를 무한 · 확대재생산하는 인터넷 언론의 특성이 작용했음은 부정하기 힘들다(물론 두 드라마의 완성도를 부정하는 것은 절대 아니다). 방영 1~2회 만에 인기 드라마와 비인기 드라마가 확연히 구분되고 인기 드라마에 대한 화제를 집중적으로 생산해 인터넷을 켜기만 하면 사회적 관심이 일사불란하게 포박된 상황. 그래서 '워낙 인기라니까', '남들이 재미있다고 하니까' 왕따 되기 싫어서라도 절로 '국민 드라마'의 시청률로 편입되는 상황. 뜨면 트렌드, 신드롬이고 안 뜨면 철저하게 묻혀버리는 시청률 경쟁의 양극화가 가속화되는 상황. 과연 이 상황은 시청자에게 득인가, 실인가 냉정하게 따져볼 때다."[48]

한국인의 쏠림 문화와 인터넷 매체의 속성이 결합 효과를 발휘하면서 '경마식 시청률 보도'는 이후 더욱 큰 위력을 떨쳐 지상파의 가열 경쟁을 더욱 부추긴다. 대표적인 게 첫 회에 목숨 거는 경향으로, 방송사들은 경쟁적으로 미니 시리즈 첫 회 방영을 60분에서 70분, 나아가 80분까지 늘려나갔다.[49] 지상파를 외면하고 인터넷에 탐닉하는 젊은 층에 대한 배려 때문이었는지, 훗날 온라인 연예 매체는 매회 드라마 내용까지 자세하게 전달해주는 정성을 보인다.

〈영웅시대〉는 누구를 위한 드라마인가

〈영웅시대〉는 2005년 다시 사회적 논란으로 떠올랐다. '외압설'과 '조기종영설' 때문이었다. 애초 〈영웅시대〉는 2005년 6월까지 방영 예정이었다. 그런데 MBC가 1월 2일 〈영웅시대〉의 출연자와 스태프들에게 "드라마의 경쟁력이 없다."라며 "일단 2월 중순까지만 방송하겠다."라고 통보해 논란의 불씨를 제공했다. 〈영웅시대〉 작가 이환경은 "여권 고위 관계자로부터 여러 차례 전화를 받았다."라며 "'정치권 차세대 주자를 다룰 때 조심하지 않으면 큰일 날 것이니 주의하라'라는 우려를 전달받았다."라고 밝혔는데, 이게 바로 〈영웅시대〉를 둘러싼 '외압 논란'의 연료로 쓰였다.[50]

외압설 논란을 확대재생산한 것은 이른바 '조중동'(조선·중앙·동아)이었다. 조중동은 '외압설'을 기정사실화하며 실체를 밝히라고 여권에 공세를 퍼부었다. 예컨대 『동아일보』는 2005년 1월 8일자 사설에서 "MBC는 〈영웅시대〉를 조기 종영하라는 외압을 받았는지 밝힐 필요가 있다. 비록 허구적 드라마라고는 하나 이 프로그램은 박정희 전 대통령과 이명박 서울 시장, 현대와 삼성가를 미화한다는 평을 들을 만큼 사회적 이목을 끈 정치경제극劇이기 때문이다."라고 했다.

"작가가 시사한 대로 여권의 외압이 있었다면 이는 표현의 자유를 위협하는 중대한 문제다. 정치권이 정부에 비판적인 신문뿐 아니라 방송 드라마까지 간섭함으로써 국민의 상상력과 사고력, 판단력을 지배하겠다는 의도로 볼 수 있기 때문이다. 여권의 압력 없이 방송사의 자체 판단에 따른 조기 종영이라 해도 문제는 심각하다. 정치권의 '난기류'를 읽고 내린 결정이라면 MBC의 도덕성은 회복하기 힘들다. 표면적 설명대로 경쟁력이 없어서라면 17.2퍼센트나 되는 시청률을 무시한 횡포라는 비난을 면키 어렵다. 무엇이 진실인가. 신문 방송에 이어 이젠 오락 프로그램마저 정권의 눈치를 봐야 하는 암흑의 시대가 온 것인가. MBC는 분명히 밝혀야 한다."[51]

여권 고위 관계자가 거론한 정치권 차세대 주자는 누구였을까? 바로 서울 시장 이명박이었다. 그 때문이었을까? 이명박은 1월 11일 기자간담회에서 "MBC 드라마 〈영웅시대〉의 조기 종영은 시청률 때문은 아닌 것 같다."라고 말했는데, 이는 논란을 더욱 키웠다. 『한겨레』 2005년 1월 13일자 기사는 "이명박 서울 시

©MBC

● 서울 시장이었던 이명박을 묘사하는 드라마 〈영웅시대〉의 조기 종영으로 정치권에서는 이른바 '외압 논란'이 일었다.

장 띄우기도 심해지고 있다."라고 말했다.[52] MBC 노조 역시 "〈영웅시대〉는 유력한 차기 대통령 후보로 거론되고 있는 이명박 띄우기도 서슴지 않는다."라면서 "많은 시청자들이 이 드라마의 '주인공'을 정주영, 이병철, 박정희도 아닌 이명박이라고 보고 있다. 이명박은 이 드라마를 관통하고 있는 내레이터와 주인공의 이중 배역을 맡고 있다. 극의 전개 역시 이명박을 중심으로 무게중심이 옮아가고 있다. 만일 김근태 복지부 장관이나 정동영 통일원 장관을 주인공으로 하는 드라마를 MBC에서 100부작 방송한다면, 조중동과 한나라당은 그때도 '드라마는 드라마일 뿐'이라고 하겠는가?"라고 했다.[53]

〈영웅시대〉 외압설을 둘러싼 논란은 정치권으로까지 비화됐다. 한나라당은 2월 16일 "'영웅 죽이기' 교사한 살아 있는 권력의 실체를 밝혀라."라는 제목의 논평에서 "도대체 드라마 속의 영웅에게 질투를 느끼고 죽이라고 교사한 살아 있는 권력의 실체가 누구인지 '현재 진행형의 현대사' 전말은 반드시 밝혀져야 한다."라고 주장했다.

"청와대나 여권이 나서서 방영 중인 드라마를 조기에 끝내도록 압력을 행사한다는 것은 도저히 있을 수 없는 일로 사실이라면 그 진상은 규명되어야 한다. 표현의 자유를 그토록 내세우는 노무현 정권에서 방영 중인 드라마가 정치적 압력에 의해 조기 종영된다는 것은 수치스러운 일이고 문화의 후진성을 보여주는 상상도 못했던 일이다."[54]

『한겨레』 2005년 2월 22일자 기사는 "드라마가 끝나고 〈영웅시대〉가 방송 역사의 뒤안길로 사라지더라도 정치권 외압설은 반드시 풀고 넘어가야 할 문제다."라고 했다.

"이 씨의 입에서 시작돼, 조중동이 나팔 불고, 한나라당이 정치 쟁점화하면서 지금껏 삼박자가 잘 맞아떨어졌다. 그러나 이제부터다. 〈영웅시대〉 촬영은 20일 끝났고, 앞서 대본 집필도 마무리됐을 것이다. 이 씨가 지금까지 대본 작업에 바빠 외압설에 대해 함구하고 있었다면, 이젠 입을 열 때다. 조중동도 팩트 취재에 자신이 없는 것이 아니라면, 어서 취재에 나서 파헤치길 바란다. 한나라당은 수구 언론의 사설 베끼기 논평은 그만 두고, 이 씨를 설득해 드라마에 압력을 넣은 여권 관계자를 국민 앞에 세우는 것이 빠를 것이다."[55]

〈영웅시대〉는 70회를 마지막으로 종영됐다. 천태산 역을 맡았던 최불암은 감사패를 받는 자리에서 "이번 겨울에 〈영웅시대〉를 하면서 유난히 추웠다. 누구 한 사람도 등을 쳐주며 위로해주는 이가 없었다. MBC 드라마가 다 죽었다. 새로 부임하는 최문순 사장께 추위를 맞고 있는 모두에게 따뜻한 사랑과 힘차게 나갈 수 있는 격려가 필요하다는 말씀을 드리고 싶다."라고 말했다.[56]

결혼 · 출산 · 육아 미화 드라마 협조 요청 논란

2005년 3월 23일 정부는 출산율 저하 문제를 해결하기 위해 방송국의 드라마 ·

교양 프로그램 작가들을 초청, 육아의 보람과 결혼 생활의 즐거움 등을 적극 전파해줄 것을 요청하기로 했다. 국무조정실은 "최근 몇 년 사이 드라마나 방송 프로그램에 독신남과 독신녀 등 '나홀로족'의 긍정적 묘사나 출산과 육아로 인한 이혼 등 가정불화, 사회생활에서 여성들의 불이익 등의 묘사가 부쩍 늘었다."라며 "이런 내용이 젊은이들의 결혼이나 출산 기피에도 작지 않은 영향을 준다고 판단해 대책을 마련하게 됐다."라고 설명했다. 김애령 노동·여성심의관실 과장은 "여성부와 복지부 등 관련·부처와도 이 문제를 놓고 논의한 결과 방송에서 결혼과 출산의 긍정적 내용을 노출시키는 것이 출산율을 높이는 데 다른 어떤 대책보다 효과가 클 것으로 판단했다."라며 "4월부터 작가들을 초청해 정부 입장을 전달하고, 협조를 부탁하는 행사를 가질 계획"이라고 말했다.[57]

이에 한 독자는 "정부가 방송 작가들에게 결혼과 육아를 미화한 드라마를 부탁한다는 기사를 읽고 웃지 않을 수 없었다. 저출산 문제가 얼마나 다급했으면 정부에서 그런 방법까지 동원할까 이해도 됐지만 한편으로는 현실을 참 모른다는 생각이 들었기 때문이다."라며 "아무리 방송 드라마에서 결혼과 출산에 대해 긍정적인 모습을 보여준다고 하더라도 사회적으로 아이를 양육할 수 있는 조건이 조성되지 않는다면 출산율은 높아지지 않을 것이다."라고 비꼬았다.[58]

방송 작가 박예랑은 2005년 6월 『한겨레』에 기고한 글에서 "얼마 전 인터넷으로 신문기사들을 읽다가 텔레비전 드라마가 결혼에 대한 부정적 시각으로 이혼과 저출산까지 부추기고 있다는 걱정과 비판이 섞인 내용을 보았다. 즉 텔레비전 드라마들이 결혼에 대한 비판적 시각을 가진 주인공들을 내세워 결혼을 늦게 하거나 이혼에도 쉽게 동의하고 아이의 출산 문제에도 소극적이라는 것이다. 그런 드라마들이 현실에도 영향을 주어 낮은 결혼율과 높은 이혼율 그리고 가임 여성의 출산율을 세계 최저 수준에까지 이르게 했다는 실로 어마어마한 텔레비전 드라마의 영향력을 설파하고 있었다."라고 했다.

"하지만, 드라마의 기본은 현실성이다. 그렇다면 지금의 드라마에서 결혼을 회피하고 이혼 문제에 고민하며 출산을 기피하는 여성은 바로 대한민국의 현실 그대로를 보여주는 논픽션에 가까운 인물인 것이다. 요즘 한국 드라마에서 제도적으로 안정되어 있는 무료 탁아시설이 나온다든지, 직장 여성들이 출산 후 더욱 직업이 안정되고 사회적으로 보호받는 대상으로 나온다든지 하는 장면을 본 적이 있는가. …… 시청률에 실패한 드라마를 분석할 때마다 가장 먼저 짚고 넘어가는 부분이 현실성이 있었느냐 없었느냐이다. 하물며 드라마 하나에도 현실성을 따지고 들어가는데 이상하게도 현재의 사회를 움직이고 국가의 미래를 책임지는 정책은 항상 현실성이 떨어진다."

이어 "국가 정책이야말로 현실성이 가장 중요시되어야 할 대목 아닐까?"라면서 다음과 같이 정부 정책을 비판했다.

"한낱 드라마가 결혼 회피와 저출산율을 유발한다며 책임을 돌리면서 뒤늦게 정부가 대책이라고 내놓은 캠페인이 1 · 2 · 3 운동이다. 결혼 후 1년 내 임신해서 2명의 자녀를 30살 이전에 낳아 잘 기르자는 것이다. 하지만 정부의 이 비현실적이기 그지없는 대책에, 결혼 후 1년 내 임신해서 2명의 자녀를 30살 이전에 낳아 기르면 40살에는 파산한다며 모두들 비웃고 만다. 그리고 현실적으로 남녀 모두 30살 전후가 결혼 적령기로 서서히 자리를 잡고 있는 마당에 도대체 무슨 생각으로 이런 운동을 하자고 하는지조차 알 수가 없다. 아무리 드라마에서 대가족의 장점을 이야기하고 다산의 기쁨을 표현한다고 해도, 시청자는 그저 남의 일인 듯 '그래…… 좋기야 하겠지……. 그런데 저게 가능해?'라고 냉소적이라면 그것은 대한민국의 현실에 문제가 있다는 것을 정부가 빨리 알아주었으면 좋겠다."[59]

〈제5공화국〉은 정치 보복인가

〈영웅시대〉 논란의 여운이 가시기도 전에 새로운 드라마가 또 사회적 논란으로 떠올랐다. MBC에서 방영한 〈제5공화국〉이었다. 〈제5공화국〉은 방영 전부터 세간의 관심거리였다. 5공 핵심 인사들이 대본 수정을 요구해왔기 때문이다. 5공 관계자들은 3월 21일 MBC에 전달한 공문에서 "전두환 합동수사본부장이 정승화 총장을 연행한 것을 이학봉 수사국장으로부터 보고받고도, 이를 최규하 대통령에게 보고하지 않은 것으로 묘사한 것은 시정돼야 한다."라며 "수정하지 않고 드라마를 방송할 경우 명예훼손 소송도 불사하겠다."라고 강경한 입장을 밝혔다. 이들은 또 "〈제5공화국〉에는 허다한 실존인물이 실명으로 등장하는데, 이들 인물의 묘사나 상황 설정이 사실과 다르다면 이것은 역사의 조작이라는 차원을 넘어 개인 인격의 모독이요 허위사실에 의한 명예훼손"이라고 주장했다.[60]

〈제5공화국〉의 유정수 작가와 임태우 PD는 "국민은 알 권리가 있고, 우리는 그 사실을 바라보는 시선과 말할 권리가 있다"면서 "재판 과정에서 주장했던 것을 리액션하며 이미 역사적으로 평가된 것을 되돌리려는 그들의 행위에 대응할 가치가 없다."라며 대본 수정 요구를 받아들일 뜻이 없음을 분명히 했다.[61] 전국 언론노조 MBC 본부 민주방송실천위원회 또한 4월 12일 "현 단계에서는 특별한 대응을 하지 않겠지만 향후 방송 이후 있을 정치적 외압에 대해서는 주시할 예정이며, 일말의 외압이 있게 된다면 결코 좌시하지 않을 것"이라고 말했다.[62]

〈제5공화국〉은 4월 23일 1989년 전두환 전 대통령의 국회 증언대를 향해 이철용 의원이 '살인마'라고 외치고 노무현 의원이 명패를 집어던지는 등의 자료 화면으로 첫 회를 시작했다. 또 고비마다 전두환·허화평·허삼수·정호용·허문도 씨 등 당시 핵심 인물들을 실명으로 묘사해 큰 파장을 낳았으며, 이후에도 논란은 계속됐다.[63]

〈제5공화국〉 논란과 관련해 정신과 전문의 정혜신은 "1980년 신군부 주도 인물 17명은 〈제5공화국〉과 관련한 유감의 뜻과 자신들의 주장을 담은 소견서를 두 차례 MBC에 보냈단다. 방송이 시작되기 전 '제5공화국 시나리오 오류에 대한 소견'이란 공문을 보내 대본 수정을 요구했으며, 그 후엔 5·18 광주민주화항쟁과 관련해 '5·18은 시위에 대한 어쩔 수 없는 정상적 진압이었다. 표현을 조심해달라'고 요구했다는 것이다."라면서 다음과 같이 말했다.

"내가 보기에 드라마 〈제5공화국〉과 관련한 어긋난 인식의 압권은 5공화국 전직 대통령 장남의 발언이다. 그는 드라마 〈제5공화국〉을 한 번도 본 적이 없다면서 '불과 20년 전의 사건들이 드라마로 만들어지는 사회가 정상적인 것으로 생각되지 않는다'며 청와대 문을 열고 들어가 7년간 산 업보가 이렇게 가혹할 줄 몰랐다고 하소연한다. 드라마에서 5회에 걸쳐 방영된 광주민주화항쟁 부분을 시청했더라면 아무리 반대편에 있었더라도 그렇게까지 말하지는 못했을 테지만 그의 '나름대로 억울'한 심정을 헤아려볼 수는 있다. '나름대로'의 잣대를 들이대서 억울하지 않은 사람은 세상에 없다. 문제는 나름대로의 잣대가 얼마만큼 상식적이고 객관적인 사실에 기초해 있느냐 하는 것이다."[64]

2005년 8월 31일 장세동·허화평·이학봉·정호용·박희도·황영시 등 5공 인사 12명은 "드라마 〈제5공화국〉은 정치보복"이라고 다시 주장하고 나섰다. 이들은 "드라마 〈제5공화국〉은 '전두환 죽이기' 시나리오의 일부라고 생각될 정도로 정치 보복의 도구가 되고 있다."며 "왜곡 사실 시정 조치를 MBC에 요구했으나 관련 당사자 인터뷰조차 하지 않았다."라고 반론 보도를 요구했다. MBC는 "드라마의 내용은 엄연히 역사적 사실과 구체적 자료에 근거한 것"이라며 "반론할 가치를 느끼지 못한다."라고 밝혔다. MBC는 또 "5공 인사들의 항의는 새삼스러운 것이 아니다."라며 "갖은 압력과 요구에도 굴하지 않고 끝까지 일

관된 모습을 보여줄 것" 이라고 대응했다.[65]

드라마 세트장은 지방자치단체장 홍보용인가

인터넷 시대는 정보 증가를 넘어 과잉을 불러왔고 이는 이른바 남의 시선을 얻기 위한 '주목투쟁시대' 를 본격적으로 열었다. 서울 공화국 체제에서 신음하고 있던 지방자치단체는 그런 주목투쟁시대의 생존 방식 가운데 하나로 드라마 세트장 유치에 발 벗고 나섰다. 지방자치단체는 영화나 TV 드라마 촬영 유치를 위해 돈은 물론 극진한 서비스까지 제공했다. 지난 3년여간 방송 3사가 지자체에서 받은 드라마 제작 지원금은 KBS 203억 원, SBS 120억 원, MBC 23억 원 등 총 350억 원대에 이르렀으며, 테마파크 등을 앞세운 드라마 세트장은 20여 곳에 이른 것으로 나타났다. 하지만 지자체의 그런 열성이 기대만큼의 효과를 가져 오지는 못한 것으로 나타났다. 오히려 "마구잡이식 세트 건립으로 일부 관광지의 환경 파괴도 가속화하고 있" 으며 "세트장 건립으로 일부 재미를 보고 있는 지자체도 있지만 자치단체 간 무분별한 경쟁을 악용한 방송사들의 횡포에 애꿎게 주민들만 피해를 입고 있는 것이다." 라는 비판마저 나왔다.[66]

그런 비판에도 불구하고 드라마 세트장 건설은 유행처럼 번져 나갔다. 드라마 세트장 유치를 둘러싸고 지자체 간 가열 경쟁 양상마저 나타났다. 물론 그 과정에서 재미를 본 것은 방송사였다. 『서울신문』 2005년 4월 19일자 기사는 "일부 주민들의 곱지 않은 시선에도 자치단체들은 50억 원이 넘는 예산을 세트장 건립비로 선뜻 드라마 제작사에 내놓고 있다. 갈수록 지원금은 커지고 있다. 이들은 거액의 예산으로 세트장을 유치하고도 관리를 소홀히 해 세트장을 망가지게 하는 등 적지 않은 문제를 드러내고 있다. 자치단체들이 과열 양상까지 보이

● 드라마 세트장 유치를 둘러싸고 지방자치
단체 간의 경쟁이 심해졌다. 사진은 부여
군의 〈서동요〉 세트장 전경.

자 드라마 제작사들도 세트장 건립 비용은 물론 소품비까지 이들에게 떠넘기고
있다."라고 했다.

"충남 부여군은 지난달 29일 SBS 자회사인 SBS 아트텍과 드라마 〈서동요〉 세
트장 유치 협약을 체결했다. 부여군에서 세트장 건립비로 50억 원을 지원한다
는 것이다. 여기에는 드라마에 쓰이는 각종 소품 구입비까지 포함돼 있다. 부여
군은 세트장 부지인 충화면 가화리 덕용저수지 주변 1만 평을 매입하고 전기와
수도 등 기반시설을 갖춰주기 위해 10억 원을 더 들일 계획이다. 모두 60억 원의
예산을 쓰는 셈이다. 올해 군 예산이 2227억 원인 것을 감안하면 37분의 1이 넘
는다. 세트장은 낙화암 등 백제 유적이 있는 읍내에서 승용차로 30분 거리다. 부
여군과 세트장 유치전을 벌였던 전북 익산시는 20~25억 원을 들여 서동(무왕)
의 유년 시절을 그릴 세트장을 유치했다. 당초 익산시는 전체 세트를 유치하기
위해 95억 원을 제시했었다. 두 자치단체가 〈서동요〉 세트장 건립비로 들이는
돈은 90억 원 정도로 150~200억 원으로 추정되는 드라마 제작비의 절반 안팎
에 이르고 있다. 이 드라마는 〈대장금〉을 연출한 이병훈 PD가 50부작으로 제작
할 예정이다."

이어 〈서동요〉 세트 유치를 위한 부여군과 익산시의 러브콜은 '원조 논쟁' 까지 불러왔다면서 그렇게 치열한 경쟁이 벌어지는 배경엔 드라마 세트장 유치와 지방자치단체장의 치적 홍보가 밀접한 관련을 맺고 있다고 분석했다.

"SBS 드라마 〈서동요〉 세트장을 유치한 충남 부여군 관계자는 남 얘기하듯이 말했지만 '표를 먹고사는 민선 아니냐.' 라며 솔직한 속내를 내비쳤다. 그는 '관선은 월급만 타면 그만이지만 민선은 다르다.' 라며 '문화시설, 이벤트 등이 모두 서울에 집중돼 있는데 지방에서 뭐 할 게(뭘로 띄우느냐) 있느냐.' 라고 되물었다. 이벤트성 세트장 유치를 통해 단체장을 부각시키려는 의도가 있음을 족히 짐작케 한다. 김무환 부여군수는 '선거와 전혀 무관하다.' 라면서 '무왕은 백제 사비시대를 꽃피운 왕이다. 다른 자치단체에서 유치했다면 주민들이 얼마나 실망했겠느냐. 세트장 건립비 부담은 관례가 그래서 했다.' 라고 밝혔다. 〈서동요〉의 경우 오는 9월 중순부터 반 년간 방영, 종영된 이후 2~3개월까지 그 효과가 지속된다면 내년 6월 치러질 지방선거 때까지 현직 군수는 그 덕을 볼 수 있다. 이 같은 이유로 자치단체들이 앞다퉈 세트장을 유치하려 하고, 드라마 제작사들은 이 점을 최대한 활용하고 있는 것이다."[67]

지방자치단체의 드라마 세트장 유치를 둘러싼 논란은 해마다 발생했다.

〈올드미스 다이어리〉 논란

KBS 2TV의 일일 시트콤 〈올드미스 다이어리〉는 7월 27일 170회분에서 맞벌이하는 아들 부부를 돕기 위해 손자를 돌봐주던 시어머니가 며느리로부터 뺨을 맞는 장면을 방영해 사회적으로 파문을 일으켰다. 시어머니가 잠깐 화장실 간 사이에 손자가 가벼운 화상을 입자 며느리는 "애를 어떻게 봤느냐." 라고 버럭화를 내며 패륜의 폭력을 행사하고 남편 역시 눈물을 쏟으며 하소연하는 어머니를 위로하거나 아내를 나무라기는커녕 "어머니가 맞을 짓을 했다."라며 어머니를 질책하는 것으로 묘사했기 때문이다. "TV가 미쳤다."라며 해당 프로그램을 폐지하라는 시청자의 비판과 요구가 빗발쳤다. 신문은 사설을 통해 홍수처럼 비판을 쏟아냈다.

"공영방송이 그렇게까지 막가도 되는가. 아무리 드라마라곤 하지만 며느리가 시어머니의 뺨을 때리는 극단적 패륜 장면까지 KBS 2TV가 방영한 일은 세금과 다름없는 수신료를 내면서 과연 그런 공영방송을 시청해야 하는지, 근본적인 의문을 갖기에 충분하다. 그것도 온 가족이 함께 TV 앞에 앉아 있을 만한 저녁 시간대에 그런 장면을 버젓이 내보낸 것은 해당 드라마 관계자들의 자질과 양식마저 의심스럽게 한다."[68]

"참으로 있어서는 안 될 일이, 그것도 공영방송에서 일어났다. 아무리 드라마상 설정이라고 해도 이처럼 인륜을 짓밟는 패악무도한 짓거리가 전 국민을 상대로 하는 TV에서 버젓이 방영되었으니 KBS 관계자들은 제정신을 가진 사람들인지 묻지 않을 수 없다."[69]

"작가와 PD가 드라마의 사실성을 이해나 하는 사람들인지 묻고 싶다. 고부간의 갈등은 어디에나 상존한다. 그러나 이만한 일로 며느리가 시어머니의 뺨을 때린다는 설정은 수준 이하의 구성이다. 며느리가 시어머니의 뺨을 때리는 행위는 동서고금을 막론하고 인간 사회의 대표적인 금기다. 이 드라마는 이런 금기를 넘어서는데 최소한의 갈등이나 고민도 없다. 그저 돌발적일 뿐이다."[70]

"TV의 공공성, 공영방송의 책임과 역할을 망각한 처사라 아니할 수 없다. 안방 시청자에게 웃음을 선사하는 시트콤에서 굳이 이런 패륜적 장면을 삽입한 이유가 무엇인가. '선정성'에 기대 시청률을 높이려는 것 외에 무슨 깊은 뜻이 있는가. 패륜적 측면만 문제되는 것이 아니다. 시어머니가 며느리 뺨을 때리는 장면이라도 문제다. 근본적으로 '일상 속 폭력'에 대한 방송사와 제작진의 불감증을 단적으로 보여주는 사례다."[71]

"KBS가 온 가족을 TV 앞에 모아놓고 패륜 패러디를 드라마라고 포장해 국민 얼굴에 내던진 것이다. …… KBS는 사장에서부터 실무자에 이르기까지 KBS가 어떤 방송이어야 하는가 하는 생각조차 없다. 마음대로 만들고 내키는 대로 틀어대는 것 밖에 없다. 정권 홍보만 빼놓고는 일종의 '무뇌無腦 상태'라고 할 수 밖에 없다."[72]

제작진은 홈페이지 '팝업' 창에 공식 사과문을 게재했다. 사과문은 "시청자 여러분께 물의를 일으킨 점에 대해 먼저 죄송스러운 마음을 전한다."라면서 "아무리 실화를 바탕으로 했다 할지라도 표현상 시청자가 보기에 감당하기 어려운 장면이 방송된 데 대해 표현의 수위 조절에 무리가 있었다."라고 말했다.[73] 또한 KBS는 프로그램 제재, 책임자 징계 조치(제작 PD 견책) 등을 취했다.

8월 10일 장대비가 억수같이 쏟아지던 날 밤 서울 여의도 KBS 정문 앞에는 20~30대 여성 40여 명이 촛불 시위를 벌였다. 이들은 '올미다(올드미스 다이어리) 사랑방'이라는 팬카페 소속 회원들이었다. 이들은 방송위원회가 〈올드미스 다이어리〉에 내린 사상 초유의 중징계(시청자 사과+해당 방송분 방영 중지+제작진 징계)가 과도하다고 항의했다. 며느리가 시어머니 뺨을 때린 문제의 장면은 노인 문제의 심각성을 전달하고자 한 전체 맥락에서 판단해야 한다는 것이었다. 황지희는 "실제로 방송위는 이번 결정을 위한 회의석상에서 앞뒤 맥락에 대한 판단 없이 문제의 장면만 모니터했다고 밝혀 충격을 주었다. 따지자면 심의가 이처럼 달은 보지 않고 달을 가리키는 손끝만 보고 이루어진 역사는 깊다."라고 평했다.[74]

스타에게 찍힌 PD, 드라마 못해

한류 열풍을 타고 스타 파워는 갈수록 강화되었다. 드라마 제작을 좌지우지할 정도로 스타의 힘이 비대해지면서 스타를 모시기 위한 PD들의 '삼고초려'는 필수가 됐다. 『중앙일보』 2005년 2월 5일자 기사에 따르면, "스타 연예인들의 집안 대소사를 챙기는 것은 기본이다. 결혼식은 물론이고 초상집을 찾아가 평소도 꾸준히 '눈도장'을 찍어야 한다. MBC의 한 PD는 '예전처럼 조연출을 대신 보내는 일은 생각도 할 수 없다'며 '결정적인 순간에 캐스팅을 놓치지 않으려면 어쩔 수 없다'고 말했다. PD가 직접 크리스마스카드를 보내고, 타 방송사에 출연해도 '드라마 잘 보고 있다'는 안부 전화를 종종 넣는다."[75]

MBC에서 준비 중이던 〈못된 사랑〉은 스타 권력화 문제를 불 지피는 연료로 쓰였다. 대체 〈못된 사랑〉을 둘러싸고 무슨 일이 벌어졌던 것일까? MBC는 2005년 5월 방영을 목표로 3월 24일 〈못된 사랑〉의 첫 촬영을 계획했지만, 1월 일찌감치 주인공으로 내정된 가수 비가 촬영을 코앞에 두고 돌연 출연 번복을 통보해왔다. 이에 앞서 비의 상대역으로 거론되던 고소영도 대본 수정 문제로 출연을 거부했다. 이에 다급해진 MBC 측은 뒤늦게 비와 고소영이 제시하는 모든 조건을 수용한다고 제안했지만, 둘 다 출연 불가 입장을 고수해 체면만 구기고 말았다. 이를 두고 MBC 한 프로듀서는 "예전 같으면 상상조차 하지 못할 일"이라면서 "스타 캐스팅의 칼자루를 쥔 대형 연예 기획사·드라마 제작사들이 스타 파워를 앞세워 드라마 제작의 핵심 권력으로 등장하면서 '갑과 을'의 관계가 완전히 뒤바뀌고 말았다."라고 했다.[76]

한국방송프로듀서연합회는 2005년 7월 14일 서울 한국프레스센터 11층에서 '스타 권력화와 한국 드라마의 미래'라는 주제를 놓고 긴급 토론을 벌였다. 토론회 발제를 맡은 양문석 언론개혁시민연대 정책 위원은 "최근 제작된 A드라마의 경우 회당 제작비 9700만 원 중 주연배우 3명의 출연료가 4400만 원으로 총 제작비의 45.4퍼센트를 차지한다."라고 지적했다. 제작비의 절반을 소수의 스타들에게 주고 그 나머지로 기타 조연배우 출연료와 스태프 인건비, 촬영, 소품, 섭외, 기타 잡비 등을 충당하는 기형적인 형태로 운영되고 있다는 게 양문석의 주장이었다. 양문석에 따르면, 2000년에 비해 2004년 드라마 제작비는 77퍼센트 상승한 반면 주연배우 2인의 출연료는 360만 원에서 1300만 원으로 261퍼센트나 올랐다. 이에 비해 하위 10명의 평균 출연료는 같은 기간 21만 원에서 14만 3000원으로 오히려 32퍼센트나 줄어들었다. FD 인건비는 회당 33만 원에서 38만 원으로 겨우 15퍼센트만 올랐을 뿐이다.[77]

양문석은 또 돈 못지않게 심각한 문제로 떠오른 게 스타 연기자들이 촬영 현장에서 휘두르는 권력이라고 했다. "주연배우가 조연급 중견배우들의 교체를 요구하거나 직접 배우를 추천하는 경우도 있다."라며 "심지어 주연배우들에게 낙점받지 못한 PD는 드라마를 찍기 어려울 정도가 됐다."라는 것이다. 이어 양문석은 "현재 드라마 제작 현장에서 스타가 PD들을 고르는 현상이 나타나면서 '찍새 PD'라는 자조적인 용어도 등장했다고 꼬집었다.[78]

토론자로 참석한 이은규 MBC 드라마 국장은 "스타는 귀한 존재이며 대접을 받아야 하는 것은 사실이지만, 실제 드라마 제작 여건에 맞지 않는 개런티 요구도 있다."라고 밝혔다. 김영섭 SBS 드라마 책임 프로듀서 역시 "몇몇 주연 배우들의 몸값이 너무 올라가다 보면 판이(드라마 시장) 깨진다. 몇몇 주연배우가 제작비의 50퍼센트를 가져가고 나머지로 제작을 하다 보면 드라마의 다양성이 떨어지고 결국에는 한류 시장도 붕괴될 것"이라고 토로했다.[79]

그런 우려는 현실로 나타나 스타의 과도한 출연료가 드라마 수출에도 악영향을 주기 시작했다. 스타 몸값 때문에 갑자기 드라마 수출가가 오르면서 외국

에서 수입을 보류하는 현상이 발생하기 시작했다.[80]

패륜 드라마는 그만해라

2005년 9월 10일부터 방영된 SBS 새 주말 드라마 〈하늘이시여〉가 시작 전부터 자신이 버린 친딸을 의붓아들과 결혼시켜 며느리로 삼는다는 설정 때문에 떠들썩한 논란을 빚었다. 드라마 내용이 알려지자 방영 1주일 전부터 인터넷 시청자 게시판에는 "이런 패륜 드라마는 그만해라", "임성한 작가는 언제까지 이런 사이코드라마만 쓸 것인가"라는 항의가 줄을 이었다.[81]

『동아일보』 2005년 9월 8일자 기사는 "작가인 임성한 씨의 작품들은 대부분 큰 히트를 기록했지만 비정상적인 가족 관계, 자극적인 소재를 극의 중심축으로 삼는다는 비판을 받아왔다. 겹사돈 이야기를 그린 〈보고 또 보고〉, 자신을 버린 아버지에게 복수하기 위해 이복동생의 약혼자를 빼앗는다는 설정의 〈인어아가씨〉, 무속인 이야기를 다룬 〈왕꽃선녀님〉 등은 매번 비판의 대상이 됐다."라고 말했다. 『서울신문』 9월 9일자 기사는 "'조카와 외삼촌이 서로 사랑하고, 낳자마자 버렸던 딸을 찾아 며느리로 맞이한다.' 무슨 엽기적인 이야기라고 할지 모르겠지만 드라마에서 벌어지는 주인공들의 얽히고설킨 설정이다."라며 "SBS가 10일 첫 방영하는 주말극장 〈하늘이시여〉는 이 같은 파격적인 소재를 통해 이 시대의 사랑과 성공을 다뤄 방송 전부터 논란을 일으키고 있다."라고 했다.[82]

이에 이영희 PD는 "친딸을 버린 어머니가 속죄한다는 의미에서 딸을 며느리로 받아들이는 것이므로 드라마 주제는 간절한 모성애"라고 주장했다.[83] 시청자 단체인 '미디어세상 열린사람들' 대표 전상금은 "시청률에 급급한 나머지

● 드라마 〈하늘이시여〉의 비정상적인 스토리라인 때문에 임성한 작가는 시청자들에게 커다란 항의를 받았다.

'가족 붕괴'도 불사한다는 것으로밖에 해석할 수 없다."라며 "시청자들이 자극적인 드라마를 좋아한다고 믿는 건 착각"이라고 지적했다.[84]

〈하늘이시여〉의 2회째인 11일 방송분은 여주인공의 직업인 분장사를 비하해 물의를 빚었다. 문제가 된 대사는 "기껏 분장사랑 사귀어? 회장 딸, 병원장 딸 다 마다하고 어디 여자가 없어서 분장사야?", "누가 분장사 되고 싶어서 됐어요? 엄마가 돈만 다 안 날렸어도 나도 공부 제대로 마치고 우아한 직업 가질 수 있었어." 등이었다.[85] 한국방송분장연합회와 한국메이크업교수협의회는 9월 13일 성명서를 내고 "방송 분장인 전체의 명예를 실추시킨 점에 대해 SBS 방송 제작 관계자의 책임 있는 사과를 촉구한다."라며 "요구가 받아들여지지 않을 경우 강력한 문제제기와 함께 법적 책임을 묻겠다."라고 말했다.

9월 17일 SBS는 〈하늘이시여〉 3회분 시작에 앞서 "2회 방송 내용 중 분장사(메이크업 아티스트)를 본의 아니게 비하한 부분에 대하여 정중히 사과드립니다."라는 자막 공지문을 띄웠다.[86] 이에 앞서 SBS는 2월 개그 프로그램인 〈웃찾사)에서 EBS를 '이발소'의 약자로 사용했다가 EBS 측으로부터 항의를 받은 바 있으며, 수목 드라마 〈루루공주〉에서도 골프장 캐디를 비하하는 발언으로 물의를 일으켜 공개 사과했다.

『경향신문』 2005년 9월 20일자 기사는 "'분장사 비하' 논란은 공개 사과로 봉합됐지만 SBS의 특정 집단에 대한 '부적절한' 용어 사용이 최근 빈발하는 데 따른 근본적인 대책 마련이 필요해 보인다."라면서 "일각에서는 창작물인 드라마에 대해 지나치게 표현의 자유를 제한하려 한다며 오히려 연예 저널리즘을 경계하고 나서기도 한다. 그러나 다양한 직업군에 대한 작가와 제작진의 이해와 배려가 부족한 것은 분명해 보인다. 또 이에 대해 제대로 검증하고 기준을 제시해야 할 방송국이 제 역할을 못하고 있다는 것도 문제점으로 지적되고 있다."라고 했다.[87]

〈루루공주〉는 '비데공주', 'PPL공주'?

드라마 속 간접 광고를 둘러싼 논란이 뜨거운 가운데 2005년 7월 서울중앙지법 민사합의 22부는 SBS 드라마 〈폭풍 속으로〉의 외주 제작을 담당했던 JS픽쳐스가 "PPL 광고비 등 4억 1000여만 원을 지급하라."라며 게임업체 위버인터랙티브를 상대로 낸 소송에서 "PPL 광고를 제외한 자막 광고 대금 8200만 원을 지급하라."라고 판결했다. 재판부는 "드라마 속에서 게임 관련 사항이 노출되기는 했지만 회사 이미지 제고를 위한 PPL 광고의 목적이 달성되지 못한 것으로 보이는 만큼 위버인터랙티브는 PPL 광고 대금을 지급할 의무가 없다."라고 밝혔다.[88]

드라마 속 제품 광고가 효과 없으면 광고비를 안 내도 된다는 판결은 기업의 입김을 더욱 강화시켜 드라마 내에서 간접 광고를 더욱 부추기는 효과를 불러왔다. 이 때문에 작가와 PD는 드라마를 제작할 때 프로그램 기획, 대본 구상 단계부터 간접 광고를 해야 될 특정 상품을 특정한 에피소드에 삽입하는 방식까지 고민해야 하는 지경에 이르렀다. 그런 문제가 곪아서 터진 게 바로 2005년 방영된 〈루루공주〉를 둘러싸고 발생한 '김정은 파동'이었다.

무리한 간접 광고로 인해 '비데공주', 'PPL공주'라는 비아냥을 감수해야 했던 김정은은 2005년 9월 10일 자신의 팬 카페에 올린 '죄송합니다'라는 제목의 글에서 "더 이상 여러분을 속일 수 없다."라며 "다 소진되어버린 이야기들을 억지로 늘려서 쥐어짜가며 연기할 자신이 이젠 없다."라고 밝히며 6회 분량이 남아 있는 〈루루공주〉에 더 이상 출연할 수 없다는 의사를 밝히고 나섰다. 김정은은 "연기를 하면서 나의 가장 큰 무기는 '진심으로 열심히 하면 믿어주겠지', '진실하게 하면 통할 거야'라는 믿음뿐이었다."라며 "지금 이 순간 그 진심과 믿음이 전혀 남아 있지 않은 상태로 연기를 계속해나갈 수 없는 지경까지 이르렀다."라고 고통스런 심경을 털어놓았다. 이런 심정에 다다르게 된 이유에 대해 "갈수록 반복되는, 이해되지 않는 드라마의 흐름을 여러분께 도저히 진심을 담아 이해시킬 수가 없다."라고 설명하고, "진짜 사랑하고 싶고 진짜 눈물을 흘리고 싶다."라고 하소연했다. 그는 또 "진심 없이 이해 없이 연기하는 것은 배우로선 정말 죽기보다 끔찍한 일이라는 것을 깨달았다. 회마다 바뀌어버리는 캐릭터를 더 이상 연기할 자신이 없다. 왜 사랑해야 하는지에 대한 당위성이 충분하지 않은 채로 더 이상 사랑할 수 없다."라고 말했다.[89]

김정은은 방송사와 제작사가 설득 작업을 벌인 끝에 출연 중단 의사를 번복했지만, 이에 대해 〈루루공주〉 한 관계자는 "드라마의 질을 떨어뜨린 지나친 PPL은 사실상 주연배우들의 몸값을 충당하기 위해 어쩔 수 없는 것인데 이를 비판하는 김정은을 이해할 수 없다."라며 강한 불만을 표시했다.[90]

『경향신문』 2005년 9월 12일자 기사는 "'루루 파문'은 한국 드라마의 고질적인 병폐를 모두 드러냈다는 점에서 시사하는 바가 크다. '제작 단가의 50퍼센트에 육박하는 주연배우들의 출연료. 이를 충당하기 위해 드라마 제작사는 무리한 PPL을 끌어들인다. 지나친 PPL은 드라마의 질을 낮춘다. 시청자들은 수준 이하의 드라마와 함께 간접 광고로 인한 이중의 피해를 받는다.' 악의 순환고리다."라고 지적했다.[91]

『CBS 노컷뉴스』 2005년 9월 12일자 기사는 "공중파 3개사(MBC · KBS · SBS)의 편성을 잡고 드라마 제작비의 70퍼센트 내외를 제공받아 제작을 해야 하는 외주 제작사 입장에서는 방영을 보장받고 제작비를 확보하기 위해 방송사에서 만족할 만한 스타의 캐스팅은 절대적인 무기다."라며 "결국 작품성 높은 드라마의 제작을 기획하기보다는 회당(1회 방송) 출연료를 수천만 원대까지 올려가면서라도 스타를 출연시키는 데 급급하다보니 출연료만큼의 제작비 절감을 위해 제작 시간이 단축돼 무리한 일정이 나올 수밖에 없다."라고 했다. 부족한 제작비를 충당하기 위해 간접 광고가 남발되면서 드라마 줄거리나 영상 혹은 인물의 대사, 캐릭터 등이 비현실적이고 기이하게 변형되고 있다는 것이다.[92]

경천동지하는 드라마 제작 시장

인터넷 대중화와 한류 열풍은 드라마 제작 시장에 지각 변동을 불러오며 시장에 대한 드라마의 종속을 더욱 강화시켰다. 우선 인터넷의 급속한 확산은 젊은 층의 지상파 이탈을 부추겨 방송사의 시름거리로 등장했다. 이른바 국민 드라마가 나올 수 없는 환경이 조성되었기 때문이다.

이에 『한겨레21』 기자 신윤동욱은 "나는 국민 드라마는 무섭다. 드라마 안

보면 국민이 못 되는 나라는 무섭다. 절반이 넘는 국민이 같은 시간에 같은 드라마를 보는 나라, 흔치 않다. 시청률 50퍼센트를 넘기는 국민 드라마라니, 다른 나라에서 알면 웃는다. 우스워서 웃고, 무서워서 웃는다."라며 국민 드라마의 퇴조를 반겼지만[93] 시청률에 죽고 사는 방송사에겐 악재도 보통 악재가 아니었다.

이에 대한 타개책으로 방송사는 젊은 층을 끌어들이기 위해 이들의 피드백을 드라마 제작에 적극 반영하고 '퓨전 드라마' 제작과 '블로그 마케팅'에도 나섰지만 그런 방식으로 젊은 층의 지상파 이탈을 방지할 수 없다는 것은 갈수록 분명해졌다. 그래서 '투 트랙 전략'도 서서히 고개를 들기 시작했다. 젊은 층을 겨냥한 드라마와 전통적으로 드라마 시청의 주요 실세라 할 가정주부의 취향을 고려한 이른바 '타깃 마케팅'이었다. 투 트랙 전략은 미드 태풍이 한반도에 상륙하면서 더욱 정교하게 진행된다.

한류 열풍은 다양한 파급 효과를 불러왔다. 외주 제작사의 급증과 대자본의 투입은 한류 열풍의 대표적인 유산이었다. 특히 외주 제작사의 대거 등장은 드라마 제작 시장을 송두리째 흔들어놓았다. 우선 스타의 몸값을 폭등시켰다. 외주 제작사가 경쟁을 통해 방송사로부터 '드라마 제작권'을 따내고 완성된 드라마를 납품해야 하는 '선편성후제작' 관행 때문이었다. 스타 캐스팅은 외주 제작사가 방송사로부터 드라마 제작권을 따내는 최선의 카드였기에 스타 파워와 몸값은 하늘 높은 줄 모르고 치솟았다. 억 소리 나게 올라간 몸값을 충당하기 위해 간접 광고는 갈수록 창궐했고 이 때문에 호사스러운 생활을 즐기는 사람들이 드라마 속에 넘쳐났다. '선편성후제작' 관행은 외주 제작사에게 불리한 불공정 거래였기에 이른바 방송사의 외주 제작사 착취 논란까지 불러왔지만 이는 한국 사회에 만연한 '갑을관계의 정치학'이 작용한 것이었다는 점에서 방송사만 탓하기도 어려웠다. 드라마 시장의 파이가 커지면서 외주 제작사와 방송사는 치열한 주도권 다툼을 벌였는데, 외주 제작사들은 대자본 유치를 방송사에 대한 역공 카드로 꺼냈다. 그래서 '드라마 펀드' 바람도 서서히 불기 시작했다.

아이러니한 것은 외주 제작사가 급증하고 대자본이 투입되기 시작했지만 드라마 제작 시장이 개선되기는커녕 오히려 악화되었다는 사실이다. 이를 잘 보여준 게 쪽대본과 초치기의 기승이었다. 2005년 11월 방영된 〈달콤한 스파이〉에서는 연기자의 알몸이 노출되는 사고가 발생했고 〈프라하의 연인〉 촬영 도중엔 덕수궁 돌담이 훼손됐다. 이보다 앞선 2월엔 무리한 제작 일정으로 카메라맨이 불귀의 객이 되는 사고마저 발생했다.

하지만 부정적인 영향만 가져온 것은 아니었다. 한국 드라마의 질적 변화도 불러오는 밝은 면도 있었기 때문이다. 드라마 소재의 금기는 갈수록 깨져 트랜스젠더 등 사회적 마이너리티를 조명하거나 아예 주인공으로 삼은 드라마도 나왔다. 영화감독과 시나리오 작가의 드라마 외도도 이어지면서 '미학' 차원에서도 한국 드라마는 적잖은 성과를 거두었다.

시장 논리는 거침없이 질주하고 있었다. 2005년 5월 16일 대통령 노무현은 "이미 권력은 시장으로 넘어간 것 같다."라고 말해 논란을 낳았지만 그의 발언은 사실이었다. 이를 입증하듯 미드 열풍이 본격적으로 불기 시작하면서 이제 드라마는 머니 게임의 치열한 각축장으로 변하게 된다.

06장

2006~2008년

'머니 게임'과
'미드 열풍' 속에서

'머니 게임'과 '미드 열풍' 속에서
2006~2008년

6

시청자는 멜로에 지쳤나

『PD저널』 2005년 8월 31일자 기사가 2004년 9월 1일부터 2005년 8월 31일까지 방송된 방송 3사 76개 드라마의 장르(특집극과 단막은 제외)를 분석한 결과에 따르면, 90퍼센트가 멜로드라마였다. 이 기사는 "여기에 해당하지 않는 경우는 KBS 〈대추나무 사랑 걸렸네〉, MBC 〈영웅시대〉, 〈제5공화국〉 정도다. 청소년 드라마나 사극에서 멜로라인이 강화되는 현상까지 고려한다면 '멜로' 없는 드라마는 없다고 해도 과언이 아니다."라고 말했다. 이에 MBC 이은규 드라마 국장은 "국내 시청자들은 멜로를 선호하는 경향이 강하기 때문에 사랑 드라마를 주로 만드는 것이 사실이다. 그러나 그 비율은 현재 지나치게 높다. 소재의 한계로 인해 멜로드라마들은 갈수록 우연이 남발돼 완성도가 떨어지고 극단적인 소재들이 나오고 있다."라고 했다.[1]

2006년 1월 16일 방송문화진흥회는 '시청자, 멜로에 지치다: 방송 드라마의 다양성 문제'를 주제로 토론회를 개최했다. 이날 토론회에서 한국종합예술원 영상원 교수 전규찬은 "멜로드라마는 가부장 제도와 깊은 관계에 있다. 한국 특유의 국가주의와 자본주의를 조장한다. 기존 체제를 전복하는 시도들이 필요하다."라고 했다.[2] 2006년 민주언론시민연합(민언련)이 2005년 지상파 3사가 방영한 50개 드라마를 분석한 자료에 따르면, 방송 3사의 상당수 드라마가 사랑과 결혼을 주제로 다룬 것으로 나타났다. SBS는 그 비율이 73.6퍼센트였고, MBC가 55.5퍼센트, KBS가 46.1퍼센트였다. 민언련은 "방송사들이 시청률 경쟁에 치중한 나머지 기본적 시청률이 안정적으로 보장되는 연속극을 선호하고 있다."라며 "이 같은 결과로 연속극 중심의 편성이 증가하면서 드라마의 다양성이 부족"하다고 했다.[3]

시청자들은 정말 멜로물에 지쳤던 것일까? 그럴 수도 있겠다. 하지만 드라마 작가들은 여전히 멜로를 '대박 드라마' 성공 공식의 주류로 간주하는 것으로 나타나 그런 평가와 큰 차이를 보였다.

"출생의 비밀, 콩쥐팥쥐 구도 그리고 암. 이 세 가지가 요즘 드라마의 큰 축이다. 개인적으로는 폭 넓은 감동을 주는 스토리라인이 우선!"(〈노란 손수건〉의 박정란), "시청자들은 신데렐라 얘기를 보며 '식상하다' 불평하지만, 그러면서도 신데렐라 구도를 제일 좋아한다. 〈내 이름은 김삼순〉 역시 새롭게 포장된 신데렐라 스토리 아닌가."(〈올인〉의 최완규), "한 인간보다 가족과 휴머니즘에 집중해야 반응이 온다. 노련한 작가는 삶에 대한 깊은 성찰을 보여주며 시청자들을 눈물짓게 만든다."(〈제5공화국〉의 유정수), "신분 상승을 다룬 상공 스토리 혹은 가족. 도덕관념을 뒤엎는 드라마! 마음에 안 든다. 급격한 변화를 겪는 시청자들은 드라마에서도 강렬한 자극을 찾는다."(〈신돈〉의 정하연), "대중은 판타지, 권선징악, 해피엔딩을 원한다. 지나치게 구체적인 리얼리티는 싫어한다. 숨기고 싶은 자신의 내면과 만나는 것을 싫어하니까."(〈금쪽같은 내 새끼〉의 서영명), "감정의 진정성? 삼각관계·콩쥐팥쥐·캔디 공식은 1990년대 후반부터 깨지기 시작했다. 선과 악의 구분도 모호해졌다. '공감'이 관건."(〈이 죽일 놈의 사랑〉의 이경희), "한국 사람은 유난히 성공 스토리를 좋아한다. 〈대장금〉에서도 위기나 갈등보다 명쾌하게 성공을 거두는 장면에서 반응이 더 뜨겁더라."(〈대장금〉의 김영현), "가진 것 없는 사람이 잘되는 이야기. 시청자들은 '근사하게 사는 부자의 이야기'를 싫어하는 척하면서도 열심히 본다."(〈그 여자네 집〉의 김정수), "권선징악·삼각관계·출생의 비밀. 이 세 가지 키워드는 이미 시청자의 정서에 '프로그래밍'되지 않았나? 중요한 건 시대에 맞는 캐릭터."(〈변호사들〉의 정성주), "어둡고 무겁고 진지한 이야기 안 통한다. 요즘 주인공은 경쾌하고 실수투성이다. '95퍼센트의 상투常套'와 '5퍼센트의 신선함'이 만나야 대박 시청률이 나온다."(〈파리의 연인〉의 김은숙).⁴

시청자들은 어떤 평가에 동의하고 있었을까? 드라마 작가들의 평가에 더 동의하지 않았을까? 한국인들은 드라마의 본령을 오락과 재미에 두고 있었기 때문이다.

순발력과 융통성은 한국 드라마의 최대 강점

'쪽대본'과 '초치기'로 상징되는 한국 TV 드라마의 고질적인 병폐를 해결하기 위한 대안으로 거론되어온 것이 사전 제작제였다. 사전 제작 드라마는 시간에 쫓기지 않는 안정적인 제작 환경 속에서 완성도를 높일 수 있다는 장점에서 각광받아왔다. 하지만 2006년 사전 제작제를 통해 만든 드라마들이 약속이나 한 것처럼 흥행에 참패하는 현상이 발생했다. 예컨대, 〈비천무〉, 〈사랑해〉, 〈내 인생의 스페셜〉 등 한류 스타들을 주인공으로 내세우고, 장대한 스케일, 참신한 소재 등을 바탕으로 사전 제작한 드라마들은 방영 족족 시청률 경쟁에서 참패를 면치 못했다. 공들여 제작한 사전 제작 드라마가 시청률 경쟁에서 참패하자, 사전 제작 드라마가 과연 한국의 상황에 맞는지 의문부호가 달리기 시작했다.

그래서일까? '전작제'와 '초치기'를 융합한 제작 방식도 선을 보였다. 전작제를 시도하면서 동시에 시청자의 피드백을 통해 드라마에 반영하는 이른바 '열린 전작제' 혹은 '열린 초치기'였다. 전작제와 피드백을 조합한 제작 시스템의 대표적인 옹호자는 〈가을동화〉, 〈겨울연가〉, 〈여름향기〉 등 계절 시리즈로 한류를 주도했던 윤석호 PD였다. 윤석호는 쪽대본과 초치기의 어려움을 토로하면서도 그때그때 시청자와 피드백을 주고받는 제작 방식이 살아 있는 콘텐츠를 만들 수 있다는 장점이 있다고 강조했다. 2006년 방영된 〈봄의 왈츠〉의 경우도 2004년 9월부터 제작에 들어갔지만 방영되는 동안 시청자와의 쌍방향 소통을 위해 100퍼센트 사전 제작은 하지 않았다. 물론 이 역시 드라마가 방영되면서 쏟아지는 시청자, 네티즌 등의 반응을 고려해 시청률에 도움이 된다는 판단에서였다.[5]

연이은 사전 제작 드라마의 시청률 참패로 인해 쪽대본과 초치기의 어두운 면보다 순발력과 융통성이라는 밝은 면이 더 크게 부각되기 시작했다. 특히 시청자와의 피드백을 통한 순발력과 융통성을 무기로 한 한국 TV 드라마가 한류 열풍에 큰 역할을 했다는 평가까지 나오면서 드라마 졸속화의 대명사였던 쪽대본과 초치기에 대한 재평가마저 나왔다. 강준만은 "대한민국의 유례없는 드라마 제작 방식이 한류 열풍을 몰고 온 주역일지도 모른다."라면서 다음과 같이 말했다.

"제작 능력이 미처 따르지 못하던 상황에서 텔레비전 수상기의 급증으로 전

국민의 눈과 귀를 상대로 승부를 벌여야 했던 제작자들은 스스로 '노가다'로 부르면서 피 말리는 군사 작전식 제작에 임하지 않을 수 없었다. 드라마의 편집을 방영 직전에야 끝내 겨우 방송 시간을 맞추는 일도 허다했다. 신문들과 평론가들은 그걸 '날림 공사'라는 식으로 비판하곤 했다. 드라마가 너무 많고 내용은 저질이고 죽기살기식의 시청률 경쟁에 매달린다며 '드라마 망국론'도 적잖이 제기되었다. 그런 식으로 핍박을 받으며 내공을 쌓아온 한국 드라마가 온 아시아 지역을 떠들썩하게 만든 '한류'의 전위대가 될 줄 누가 알았으랴. 군사 작

● 강준만은 '쪽대본'과 '초치기'가 한류 열풍을 이끈 한국 드라마의 장점일 수 있다는 관점을 제시했다.

전식 제작 과정을 거치면서 그 누구도 넘볼 수 없는 순발력이 길러진 걸까? 전문가들은 '사전 제작제'가 필요하다고 아우성쳤지만, 그때그때 시청자들의 반응에 따라 내용이 달라지는 제작 시스템이야말로 시대를 앞서간 '프로슈머 정신'의 실천은 아니었을까?"[6]

박수찬은 한국 드라마의 제작 방식을 경영학 차원에서 접근하며 호평했다. 시청자의 반응을 즉각즉각 드라마에 반영하는 것은 경영학에서 말하는 '전략적 민첩성strategic agility'을 발휘하는 것으로 볼 수 있다면서 급변하는 시장 상황에서 한국 기업들에게 새삼 요구되는 덕목 가운데 하나가 바로 한국 드라마의 전략적 민첩성이라고 했다. 나아가 그는 CEO들이 한국 드라마의 전략적 민첩성과 신속한 기동성을 배워야 한다고 충고했다.[7]

아침 드라마 시청의 실세로 떠오른 50대 이상 중년층

방송사가 10대와 20~30대 젊은 층을 붙잡기 위해 다양한 시도를 하고 있었지만 그들의 이탈을 막기엔 역부족이었다. 바로 그런 이유 때문에 드라마 시청의 주도권은 중년층에게로 넘어가고 있었다. 2006년 AGB닐슨미디어리서치의 조사에 의하면 50대 이상 여성 점유율은 1992년 7.9퍼센트에서 2006년 18.8퍼센트로, 같은 연령의 남성 시청률은 1992년 4.8퍼센트에서 11.1퍼센트로 증가한 것으로 나타났다. 반면 20대 여성의 비율은 13.4퍼센트에서 9.5퍼센트로, 20대 남성 역시 7.0퍼센트에서 3.7퍼센트로 감소했다. 2006년 5월 한국방송광고공사가 서울 및 수도권에 거주하는 65세 이상 남녀 400명을 대상으로 실시한 '2006년 실버세대 조사'에 따르면, 65세 이상 노인들의 하루 TV 시청 시간은 3시간 2분으로 나타났다. 노인 세대가 가장 좋아하는 프로그램은 물론 드라마로 48.9퍼센트에 달했다.[8] 그래서일까? SBS의 〈사랑과 야망〉, KBS의 〈서울1945〉, 〈고향역〉 등과 같은 '그때 그 시절' 류의 드라마가 늘고 있다는 분석도 나왔다.[9]

특기할 만한 사실은 중년 여성 못지않은 중년 남성의 드라마 사랑이었다. 이는 아침 드라마에서 도드라지게 나타났다. AGB닐슨미디어리서치의 김나경 과장은 "가구 시청률에 영향을 미치는 것이 40~50대 남성의 시청률이다. 이전에는 시청률이 높아야 상위 20위권에 들던 아침 드라마가 최근 들어 10위권 안에 들기도 하는 것은 50대 남성 시청자의 영향으로 볼 수 있다."라고 해석했다.[10]

아침 드라마가 고정 시청자층을 확보하면서 인기 작가들이 극본을 맡거나 유명 연예인들이 인기의 발판으로 삼는 현상도 나타났다. 『시사저널』 2006년 5월 23일자 기사에 따르면, "1960년대 후반을 배경으로 한 〈강이 되어 만나리〉는 〈은실이〉 등을 쓴 관록의 작가 이금림 씨가 자기 드라마 〈지평선 너머〉를 리메이크해 집필하고 있고, 〈사랑하고 싶다〉는 지난해 비교적 시청률이 높았던 주말 드라마 〈그린로즈〉의 작가 유현미 씨가 극본을 맡았다. 또한 지명도 있는 소설가의 작품을 원작으로 삼는 것도 특징이다. 〈그 여자의 선택〉이나 〈이제 사랑은 끝났다〉는 각각 양귀자의 『모순』과 이병주의 『망향』이 원작이다. …… 가수 겸 탤런트인 구본승 씨가 〈이제 사랑은 끝났다〉로 복귀해 화제를 모았고, 조만간 MBC에서 방송될 새 아침 드라마에는 하희라 씨가 처음으로 아침 드라마에 출연할 것으로 알려졌다."

'드라마몹' 수석 에디터 이성주는 중년층의 아침 드라마 사랑은, 젊은 층과 중년층의 드라마 수용 방식의 차이에서 비롯됐다고 해석했다. 방송사가 주력하고 있는 미니 시리즈의 경우 배경음악이 DVD · OST 음반 등으로 출시되고, '드라마 폐인'들이 이른바 '어둠의 경로'를 통해 돌려보고 팬 사이트에 드라마 비평을 줄지어 올리며 담론을 재생산하는 것에 비해, 아침 드라마는 1980~1990년대 방식으로 소비하는 마지막 드라마인데 팬덤이나 다른 유통 경로 없이 오로지 '텔레비전 앞에서만' 소비된다는 것이다.[11]

2006년 7월 미디어수용자운동단체인 '미디어세상열린사람들'은 '주부들이 원하는 아침 드라마'라는 제목으로 내놓은 보고서에서 남편의 외도와 아내의 일탈, 출생의 비밀, 사랑의 배신과 약탈 등을 아침 드라마의 '고정 메뉴'로 지적하고 "유독 아침 드라마는 이런 소재 외에 다른 것엔 눈을 돌리지 않는다."라고 했다. 보고서는 또 '근친혼만 아니면 다 된다는 식의 사랑관과 결혼관'이 버젓이 방송되고 있다며 "마지막 회만 권선징악으로 마무리하면, 이전 과정은 비윤리로 일관해도 된다는 게 제작진의 신념"이라고 꼬집었다. 이어 "이 같은 아침 드라마의 병폐는 시청자들을 두려워하지 않기 때문"이라며 "제작진은 교육과 입시, 군대, 재테크 등 주부들의 다양한 관심사에 주목해야 한다."라고 지적했다.[12]

주부들은 사회문제를 다루기를 원할까? 이문혁PD의 다음과 같은 분석에 동의하는 주부들이 더 많지 않았을까? "한미 자유무역협정이나 서브프라임 모기지(비우량주택담보대출)를 혹은 지구온난화에 따른 생태계의 위기를 아침 드라마에서 소재로 다루길 원한다면 욕심이다. 재미를 결정하는 것은 만든 사람이 아니라 보는 사람이고, 지금의 안정적인 시청률은 뻔한 얘기를 보며 아침부터 욕하는 사람들이 꽤 있다는 얘기다. 통속과 우연과 불륜으로 점철된 드라마라는 저주 섞인 평가보다는, 어찌됐건 행복해하는 사람들의 모습을 보고 싶다는 소박한 바람이 훨씬 더 건강하다고 믿는다."**13**

역사 복원 운동 꿈꾼 〈연개소문〉

고구려 역사를 중국사로 편입시키기 위해 중국이 2002년 2월부터 추진한 동북공정은 한국인의 공분을 샀다. 이런 가운데 2006년 안방에 고구려 시대를 다룬 사극이 경쟁하듯 등장했다. 한국사의 변방으로 밀려나 있던 발해는 물론, 고구려까지 중국이 자국사에 편입하려고 추진하면서 잊혔던 고구려, 발해에 대한 국민적 관심이 어느 때보다 높아진 점을 발 빠르게 반영한 것이다. 이른바 '팩션 드라마'였다. 〈연개소문〉, 〈대조영〉, 〈주몽〉 등이 그런 경우다.

한국 드라마 사상 처음으로 고구려 정사正史를 다룬 SBS 100부작 대하드라마 〈연개소문〉은 '역사복원 운동'을 내걸었다. 작가 이환경은 "동북공정을 그냥 지나치면 그 자체가 역사가 된다."라고 지적하며 "잃어버린 엄청난 대륙을 되찾기 위한 역사복원 운동"이라고 작품의 의의를 밝혔다. 이 작품 출연을 위해 4년을 기다린 유동근(연개소문 역) 역시 "역사 속의 영웅을 드라마로 펼치는 게 조심스럽다."라면서도 "고구려 역사를 한 계단, 한 계단 찾아가는 계기를 마련하겠다."라는 각오를 다졌다.**14** 이환경은 6월 28일 열린 제작발표회에서는 "중국

● 중국의 동북공정에 반발해 제작·방영된 〈연개소문〉(위)과 〈대조영〉(아래)은 민족주의적 색채가 덧칠될 우려가 있다는 논란을 낳았지만 시청자들은 드라마를 통해 '약소국의 설움'을 해소했을 것이다.

의 동북공정은 이 드라마 한 편으로 무색하게 될 것"이라며 "중국은 긴장해야 한다."라고 했다.[15] 또 7월 4일 『한국일보』와의 인터뷰에서 "처음부터 중국의 '동북공정'에 맞서 기획한 작품이다. 정부는 침묵하고 있고, 사학계도 이렇다 할 말을 못하고 있으니, 작가라도 나서서 민족혼을 일깨우겠다는 것이다."라고 출사표를 밝혔다.[16]

동북공정에 대한 국민의 분노가 너무 컸던 때문일까? 〈연개소문〉은 이른바 '정통 사극'을 내걸었지만 방영 초기부터 픽션이 지나치다는 지적을 받았다.

사학자들은 안시성 전투를 다룬 1, 2회에서 연개소문이 안시성 전투를 이끈다는 설정, 연개소문이 치우천왕과 단군에게 제시하는 장면, 조의군을 이끌고 참전하는 장면 등은 전혀 시대는 맞지 않지 않는 묘사라고 지적했다. 이게 시사하듯, 〈연개소문〉은 사극을 둘러싼 해묵은 논쟁을 다시 불러들였으니, 바로 '역사적 사실'에 대한 '작가의 상상력' 개입 논란이었다.

고구려사 드라마와 관련해 가장 큰 논란이 된 것은 작가의 상상력과 역사관의 개입이 지나 민족주의적 색채가 덧칠될 우려가 있다는 것이었다. 성신여대 사학과 교수 오종록은 "한국 고대사를 소재로 한 사극에 대한 논란에서 사관의 한 부분인 민족주의적 편향성 문제가 대두된 것은 중요한 진전이라 평가를 할 만하다."라고 했다.

"우리 사회가 민족주의를 버려야 하는가는 또 다른 논란의 대상일 것이나 국수주의적 민족주의를 극복해야 한다는 것은 사회 구성원 대다수가 공감하고 있다고 보아야 한다. 일본 극우 세력의 그것은 비난하고 우리의 그것은 옹호하는 것은 옳은 일이 아니다. 스스로 바지저고리라 부르며 비하하던 시기를 이미 멀찌감치 벗어난 오늘날에 민족 자존심을 허울로 삼아 국민 만들기도 못되는 신민 만들기로 이어질 우려가 큰 쪽으로 역사적 상상력을 구성하는 것은 민족적 품위를 저버리는 행위다."[17]

경기대 사학과 교수 김기봉은 〈주몽〉과 〈연개소문〉 등의 사극은 "사실fact과 허구fiction를 조합한 팩션faction을 통해서 대중의 역사 감정을 자극한다."라며 "현재의 사극 열풍은 우리 역사 현실의 위기와 사회 병리 현상을 반영한다. 건강할 때는 자기 몸에 대한 자각이 없지만, 병들면 그동안 살아왔던 삶에 대한 자기반성을 한다. 한 국가와 민족이 위기 상황에 직면하면 할수록, 자기 역사에 대한 관심은 높아간다. 역사에 대한 높은 관심을 역사 감정만으로 충족시키는 사극은 병을 악화시키는 '마약'이다. 고구려를 중국과 대등한 제국으로 만드는 〈주몽〉과 〈연개소문〉은 오늘의 못난 우리를 영광스런 과거의 조상에 투사한다."라며 "이렇듯 현실의 답답함을 해소하고 결핍을 보상하려는 목적으로 과거 조상들을 호명하는 사극은 '자위행위'일 뿐 미래의 역사를 창조하는 데 기여하지 못한다."라고 했다.[18]

그동안 방송사들은 시청자가 사극의 역사 왜곡을 지적할 때마다 픽션이라며 반박해왔는데, 자사의 메인 뉴스를 통해 중국의 역사 왜곡 운운하면서 고구려사를 다룬 사극 홍보에 경쟁적으로 열을 올리고 나서면서 이에 대한 비판이 쏟아졌다.[19]

하지만 시청자들은 그런 비판에 동의하기보다 드라마를 통해서나마 '약소국의 설움'을 해소할 수 있는 대리만족과 카타르시스를 느끼고 싶어 하지 않았을까?

주말·일일 드라마는 중년 시청자의 욕망 분출구

중년층의 드라마 사랑은 아침 드라마에만 국한되지 않았다. 월드컵이 한창이던 2006년 6월 TNS미디어코리어가 집계한 결과에 따르면, 6월 16일 KBS의 〈열아홉 순정〉이 20.4퍼센트로 일일 시청률 1위를 기록했으며, 18일에는 SBS 〈하늘이시여〉와 KBS 〈소문난 칠공주〉가 각각 34.4퍼센트와 23.7퍼센트로 1, 2위를 차지한 것으로 나타났다. KBS의 〈부부클리닉-사랑과 전쟁〉은 월드컵 중계와 방영 시간이 겹친 가운데서도 14.4퍼센트로 동시간대 최고 시청률을 기록했다. 월드컵 광풍에 밀려 대부분의 TV 드라마가 개점 휴업한 상태였지만 드라마 시청 실세인 40~50대 이상 주부를 타깃으로 한 이른바 '중년 드라마'들만은 꾸준한 시

청룡을 자랑하고 있었다.[20]

중년 드라마를 향해 "내용과 캐릭터는 '엽기 드라마' 라는 표현까지 나올 정도로 비상식선을 달리고 있다."라는 비판이 쏟아졌다.[21] 하지만 주말 드라마와 일일 연속극이 중년층의 욕망 분출구라는 해석도 나왔다. 대중문화 평론가 강명석은 "인터넷이나 케이블 방송이 아직 낯선 중년 시청자는 여전히 공중파 방송 드라마를 즐겨본다. 그러나 그들에게 〈연애시대〉나 〈굿바이 솔로〉 같은 '마니아 드라마' 는 받아들이기엔 너무 동떨어진 감수성을 가졌다. 드라마는 보고 싶은데 그들을 만족시켜주는 드라마는 없다. 그래서 중년 드라마를 찾고, 그중에서도 더 '센' 걸 찾는다."라고 했다.

"중년 드라마들은 중년의 모든 욕망을 채워준다. 〈소문난 칠공주〉와 〈하늘이시여〉를 보라. 거기엔 불륜도 있고(멜로), 악녀를 응징하기 위해 야구 방망이를 들고 집에 쳐들어가 모든 걸 부수는 남자가 등장하며(액션), 개그 프로그램을 보다 죽는 여자(호러)와 진짜 '첫날밤' 을 치르자며 어울리지 않는 교태를 부리는 여고생(에로틱 코미디까지!)이 등장한다. 또 숨이 차는 사람에게 '단전호흡' 을 하라며 건강 상식을 알려주고, 갑자기 군대에서 '꼭짓점 댄스' 를 추며 젊은이들의 '유행' 을 선보인다. 중년 시청자는 이 드라마 한 편이면 오락과 정보가 모두 해결된다."

이어 이런 드라마들은 대개 50회 이상을 끌고 나가야 하는 주말 드라마나 일일 드라마에 편성되니 처음부터 끝까지 탄탄한 구성을 가진 스토리를 짜내기 힘들다면서 스토리는 천천히 진행시키는 대신 필요할 때마다 자극을 주는 해프닝이나 극단적인 사건을 통해 이른바 시청자를 '낚는' 방법을 쓴다고 했다.

"물론 이런 모든 자극적인 설정들에는 명분이 들어선다. 바로 '부모의 사랑' 이다. 20여 년 전에 버린 친딸을 의붓아들과 결혼시키는 〈하늘이시여〉나, 온갖

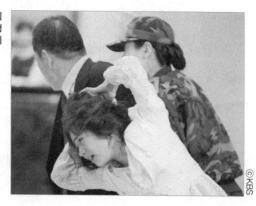

● 〈소문난 칠공주〉 같은 드라마는 비상식적이라는 비판이 쏟아졌지만 중년 시청자가 바라는 욕망을 채워준다는 데 인기의 비결이 있었다.

문제를 일으키는 자식들의 문제를 수습하느라 여념이 없는 〈소문난 칠공주〉의 어머니나, 눈물겨운 모성은 논란을 잠재우는 만병통치약이다. 아니면 〈사랑과 전쟁〉처럼 온갖 끔찍한 이혼 사례를 보여준 뒤 '부부간의 정을 생각해보라'는 한마디로 덮으면 될 뿐이다. 그래서 중년 드라마는 사회에서 차마 내놓고 말할 수 없는 부끄러운 욕망과 자극들을 떳떳하게 내보일 수 있는 구실을 한다. 중년 드라마는 좀처럼 엔터테인먼트를 즐길 수 없는 중년 시청자의 욕망의 분출구인 셈이다."[22]

TV 칼럼니스트 정석희는 "이런 드라마가 비현실적이라는 걸 몰라서 보는 게 아니다. 중년 시청자들은 주인공의 처지를 안타까워하면서 한편으론 우리 집은 저렇지 않다는 안도감을 느낀다."라고 했다. 신데렐라와 재벌 2세의 사랑이 젊은 층의 판타지이듯이, 자식을 괴롭히는 악인이 급사하는 식의 황당한 설정을 되풀이하는 〈하늘이시여〉 역시 중년 시청자들의 욕구를 해소하는 나름의 판타지라는 것이다.[23] 『미디어오늘』 2006년 8월 2일자는 "〈하늘이시여〉를 시청자들이 욕하면서 봤다는 사실은 뜯어볼 필요가 있다. 시청자들도 나쁘다는 것을 다

아는 상황에서 비판만 할 것이 아니라 〈하늘이시여〉에 숨겨진 중산층의 뒤틀린 허위의식을 읽어냄으로써 시청자들이 자신의 욕망을 직시하게 만드는 것이 설득력 있다는 것이다."라고 말했다.[24]

외주 제작사가 접수한 드라마 제작 시장

2006년 드라마 제작의 주도권은 완벽하게 외주 제작사로 넘어가 지상파의 자체 제작 드라마는 고사 위기에 빠졌다. KBS의 경우 그해 방송된 월화 미니 시리즈, 수목 드라마, 주말 연속극의 91.8퍼센트가 외주 제작이었고 자체 제작은 8.5퍼센트에 불과했다. 특히 월화 미니 시리즈와 주말 연속극은 100퍼센트 외부에서 만들어졌다. SBS는 더욱 심각했다. 아침 드라마를 제외하고 저녁·밤 시간대에 방송되는 드라마 전부를 외주 제작사에서 만들었다. MBC는 2006년 방송된 14편의 드라마 중 10편이 외주 제작이었다.[25]

이를 반영하듯 드라마 외주 제작사가 급격히 늘었다. 2년 전만 해도 10개 미만이던 것이 2006년에 이르러 40여 개로 늘어났다. 케이블이 앞장섰다. 『조선일보』 2006년 8월 1일자는 "드라마 제작 열기는 온미디어 계열의 OCN이 가장 앞서간다. 이 채널은 〈썸데이〉를 주말 밤 10시에 편성, 〈사랑과 야망〉(SBS), 〈발칙한 여자들〉(MBC) 등 지상파의 주력 드라마와 맞대결할 예정이다."라고 했다.

"OCN은 이미 2년여 전부터 〈동상이몽〉, 〈가족연애사〉, 〈코마〉 등 5부작 안팎의 자체 제작 콘텐츠를 방영해왔다. 반응이 좋았던 〈가족연애사〉는 속편이 제작되고 있는 중. 슈퍼액션에서는 인터넷 만화를 원작으로 한 40부작 〈다세포 소녀〉를 방영할 예정이다. CJ미디어는 새로 개국할 채널 TVN을 통해 16부작 드라마 〈하이에나〉를 10월 중 선보인다. 남성판 〈섹스 앤 더 시티〉를 표방하는 이

● 음반 제작사 디에스피이엔티가 제작하고 소속 가수인 이효리가 주연한 〈세잎클로버〉의 한 장면. 드라마 외주 제작의 붐을 타고 영화 제작사, 음반 제작사 등도 드라마 외주 제작에 뛰어들었다.

드라마는 제작비가 50억 원 가량. CJ미디어는 MBC가 지난 2월 〈늑대〉를 대신해 축소 방영한 〈내 인생의 스페셜〉도 12부작 전편으로 방영할 방침이다."[26]

영화 전문 제작사들도 드라마 제작 시장에 진출했다. SBS 월화 드라마 〈천국보다 낯선〉의 팝콘필름, 〈태풍〉의 진인사필름, 〈가문의 영광〉 시리즈를 만든 태원엔터테인먼트 등이 그런 경우다. 옐로우필름과 올리브나인 등 종합엔터테인먼트사를 표방한 거대 제작사들도 드라마 제작에 투신했다.[27]

『미디어오늘』 2006년 9월 6일자 기사는 "드라마 제작은 지상파 방송사나 드라마 전문 외주 제작사의 전유물이었지만 2002년 음반제작사인 팬엔터테인먼트가 제작한 〈겨울연가〉가 성공하면서 최근에는 음반제작사, 가수 매니지먼트사, 광고사, DVD 제작사들이 속속 드라마 제작을 선언하고 나섰다. 마치 황금을 캐기 위해 광산으로 몰려들던 '황금광 시대'를 보는 것 같다."라고 했다.

"음반 제작과 이효리, 옥주현, SS501 등 가수 매니지먼트를 해오다 드라마 제작에 나선 디에스피이엔티가 대표적이다. 음반 기획 제작사 대성기획이 전신인

디에스피이엔티는 2005년 당시 최고의 인기를 구가하고 있던 자사 소속 가수인 이효리를 내세워 〈세잎클로버〉를 만들었다. 〈마이 걸〉, 〈그 여자〉, 〈사랑도 리 필이 되나요〉 등을 연이어 제작했으며, 지금은 SBS에서 방영되는 〈연개소문〉을 제작하고 있다. 디에스피이엔티는 심지어 〈가족오락관〉, 〈이홍렬 홍은희의 여유만만〉 등 오락 프로그램까지 만들고 있다. 음반 기획사의 대명사인 도레미 미디어도 최근 MBC에서 방영 중인 〈오버 더 레인보우〉를 제작하고 있고, 동방 신기와 신화가 소속된 SM엔터테인먼트도 소속 가수들을 주인공으로 〈버케이 션〉과 〈지구에서 연애 중〉을 제작하고 있다.”[28]

이런 흐름에 대한 우려도 나왔다. MBC의 한 PD는 “작년 음반 제작사인 포이 보스에서 〈슬픈 연가〉를 제작했는데 극 전개와 무관한 음악을 무리하게 대량 집어넣었다.”라며 “결국 드라마 OST를 포함하여 드라마 수출 최고가인 48억 원 에 일본에 팔렸지만, 드라마로서는 혹평을 받았다. 이런 드라마가 전체 한국 드 라마의 질을 떨어뜨리는 일은 경계해야 할 것”이라고 지적했다. 박현정 『드라 마틱』 편집장은 “거대 자본을 바탕으로 한 음반사들의 드라마 제작은 자본 확보 의 이점은 있지만 그들이 과연 드라마의 작품성과 방송의 사회적 책임에 얼마 나 관심이 있을지는 의문”이라며 “이는 ‘드라마를 아느냐 모르느냐’ 하는 문제 로 직결되는데, 앞으로 이들이 외주 제작사로서의 기술적인 노하우는 축적되겠 지만, 지나치게 부가 수익을 고려한 시나리오와 캐스팅으로 일종의 프로젝트화 하다 보면 작품 자체의 매력은 떨어질 것”이라고 했다.[29]

고현정이 출연료 2200만 원 받은 사연

외주 제작사의 거센 도전에 지상파의 반격이 이어졌다. 『미디어오늘』 2006년

8월 9일자는 "새로운 도전일까, 아니면 어쩔 수 없는 선택일까? MBC가 곧 선보일 새 미니 시리즈 〈여우야 뭐하니〉의 주연배우로 캐스팅된 고현정 씨에게 회당 2200만 원의 출연료를 지급하기로 해 주목을 받고 있다."라며 "그동안 외주 제작사가 만든 드라마에서 2000만 원 수준의 출연료를 받은 톱스타들은 있었지만 방송 3사를 통틀어 자체 제작 드라마에 이 정도의 출연료를 책정한 적은 전무후무한 일이다. 외주 제작사에 비해 간접 광고PPL와 협찬이 자유롭지 못한 방송사의 제작 여건상 주연배우 출연료는 톱스타라고 하더라도 700~1200만 원 정도에 묶여 있기 때문이다."라고 보도했다. 한 외주 제작사 대표는 "해외 판매, DVD, 캐릭터 상품 등 드라마와 연계한 시장이 커지는 상황에서 외주 제작사에 주도권을 빼앗기지 않겠다는 의지를 보인 것 아니겠냐."라고 분석했다.[30]

그러나 외주 제작사의 급증으로 지상파 드라마 제작이 영영 사라지는 게 아니냐는 시각도 있다. 가장 큰 문제는 드라마 PD의 지상파 탈출이었다. 외주 제작사의 입김이 세지고 지상파의 자체 제작 드라마가 크게 감소하면서 지상파 드라마 PD의 탈출은 계속됐다. KBS는 2006년 10명의 PD들이 사표를 냈으며, MBC와 SBS 역시 CP급부터 중견 PD까지 잇따라 외주행을 택해 지상파의 드라마 생산은 마비에 이를 만큼 심각한 문제로 떠올랐다. 내부 인력의 지속적인 탈출로 방송사가 드라마 송출소로 전락할 것이라는 비관적인 전망마저 나왔다. 『미디어오늘』 2006년 8월 30일자 기사는 "지상파 드라마 PD의 고민은 내부 제작 역량 약화에 있다. 이들은 드라마의 상당수가 외주 제작으로 채워지고, 재능이 보인다 싶은 PD들은 모두들 외주 제작사로 달려가는 현실에서 제작 역량 약화를 막을 방도는 없다고 말한다."라며 "드라마 PD들은 이런 식의 상황이 반복되다 보니 작품의 '숙성시간' 자체가 줄어들면서 제작 여건 자체가 악화된다고 강조한다. 흥행이나 경제적인 효율성 극대화만 고려해서 드라마를 제작하다 보니, 홍행 코드가 시간이 갈수록 단순화된다는 것이다. 이들은 홍행 코드의 단순화는 결국 드라마 산업의 경쟁력과도 밀접한 연관이 있다는 점에서 대안 마련이 시급하다고 입을 모은다. KBS의 한 PD는 '방송사는 지상파라는 이유로 각종 규제를 받지만, 외주사는 제작비는 제작비대로 챙기고, 간접 광고에 펀딩까지 한다' 면서 '지상파와는 처음부터 동등하지 않은 경쟁을 하고 있다' 고 지적했다."라고 토로했다.

이어 "상황이 이렇다 보니 기존 드라마 PD들도 외부로 나가는 것을 선호한다는 것이다. 무엇보다 드라마 PD들은 이 같은 상황이 대세로 자리 잡을 경우 방송사는 제작 기능은 포기하고 관리 감독만 맡게 될지도 모른다고 우려하고 있다."라고 했다.

"최근 MBC가 출연진(고현정)에 대한 '고액 출연료' 라는 무리수를 감행하면서 자체 드라마 〈여우야 뭐하니〉 제작을 시도하고 있는 것도 이 같은 상황 타개를 위한 성격이 짙다는 게 방송계 안팎의 분석이다. 지상파 입장에서 외주 제작사들이 작가와 PD에 이어 대형 배우들마저 사실상 '독점' 하는 상황을 마냥 두고 볼 수만은 없다는 것이다. MBC 드라마국의 한 간부는 '문제는 정책' 이라면서 '외주사를 육성하기 위해 협찬을 허용해줬던 건데 실제로는 방송사들이 내부 제작을 하지 않으려고 하는 결과로 나타나고 있다' 고 밝혔다. 이 간부는 '방송사도 하나의 프로덕션으로 제작을 해야 하는데 이 같은 비대칭 규제는 문제가 있다' 면서 '이럴 경우 우리는 생존 자체가 불가능하다' 고 강조했다."[31]

드라마 제작의 헤게모니를 두고 불거진 지상파와 외주 제작사의 갈등은 이후 대자본이 투입된 드라마가 시청률 경쟁에서 참패하면서 드라마 저작권 논란으로까지 비화된다.

드라마 펀드 바람과 드라마의 대형화

지상파와 외주 제작사의 드라마 제작을 둘러싼 주도권 싸움이 본격화되면서 드라마 제작 시장은 머니 게임 양상을 보이기 시작했고, 이를 반영하듯 2006년 '드라마 펀드' 바람이 강하게 불었다. 『PD저널』 2006년 10월 18일자 기사는 "최근 외주 드라마 확대에 따라 드라마에 대한 투자가 확대되고 있다."라고 했다.

"우리나라 최초의 방송영상산업전문조합을 운영하고 있는 CJ창립투자는 〈미안하다 사랑한다〉, 〈러브스토리 인 하버드〉, 〈프라하의 연인〉 등 총 11개 드라마에 127억 원(2005년 12월 기준)을 투자했다. 2004년부터 150억 원 규모의 투자조합을 설립해 운용하고 있는 KTB네트워크는 드라마 시장 확대에 따라 내년 하반기에 2호 투자조합을 새롭게 설립할 계획이다. KTB네트워크는 문화관광부 25퍼센트, 일반 법인과 개인 등이 50퍼센트 출자한 'KTB 1호 방송영상투자조합 MCT 제2호'를 운용하고 있으며 〈주몽〉을 비롯해 〈불량주부〉, 〈그린로즈〉, 〈연애시대〉 등에 투자해 수익을 거뒀다. 이뿐만 아니라 튜브인베스트먼트도 방송위원회와 국민연금이 특별조합원으로 참여하는 150억 원 규모의 투자조합을 결성해 투자를 하고 있다. 방송 드라마에 투자하는 사모펀드도 잇따라 생겨나고 있다. 서울자산운용과 김종학프로덕션, 골든브릿지자산운용과 올리브나인은 각각 100억 원 규모의 펀드를 조성했다. 또 마이에셋자산운용과 MBC는 최근 60억 원 규모의 펀드를 조성해 MBC가 중국 엔터테인먼트 회사와 공동 제작하는 한류 드라마에 투입될 예정이다."

외주 제작사 가운데 가장 공격적으로 투자 유치에 나선 곳은 김종학프로덕션이었다. 2005년 9월 굿앤리치자산운용과 각각 100억 원의 펀드를 결성했던 김종학프로덕션은 〈태왕사신기〉의 경우 '태왕사신기 주식회사'를 설립해 투자자들과 함께 〈태왕사신기〉와 관련된 모든 사업을 이곳에서 추진했다. 박창식

● 김종학프로덕션에서 제작한 〈태왕사신기〉는 '태왕사신기 주식회사'에서 드라마와 관련된 모든 사업을 추진했다.

재무이사는 "마케팅과 아이디어 그리고 자본력이 있는 곳이라면 어디든 투자할 수 있도록 열어두고 있다."라며 "이재규, 안판석, 이병훈 PD가 준비 중인 드라마의 경우에도 선투자 개념으로 투자자를 모집할 예정"이라고 했다. 드라마 펀드 바람에 대해 KTB네트워크 김성호 부장은 "드라마가 고마진 비즈니스도 아니고 수익의 폭발성 역시 낮지만 해외시장이 확대되고 있고 부가사업에 따른 수익 증대도 기대된다."라고 했다. 이준근 방송영상산업진흥원 콘텐츠진흥팀장은 "투자조합 운영은 드라마 시장의 변화를 가늠하는 한 축"이라며 "아직까지 시장이 폭발적으로 증가하지 않았지만 케이블이나 뉴미디어 시장 확대에 따라 드라마 수요는 증가할 것으로 보이며 투자 형태로 다변화될 것으로 기대된다."라고 예측했다.[32]

드라마 펀드 바람에 대한 우려도 제기됐다. 투자 유치가 확대될 경우 PPL, OST 등 부가사업에 따른 수익이 보장돼야 하기 때문에 드라마의 상업화가 심화되고 사모펀드의 경우 투자자 유치를 위해 스타 캐스팅에 따른 몸값 상승으로 이어질 가능성도 높다는 것이다. 〈태왕사신기〉의 경우 주연인 배용준의 회당 출연료가 1억 원대로 치솟았다는 소문마저 무성하게 일었는데, 한 외주 제작사 관계자는 "연예인 몸값이 방송사들과 외주사들의 과다 경쟁으로 비정상적으로 형성된 측면이 있다."라고 지적했다.[33]

펀드를 통해 대자본을 끌어들였기 때문일까? 드라마 대형화 경쟁에 불이 붙었다. 김고은은 2007년 10월 "2007년, 드라마가 더 크고 화려해진다."라면서 "방송 3사의 올 하반기부터 2007년도 드라마 라인업을 보면 최근 부쩍 심해진 시청자 이탈과 시청률 가뭄 해소를 위해 부심한 흔적이 역력하다. 방송사들은 병원, 공항 등 특정 공간을 배경으로 하는 전문 드라마로 젊은 시청자들을 끌어들이는 한편, 계속되는 사극 열기로 중장년층 시청자들을 사로잡을 계획이다."라고 했다.[34]

스타 몸값, 한류 거스른다

드라마 제작 시장이 커지면서 스타의 몸값은 계속 뛰어올랐다. 어떤 스타의 출연료가 오르면 라이벌 스타의 출연료도 덩달아 오르는 효과까지 가세하면서 스타의 몸값은 천정부지로 뛰었다. 하지만 톱스타들의 출연료 상승은 지상파뿐만 아니라 외주 제작사들에게도 고스란히 부메랑이 되어 날아왔다. 스타 캐스팅을 위해 '머니 게임'을 벌였던 외주 제작사 역시 출연료 급등으로 캐스팅에 애를 먹어야 했기 때문이다. 심지어 톱스타들이 경쟁적으로 몸값을 올리는 바람에 출연료를 책정하는 것 자체가 어려워졌으며, 감당할 수 없는 비용 때문에 드라마 제작을 위해 합작 투자가 이루어지는 경우도 있었다.

방송사 PD들과 일부 제작사 PD들은 고액 출연료로 상징되는 스타 권력화가 지나친 제작비 부담을 불러와 드라마 제작·판매 시장을 위축시키고 있다고 주장하고 나섰다. SBS 최재영 차장은 "제작사들이 고액의 출연료를 주기로 하고 스타를 캐스팅한 뒤 이 제작비를 메우려고 해외 수출 때 무리한 단가를 매겨 드라마 수출에 악영향을 끼친 사례가 적잖다."라고 말했다. KBS의 전산 PD는 "스

● 이병훈 PD는 스타들의 출연료가 높다고 비판하며 스타의 몸값 상승은 한류에도 나쁜 영향을 미친다고 강조했다.

타들의 존재가 전체 파이를 키우는 데 도움이 되긴 하지만, 권력화하면서 파이 자체가 손상되는 점도 있다."라고 말했다.[35]

KBS 드라마 2팀 PD 이건준은 2007년 1월 "나는 드라마 제작 자원의 가격이 엄청나게 폭등했다고 단언한다. 실제의 가치보다 가격이 훨씬 부풀려져 있다는 말이다. 작가, 감독에게 3000~4000만 원, 주인공 2명에게 4000~5000만 원으로 드라마 1회당 이들 4명에게 돌아가는 몫은 7000~9000만 원이다. 외주 제작사는 코스닥 자본이나 일본 자본을 끌어들여 엄청난 가격에 핵심 제작 자원들을 싹 쓸이해서 드라마를 만든다. 하지만 공중파 방송사가 이들에게 광고 수익 이상의 돈은 줄 수 없다."라며 드라마 제작 비용의 폭등을 부동산 가격의 급등에 비교했다. 부동산에 거품이 잔뜩 인 것처럼 드라마에도 거품이 너무 많다는 게 그의 주장이었다.[36]

〈허준〉, 〈대장금〉 등으로 이른바 생활 사극을 개척한 PD 이병훈은 2007년

2월 『경향신문』과의 인터뷰에서 스타들의 높은 출연료에 대해 쓴소리를 뱉었다. 그는 "대기업 대졸 신입사원 연봉이 2500만 원 정도 아닙니까? 그런데 요즘 배우들은 회당 3000만 원 이상을 요구하는 경우가 허다합니다."라며 다음과 같이 말했다.

"제가 〈대장금〉 찍을 때 이영애 씨에게 회당 1000만 원도 안 줬습니다. 그런데 지금 스타들은 웬만하면 수천만 원대예요. 작년 국정감사에서 고현정 씨 출연료가 회당 2500만 원이었다고 밝혀진 뒤로는 이름 좀 있다 하는 여배우들이 다들 3000만 원을 요구해요. 이혼도 했고 나이도 많고 아이도 있는 고현정 씨보다 자기들이 낫다고 생각하는 거죠. …… 제작비의 80퍼센트가 주요 연기자들의 출연료로 들어갑니다. 그러다 보니 제대로 된 드라마를 만들기가 힘듭니다. 이야기를 풀어나가려면 최소한의 필요 인원이 있는데, 스타들 몸값을 채우다보면 중견 연기자들이 캐스팅에서 제외되고, 연기자 2명으로 30분을 끌고 가는 경우가 생깁니다. 한국에서 50대 이상 연기자들이 어떻게 먹고사는가는 정말 '불가사의'한 일입니다. 비용에 허덕이다 보니 연출자고 작가고 '(극에서) 누굴 죽여야 하나' 고민하게 돼요. 〈주몽〉이 왜 40명 데리고 전쟁신을 찍겠습니까? 다 제작비 때문이에요."

이어 스타들의 높은 출연료가 한류에도 나쁜 영향을 미친다고 강조했다. "작년 가을에 일본 NHK 드라마 부장을 만났는데 '갑자기 수입가가 5~10배 올랐다. 봉이 된 기분'이라면서 한국 드라마 수입을 보류하기로 했다더군요. 태국에서도 '갑자기 2배가 오르면 어떡하냐'고 이야기합니다." 그리고 그는 스타 몸값의 급등과 드라마의 해외 수출을 가로막는 요인으로 방송사와 외주 제작사의 불합리한 하청 구조도 지목했다. "방송사가 적자를 보지 않으려고 편당 제작비를 제한하고, 나머지는 외주 제작사에 알아서 하라는 식"이라면서 "제작사들이 높은 출연료로 적자를 떠안은 상태에서, 이를 수출로 해소해보려고 수출 가격을 크게 올렸다."라는 것이다.[37]

미드 열풍과 한국 드라마의 위기

중장년층의 지상파 장악이 강고해지는 가운데, 그간 마니아들을 중심으로 세력을 확장했던 미드는 마침내 2007년 들어 젊은 층을 집어삼켰다. 『경향신문』 2007년 3월 2일자 기사는 "최근 동남아를 휩쓸던 한류가 주춤하는 사이 이 땅에서 '미드 폐인'이라는 신조어가 생겨났다."라며 "국내 드라마들의 급성장으로 한동안 주춤했던 미국산 수입 드라마가 케이블을 중심으로 큰 인기를 얻고 있다. 그 인기 뒤에는 한국산 드라마에 대한 시청자들의 식상함도 한몫한다. 한국 드라마가 뻔한 스토리, 뻔한 연기를 반복하면서 그 빛을 잃어가는 사이, 철저한 기획과 든든한 자본력을 바탕으로 한 미국산 드라마가 이 땅에 하나둘 폐인들을 늘려온 것이다."라고 했다.[38]

미드의 인기를 이끈 것은 온라인이었다. 미드는 이른바 미드족을 중심으로

한 온라인 버즈로 인기몰이를 했다. 2007년 현재 10개 동호회 30만 명 이상으로 추산되는 온라인 동호회 회원들이 활동하는 것으로 알려졌다. CSI클럽의 한 회원은 "어느 미국 드라마가 인기를 얻을지를 판단하는 능력은 편성을 고민하는 방송사보다 동호회 회원들이 앞설 것"이라고 말했다.[39] 미드에 대한 젊은 층의 충성은 케이블 방송사까지 움직이는 위력을 보였다. 케이블 채널들은 한 프로그램만 집중 소개하는 'CSI 데이', '24 데이', '프리즌 브레이크 완전 정복' 같은 특집 방송을 만들었는데, 이게 다 미드 사랑에 푹 빠진 젊은 층을 겨냥한 것이었다. 24시간 동안 단일 시리즈를 편성하는 이른바 각종 '○○데이'는 일면 무모해보이지만 '족'들이 있어 결국에는 '남는' 편성이라는 판단 때문이었다. 케이블 복수채널사업자인 온미디어의 한 관계자는 "24시간 동안 특정 시리즈를 잇달아 편성하는 것은 이를 안 보는 시청자를 완전히 '포기'하는 편성으로 보일 수 있지만 채널 타깃이 확고한 만큼 결과적으로 가장 많은 시청자를 확보하는 길"이라고 말했다. 이 관계자는 "'미국 드라마와 패션 생활 정보에 민감한 30대 이상 여성을 위한 채널' 등 특정 '족'을 겨냥한 편성이 효과적이라는 진단에 따른 것"이라고 설명했다.[40]

● 한국 드라마의 뻔한 스토리에 질린 젊은 시청자들이 미국 드라마에 눈을 돌림으로써 '미드 열풍'이 불기 시작했다.

2007년 실시된 한 설문조사에 따르면, 스스로 '미드 폐인'이라 털어놓은 응답자는 무려 34.6퍼센트에 달했다. 드라마 한 편을 우연히 본 것이 아니라 보통 20편이 넘는 한 시즌 전편을 두 차례 이상 본 경우도 44.5퍼센트에 달한 것으로 나타나 상당수의 시청자가 미드를 정기적으로 보는 것으로 추정됐다.[41] 짧아진 홀드백은 이를 더욱 부채질했다. 홀드백은 지상파 방송 이후 케이블 방송까지 걸리는 시간 혹은 미국 방송 이후 국내 방송 혹은 인터넷 파일로 시청하는 데 걸리는 시간을 뜻하는 말이다. 홀드백이 짧아지면서 '얼리어답터' 성향이 강한 젊은 층들은 거의 실시간으로 미드를 소비하고 있었으며, 이는 젊은 층의 라이프스타일에까지 영향을 미치고 있었다. CJ미디어 관계자는 "지금의 미드는 시청자들에게 거의 미국 방송 시점과 비슷한 시기에 전달되고 있다. 드라마가 담고 있는 의미와, 예를 들어 출연자들이 입는 옷 스타일을 비롯해 각종 미국 트렌드 등 여러 '정보'가 과거와는 비교도 할 수 없는 속도로 대중 속으로 파고든다."라고 말했다.[42]

김영찬 교수는 "세대별로 선택하는 미디어 플랫폼이 다르기 때문에 홀드백을 지금의 보편적인 미드 열풍을 설명하는 일반적인 요인으로 규정하기 힘들다."라며 "무엇보다 미드 열풍은 고품격 드라마에 대한 우리 시청자들의 욕구로 바라봐야 한다."라고 설명했다.[43]

『동아일보』 논설위원 정성희는 "'당신은 신세대인가, 구세대인가'를 가르는 최신 버전의 퀴즈 하나. '스리 잭Three Jack'을 아는가? 모른다면 당신은 신세대가 아니다. 3명의 '잭'은 국내 케이블TV를 통해 방영돼 인기를 얻은 미국 드라마 〈24〉의 대테러요원 잭 바워, 〈앨리어스〉의 이중스파이 잭 브리스토, 한국 배우 김윤진도 출연해 화제를 모은 〈로스트〉의 외과의사 잭 셰퍼드 등 3명의 남자 주인공 이름이다."라고 했다.

"'의학 드라마는 병원에서 연애하고, 기업 드라마는 회사에서 연애하고, 사극 드라마는 삼국, 고려, 조선에서 연애한다.' 천편일률적인 한국 드라마를 조롱하는 말이다. 불륜과 삼각관계, 출생의 비밀, 사고와 기억상실, 고부 갈등, 신분 상승과 이를 둘러싼 암투……. 이런 구태의연한 소재와 플롯으로는 새로운 것에 목말라하는 시청자들을 더 붙잡아 둘 수 없다. 미드 열풍은 한국 드라마의 위기를 웅변한다."[44]

국민 드라마는 약육강식의 결과물

매체 환경의 변화와 젊은 층 시청자의 이탈로 이른바 '국민 드라마'가 나오기 어려운 환경 속에서 MBC의 〈주몽〉은 2007년 1월 30일 시청률 50.3퍼센트(TNS 미디어코리아)를 기록하는 이른바 '기적'을 만들어냈다.[45] 특히 9개월의 방송기간 동안 33주 연속 전체 시청률 1위라는 대기록을 세웠다.[46]

〈주몽〉은 드라마 속 주인공 '주몽' 만큼이나 MBC에겐 믿음직한 '영웅'이었다. 하지만 바로 그런 이유 때문에 〈주몽〉이 방송된 2006년 5월부터 2007년 3월까지 타 방송사의 월화 드라마에겐 공포의 대상이자 악몽이었다. 백약이 무효였기에 타 방송사들은 오로지 〈주몽〉이 끝나기만을 기다려야 했다. 하지만 그 기간이 너무 길었다. 문화평론가 강명석의 말마따나 "월드컵 뒤엔 사그라들 줄 알았"고 "서늘해지면 좋아질 줄 알았"고 "겨울이면 끝나겠지 했"지만 '연장 방영'으로 해를 넘기면서 〈주몽〉 열풍이 이어졌기 때문이다.[47] 그래서 〈주몽〉과 맞붙어 살아남은 드라마가 없을 정도로 수많은 월화 드라마가 자신의 존재도 제대로 알리지 못한 채 사라져야 했다.

윤석진 교수는 "평균 시청률 40퍼센트대, 최고 시청률 50퍼센트를 넘기면서 고구려를 중국에 복속시키려는 중국의 동북공정에 맞서 한민족의 자긍심을 고취시키고 문화적인 대응 가능성을 보여준 〈주몽〉이 '국민 드라마'의 반열에 오른 것은 지극히 자연스런 일이다."라면서도 다음과 같이 따끔한 일침을 가했다.

"그러나 국민 통합 기제로서 '국민 드라마'가 마냥 바람직한 것만은 아니다. '국민 드라마'는 약육강식의 결과물로서 'TV 드라마의 독과점'의 또 다른 표현이기 때문이다. TV 드라마의 독과점은 국민의 절반 이상이 서로 다른 곳에서 같은 드라마를 보고 비슷한 생각을 하게 만드는 부작용을 가져오기도 한다. '국민 드라마' 한 편 때문에 '많은' 작가들이 창조한 '각양각색'의 등장인물들을 '여러' 배우가 연기하면서 만들어낸 '다양한' 이야기가 제대로 평가받지 못한 채 사라지는 안타까운 상황은 분명 '국민 드라마'의 어두운 이면이다. 따라서 자신의 취향보다 많은 사람들이 즐기는 드라마를 관습적으로 시청하는 것은 아닌지 우리 모두 되돌아볼 필요가 있다. 물론 전체주의적인 성향만으로 '국민 드라마'가 탄생하는 것은 아니다. 내용이나 형식적인 측면에서 의미가 없고 완성도가 떨어진다면, 시청자의 선택을 받기 어렵다. 그럼에도 불구하고 시청률 50퍼센트라는 괴물 같은 수치는 드라마 내적인 요소보다 많은 사람들이 시청하는 드라마를 봐야 할 것 같은 우리의 전체주의적 성향에 기인하는 바가 크다."

이어 시시각각으로 올라오는 인터넷 포털 사이트의 드라마 관련 보도가 '국민 드라마' 탄생과 한국인의 '쏠림' 문화를 더욱 부추긴다면서 TV 드라마에 대한 그런 보도 관행이 수많은 드라마에 대한 올바른 평가를 방해한다고 진단했다.

"이른 아침부터 늦은 밤까지 하루 종일, 월요일부터 일요일까지 일주일 내내 방송되는 드라마를 보면서 '드라마 공화국'이라 비판하기도 하지만, 이것은 뒤집어 생각하면 우리나라 사람들이 그만큼 드라마를 좋아한다는 반증이기도 하다. …… 이런 상황에서 전체 방송 프로그램 가운데 드라마의 편성 비율이 높은 것을 비판하기보다, 그 많은 드라마를 제대로 즐길 수 있도록 시청자의 의식을 고양시키는 것이 필요하다. 수많은 시청자가 각양각색의 드라마를 자신의 취향에 따라 다양하게 즐길 수 있는 풍토를 조성하기 위해서 TV 드라마, 특히 '국민 드라마'에 대한 인식의 전환이 필요한 시점이다."[48]

가족 해체에 나선 홈드라마

앞서 말했듯, 외주 제작사의 급증에 따라 스타 몸값 급등은 껑충 뛰어올랐고 이는 드라마 속 '가족 해체'로 나타났다. 그런 경향은 더욱 강화돼 2007년엔 그간 주로 월화 드라마나 미니 시리즈 등의 전유물이었던 '가족 해체'가 홈드라마에서도 나타났다. 한국여성민우회 미디어운동본부 모니터분과가 2007년 5월 발표한 모니터 보고서에 따르면, 과거 대가족이 등장했던 일일 연속극에 핵가족, 대가족, 단독가구 등 다양한 형태의 가족이 등장한 것으로 나타났다. 물론 여전히 큰 틀에선 대가족의 모습이 유지되었지만 50대 이상의 여성이 주 시청층인 일일 드라마에서조차 기존의 전통적인 대가족 모델은 찾아보기 어렵게 되었다. 대신 '재혼', '입양', '한 부모', '독신' 등 매우 다양한 가족 형태가 나타났다. 이 단체는 가족 형태의 변화로 가족 구성이 드라마의 갈등 구조에 결정적 역할을 하던 기존 관행이 깨지고 있다면서 특히 한 부모 가족이 두 부모 가족보다 상대적으로 열등하다거나 혈연 가족이 입양 가족에 비해 우월하다는 메시지가 거의 사라진 것은 주목할 만한 점이라고 했다.

가족이 거세된 드라마가 양적으로 크게 늘면서 드라마의 가족 해체가 건강한 가족상을 위협하고 있다는 비판도 제기되었다. 드라마가 이른바 한 부모 가족인 독신 가구 형태를 일반화하면서 한국 사회의 건강한 가족 담론을 위협한다는 게 비판의 골자였다. 이에 한국여성민우회 미디어운동본부 소장 강혜란은 "우리 사회에 뿌리내리고 있는 '정상 가족'에 대한 이데올로기는 강력하고 공고하다. 그런 측면에서 가족에 대한 미디어의 접근이 획일화된 틀을 벗어나 좀 더 다양한 방향으로 진화하고 있는 것은 의미 있는 진전으로 보인다."라면서 드라마 속 가족 해체가 변화하는 가족상을 반영한 것이라고 옹호하고 나섰다.

"특정한 가족 형태만을 '정상 가족'이라고 규정하며, 그 외의 모든 가족들을 비정상의 범주로 귀속시켜버리는 차별적 관행은 참으로 오랫동안 지속돼왔다. 이미 우리 사회의 가족은 결혼을 필수로 이해하지 않는 비혼, 결혼 이후에도 자녀를 가지지 않는 부부의 증가 등 기존의 전통적인 가족 형태를 벗어나 다양한 형태로 변화하고 있다. 내용적으로도 이혼율이 높아짐에 따라 재혼이 결혼하는 네 쌍 중 한 쌍에 이르며, 외국인과 결혼하는 추세도 급격히 늘어나고 있다고 한다. 그럼에도 불구하고 '가족'이라는 단어에 획일적이고 규격화된 이미지만을 떠올리는 우리들은 어쩌면 또 다른 차별의 방관자들인지도 모른다. 심지어 어떤 이들은 이러한 현실을 외면하고 드라마 속에 변화하는 가족을 또 다른 사회적 위협으로 해석하기도 한다. 제작비의 수직 상승에 따른 불가피한 출연료 조정이 한 부모 가족의 형태를 일반화시키고 있고, 이것이 우리 사회의 건강한 가족 담론을 위협한다고 해석하는 것이다. 제작비의 상승이 이런 가족을 등장시키는 데 촉매제로 작용할 수는 있겠지만 이를 위협적인 요소로 바라보는 것은 변화하는 다양한 가족의 모습을 외면한 결과일 뿐 아니라 해당 가족의 형태를 사회적으로 배타시하는 차별적 사고의 결과물이다. 과연 누가 한 부모라는 단어에 담겨진 수많은 맥락과 배경을 단순하게 설명할 수 있을까? 모든 것은 변화한다. 가족도 특정한 형태에 영원히 머물 순 없다. 좀 더 수평적으로 좀 더 개방적으로 가족에 대한 담론이 진화해가길 희망한다. 또 그러한 사회 변화에 역행하지 않는 미디어 나름의 역할을 기대한다."[49]

　한국여성민우회 미디어운동본부 모니터분과는 9월 발표한 〈며느리전성시대〉(KBS2), 〈깍두기〉(MBC), 〈황금신부〉(SBS) 등 지상파 방송사의 주말 드라마 속에 나타난 가족 형태와 가족 관계에 대한 모니터링 보고서 「여전히 '가족'이라는 덫에 갇힌 여성들」에서 대가족 형태가 여전히 주말 드라마의 중심이었지만, 과거 주말 드라마에 비해 핵가족 형태가 많이 늘었고 결혼 후 분가한 1세대 가족도 늘어나는 변화를 보이고 있다고 했다. 이어 이 보고서는 재혼 가족, 싱글 가족 등 현실 추세를 반영한 가족 형태도 등장했으며, 여전히 직계 혈연 중심이 대부분이어서 가족 구성원의 다양성이 넓게 드러나지 않는 점은 아쉬움이지만 다양한 가족 형태를 제시하고 있다고 긍정적으로 평가했다.

대작 드라마의 실패와 불거지는 드라마 산업 거품론

MBC의 〈주몽〉은 상업적으로 잘 만든 드라마 한 편이 얼마나 수익을 창출할 수 있는지 확실하게 보여줬다. 〈주몽〉은 9개월 동안 모두 450억 원 정도의 매출을 기록한 것으로 추정됐으며 일본과 대만, 홍콩, 필리핀, 베트남, 말레이시아, 싱가포르, 태국 등 8개 나라에 수출됐다. 또 세트 제작에 따른 경제적 효과나 지자체의 관광객 수입 등을 고려하면 〈주몽〉이 거둔 경제적 효과는 1000억 원대를 넘을 것으로 예상됐다.[50] 대중문화 평론가 강명석은 〈주몽〉은 "한국 드라마 산업의 또 다른 질적 변화"라고 평했다.[51]

　〈주몽〉의 엄청난 성공은 대작 드라마 제작 경쟁의 연료가 됐다. 2007년 드라마 업계 최대 화두는 단연 '대작 드라마'였다. 방송가엔 대박을 터뜨릴 만한 킬러 콘텐츠를 갈망하는 분위기가 고조됐고 〈히트〉, 〈에어시티〉, 〈엔젤〉, 〈카인

● 〈주몽〉의 엄청난 성공은 대작 드라마 제작 경쟁을 불러왔지만 대부분 실패하면서 드라마 산업 거품론까지 불러일으켰다.

과 아벨〉 등 막대한 비용이 투여된 드라마가 경쟁하듯 제작에 시동을 걸었다. 보통 미니 시리즈 회당 제작비가 1억 2000만 원 수준이었던 비해 이 드라마들은 3~4억 원을 넘어섰을 만큼 대단히 파격적이었다. 대작 드라마였기 때문이었을 까? 이들 역시 스타 파워를 내세워 선투자 금융 기법으로 대규모의 제작비를 조달하고, 방영에 앞서 대규모 홍보 행사로 바람몰이를 했다. 이른바 규모의 경제에 기초한 할리우드 제작·판매 방식과 비슷했다.[52]

하지만 대작 드라마들의 성적은 약속이나 한 듯 신통치 않았다. 특히 톱스타들이 주인공으로 출연한 드라마들의 경우 애초 기대에 못 미치거나 바닥을 칠 정도로 형편없는 시청률을 기록했다. 스타의 상품성에만 기댄 까닭이었을까? 대작 드라마의 파행적 제작도 논란거리가 됐다. 예컨대 2007년 5월 SBS에서 방송된 2부작 〈사랑한다면 이들처럼〉에는 모두 37억 원이 투입됐다. 이는 회당 제작비가 7000~8000만 원에 불과한 지상파에서는 엄두도 못 내는 액수였는데, 외주 제작사는 톱스타 이효리와 현대자동차를 주연으로 삼아 홍보와 제작비 문제를 해결하고자 했다. 이 때문에 각종 간접 광고가 화면을 가득 채웠는데, 시청자 게시판에는 '드라마가 아닌 두 시간짜리 CF'라는 혹평마저 쏟아졌다.

대작 드라마의 연이은 실패는 드라마 산업 거품론까지 불러일으켰다. 2007년 5월 KBS 드라마 PD 정성효는 "지금까지 드라마 제작업계의 분위기는 시장의 파이를 키워야 한다는 명목으로 대작 드라마 제작을 부추겨왔다. 그러나 규모와 수익 늘리기에 집착하다가 잔뜩 기대만 높여 놓고 일거에 시장을 무너뜨리는 거품 형국에 이르지 않을까 걱정이다."라고 했다.

"제작비의 상당 부분을 차지하는 스타급 연기자의 출연료만 보아도 급격한 거품이라는 우려를 지울 수가 없다. 2000년 연기자들이 받는 회당 최고 출연료는 200~300만 원 수준이었지만 2006년에는 5000만 원, 올해는 1억 원의 출연료를 받는 연기자가 있다는 소문이다. 이처럼 부풀려진 드라마 제작비 때문에 앞으로 드라마 판은 투기 자본과 시장의 교란으로 몸살을 앓을 것이다. 가장 걱정되는 점은 자칫 대박 콘텐츠에 대한 기대가 콘텐츠 산업 전체의 위기를 가져올 수 있다는 점이다. 스타와 규모에만 의존하고 새로운 드라마의 기획과 투자에는 인색하다면 제작비가 상승해도 드라마의 완성도와 제작 환경은 개선되지 않는다. 드라마의 실패가 예견됐음에도 또다시 스타에 의존해 시청률을 올리려 하는 악순환 구조가 거듭되고 있다. 이러다가 시청자들이 드라마 자체를 외면하지 않을까 하는 생각이 나만의 지나친 걱정이었으면, 기우로 끝났으면 하는 바람이다."[53]

이 걱정은 기우가 아니었다. 드라마 산업의 위기를 알리는 적신호가 곳곳에서 켜졌기 때문이다. 우선 해외 수출액이 크게 줄었다. 한국방송영상산업진흥원에 따르면, 2005년 1억 162만 달러까지 치솟은 수출액은 이듬해 8589만 1000달러로 줄었다. 2000년대 접어들어 드라마 수출액이 감소하기는 이게 처음이었다. 국내 시청률 감소는 또 다른 악재였다. 시청률 조사 전문기관 AGB닐슨미디어리서치에 따르면, 2007년 상반기를 기준으로 2004~2005년만 해도 평균 시청률 20퍼센트를 넘긴 드라마가 11편에 달했지만, 2006년에는 6편, 그다음 해에는 7편으로 대폭 감소한 것으로 나타났다.[54]

배용준의, 배용준에 의한, 배용준을 위한 〈태왕사신기〉

2007년 최대의 화제작은 〈태왕사신기〉였다. 제작비 430여억 원이 투입됐고 제작 기간만 3년이 걸렸기 때문이 아니었다. 김종학·송지나 콤비의 작품이라는 이유도 있었겠지만 꼭 그것만도 아니었다. 시들기 시작한 한류 열풍을 되살리는 막중한 임무를 부여받았기 때문이다. 『경향신문』 2007년 9월 13일자 기사는 "방송영상산업계에서는 이 작품이 히트하면 후속 드라마에 대한 투자·제작이 활발해지고, 실패하면 국내 드라마 시장이 냉각돼 한류가 쇠락할 것이란 전망을 내놓고 있다."라고 했다.

"30년 연출 경력의 김종학 감독이 제작비 430억 원을 투자받아 만든 수출용 대작인 데다 한류의 대표주자 배용준이 주연배우로 승부를 건 작품이기 때문이다. 이 드라마는 기획은 한류의 전성기인 3년 전에 이뤄진 반면 방영은 한류의 내리막길에 이뤄져 묘한 운명에 처해 있다. 일단 드라마에 대한 기대감으로 방영 직전까지 배용준이 대주주인 코스닥의 키이스트는 50퍼센트 이상, 김종학프로덕션이 우회 상장할 예정인 퓨어나노텍은 12배 이상 주가 차익을 거뒀다. 작품에 대한 호기심으로 시청률도 20퍼센트 이상 높게 나타났다. 히트 여부에 따라 현재 아시아권에 국한된 수출 선계약도 다른 시장으로 넓혀질 공산이 크다는 전

● 제작비 430여억 원이 투입된 〈태왕사신기〉는 '배용준의 상품성'이 없었다면 불가능한 일이었다.

망이다."[55]

김종학도 결연한 자세를 보였다. 그는 "기존 드라마들과 차원이 다른 컴퓨터 그래픽이 화제다. 집착이라는 느낌이 들 정도인데……"라는 질문을 받고 "이 드라마는 외국에도 많이 수출해야 한다. 우리 역사를 모르는 외국인들의 접근성을 높이기 위해서는 어쩔 수 없는 선택이었다. 〈반지의 제왕〉, 〈해리포터〉의 전 세계적 성공도 눈부신 비주얼의 힘 아니었나? 컴퓨터 그래픽으로 드라마의 깊이를 만들고 있다."라고 했다.[56]

〈태왕사신기〉는 배용준이 중심인 드라마였다. 광개토대왕 역에 배용준이 캐스팅된 것 역시 한류와 떼놓을 수 없었다. 제작진은 이를 극구 부인했지만 '배용준의 상품성'에 크게 의존한 것만은 사실이었다. 기획 자체가 '일본'이라는 해외 시장을 염두에 두고 시작됐기 때문이다.[57]

이문혁은 "제작비 등 기존의 모든 숫자에 '0'을 하나 더 붙여놓은 〈태왕사신기〉라는 프로젝트를 가능하게 한 많은 이들이 있겠지만, 그 중심에 배용준이 있다는 것은 부인하기 힘들다. 〈겨울연가〉라는 쥬신의 별 아래서 일본의 많은 이들을 더불어 행복하게 했던 '욘사마'가, 〈태왕사신기〉를 통해 다시 한 번 쥬신의 왕으로 부활하기를 마음먹지 않았다면, 기존 제작비의 10배가 넘는 이 대작은 하늘 아래 태어나기 힘들었다. 과장하면 배용준의, 배용준을 위한, 배용준에 의한 드라마, 혹은 '주문형 한류 맞춤 상품'이 〈태왕사신기〉였"다면서 다음과 같이 말했다.

"돈을 벌기 위한 상품으로 기획되고 태어난 것이 드라마 〈태왕사신기〉다. 오해하지는 마시길. 배용준이 없이, 또한 배용준을 사랑하고 그를 위해서라면 홈시어터도 아낌없이 장만하겠다는 구매력 높은 '욘사마'의 팬들이 없이, 이런 엄청난 프로젝트가 반복되기는 힘들다는 현실을 말하는 거다. 투자란 기본적으로 돈 놓고 돈 먹기이다. 최고의 시청률보다는 최고의 수익률이 더 우선일 수밖에 없이 기획된 거대한 프로젝트가 〈태왕사신기〉다. 그래서 드라마 속 태왕의 캐릭터와 '욘사마'의 이미지가 부딪힌다면 주저 없이 후자를 선택해야 하며, 고증에 철저한 세트보다는 테마파크로 만들어 유료화할 수 있는 공원을 만드는 것이 더 우선일 수밖에 없고, 그래야 하는 것이 〈태왕사신기〉 프로젝트가 발을 딛고 선 현실이란 얘기다. 반복 불가능한 전례랄까? 휘둥그런 볼거리가 가끔은 헛배를 부르게 하는 느낌도 드라마라는 장르로서의 '집중력'을 가끔 건드리는 드라마 외적인 어떤 것들 때문은 아닐까 하는 것은 괜한 질투심 때문이 아니라, 애정에서 비롯된 아쉬움이다."[58]

『한국일보』 2007년 12월 7일자는 "〈태왕사신기〉에서 배용준이 차지한 비중은 절대적이었다면서 배용준이 없었다면 500억 원의 제작비가 만든 효력이 크게 떨어졌을 게 분명하다"라고 지적했다. 〈태왕사신기〉의 투자 및 배급을 맡은 SSD 김의준 대표는 "배용준의 힘으로 이런 대작이 탄생했다고 볼 수 있다."라며 "'배용준 없는 태왕사신기'를 만들어 나가야 하는 것이 우리가 풀어야 할 숙제"라고 말했다.[59]

바보야, 문제는 스토리텔링이야

대자본 투입을 통해 미드에 뺏긴 젊은 층을 되찾아오겠다는 의지로 한국 드라마는 대대적인 반격에 나섰지만 그 결과는 신통치 않았다. 예컨대 SBS 〈로비스트〉와 MBC 〈태왕사신기〉는 수백억 원의 제작비가 투입된 대작 드라마였지만, 시청률이 나오기 좋은 '공식'대로 획일화되었다는 비판을 들어야 했다. 각종 인터넷 게시판에는 "아무리 드라마라지만 황당한 스토리에 질렸다."라는 등 시청자들의 혹평이 빗발쳤다.

『한국일보』 2007년 11월 6일자 기사는 "적극적인 자본 유치를 통해 수백억 원의 제작비를 투입하고, 수출을 위해 지명도가 높은 스타를 캐스팅하며, 영화와 같은 비주얼 효과를 노린 최첨단 컴퓨터 그래픽을 적용해 눈높이가 올라간 시청자의 구미에 잘 맞추고 있다는 평가다. 하지만 이 두 드라마는 똑같은 허점을 내비치고 있다. 이로 인해 어쩌면 손쉽게 달성할 수 있었을 '시청률 30%'가 버거워진 것이다. 허점은 다름 아닌 '스토리'에 있다."라고 했다.

"첫 방송을 며칠 남기고 〈태왕사신기〉의 1회 시사회가 진행된 9월 초 MBC 경영본부 회의실에선 '방송 담당 기자들이 보기에도 스토리가 난해하다고 한다'는 비판이 쏟아졌다. 24부에 걸쳐 담긴 주인공의 캐릭터와 배경지식을 짧게 함축하는 1회이기 때문에 이해할 만하지만, 영화가 아닌 공중파 방송의 드라마치고는 그 난해함의 정도가 심하다는 말이 이어졌다. 성서와 단군신화가 섞인 천지창조, 그리고 네 개 신물의 행방과 이에 얽힌 화천회의 음모 등, 마치 익숙하지 않은 롤플레잉 게임을 앞에 둔 것처럼 복잡했다. 이때만 해도 영화 〈반지의 제왕〉 팀이 참여(작업 초반에 국한)한 CG와 배용준의 스타성이 〈태왕사신기〉의 승승장구를 우려하는 모든 의심을 덮어두기에 충분했다. 그러나 15부를 넘긴 지금 〈태왕사신기〉는 무겁고 다양한 이야기를 끌고 가느라 스토리가 복잡해지면서 느려졌다. 시사회 때의 걱정대로였다."

이어 〈태왕사신기〉가 스토리의 과잉 때문에 비판을 받는 반면 〈로비스트〉의 문제는 빈약한 스토리에 있다고 했다.

"〈로비스트〉의 문제는 더 심각하다. 스토리가 넘쳐서 골치인 〈태왕사신기〉와 달리, 이 드라마에는 스토리가 너무 부족하다. 주인공 해리(송일국 분)와 마리아(장진영 분)는 불과 몇 회 만에 마피아의 보스 자리에 오르고 어느새 로비스트가 되는 등 빠르게 신분 변화를 겪는다. 그리고 10회 만에 이들은 키르기스스탄서 무기를 팔며 총격전을 벌인다. 볼거리는 화려하지만 시청자는 '전문적인 군사훈련도 받지 않은 이들이 어떻게 능숙하게 적을 죽일까'라는 기초적인 질문을 늘어놓는다. 어떤 과정으로 로비스트가 되며, 로비스트는 무슨 교육을 받는지 등 배경지식이 삭제된 볼거리의 행렬에 시청자는 물음표를 던지기에 바쁠 뿐이다. 군 장성이 간첩 신고를 조작하며 언론과 검찰을 완벽하게 통제하는 작위적인 내용 전개, 에바의 최후 장면을 뒷받침할 스토리가 부족해서 시청자는 당혹스럽다."[60]

이에 『경향신문』 2007년 11월 6일자 기사는 "지상파 방송이 지나치게 상업화되면서 드라마의 예술적 특성을 배제하고 시장에서의 산업적 특성에만 치중한 결과다."라고 분석했다.

"대작 드라마들이 '속 빈 강정'이 되는 이유는 지상파 방송의 급속한 상업화와 맞닿아 있다. 거대 자본을 바탕으로 한 외주 제작사들이 드라마 제작에 뛰어들면서 시청률이 나오지 않으면 살아남을 수 없는 무한경쟁 시스템이 자리 잡았다. 이런 구조 속에서 드라마의 시청률 외적인 요소는 모두 무시되고 있는 셈이다. 완성도도 떨어지는 대작 드라마들은 결국 이런 시스템의 부작용이라는 평가가 나온다. …… 작가 시스템 역시 획일화하고 있다. 몇몇 거대 외주 제작사들이 스타 작가들을 독식하고 비슷한 대본들을 양산하고 있다는 지적이다."[61]

수출할 수 없는 드라마는 만들지 않겠다

미드 열풍과 이에 따른 위기감을 반영하듯, 한국 드라마는 미드의 흥행 코드를 차용하고 해외 시청자를 고려한 마케팅에도 적극 나섰다. 『한국일보』 2007년 11월 1일자 기사는 "'최선의 방어는 공격'이라는 믿음이 미드 범람의 위기에 몰린 국내 드라마 업계에도 널리 퍼진 것일까. 천편일률적인 스토리와 멜로 그리고 스타 연예인에 의존해 국내에서 경쟁하기 급급했던 드라마 제작자들이 요즘 들어 달라졌다."라고 했다.

"미드 열풍이 수동적이며 방어에 급급하던 국내 드라마 업계에 신선한 자극을 주고 있는 것이다. 드라마 업계에서는 해외 수출을 필수 사항으로 받아들인다. 그래서 최소한의 흥행을 보장하는 '한국적인 정서'도 더 이상 고집하지 않고 있다. 〈주몽〉을 제작한 초록뱀의 김기범 대표는 '〈주몽〉을 통해 역사적 자부심을 고취시켰고 40퍼센트가 넘는 시청률을 달성하는 성과가 있었지만 동북공정 문제로 중국에 정식 수출할 길이 없었다'며 '앞으로는 수출할 수 없는 드라마는 만들지 않겠다'고 못 박았다."

그런 흐름을 반영한 것이었을까?『한겨레』2008년 1월 3일자 기사는 "드라마 외주 제작사들은 올해 지상파 방송에 비중을 두면서 케이블과 국외시장 개척에도 적극 나설 예정이다."라고 했다.

"지난해 〈주몽〉, 〈로비스트〉를 만든 초록뱀미디어는 올해 〈일지매〉(SBS), 〈에덴의 동쪽〉(MBC), 〈바람의 나라〉(KBS) 등 지상파 3사의 대작을 모두 제작한다. 기대에 못 미친 〈로비스트〉의 부진을 이들 드라마로 만회할 계획이다. 케이블 쪽은 관계사 젤리박스를 통해 〈메디컬 기방 영화관〉처럼 시청자 눈높이를 맞춘 드라마로 시청률 견인에 나선다. …… 〈황금신부〉, 〈왕과 나〉를 제작하는 올리브나인은 만화와 영화로 잘 알려진 〈타짜〉와 조선시대 자객에 관한 퓨전 사극인 〈필살〉(가제)을 준비 중이다. 국내 드라마는 완성도 높은 저예산 드라마와 장편 연속극 위주로 만드는 한편 아시아 시장을 겨냥한 프로젝트도 구상하고 있다. 〈히트〉, 〈태왕사신기〉 등으로 2007년을 바쁘게 보낸 김종학프로덕션 역시 아시아 투자사나 제작사들과 손을 잡고 드라마 합작 등 작업 방식의 변화를 꾀하고 있다. 〈궁 에스〉를 만든 그룹에이트는 지난해 8월, 일본 최대의 엔터테인먼트 그룹이자 광고대행사인 덴츠와 TV 드라마 및 영화 제작에 관한 양해각서를 체결해 제작 기반을 넓히기도 했다."[62]

하지만 미드 따라하기가 한국 드라마가 살아남을 수 있는 비책은 아니라는 주장도 있었다. CJ미디어 관계자는 "제리 브룩하이머와 같은 블록버스터 영화 제작자가 편당 30억 원의 돈을 쏟아부어 만드는 〈CSI〉 시리즈와 국산 드라마가 경쟁을 벌이는 것은 어려운 일"이라고 했다. 미드 열풍 덕분에 드라마 업계는 활기를 찾고 새로운 시도를 하고 있지만 우리 드라마의 고질병인 '소재 빈곤'과 '스토리의 부실'을 해결하지 않고선 미드의 강풍에 쓰러질 수밖에 없다면서 한국 드라마의 경쟁력 강화엔 콘텐츠의 변화가 핵심이라는 지적도 나왔다. MBC 드라마국 노도철 PD는 "그동안 반복된 틀에 박힌 남녀 주인공의 애정 구도나 무분별한 스타 캐스팅은 드라마 산업의 발전을 저해했다."라며 "한국도 미국 드라마처럼 스타 캐스팅보다는 참신한 스토리와 그에 걸맞는 투자로 시청자를 모으고, 시즌제 등을 통해 시간이 지날수록 작품의 영향력이 커지는 구조를 정착시켜야 할 것"이라고 말했다.[63]

한 드라마 PD는 "미드를 보며 시청자의 눈높이는 높아졌지만, 현재 우리 제작 여건에서 미드와 같은 완성도를 요구하는 것은 무리입니다. 자본도 능력도 시장도 없기 때문입니다. 미드가 제작에 있어서 자극은 되지만 솔직한 마음으로는 막아야 할 대상이라고 봅니다."라고 푸념했다. 미드의 자극으로 드라마의 질이 높아지고 수출길이 넓어지는 점은 긍정적이지만 미드 열풍이 드라마 업계에 치명적인 역효과를 불러올 것이라는 우려였다.[64] 하지만 어찌하겠는가. 미드는 이미 드라마의 준거가 되어 있었으니 말이다.

『PD저널』 2008년 2월 18일자 기사는 "'미드' 열풍은 한국 문화의 현주소를 진단하는 중요한 현상이다."라며 "국내 드라마를 논하는 데 있어서도 '미드'는 빠지지 않고 비교 대상이 된다. 수사물을 만들면 〈CSI〉와, 의학물을 만들면 〈그레이 아나토미〉나 〈ER〉과 비교되는 것을 감수해야 한다. 미드가 국내에서 제작되는 드라마들의 '표준'이 된 것이다."라고 했다.[65]

〈드라마시티〉 폐지는 징후적 사건

2008년 3월 KBS가 단막극 〈드라마시티〉를 폐지하겠다고 공식 발표하면서 한국 TV 드라마에서 단막극의 명맥이 사실상 끊겼다. MBC 〈베스트극장〉(1991년 8월 ~2007년 3월)과 SBS 〈오픈드라마 - 남과 여〉(2001년 1월~2004년 2월)는 이미 폐지된 상태라 시청자들이 단막극을 볼 수 있는 통로가 없어진 셈이다. 3월 24일 노희경 작가 등 드라마 작가 57인은 성명을 내고 "KBS가 〈드라마시티〉의 폐지를 확정함에 따라 한국 지상파 방송에서 단막극이 멸종했다."라며 "시장 논리의 황금 올가미로 단 하나 남은 단막극의 목을 이렇게 졸라 죽이는 게 과연 옳은 일이냐."라고 KBS의 개편에 항의하고 나섰다. 많은 신진 작가들의 등단 무대로 여겨온 〈드라마시티〉가 단지 시청률이 낮고 수익성이 떨어진다는 이유로 방송사가 외면한 것은 공영방송이 지켜야 할 사회적 책무를 방기했다는 게 이들의 주장이었다.[66]

문화연대 미디어문화센터 운영위원 홍성일은 "〈드라마시티〉의 폐지는 상징적이다. 누구나 예상 가능하듯 드라마 산업이 결국 자본의 논리에 강하게 종속되었음을 보여주기 때문이다. '더 좋은 〈드라마시티〉를 위해 휴식의 시간을 갖는다'라는 변명은 변명을 듣는 이들만큼이나 변명을 하는 이 역시도 당황스러운 레토릭이다. 실상은 돈이 되지 않는 드라마를 폐지하고 돈 되는 드라마만 가져가려는 의도임을 누구나가 알고 있다. 강제된 휴식이며 기약 없는 휴식임을 말하는 이도, 말을 듣는 이도 모두가 안다."라고 했다.

"스타 드라마 PD 역시 소위 대박이 나면 방송사를 떠나 몸값을 부풀려 외주제작사로 자리를 옮긴다. 더욱 스펙터클하고 더욱 상업적인 드라마로 이들은 드라마 독재를 가속화시킨다. 상황이 이러한데 왜 하필 〈드라마시티〉만 존속해야 하는가? 단막극이 필요한 정당성을 부정하고자 함은 아니다. 다만, 그러한 정

● KBS가 〈드라마시티〉를 폐지하면서 한국
TV 드라마에서 단막극의 명맥이 끊어졌다.

당성에 대한 반성적 성찰을 했는가를 묻는 것이다. 얼마만큼 드라마가 문화적
다양성을 확보하려 했고, 소수자를 배려했는지, 그리고 드라마 이외의 프로그
램을 배려했는지 자문해야 한다. 〈드라마시티〉의 폐지가 징후적인 것은 그것이
드라마 내부의 분열, 드라마 외부와의 거리, 그에 따른 도덕적 지도력의 공백을
가리키기 때문이다."**67**

『매거진t』 편집장 백은하와 기자 최지은은 『한겨레』 2008년 4월 3일자 좌담
회 「ESC: 너 어제 그거 봤어?」에서 KBS의 〈드라마시티〉 폐지를 '최악의 멍청한
선택'이라고 했다. 왜 최악의 멍청한 선택인가? 최지은은 "MBC보다 방송 때깔
떨어지고, SBS보다 기민하지 못해도 KBS라는 자부심 하나로 좋은 드라마를 만
들려고 했던 사람들에게는 이제 무엇이 남을까?"라고 했다. 백은하는 "달디단
사탕은 아니었지만 밥처럼 든든했던 KBS 드라마에 대한 믿음이 있었기 때문에
배신감이 더 크다. 드라마 팬으로 KBS라는 브랜드에 대한 신뢰도 전체에 금이
갔다."라고 했다.

드라마 연출가 김한영은 "다양성은 사라지고 획일성만 남았다. 단막 드라마
는 다 사라지고 무한정 길기만 하고 극단적인 요소들만 모아놓은 연속극, 월화,

수목 드라마 그리고 주말 드라마가 맞붙는 죽고살기 식의 살벌한 편성. 네가 한다면 나도 한다는 식의 막가파식 발상. 소재주의에 빠져 자극적인 소재로 세상의 이목을 모아보자는 한탕주의. 이런 점에서는 공영 민영 할 것 없이 다 같이 동참했다."라면서 다음과 같이 말했다.

"작은 단막극 한 편 속에는 거의 무한의 가능성과 무형의 자산이 숨겨져 있음을 왜 간과하는 것일까. 단막극이 필요한 이유는 너무나 간단하다. 다양한 내용의 단막극을 통하여 드라마 제작의 필수 요건, 즉 작가, 배우, 연출자가 길러지기 때문이다. 최소한의 놀 마당이 없는데 어떻게 능력 있는 작가가 발굴되며 유망한 연기자가 선을 보이고, 또 어떻게 신인 연출자가 그 실력을 갈고닦는단 말인가. 이 모두는 방송사가 일부러 많은 돈을 들여서라도 키워내야 할 자산이기 때문에 더욱 심각하다. 대패질도 제대로 못 해본 신참에게 궁궐 대목수를 시키는 우를 범하지 않기 위해서라도, 앞날을 내다보고 준비하는 면에서도 그들에게 투자해야 한다."[68]

상상 가능한 모든 불륜을 보여주겠다

대자본이 투입된 드라마의 연속된 참패 때문이었을까? 2008년 지상파 3사는 고정 시청자를 확보하고 있던 아침 드라마를 오전 7시 50분(MBC), 오전 8시 30분(SBS), 오전 9시(KBS)에 배치하는 등 공격적 편성의 고삐를 바짝 죄었다. 『조선일보』 2008년 5월 24일자 기사는 아침 드라마가 "상상 가능한 모든 불륜을 보여주겠다!"는 자세를 견지하고 있다고 말했다. "우리 TV는 불륜에 관해 다룰 수 있는 모든 설정을 다 보여준다. 비틀 수 있는 모든 방식으로 다 비튼다. 불륜에 관한 백과사전을 만들겠다는 듯 다양하게 불륜을 변주한다. 불륜을 소재로 심하게 비틀린 구조로 전개되는 드라마에 대해 작가들끼리도 '독한 드라마', '독한 장치를 쓴다'고 표현한다."라고 했다.[69]

불륜 드라마 비판에 대한 작가들의 생각은 어떠했던가? 이들은 불륜 드라마가 등장할 수밖에 없는 현실적인 한계에 대해 항변하고 나섰다.

첫째, 주 시청층의 취향이다. MBC 아침 드라마 〈흔들리지마〉의 공동 작가 신희원은 "작가·제작사의 매너리즘을 탓하지만 그 못지않게 시청자들의 요구도 있다."라고 했다. 흥미로운 사실은 작가에 따라 현실 반영과 판타지 제공으로 나뉜다는 것이다. 같은 드라마의 책임 작가 이홍구는 "주 시청자가 40~60대 주부인데 이들에게 10~20대의 사랑이 공감을 얻겠냐."라면서 "그들 또래는 결혼한 사람들이니, 그 사람들의 이야기를 다루다보면 어쩔 수 없이 불륜이 되는 경우가 많다."라고 말했다. KBS 주말 드라마 〈행복한 여자〉의 작가 박정란은 "불륜은 현실적으로 존재하는데도 우리는 마치 없는 것인 양 덮어두는 것이 좋다는 식의 이중적 태도를 보인다."라며 "시청자들이 공감하지 않고 거부하는 이야기를 쓸 수 있는 작가는 없다."라고 했다. SBS 주말 드라마 〈행복합니다〉의 작가 김정수는 "40~60대 여성들에게 이야깃거리를 제공하는 것으로 비록 일그러진 거울이라고 해도 현실은 분명히 비추고 있다."라고 말했다.

MBC 드라마 〈애인〉의 작가 최연지는 "현실과 멀어지는 건 아쉽지만, 시청자들이 드라마에서 현실이 아니라 환상을 보려 하기 때문에 독한 장치가 쓰이는 것"이라며 불륜 드라마의 판타지 기능을 강조했다. SBS 아침 드라마 〈물병자리〉의 작가 이주희는 "애정 문제는 늘 우리의 관심 대상이고, 이루어질 수 없는 사랑이 대중의 관심 코드이기 때문에 불륜이 소재로 자주 등장하는 것"이라고 했다. SBS 주말 드라마 〈조강지처 클럽〉의 작가 문영남 역시 "이루어질 수 없는 사랑은 드라마의 기본 소재이지만 지금 시청자들은 '로미오와 줄리엣은 미혼인

데 자기네들이 죽고 못 산다면 그냥 도망가서 살면 될 일을 웬 집안 핑계냐 고 할 것이다."라며 "이루어질 수 없는 사랑의 현대판은 뭐겠어요? 그중 하나가 바로 배우자가 있는 사람들의 사랑 아닐까요? 금단의 열매와 같은……." 이라고 말했다.

둘째, 드라마 제작을 위한 현실적인 문제다. 김정수는 돈 문제를 지적했다. "이 가족과 저 가족이 연결이 안 되는, 실제로 있을 법한 이야기를 쓰고 싶지요. 시청자들의 요구도 그렇고요. 그러나 등장인물과 세트의 수 등 실질적인 고민을 하다 보면 어쩔 수 없이 제한된 공간과 등장인물을 사용할 수밖에 없어요. 영화처럼 시간을 충분히 준다면 이렇게 단순한 구도가 나오지는 않겠지요. 우리 현실이 이렇게 몰아가는 부분이 분명히 있어요."라고 말했다. 불륜 드라마가 '이야기 전개' 와 '갈등 만들기' 에 유리하다는 주장도 있다. 이주희는 "일주일에 5~6회 방영되는 일일 드라마는 기획 때부터 여러 이야기가 많이 나올 수 있는 소재를 고른다."라고 했고, 신희원은 "스토리가 단선적이 되면 호흡이 긴 아침 드라마는 한계에 부딪힌다."라고 말했다.

불륜을 소재로 삼았다고 해서 드라마를 '불륜 드라마' 로 낙인 찍는 시각에 문제가 있다는 주장도 있다. MBC 주말 드라마 〈달콤한 인생〉의 작가 정하연은 중년 여성과 20대 청년의 관계를 불륜이라고 보는 데 대해 "불륜이란 사랑 없이 나누는 육체적 관계 아니냐."라면서 "인생의 모든 것을 다 던져서 사랑에 빠진 것을 중년 여자와 젊은 남자의 하룻밤 잠자리로 생각하는 것은 드라마를 잘못 본 것"이라고 말했다. SBS 아침 드라마 〈여왕의 조건〉의 작가 박현주는 "불륜은 소재일 뿐 결론은 잘못을 저지른 사람이 뉘우치는 구조인 만큼 불륜에 대한 조장이 아니라 경계"라고 했다.[70]

불륜 드라마가 창궐하면서 이른바 불륜 전문 배우라는 말도 등장했다. 『조선일보』 2008년 5월 24일자 기사는 "출연하는 드라마마다 가정에 평지풍파를 불러오는 두 남자가 있다. '불륜·배신 전문 배우' 이종원과 '아침 드라마의 장동건' 김병세다."라고 했다. 불륜 전문 배우라는 타이틀이 부담스러웠던 것일까? 김병세는 2007년 8월 드라마 〈내 남자의 여자〉 제작 발표 회장에서 "아침 드라마부터 저녁 드라마까지 바람피우는 역으로 이어져버렸다."라고 토로했다. 이종원 역시 2007년 7월 한 드라마 제작발표회에서 "3년 동안 드라마 6개를 했는데, 극 중에서 5번 이혼했다."라며 "더는 불륜 역할을 맡고 싶지 않다."라고 말했다. 하지만 그로부터 한 달 후, 이종원은 한중 합작 드라마에서 부인과 애인 사이에서 갈등하는 남자 역할을 맡았는데, 이 때문에 '아시아 대표 불륜 전문 배우'란 별명까지 따라붙었다.[71]

〈에덴의 동쪽〉 국대화 회장이 혼자 사는 이유

430억 원을 쏟아부은 〈태왕사신기〉는 종영 이후에도 적자를 면치 못했다. 제작사 측은 "해외 수출이 꾸준한 만큼 올해 연말이 되면 제작비 회수가 가능할 것 같다."라고 밝혔지만, 기대에 못 미친 것은 분명했다. 제작비가 급등하고 국내 광고 시장만으로 수익이 안 나는 상황이 발생했지만 수백억 원의 제작비가 들어간 수출용 대작 드라마는 2008년 하반기에도 잇따라 제작됐다. MBC 〈에덴의 동쪽〉(255억 원), KBS 〈바람의 나라〉(200억 원), SBS 〈바람의 화원〉(75억 원), SBS 월화 드라마 〈식객〉(140억 원) 등이 그런 경우다. 제작사 초록뱀미디어의 김기범 대표는 "국내 광고 시장만으로는 수익이 안 나다 보니 결국 해외에서 선호하는 사극이나 시대극을 만들게 된다."라며 〈주몽〉이나 〈태왕사신기〉 등의 드라마가 제작 단가를 크게 올려놓으면서 부담이 더 커진 것도 사실"이라고 말했다.[72]

하지만 이 작품들 역시 뿌린 만큼 거두지 못하면서 마침내 드라마 시장의 거품이 터졌다는 비판의 목소리가 여기저기서 나왔다.[73]

드라마 시장의 거품이 꺼지면서 급등한 스타 몸값이 다시 도마 위에 올랐다. 해외 시장 개척을 염두에 둔 투자를 했는데 내수 시장까지 줄어드는 상황이 벌어지자 드라마 제작 시장에서 배우들의 높은 몸값이 재앙이 됐다는 것이다. 2008년 12월 1일 한국PD연합회 산하 한국TV드라마PD협회는 서울 목동 방송회관에서 'TV 드라마 위기와 출연료 정상화'란 주제로 세미나를 열고 드라마 위기를 극복할 대안 모색에 나섰다. 언론개혁시민연대 사무총장 양문석은 일부 스타급 연기자의 출연료 급상승이 드라마 위기와 직접적인 연관이 있다고 지적했다. 양문석은 "같은 시간대 드라마 중 가장 많은 사람들이 보는 MBC 특별기획 〈에덴의 동쪽〉의 국 회장(유동근 분)은 한국 최고의 재벌로 그려진다. 그런데 재미있는 상황이 나온다. 그 돈 많은 재벌이 가정부도 집사도 없이 큰 집에서 혼자 산다. 급한 전화는 국 회장의 외동딸 영란(이연희 분)이 받는다. 밥도 자기가 해먹는다. 이게 말이 되냐. 문제는 〈에덴의 동쪽〉뿐 아니라는 점이다."라면서 "드라마 제작비의 80퍼센트를 주연 배우들과 작가가 가져간다. 그러니 전투 장면에 50명만 나오고, 비가 오는데 카메라 앞에만 물이 떨어지는 황당무계한 설정들이 계속해서 일어나고 있는 것"이라고 지적했다.[74]

대체 스타의 몸값은 얼마나 되었던 것일까? 한국TV드라마PD협회 내부 자료에 따르면, 스타급 연기자의 출연료는 회당 3000만 원에서 많게는 2억 5000만 원이 넘었다. 〈태왕사신기〉 배용준은 공식적으로 집계되지는 않았지만 출연료로 대략 60억 원(총 24회로 회당 2억 5000만 원 정도)을 받았다. 〈에덴의 동쪽〉 송승헌은 7000만 원, 〈바람의 화원〉 박신양은 5000만 원, 〈히트〉 고현정과 〈그들이 사는 세상〉 송혜교는 각각 3500만 원을 회당 출연료로 받았다. 신인 연기자의 출연료도 1000만 원을 넘겼다. 〈누구세요〉에 출연한 윤계상은 회당 1800만 원, 〈베토벤 바이러스〉의 장근석은 1200만 원을 받았으며 〈대한민국 변호사〉이수경, 〈연애결혼〉김지훈, 〈내 사랑 금지옥엽〉지현우는 각각 1000만 원을 받은 것으로 밝혀졌다.[75]

스타의 몸값을 두고 논란이 발생한 가운데, 2008년 12월 5일 한국드라마제작사협회는 이사회를 열고 박신양이 7월 SBS 드라마 〈쩐의 전쟁〉을 공동 제작한 A프로덕션을 상대로 미지급된 추가 제작 출연료 3억 4100만 원과 프로듀서 비용 등 3억 8000여만 원에 대한 지급 소송을 낸 것과 관련해, 박신양의 드라마 무기한 출연 정지와 함께 방송사에 A프로덕션 제작 드라마 편성 금지 요청 등을 의결해 큰 파장을 낳았다.

한국TV드라마PD협회 회장 이은규는 12월 스타 산업의 크기가 드라마의 시장 규모를 훨씬 추월함으로써 주객전도 현상이 나타나고 있다면서 "스타들의 출연료가 지급 불능 수준이므로 반드시 조정되어야 하는데 기대치가 너무 크고, 스타를 포기하기엔 제작사들의 기획 자신감이 부족해 보인다. 스타란 소중한 존재이지만 그를 낳은 모태인 드라마 없이는 계속 스타일 수 없다. 공멸을 피하자면 지금 당장, 생존을 위해 당사자끼리 머리를 맞대고 지혜를 짜내야 한다."라고 했다.

이어 그는 출연료 문제라는 응급조치가 끝나면 지체 없이 시스템의 결함을 제도적으로 보완하는 일에 적극적으로 나서야 한다고 주장했다.

"방송사 제작진, 제작사들, 연기자 노조, 매니지먼트 업계는 물론이고 지금까지는 뒷짐 지고 바라만 보던 정부 부처, 방송사 경영진, 콘텐츠를 사업의 기반으로 하는 새 매체 업계도 도울 일이 있거든 회피하지 말고 뛰어들어야 한다. 드라마 한류의 미래도 소중하지만 그 무엇보다 서민들의 고단한 삶에 작은 위로와 희망이 되어주던 드라마의 순기능이 눈앞의 장삿속 때문에 황폐해지는 일만은 막아야 하기 때문이다. 거리에서, 들판에서, 살 에이는 찬 겨울바람을 맞으며 한 컷이라도 더 잘 찍어 보려고 하얗게 밤을 새우는 현장의 고통을 안다면 뒤틀린 제도 바로잡기에 혼신의 노력을 기울여야 할 때다."[76]

막장 드라마는 '한국 드라마의 불길한 징후'

2008년 10월 5일 104회를 끝으로 막을 내린 SBS 드라마 〈조강지처클럽〉은 102회까지 평균 시청률 24.6퍼센트를 기록했으며, 후반부로 갈수록 시청자들의 관심이 높아져 80회 안팎에서는 40퍼센트 선을 넘어섰다. 그리고 마지막 회는 41.3퍼센트를 기록하는 대박을 터트려 방송사엔 '효자 드라마' 가 됐다. 하지만 기상천외한 불륜을 다룬 이 드라마엔 '막장 드라마' 라는 별명이 붙었다. 시청자 게시판에 "불륜 조장, 막장 드라마", "도대체 작가가 제정신이냐?" 라며 비난이 쏟아졌는데, 그런 비판을 한 사람들도 사실 이 드라마 시청자들이었기에 '욕하면서 보는 드라마' 라고도 불렀다.

〈조강지처클럽〉에 이어 그해 12월엔 SBS 〈아내의 유혹〉이 새로운 '막장 드라마' 의 반열에 올라섰다. 이 드라마는 불륜·배신·복수 등의 비상식적 설정으로 네티즌들로부터 '통속 3종 세트' 라는 비아냥을 샀음에도 높은 인기를 누렸다. TV 칼럼니스트 정덕현은 "사람들이 드라마를 욕하면서도 계속 보는 이유는 드라마를 게임처럼 소비하기 때문" 이라며 "이런 '게임' 같은 드라마는 대부분 억압적 상황을 과장해서 보여주기 때문에 중독성도 강하다." 라고 분석했다.

『중앙일보』 2008년 12월 15일자 기사는 〈아내의 유혹〉과 같은 '막장 드라마' 의 기본 구조를 ① 익숙하고 단순한 구조(게임이니만큼 구조가 복잡하면 곤란하

● 〈아내의 유혹〉은 소위 '욕하면서 보는 드라마'로 이러한 드라마들을 '막장 드라마'라고 불렀다.

다. 감정이입하는 걸 방해받기 때문이다.), ②공감 가는 대상 찾아 빠져들기(드라마 속에서 자신이 빠져들 만한 대상이 있어야 한다. 성별·연령과 관계없이, 자신의 경험이나 판타지가 결부된 캐릭터가 주로 선택된다.), ③대상을 괴롭히는 악역은 필수(악역은 '욕하면서 보는 드라마'의 핵이다. 악역의 행태가 자극적이고 상식을 초월할수록 중독성이 점점 더 강해지기 때문이다.), ④드라마가 아니라 드라마 속 악역 욕하기(이쯤 되면 욕하는 사람과 보는 사람이 나뉘기 시작한다. 〈아내의 유혹〉을 보며 "사이코 드라마 아니냐."라며 혀를 차는 시청자들은 이탈한다. 계속 보는 사람들은 욕을 하긴 하되, 드라마 자체가 아니라 드라마 속 악역을 욕한다. 악역을 욕하는 과정에서 후련함(카타르시스)을 느끼고 결과적으로 드라마가 재미있다고 느끼는 것이다.), ⑤저비용, 높은 시청률(굳이 톱스타를 쓸 필요가 없는 것이 이런 '게임처럼 소비되는' 통속극의 공통점이다. 익숙한 구조에 자극적인 요소만 적당히 끼워 넣으면 되기 때문이다. 연기력이 어느 정도 갖춰진 배우가 처절하게 불쌍한 역(예컨대 〈조강지처 클럽〉의 김혜선·오현경)이나, 누가 봐도 돌 던지고 싶은 못된 역(가령 〈조강지처 클럽〉의 안내상)을 잘 해내면 '배우들의 발견'이라는 찬사가 따라붙기도 한다.) 등 5가지로 분석했다.[77]

KBS의 〈너는 내 운명〉, MBC의 〈흔들리지마〉, 〈에덴의 동쪽〉도 '막장 드라마'의 대열에 동참했다. 강명석은 "이는 한국 드라마의 불길한 징후다."라면서 다음과 같이 말했다.

"이 드라마들은 모두 동시간대 최고 시청률을 기록 중이고, 그전에는 SBS 〈조강지처 클럽〉이나 MBC 〈아현동 마님〉처럼 숱한 비난 속에 높은 시청률을 기록한 드라마가 있었다. '욕하면서 보는 드라마', 혹은 '막장 드라마'가 드라마 업계의 대세가 된 것이다. 〈에덴의 동쪽〉이 건강 악화로 물러난 나연숙 작가 대신 MBC 아침 드라마 〈흔들리지마〉의 이홍구 작가를 선택한 것은 상징적이다. 출생의 비밀과 선악 구도라는 진부한 구성의 〈에덴의 동쪽〉에는, 악녀가 결국 재벌 회장인 시아버지를 죽이고 그 뒤 시아버지의 환영을 보고 괴로워하는 '막장의 끝'을 보여준 〈흔들리지마〉의 작가가 어울린다. 자극적일수록 시청률이 높은 아침 드라마의 문법이 프라임 타임의 드라마에까지 진출한 것이다. 이런 현상은 드라마에 대한 최소한의 고민마저 지워버린 제작사와 시청자의 합작품이다. 〈너는 내 운명〉이 잘 보여주듯, 이런 작품에는 주연 배우의 좋은 연기나 개연성 있는 스토리가 없다. 대신 적나라한 욕망이 드라마를 움직인다. 〈너는 내 운명〉과 〈흔들리지마〉, 〈아내의 유혹〉은 모두 여주인공이 부유한 남자와 결혼하거나, 악녀가 그 자리를 빼앗는다. 〈에덴의 동쪽〉은 이를 동철(송승헌 분)과 동욱(연정훈 분) 형제의 성공담으로 바꾸었을 뿐이다. 또한 〈에덴의 동쪽〉은 목숨을 줘도 아깝지 않을 동생, 혹은 자식이 사실은 원수의 아들이라는 설정에서 시작되고, 〈너는 내 운명〉에서 새벽은 지금의 부모에게 입양됐다는 이유로 호세의 어머니에게 미움을 받는다. 새벽과 호세 어머니의 갈등은 그에게 부유한

친어머니가 있다는 사실이 밝혀진 뒤에야 해결의 실마리를 찾는다."

이어 '막장 드라마'들은 신분 상승과 혈연으로 이어진 가족에 대한 집착을 노골적으로 보여주고, 좋은 연기나 스토리로 승부하는 대신 시청자의 욕망을 끊임없이 자극한다면서 다음과 같이 말했다.

"'막장 드라마'는 그들이 은근히 가져왔던 욕망들을 노골적으로 해소해준다. 이 '막장의 세계'에서 〈너는 내 운명〉 같은 신분 상승의 판타지, 〈에덴의 동쪽〉 같은 핏줄에 대한 집착이나 수단과 방법을 가리지 않는 권력에 대한 욕망, 〈흔들리지마〉나 〈아내의 유혹〉처럼 목적을 위해 수단과 방법을 가리지 않는 악녀들의 이야기가 거리낌 없이 펼쳐진다. 그 사이에서 젊은 배우들은 캐릭터에 대한 해석 대신 억지스러운 캐릭터나 비현실적일 만큼 극단적인 감정 표현도 매끈하게 연기하는 것처럼 보이는 테크닉적인 연기만을 익히게 된다."[78]

강명석은 또 "막드는 '맛있다, 맛없다'라는 평가 대신 '맵다, 짜다' 같은 자극으로 끌리는 음식과 같다. 때문에 막드는 언제 채널을 틀어도 자극적이어서 매일 습관적으로 드라마를 시청하는 중장년층 이상에게 인기가 높다."라고 말했다.

"그러나 막드 최악의 막장은 한국 가족 드라마의 붕괴다. 10여 년 전만 해도 가족 드라마는 김수현 작가의 작품처럼 가족의 갈등과 통합의 과정을 그려내는 것이 일종의 기준이었다. 하지만 막드의 원조 격인 임성한 작가가 히트를 기록한 뒤부터 가족 드라마는 점점 더 가족 드라마의 탈을 쓴 막드로 변하고 있다. 임성한 작가의 라이벌 격인 문영남 작가가 과거에는 KBS 〈정 때문에〉로 가족의 따뜻한 정을 그려냈다는 사실은 요즘의 막드 시대를 상징적으로 보여준다. 작가도, 시청자도 어느 순간부터 가족의 가치나 어른들의 삶의 방식 대신 막장의 자극을 선택했다. 그 점에서 막드는 지금 우리 사회의 자화상일지도 모른다. 품위는 사라졌고, 남은 것은 매일 30분 동안 주어지는 막장의 쾌락뿐이다."[79]

2008년은 드라마에게 혹독한 한 해

미드는 허리케인이었다. 앞서 말했듯, 미드는 한국 드라마의 위기론까지 불 지 피며 드라마의 표준으로 자리 잡을 만큼 영향을 주었고, 미드에 대항하기 위한 방편으로 '머니 게임'이라는 말이 나올 정도로 천문학적인 제작비를 투입한 대 작 드라마가 경쟁적으로 등장했다. 하지만 대작 드라마는 하나같이 신통치 않 은 성적을 낳았다. 매체 환경의 변화에 따른 젊은 층의 지상파 이탈과 미드로 인 해 높아진 시청자의 눈높이 때문이었다. 설상가상으로 스타의 몸값은 계속 뛰 어오르고 한류 열풍마저 퇴조해 드라마 산업 거품론이 여기저기서 터져 나왔다.

이런 가운데 닥친 세계적인 경기 침체와 불황은 드라마 업계를 공황 상태로 몰아넣었다. 광고 판매율 하락이라는 직격탄을 맞았기 때문이다. 예컨대 생활 사극을 개척한 이병훈 PD의 야심작 〈이산〉은 30퍼센트를 웃도는 시청률을 기 록했지만, 초창기 시청률이 낮아 제대로 거두지 못한 광고 수익을 회수하기 위 해 당초 60부작이었던 드라마를 77부작으로 늘리는 고육책을 쓰기까지 했다.[80] 2008년 가을 개편에서 지상파 방송 3사가 약속이나 한 듯 드라마 1편씩을 폐지 한 것도 자구책 마련의 성격이 짙었다. 이게 시사하듯, '킬러 콘텐츠'로 불리며 호황을 누렸던 드라마는 2008년 폐지 1순위로 거론될 만큼 대단히 혹독한 한 해 를 보내야 했다.[81]

드라마 산업의 위기를 어떻게 극복할 것인가? 드라마 업계는 그 해답을 '제 작의 경제성'과 '대중성'에서 찾았다. 적은 제작비로 비교적 안정적인 시청률 을 올릴 수 있는 이른바 '실속 드라마'였다. 제작비 대비 수익률이 높은 실속 드라마의 대표 선수는 역시 연속극으로, SBS의 일일 드라마 〈며느리와 며느님〉과 주말 드라마 〈조강지처클럽〉, KBS의 주말 드라마 〈엄마가 뿔났다〉와 〈내 사랑 금지옥엽〉 등이 그런 실속 드라마였다.[82]

단막극의 폐지도 그런 맥락이 낳은 산물이었다. 많은 이들이 단막극 폐지 반대의 이유로 제시한 게 시청자의 볼 권리였다. 맞는 말이다. 시청자들은 다양한 드라마를 즐길 권리가 있으며, 지상파는 시청자가 문화적 권리를 향유할 수 있도록 서비스를 베풀어야 한다는 데 동의하지 않을 사람이 어디 있겠는가. 문제는 시청자들의 취향이었다. 지난 세월이 증명하듯, '드라마 공화국' 속 한국인이 사랑한 드라마는 연속극이었다. 드라마 역사 초창기부터 형성되었던 연속극에 대한 한국인의 유별난 사랑은 세월이 흐르면서도 변하지 않았고, 오히려 강화되는 경향마저 낳았다. 요컨대 단막극 폐지는 드라마의 최고 가치를 흥미와 재미로 간주하는 시청자의 취향과 시장 논리 속에서 수익성을 최고의 가치로 여기는 방송사의 이해관계가 맞아떨어지면서 발생한 현상이라고 볼 수 있었다.

어쨌든 제작의 경제성과 시장성이라는 두 마리 토끼를 모두 잡을 수 있는 실속 드라마의 주 시청자는 누구였던가. 전통적 주 시청자인 가정주부와 다크호스로 급부상한 50대 이상의 중년층이었다. 젊은 층이 지상파를 버리고 경쟁 매체로 급속하게 이동한 사이에 이들이 채널 선택권을 독점했으니, 이들의 취향에 부합하는 드라마의 안방 공습은 지극히 자연스러운 일은 아니었을까? 가정주부와 중년층이 즐겨 시청하던 드라마를 '막장'이라고 불러야 할지에 대한 의문은 차치하고 말하자면 막장 드라마가 탄생할 수밖에 없는 드라마 업계의 여건은 무르익을 대로 익은 상황이었던 것이다. SBS 드라마국장 구본근의 다음과 같은 발언은 엄살이 아니었다.

"존폐에 위협이 왔는데 퀄리티만 고수할 수는 없다. 광고를 늘리기 위해서라면 퀄리티도 포기할 수 있다. 지금은 약을 써야 하는 시기다. 이 약이 아무리 독해도 효과가 있다면 써야 한다. 지금은 살아남기 위해 시청자의 반응을 테스트하는 단계다. 시청률이 담보된다면 막장 드라마의 양산도 지금의 위기에서는 어느 정도는 수용해야 한다."[83]

이제 막장 드라마의 시대로 들어가보자.

07장

2009~2010년

'막장 드라마'와
'친정부 드라마'
논란 속에서

'막장 드라마'와 '친정부 드라마' 논란 속에서
2009~2010년

7

20대의 막장 드라마 예찬론

2009년 1월 막장 드라마 유행의 원인을 분석하느라 정신이 없던 신문은 막장 드라마를 시청하는 수용자의 연령적 특성에 주목했다. 『한겨레』 2009년 1월 4일자는 막장 드라마의 유행은 "KBS 1TV의 오후 8시 반 일일극을 수십 년간 고정 시청해온 30대 이상 여성층이 다른 시청 시간대도 시청률 주도 계층으로 자리 잡은 이유가 크다."라고 했다.[1] 『경향신문』 2009년 1월 7일자 기사 역시 "일일 드라마가 중장년층 여성용 콘텐츠로 전락한 지 오래여서 높은 시청률을 위해서는 이들의 입맛에 맞는 자극적 소재를 이리저리 꼬는 전개 방식을 고수하고" 있다고 분석했다.[2] '막장 드라마'라는 오명과 '국민 드라마'(시청률 40%대)라는 영광을 동시에 차지한 KBS 일일 드라마 〈너는 내 운명〉을 연출한 김명욱 PD 역시 비슷한 해석을 내놓았다. 그는 드라마의 '막장 설정' 논란과 관련해 "리얼리티보다는 통속극이라는 극의 성격과, 드라마 안에서 감정선의 충돌에 더 비중을

둔 것"이며, "KBS 일일 드라마가 고정 시청층을 두고 움직이는 것은 사실"이라고 했다.[3]

하지만 막장 드라마는 아줌마들만 보는 게 아니다. 젊은이들도 막장 드라마를 본다. 많은 막장 드라마 중에서도 특히 〈아내의 유혹〉에 빠져 있다는 한 20대 여성 시청자의 '막장 드라마 예찬론'을 들어보자.

"막장 드라마를 싸잡아 욕하는 데 불만 있다. 통속극더러 갈등과 결말이 뻔하다고 욕하는 것은 장르가 쌓아온 규칙과 클리셰를 부정하는 것에 다름 아니다. 주어진 재료를 어떻게 요리하는가, 한 토막의 멜로디를 어떻게 변주하는지를 살피듯 통속극도 장르 안에서의 만듦새로 평가해야 한다. 궤변과 기행을 일삼는 상식 밖의 캐릭터나 우연에 기댄 전개만을 비난하자면 홍상수도 막장이게? …… 〈아내의 유혹〉은 비록 날지는 못하나 시속 65km로 질주하는 타조를 닮았다. 그리고 등장인물 또한 죄다 타조의 품성을 지녔다. 겁에 질린 타조가 빠른 다리를 버리고 모래에 고개를 처박아 버리듯 이들은 위기에 몰리면 생각지도 못한 극단적인 행동으로 상황을 모면하려 한다. 비밀을 밝히라 추궁당하면 다짜고짜 그릇을 깨고 그 조각 위에 딛고 서서 결백을 증명한다거나, 신분이 노출될 위기에 처하자 도망가는 대신 기습 키스로 위기를 넘기는 인물들. '저런 사람들이 어딨어?' 거듭 되물어보지만 답은 뉴스에 있다. 생각지도 못한 기상천외한 변명과 궤변을 일삼는 분들이 매일 뉴스에 등장하는 것이 더 어이없는 현실이다. …… 이 드라마의 호쾌한 복수는 눈여겨볼 만하다. 당할 만큼 당하고 뒤늦게 현실을 깨달은 은재네 식구들은 더 이상 참지 않는다. 죽은(실종된) 딸이 부당하게 모욕당하면 득달같이 달려가 아침에 출근하는 전 사돈에게 새우젓을 뿌리며 이치를 따지고 든다. 10년 전 드라마 〈허준〉처럼 아무리 핍박받고 오해와 모략에 시달려도 나는 아무것도 모르겠단 눈으로 소처럼 견디다 보면 언젠가

©SBS

● 〈청춘의 덫〉의 심은하(왼쪽)와 〈아내의 유혹〉의 장서희(오른쪽). 드라마에서 '악녀'와 '복수를 위한 성공' 등은 예전부터 있어왔다. 이런 점에서 막장화는 복고화의 다른 이름이다.

누명이 밝혀질 것이라는 안일한 희망 따위는 집어치웠다. 아마 〈아내의 유혹〉이 이토록 내 마음을 사로잡는 이유는 무력하나마 울화를 삭이고 오늘을 견디게 해줄 자잘한 복수에 있는지도 모르겠다."[4]

막장화는 복고화의 다른 이름이다

막장 드라마가 유행하는 배경에 대한 분석은 차고 넘칠 만큼 쏟아져나왔는데, 그 가운데서도 주목할 만한 발언들을 몇 가지 소개한다. MBC 예능국 PD 이홍우는 톱 배우들의 일일 연속극 기피를 하나의 원인으로 지적했다. 톱스타가 없는 불리한 캐스팅으로 6개월 이상 극을 끌어가려면 자극적 방법론이 불가피하다는 게 그의 생각이었다. 이홍우는 "야외 촬영으로 영상 미학을 추구하는 미니 시리즈가 드라마 산업의 대세와 주류가 되면서 일일 연속극은 주연급 배우 캐스팅에 어려움을 겪게 됩니다."라고 했다.

"주인공에 스토리가 집중되는 미니 시리즈의 경우 주연 배우는 상대적으로 연기에 몰입할 수 있고 캐릭터 구축과 표현 등 연기하기가 수월합니다. 방송 기간이 긴 연속극의 경우, 많은 인물들을 다뤄야 하고 주제와 강조가 상대적으로 단순한 미니 시리즈에 비해 조연과 준조연 등에까지 다양한 에피소드를 마련해야 합니다. …… 그래서 모 방송사 일일 연속극의 경우 높은 시청률을 보였지만 방송 관계자들조차 해당 연속극의 주인공이 누군지, 제목은 무엇인지 제대로 파악하지 못하는 경우가 종종 있습니다. 이로 인해 높은 시청률에도 불구하고 연속극 주인공이 다른 미니 시리즈 주인공에 비해 스타덤에 오르거나 프로그램의 부수 효과인 광고를 찍게 되는 경우도 별로 없는 것이지요."[5]

막장 드라마를 대중문화 전체 지형 속에서 파악해야 한다는 주장도 있다. 『한겨레』 2009년 1월 9일자 기사는 '막장 드라마' 붐은 드라마에만 나타나는 게 아니라 전반적인 문화적 트렌드라고 주장했다. 이 기사는 "'불황 때는 미니스커트가 유행'하게 마련이다. 사람들은 지친 마음을 풀기 위해 말초적 자극을 선호하고, 그에 기댄 문화자본은 쉬운 돈벌이를 찾는다. 혁신적 사고는 멈추고, 비슷한 관습이 되풀이되며, 문화적 활력은 질식된다. 이른바 문화의 '퇴행'이다. 2009년 한국 문화계에 이 퇴행의 바람이 몰아칠 기세다."라고 했다.

"드라마의 '막장화'도 산업적 근거는 있다. 드라마 산업은 배우와 제작자 사이에 출연료 분쟁이 시작될 정도로 위축됐다. 막장 드라마는 싼 제작비로 기본적인 시청률이 보장된다. '나쁜 남자-가련한 여자'(또는 반대의 설정), '출생의 비밀', '복수를 위한 성공' 등은 1980년대 임채무·김희애 주연의 〈내일 늦으리〉, 1990년대 이종원·심은하 주연의 〈청춘의 덫〉 등 수많은 인기 드라마 속에서 되풀이돼왔다. 이런 점에서 막장화는 복고화의 다른 이름이기도 하다."[6]

유인경은 "불륜과 배신, 복수는 '막드 3종 세트'라고 할 만큼 필수 요소이고 1960년대부터 드라마가 잘 안 풀리면 해결책으로 등장했던 불치병, 출생의 비밀

등이 필수 요소로 등장해 드라마의 퇴행을 극명히 보여준다. 시청자 게시판엔 '정말 어이가 없네요', '작가님, 해도 해도 너무하네요' 등의 비난이 가득하지만 이렇게 욕먹는, 혹은 욕하면서 보는 막장 드라마의 또 다른 공통점은 시청률이 높다는 것이다."라며 희망과 낙관적 기대가 사라진 사회 분위기가 한몫하고 있다고 했다.

"전문가들은 최근의 경제 불황과 답답한 사회 풍토가 막장 드라마의 인기에 한몫한다고 주장한다. 하루가 다르게 치솟는 물가, 반 토막 난 펀드, 불안한 직장, 한심한 정부, 매일 터지는 각종 흉악한 사건 등 현실을 냉철하게 직시하기보다는 황당할지라도 잠시 암담하고 고단한 현실을 잊게 만들며 자꾸 다음 회가 기다려지게 만드는 강한 중독성에 나름대로 권선징악의 메시지를 주는 막장 드라마를 통해 위로를 얻는다는 것이다."[7]

〈아내의 유혹〉이 '명품 막장'인 이유

SBS 〈아내의 유혹〉의 인기는 하늘을 찌를 듯했다. 가히 열풍이라 할 만했다. 2008년 11월 3일 11.9퍼센트(TNS미디어코리아 전국 기준)의 시청률로 평범하게 시작했는데 한 달 남짓 만에 20퍼센트를 뛰어넘더니, 2009년 1월엔 어느새 40퍼센트 고지에 다다랐다. 〈아내의 유혹〉을 과거 '귀가시계'로 불린 〈모래시계〉에 빗대 '퇴근시계'라는 말도 등장했다. 매일 저녁 7시 20분 컴퓨터 키보드를 두드리던 손을 멈추고, 요리를 멈추고, 하던 일을 중단하고 각 가정과 음식점, 심지어 찜질방에서도 사람들이 〈아내의 유혹〉을 보기 위해 TV 앞에 모여든다는 것이다. 더 나아가 '고품격 막장 드라마'라는 찬사마저 들었다.

『PD저널』 2009년 1월 21일자 기사는 〈아내의 유혹〉이 '막장 드라마' 계의

'명품'으로 꼽히는 이유를 "①악은 철저히 응징한다(〈아내의 유혹〉은 전형적인 권선징악의 구도를 따른다. 은재는 선이고, 교빈과 애리는 악이다. 애리와 교빈에게는 아군이 있을 수도, 있어서도 안 된다. 모든 시청자가 은재의 아군이고, 동시에 애리와 교빈의 적군이다. …… 더 이상 상상할 수 없는 수준의 고난을 겪은 은재. 시청자들은 불쌍한 은재를 향해 무한한 애정과 지지를 보낸다. '눈에는 눈 이에는 이'식의 극단적인 복수를 다짐하는 은재에게도 기꺼이 면죄부를 준다. '아이까지 잃었는데……', '당한 만큼 갚아줘라!'는 것이다.) ②에둘러 가지 않는다(〈아내의 유혹〉은 기획 의도에서부터 '자신의 남편과 간통을 하고, 남편의 가정을 철저하게 파탄 내버리는 한 여자의 이야기'라고 솔직하게 밝히고 있다. 따뜻한 가족애의 발견, 진정한 사랑의 의미와 같은 미사여구 따위 없다. 처음부터 '의도'를 솔직하게 드러낸 〈아내의 유혹〉은 에둘러가는 법이 없다. 모든 사건들은 은재의 복수와 성공이라는 하나의 목표를 위해 집중된다. 섣불리 착한 척하지 않는다.) ③질질 끌지 않는다(〈아내의 유혹〉은 질질 끄는 법이 없다. 드라마는 첫 회에서 2분 40초간의 인트로를 통해 향후 벌어질 사건들을 압축적으로 보여줬다. …… 드라마 초반에 내용을 전면 공개하는 파격적인 인트로를 선보인 것은, '어차피 드라마가 어떻게 전개될지 다 알지 않느냐'하는 제작진과 시청자 사이의 무언의 공감에서 비롯된 것으로 보인다. …… 복수 과정도 속도감이 있다. 교빈의 살인미수 행각을 몰래 촬영한 간호사가 느닷없이 등장해 애리와 교빈을 협박하고, 정신병원에 끌려간 뒤 탈출하는 사건은 숨 쉴 새도 없이 빠르게 이뤄졌다. 은재가 민 여사의 딸 소희로 거듭나는 모습도 마찬가지. 돌아가지 않고, 직진으로 돌진하는 드라마이기에 시청자들은 한 회도 빼놓지 않고 지켜볼 수밖에 없다.) ④'막장'에도 연기력은 필수(무엇보다 이 드라마가 다른 '막장 드라마'들과 구별되는 것은 안정된 연기와 연출이다. …… 배우들의 연기는 극본, 연출과도 안정된 조화를 보인다. MBC 아침 드라마 〈그래도 좋아〉에서 출생의 비밀, 살인미수와 같은 극단적인 전개를 보였던 김순옥 작가는 이번 드라마에서 보다 선택과 집중을 함으로써 시청자들의 몰입도를 높이고 있다.) 〈아내의 유혹〉의 연출은 극본의 장점을 뽑아내는 동시에 리듬감 있는 템포를 자랑한다. 이처럼 연출과 극본, 연기의 삼박자가 고르게 조화를 이룬 '막장 드라마'는 찾아보기 힘들다."라고 분석했다.[8]

최지은은 "외도는 기본, 살인미수는 옵션, 생기지도 않은 아이가 유산됐다고 하는 거짓말쯤은 애교에 불과한 이 작품에 대해 최근 시청자는 '명품 드라마'라는 애칭을 선사했다."라고 했다.

"사실 '막장'이 '명품'이라는 역설적 별명을 얻게 된 것은 시청자가 더 이상 '막장'에 화낼 기운조차 없어졌음을 보여준다. 아무리 화내고 욕해도 달라지는 게 없는 현실, 피할 수 없으면 즐기는 태도는 지난 1년여 간 이 나라에 살면서 우리가 화병으로 쓰러지지 않기 위해 '명박산성'에 오르고 '닭장차 투어'를 돌며 터득한 비법이기도 하다. 그렇다면 언젠가 '막장 정치'도 '명품 정치'로 불리는 날이 올까. 존중할 만한 것들이 점점 사라지고 비웃을 거리들만 늘어나는 세상에 산다는 것은 심심하지는 않지만 역시 슬픈 일이다."[9]

시어머니에 대한 편견 조장하는 드라마

입양에 따른 대안 가족과 장기 기증이란 이슈를 전면적으로 다뤄보겠다는 기획의도를 담았던 〈너는 내 운명〉은 이른바 '전설의 고향' 스러운 시집살이 설정으로 논란이 됐다. 장미는 『씨네21』 2009년 1월 20일자 기사에서 막장 드라마의 '명장면 베스트7' 가운데 하나로 〈너는 내 운명〉의 주인공 장새벽이 엄동설한에 이불 빨래하는 장면을 뽑고 "아무리 며느리가 싫다 한들 해도 너무했다. 서민정(양금석 분)은 아들 강호세(박재정 분)가 결혼하겠다고 데려온 장새벽(윤아 분)

이 가증스러워 견딜 수가 없다. 내 아들을 어떻게 구워삶았기에 착하고 말 잘 듣던 호세가 내내 그 여자 편이란 말인가. 어떤 일이 있어도 아들이 자기 품 안 자식이었으면 하는 어머니의 마음은 지독한 시집살이로 이어진다."라면서 "결혼 적령기 여자들이 남자를 피하는 이유, 이런 드라마에 있지 않을까. 시어머니에 대한 편견을 조장하는 나쁜 드라마, 나쁜 장면이다."라고 꼬집었다.[10]

하지만 '상식 밖의 시집살이'를 강요하는 시어머니는 〈너는 내 운명〉 속에만 있는 게 아니다. 〈아내의 유혹〉에서 구은재 역시 시어머니에게 갖은 구박을 받았고, 많은 드라마에서 무서운 시어머니들의 행진은 끝이 없었다. 〈며느리와 며느님〉의 강산 엄마(선우용녀 분), 〈내 인생의 황금기〉의 경우 엄마(양희경 분), 〈유리의 성〉의 준성 엄마(박원숙 분) 등이 그런 경우다.

TV 평론가 조지영은 2009년 1월 "한국의 가족 드라마들이 움직이는 확고부동한 원칙은 '내 자식은 소중하다'는 정언 명제로부터 시작된다. 눈에 넣어도 안 아픈 내 자식에게 어울리는 짝을 찾아주기 위해서라면, 눈에 안 차는 집안의 여자 따위는 무시하거나 괴롭혀도 상관없다는 이 무서운 논리마저 '모성애'로 환원되어야 할까? 끝내 결혼이 강행되어도, 여전히 며느리로 인정하기 힘들면 계속 괄시하면 그만일까? 그러다가 나중에 해피엔딩이면 만사형통인가?"라면서 다음과 같이 말했다.

"내 자식을 위해서라면 이보다 더한 짓도 할 수 있다는 결연함은 엉뚱하게 남의 집 자식의 몸과 마음을 멍들게 한다. 바로 이 지점, 내 자식이 소중하면 남의 집 자식도 딱 그만큼 소중하다는 것을 이 무수한 드라마 속의 '엄마'들은 모른다. 어쩌면 그것은 불행히도 현실의 반영일 수도 있어서 모골이 송연해진다. 몇 년 전부터 각종 드라마에서는 흡연 장면이 사라졌다. 매체에서 흡연 장면을 보여주는 것이 유해하다는 판단에 따른 법이었을 것이다. 그렇다면 멀쩡한 성인들이—내 아들과 만난다는 이유로—백주에 머리채를 잡고 내동댕이를 치거나, 마시라고 준 물을 상대방 얼굴에 뿌린다던가, 아무데서나 '묻지도 않고 따지지도 않고' 따귀를 철썩철썩 갈겨대는 장면들이 아침이나 저녁이나 평일이나 주말이나 만날 나오는 것은 과연 유해하지 않은가? 그렇다고 '안면 구타 장면 금지', '물세례 금지' 법을 만들라고 독려할 수는 없는 노릇이지만, 그보다는 먼저 작가를 비롯한 제작진들의 반성이 필요할지도 모른다. 이토록 무서운 엄마들의 집착을 창작의 근거로서 삼을 수는 있겠지만, 대체 언제까지 '내 자식 제일주의'를 확대·재생산시킬 작정인가?"[11]

'내 자식 제일주의'는 드라마 속에만 있는가? 한국 사회의 공고한 가족주의와 혈연주의가 책임져야 할 일은 없었을까? 양성희는 "어쩌면 주구장창, 제 맘에 안 들거나 밑지는 결혼을 반대하는 TV 속 부모들은, 자식은 나의 연장, 자식의 인생 관리가 내 인생 최고의 목표이며, 결혼이라는 거래에서 손해 보는 장사는 죽어도 못한다며 본전 생각을 하는, 현실 속 부모들의 반영물일지도 모른다."라며 "물론 TV 속 엄마가 더 큰 문젠지, 실제 엄마가 더 큰 문젠지는 좀 헷갈린다. 어쨌든 결론은, TV에서도 자기 인생을 사는 독립된 엄마들을 보고 싶다는 것. 그리고 엄마가 바뀌어야 자식이 바뀌고, 세상이 바뀐다는 것."이라고 했다.[12]

● 윤여정은 드라마에서 하도 결혼 반대하는 역을 많이 했다며 자기 자녀들이 결혼할 때는 누구든 오케이하자고 다짐했다.

어쨌든 못된 시어머니 역할은 연기자

에게도 곤욕이다. 윤여정은 "엄마로 나온 무수한 드라마에서 하도 자식 결혼 반대를 많이 해 지겨웠다."라며 "실제 내 아이들이 결혼할 때는 누구든 오케이하자 다짐하곤 했다."라고 토로했다.13

이 엄청난 속도감을 어찌해야 하나

미드로부터 영향을 받았던 것일까? 막장 드라마의 무기 가운데 하나는 무서운 속도감이었다. 『전북일보』 2009년 2월 4일자 기사는 "이 엄청난 속도감을 어찌해야 하나."라며 "SBS TV 〈아내의 유혹〉이 시청률 40퍼센트 넘나드는 인기를 끌면서 방송가에 적지 않은 긴장감을 조성하고 있다. 단순히 '막장 드라마' 논란 때문이 아니라 이 드라마가 지닌 엄청난 속도감 때문이다. 일반 드라마보다 서너 배 빠른 전개 속도를 보이며 주 5회 방송 중인 〈아내의 유혹〉은 특히 작가들에게 새로운 드라마 작법에 대한 고민을 안겨주고 있다. 이 와중에 기존의 템포를 유지하고 있는 드라마들은 '전개가 너무 느려 못 보겠다'는 핀잔을 받고 있다."라고 했다. 한 시청자는 "〈아내의 유혹〉은 인물들의 전화받는 속도마저 빠르다."라고 지적했다.

〈아내의 유혹〉의 고흥식 CP(책임 프로듀서)는 "느슨한 신이 하나도 없고 다른 드라마에 비해 평균 세 배 이상 빠른 속도로 전개되며 다양한 에피소드를 소화하고 있는 점이 장점"이라면서 "〈아내의 유혹〉은 남들이 150회에 할 이야기를 50회에 하는 식"으로 "'막장 드라마'라 폄하하지만 그 구성력과 재미는 시청자들을 사로잡고 있고 종국에는 감동도 전해줄 것"이라고 했다. 방송 작가들을 교육하는 김영섭 SBS 드라마기획팀장은 "남들보다 빠른 템포로 이야기를 전개하기 위해서는 그만큼의 고민이 필요하다. 〈아내의 유혹〉에 대한 여러 논란에도 불구하고 이 드라마 작가의 공력을 무시할 수 없는 것은 그 때문"이라며 "많은 드라마가 쏟아져 나온 상황에서 지금 시청자들은 〈아내의 유혹〉을 통해 스피드라는 재미를 즐기고 있다."라고 분석했다.[14] 평론가 차우진은 "다른 드라마 3회 분량을 한 회로 압축한 것처럼 극 전개가 빠르다."라며 "잠시도 지루할 틈을 주지 않는 속도감에 빠져들게 된다."라고 했다. 『한겨레』는 이를 "체감 시속 300km의 짜릿함"이라고 평했다.[15]

이지훈은 "2009년이 시작된 지금은, 언어가 필요 없는 이미지의 시대가 더 강력하게 자신들의 존재감을 넓히려는 것으로 보인다."라며 "시청률 40%를 넘나드는 SBS 드라마 〈아내의 유혹〉은 또 어떤가. 여타 드라마들에 비해 평균 3, 4배의 스피드로 극을 진행시키는 〈아내의 유혹〉은 그 '막장스러운' 말잔치 때문이 아니라, 방영 시간 내내 숨조차 가누지 못할 속도감 때문에 시청자들을 사로잡고 있는 게 아니던가. 듣고 말하고 쓰는 능력보다 보고 맡고 체감할 기회가 훨씬 더 많아진다면, 앞으로 우리들의 미래를 지배할 미디어 콘텐츠는 어떤 모습으로 다가올까. 그리고 거기에 한 발짝씩 발을 담근 사람들은…… 기대 반 걱정 반이 내 마음을 채우고 있는 요즘이다."라고 했다.[16]

시청자들은 무서운 속도감에 빠져들었지만 작가들에겐 고역이었다. 한 작가는 "임성한 작가의 작품이 연달아 인기를 끌면서 베테랑 선배 작가들 중에서는 절필을 심각하게 고민한 분들도 있었다. 깊이는 사라지고 속도만 남는다는 고민이었다."라면서 "그런데 이번에는 한 수 위의 작가가 탄생했으니 나를 포함해 많은 작가들이 앞으로의 지향점에 대해 심각하게 논의를 해야 할 때가 된 것 같다."라고 토로했다.[17] 이 때문에 일각에선 김순옥이 드라마 문법을 파괴했다는 지적도 일었는데, 이에 대해 김순옥은 아래와 같이 말했다.

"저녁 7시 15분에 누가 TV를 볼까. 시청률을 올리려면 TV를 안 보던 사람들도 일부러 드라마를 찾아보도록 만들어야 하는구나, 싶었다. A4 용지로 16장을 쓰면 1회 분량이 나오는데 난 항상 23장씩 써서 줬다. 그걸 다 찍은 뒤 돌려보면서 늘어지는 부분을 모두 쳐내 편집했다. 소위 말해 '엑기스'만 방송한 셈이다. 김수현 선생님이 이 드라마 보면서 혀를 찼다는 이야기도 들었는데, 당연한 비판이라고 생각하고 겸허하게 받아들이려고 한다."[18]

막장 드라마의 미덕은 새로운 시청층 발굴

주목 투쟁에 성공한 것일까? 20대의 막장 드라마 예찬론이 말해주듯, 막장 드라마는 세대를 초월해 인기를 얻었다. 바로 그런 이유 때문에 막장 드라마의 미덕으로 떠나간 시청자를 다시 브라운관으로 불러 모았다는 평가도 나왔다. 『미디어오늘』 2009년 2월 11일자 기사는 "드라마의 시청률은 극 자체의 속성보다 수용자 요인에 의해 더 크게 영향을 받는다는 연구 결과가 있다."라면서 다음과 같이 말했다.

"이 드라마는 빠른 전개 속도 등으로 남성 시청층까지 TV 앞에 앉혔다는 게 제작진의 자체 평가다. SBS의 인터넷 사이트를 관리하는 SBSi 관계자는 '30~40대의 적극적 참여가 눈에 띄는 점'이라고 전한다. 이런 결과는 시사하는 바가 크다. 인기 있는 드라마를 만들려면 어떤 공식을 찾는 데 매달릴 게 아니라 새로운 수요를 견인하려는 노력을 기울이는 게 더 효과적이란 얘기이기 때문이다. 수요 창출을 위해 새로운 시도가 필요한 건 물론이다. 비평을 하려는 언론 매체들도 진부한 답습을 벗어나 더 다각적인 분석을 내놓아야 할 때가 됐다."[19]

〈아내의 유혹〉이 30대 남성을 TV 앞에 앉혔다면 KBS 2TV의 〈꽃보다 남자〉는 20·30대 누님들을 잡아끌었다. 『한겨레21』 2009년 2월 27일자는 "그들의 축

● 드라마가 성공하려면 기존의 공식보다 새로운 시청층을 찾는 것이 효과적인데 그런 점에서 〈꽃보다 남자〉 는 20~30대 여성층을 끌어드려 성공을 거둔 좋은 예였다.

제는 토요일·일요일이 아니라 월요일·화요일에 열린다. 한 커피 광고에서 귀신보다 무섭다고 묘사한 월요일이 그들에겐 기다리고 기다리는 날이다. 오로지 '꽃보다 예쁜 그분들' 때문이다. 일찌감치 퇴근해 저녁 9시 30분부터 텔레비전 화면을 닦으면서 〈꽃보다 남자〉 그분들을 기다린다는 누님들이 한반도 각지에 빼곡하다."고 했다.

"꽃남 공화국의 주역들은 여성이다. 〈꽃보다 남자〉의 성별 시청률에서 여성은 66.7퍼센트를 차지했다(AGB닐슨미디어리서치 2009년 1월 5일~2월 10일 조사). 시청자 3명 중에 2명은 여성이란 통계다. 〈꽃보다 남자〉의 완성도에 대한 비판적 평가가 있지만 여성의 열광은 잦아들지 않는다. …… 꽃남은 향수까지 자극한다. 〈꽃보다 남자〉의 연령대별 시청률에서 눈에 띄는 계층은 30대 여성이다. 30대 여성이 〈꽃보다 남자〉의 시청자 중에서 15.5퍼센트를 기록해 20대 여성을 제치고 10대 여성과 함께 가장 높은 비율을 보였다. 10대의 교실에서 원작 만화를 돌려보고 20대에 대만판과 일본판 드라마를 다운받아 보았던 세대가 꽃남 열풍을 받치고 있다. …… 이들에게 〈꽃보다 남자〉는 인생의 한 페이지를 추억하게 하는 드라마다. 그래서 가끔은 유치한 장면도 용서가 된다."[20]

대중문화 평론가 이문원은 "〈꽃보다 남자〉의 진정한 쾌거는 다른 곳에 있다. TV를 떠난 계층, 초중고생과 20대 초중반 시청자들을 다시 불러들였다는 점이다."라고 했다. 〈꽃보다 남자〉가 25퍼센트 시청률을 확보하던 시점까지, 동시간대 선두 MBC 〈에덴의 동쪽〉 시청률에는 큰 변화가 없었지만 〈꽃보다 남자〉가 30%대로 올라서야, 그제서야 5퍼센트의 시청층 이탈이 일어났다는 것이다.

"결국 '없던 시청층' 25퍼센트를 만들어낸 드라마라는 이야기다. 어떻게 이런 일이 가능했을까. 상당 부분 '한국형 청소년용 콘텐트'의 천편일률성을 뒤집은 데 따른다. 엄격한 가이드라인에서 벗어나, 논란이 일고 있듯, '청소년용 막장 드라마'까지 가줘서다. 한국의 청소년용 콘텐트는 사실상 가장 엄격한 제한을 받았다. '자라나는 청소년을 보호하기 위한' 노력의 일환이다. 비현실적으로 밝고 명랑한 계몽극이 대부분이었다. 굳이 청소년 문제를 다루려면 지극히 진지하고 진중한 사회파 콘텐트여야 했다. 이를 벗어나면 바로 공격을 받았다. '나쁜 프로그램' 선정은 물론, 공영방송의 역할 망각이라는 비난까지 따랐다. 당연한 이야기지만, 극단적 압력은 극단적 자기 검열을 부른다. 어색한 자기 검열 콘텐트는 상품적 매력이 휘발된다. 그래서 청소년 시청층의 이탈이 일어났다. 타깃 시청층이 사라지니 청소년용 콘텐트 시장 자체가 무너졌다. 〈꽃보다 남자〉는 이 같은 가이드라인, 자기 검열을 무시하고 등장했다. 일반 상업 드라마 공식을 바로 적용했다. 그러자 터진 것이다. 별다른 전략 없이 가이드라인만 제어해도 얼마든지 되찾을 수 있는 시장임이 입증됐다. 방송계가 골머리를 썩고 있는 '미래 시청자 확보'에도 명확한 방점을 찍었다."

이어 "또한 '청소년용 막장 드라마'는 그 자체로만 그치는 게 아니다. 이목

끌기로 시장이 형성되고 나면, 더 많은 가능성을 낳게 된다."라면서 "결국 〈꽃보다 남자〉는 고양이 목에 방울 달기 격 이벤트로 봐야 한다. 논란의 여지는 있지만, 발전의 한 단계로 봐야 한다. 청소년용 콘텐트 시장 활성화의 한 계기로 인식할 필요가 있다. 여기서부터 수면 위로 드러난 25퍼센트의 시청층을 안착시킬 방안을 모색해야 한다."라고 주장했다.[21]

독을 탄 막장 드라마

막장 드라마에 대한 비판이 쏟아졌다. 사회가 합의하고 있는 윤리를 드라마가 흔든다는 게 비판의 골자였다. 『국민일보』 2009년 2월 12일자 기사는 "지금 한국 사회에 이른바 '막장 드라마'가 판을 치고 있다. 보다 높은 시청률, 보다 많은 이윤 획득을 노리는 제작자들은 일말의 성찰 없이 상식과 합리성, 가치와 도덕 개념을 포기한 줄거리 및 연출을 이어가고 있다."라고 했다.

"시청자는 시청자대로 현실의 모순을 망각하고 허위의식을 키워가면서 무비판적으로 열광하고 있다. 막장 드라마는 사회 구성원들의 말초적 본능을 부추기며 물신주의와 외모 지상주의를 극단적으로 조장하고 사회 비판 의식을 마취시킨다. TV의 막대한 파급력으로 왜곡된 가치관을 지속적으로 주입당한 사회는 결국 부지불식 간에 속으로 깊이 곯아 들어갈 수밖에 없다."[22]

『국민일보』 2009년 2월 13일자 사설은 "어제 본보가 보도한 「막장 드라마 홍수, 막장 사회 부추긴다」는 기사는 충격적이다. 드라마를 시청 안 한 사람들은 물론 드라마 애호가들조차 이 기사를 보며 '이 정도인 줄은 몰랐다'고 개탄했을 것이다."라면서 다음과 같이 주장했다.

"일각에선 드라마는 드라마일 뿐이므로 영화처럼 픽션으로 봐주면 그만 아니냐는 목소리도 있다. 그것은 TV의 특성을 몰라서 하는 소리다. 영화와 달리 시청 제한이 없는 TV는 영향력이 다른 매체와 비할 수 없을 정도로 광범위하다. 이런 안방 매체 특성상 드라마의 내용과 품질을 따지지 않을 수 없는 것이다. 또 다른 문제는 막장 드라마 경쟁에 공영방송까지 뛰어든 점이다. 공영방송이 민영방송과 한 틀에서 경쟁을 벌인다면 군이 공영방송을 둘 필요가 없다. 공영방송은 그만의 설립 취지에 맞는 프로그램 제작으로 국민의 교양 수준을 높이고 방송 문화를 선도해야 할 책임이 있다."

이어 시청자들의 일대 각성도 요구된다고 말했다. 방송사들의 막장 드라마 집착은 그만큼 많은 사람이 그런 드라마를 보기 때문이라면서 시청자들도 미디어에 대한 비판적 안목을 길러야 방송사들이 무차별 내보내는 막장 드라마에 수동적으로 끌려 다니지 않게 된다는 것이었다.[23]

막장 드라마 범람을 따라가기라도 하겠다는 듯 신문엔 막장 드라마를 비판하는 기사가 연일 게재됐다. 「아침·저녁·밤·주말 상관없이 무차별 개연성도 없는 엽기 설정 시청률 경쟁」, 「꽃보다 남자, 법法 위의 남자 불법 조장하는 고교생 주인공 드라마」, 「'막장 드라마' 왜 문제인가: 원초적 욕망만 자극……사회 윤리 흔든다」, 「'막장 드라마' 왜 문제인가: 돈 위해 딸 팔고…… 이보다 더 할 수는 없다」, 「'독'을 탄 드라마, 언제까지 성공할까」 등이 대표적이다.[24]

지식인은 물론 방송사 내부에서도 막장 드라마에 대한 쓴소리가 나왔다. 윤석진 충남대 국문과 교수는 "〈꽃보다 남자〉는 막장 드라마로 부르는 것조차 관대한 평가라고 할 만큼 사회적 폐해가 크다."라며 "드라마는 본래 허구이기 때문에 별 문제가 없다는 생각을 갖고 있었는데, 요즘 막장 드라마를 보니 폐해가 너무 심각해 생각이 바뀌었다."라고 했다.[25] MBC 이주환 드라마국장은 "드라마 제작을 하면서 시청률을 무시할 수는 없다."라며 "다만 최근 드라마들(막장 드라마)의 쏠림 현상은 반성해야 한다."라고 말했다.[26] KBS 한 드라마 PD는 "현장에서는 이른바 독을 탄다고 하는데 심하게 독을 탈 경우 동업자 입장에서 앞으로 제작은 더 힘들어진다."라며 "악화가 양화를 구축하는 상황이 될까 우려스럽다."라고 말했다.[27]

복수하고 싶은 사람 모여라

막장 드라마에 이어 이른바 '분노 드라마', '복수 드라마'가 등장했다. 막장 드라마의 대표로까지 분류된 〈아내의 유혹〉은 물론이고 KBS 주말 연속극 〈내 사랑 금지옥엽〉, MBC 일일 드라마 〈사랑해 울지마〉, 〈미워도 다시 한 번〉 등이 그런 경우다. 공교로운 것은 복수 드라마의 주인공 대다수가 '악녀'라는 사실이었다.

『PD저널』 2009년 2월 11일자 기사는 "최근 '악녀'들의 드라마 등장이 눈에 띄게 늘어났다. 악한 캐릭터는 이야기를 가장 쉽게 이끌어가는 요소 중 하나다. 그러나 1990년대 유행했던 트렌디 드라마가 2000년대 들어 주춤하면서 극단적인 성격의 악녀 역시 눈에 띄게 줄어들었다. 그러나 최근 인기 드라마를 보면 '권선징악'과 복수라는 모티브로 악녀들이 주요 인물로 다시 등장하고 있다."라고 했다.

"일부 전문가들은 이런 드라마들이 최근 경기 침체에 따른 피폐한 사회상을 반영한다는 분석을 제기한다. 사회가 복잡하고 어수선하면 오히려 단순화된 캐릭터에 시청자들이 반응을 보이고, 이런 드라마가 사회적인 스트레스를 한꺼번에 풀어내는 창구 역할을 하게 된다는 것이다."[28]

최승현은 "분노를 해일처럼 퍼붓는 TV였다. 비난·울분·폭력·욕설이 브라운관에서 집 안 구석구석으로 퍼져나가고 있었다. 잠깐이었지만 아이는 뚫어져라 화면을 응시했다. 이날 방송된 〈아내의 유혹〉 70회는 전체 방송 분량 33분 중 15분 10초가 고함·싸움·절규로 채워졌다. 동서고금 픽션 사상 유례없는 경우가 아닐까 싶을 정도. 배신과 눈물을 앞세운 신파 드라마의 대가 김종창 PD(〈장밋빛 인생〉)도 '드라마 한 편에서 인물들이 갈등을 빚으며 충돌하는 부분은 4분의 1 정도면 충분하다' 고 하니, 〈아내의 유혹〉이 쏟아내는 물량 공세는 엄청날 따름이다. 비슷한 시간 방송된 〈사랑해 울지마〉 62회 역시 시작부터 5분여간 줄기차게 출연자들이 울고 싸웠다. '막장' 보다 더 무서운 '분노' 드라마의 창궐은 그렇게 이어지고 있었다." 라면서 다음과 같이 말했다.

"당신이 평소와 다름없는 어리광을 부리고 있는 아들 머리를 자신도 모르게 쥐어박고 있다면, 밤늦게 퇴근한 아내에게 와이셔츠 다려놓지 않았다고 성질내며 문을 박차고 있다면, 혹시 '분노 드라마' 에 중독된 건 아닌지 의심해볼 일이다." [29]

『한겨레』 2009년 2월 26일자 기사는 "복수하고 싶은 사람 모여라! 최근의 드라마는 마치 이렇게 외치는 듯하다." 라고 진단했다. 정석희는 "현실에선 용서와 화합이 강조되는데 드라마에서 복수가 넘쳐난다." 라며 "요샌 아침 드라마의 화두도 불륜이 아니라 복수다. 〈그 여자가 무서워〉(SBS)가 복수극의 전초전이었다. 말도 안 되는 복수 이야기를 저녁 7시 40분 일일극으로 내보냈다." 라고 했다. 시나리오 작가 신광호는 "걱정되는 건, 이런 자극적인 드라마들에 열광을 하면서 또 복수 가지고 안 되고, 복수의 따따블이어야 만족할 듯하다는 거다." 라고 말했다. [30]

복수 드라마의 창궐은 대중문화 전반에 퍼진 이른바 '피해자 증후군' 과 무관하지 않다는 분석도 나왔다. '네 탓 증후군' 이라 할 수 있는 '피해자 증후군'

●아침 드라마 〈그 여자가 무서워〉는 자동차 사고로 얼굴에 흉터가 난 주인공이 화려한 여성으로 변신한 후 전 애인에게 복수하는 내용의 드라마다. 이런 복수 드라마의 창궐은 대중문화 전반에 퍼진 '피해자 증후군'과 무관하지 않았다.

이 '상대방 홈집 내기'와 '앙갚음' 심리로 이어지고 있고, 이게 복수 코드와 관련이 깊다는 것이다. 한준 연세대 사회학과 교수는 "TV 드라마나 리얼 프로그램의 네 탓이나 복수 심리는 모두 기존 현실이 투영된 결과"라며 "장기적인 불황 속에서 혼자 살겠다는 이기주의가 팽배하고 남을 배려하지 않는 문화가 방송이나 가요에도 이어지고 있다."라고 했다.[31]

현실과 막장 드라마, 누가 더 막장인가

막장 드라마에 대한 옹호도 만만치 않았다. 현실이 막장 드라마보다 더한 막장이며 막장 드라마는 바로 그런 현실을 반영하고 있다는 주장이다. 최병준은 "아내가 드라마에 빠졌다. 〈꽃보다 남자〉다. 뉴스는 챙겨봐도 드라마에는 별 관심이 없던 여자였다. 그런데 요즘 케이블TV에서 재방송까지 챙겨 본다."라면서 삶이 고단한 시대에 신데렐라 판타지가 오히려 잘 통하는 법이다고 분석했다.

"뻔한 드라마를 왜 볼까? '뉴스만 보고 있으면 가슴이 콱 막히고 답답해서.' 하기야 새해부터 밝은 소식이라곤 찾아보기 어렵다. 1월엔 용산참사가 벌어졌다. 6명이 사망했다. 검찰 수사 결과는 어처구니없었다. 2월엔 연쇄살인범 강호순의 뉴스가 연일 TV를 장식했다. 범죄 스토리가 매일 생중계됐다. 청와대 행정관이 '살인 사건 홍보' 지시까지 내린 게 밝혀졌다. 다시 말 많은 인사청문회. 이어 어이없는 화왕산 산불까지……. 세상에 돋보기를 들이대고 있으면 가슴이 답답할 만도 하다. '드라마가 무슨 책인가. 생각하고 연구하면서 보게…….' 〈꽃보다 남자〉는 오히려 '만화 수준'이어서 좋다고 했다."

이어 경제적 어려움 없이 행복하고 넉넉하게 산다면 굳이 신데렐라를 꿈꿀 필요가 없으며 삶이 고단한 시대에 신데렐라 판타지가 오히려 잘 통하는 법이라면서 "사회학자들은 이렇게 착하고 순종하면서 열심히 살면 나도 행복하게 될 수 있다는 여성들의 심리를 신데렐라 콤플렉스라고 비판한다. 혼자서만 열심히 살면 세상이 보상을 해줄 것이라는 수동적인 자세로는 아무것도 해결할 수 없다는 뜻이다. 아내도 모를 리 없다. 하지만 현실은 비극보다 비극적이다. 그래, 드라마는 드라마일 뿐이다."라고 했다.[32]

이영미는 "모든 대세에는 필연적 이유가 있다. 섣부른 윤리적 평가에 앞서, 그것의 의미를 차분히 설명해내는 것이 필요하다."라면서 다음과 같이 말했다.

"이를 대세로 만든 것은 다름 아닌 우리다. 10년 전 경제위기 때 유행했던, 여주인공 둘이 야망과 사랑을 쟁취하기 위해 짓밟고 싸우는 '야망의 콩쥐팥쥐형 드라마'(〈토마토〉 등)와는 비교할 수도 없을 만큼 그악스럽고 여유 없는 지금의 드라마들은, 자신의 욕망을 반추하고 타인을 배려할 만한 조금의 여유조차 없는 우리의 심성을 고스란히 보여준다. 결국 공멸의 길임이 분명하건만, 인물들은 욕망의 전쟁터에서 서로 짓밟고 당하고 복수한다. 최소한의 법이나 윤리 같은 것이 완전히 무력화된 상황에서 인간들이 무언가를 지향하는 바도 없이 그저 견딜 수 없어 몸부림치고 서로 짓밟을 수밖에 없다는 점에서, 막장 드라마와 지금 우리의 현실은 매우 닮아 있다. …… 그래서 어른들은 〈꽃보다 남자〉를 보면 요즘 애들이 걱정된다고들 하지만, 나는 애, 어른 모두 걱정스럽다."[33]

차우진은 〈꽃보다 남자〉와 관련해 "금잔디를 향해 아이들이 소화기를 쏘는 장면이 나오기 얼마 전에 국회에서 실제로 소화기를 쏘는 폭력 사태가 있지 않았느냐."라며 "현실에서 이런 일이 비일비재한데 드라마에서 그런 폭력을 본다고 거부감이 생기겠느냐."라고 했다.[34]

김선주는 "왜 〈꽃보다 남자〉를 보느냐고, 왜 〈아내의 유혹〉을 보느냐고 비난하지 말길 바란다. 나도 본다. 키 크고 잘생기고 똑똑하고, 사랑에 올인하는 재벌 아들과 결혼할 꿈을 꾸는 처지도 아닌데, 딸이 있어서 그런 사위를 얻을까 두리번거리는 것도 아닌데, 그냥 본다. 남편이 다른 여자랑 결혼하려고 임신한 아내를 바닷물에 빠뜨리고, 죽은 줄 알았던 아내가 살아나 남의 집 딸로 둔갑해 몇 달 만에 다시 그 남편과 결혼하는 것이 말이 안 된다는 것을 알지만 그냥 본다."라고 했다.

"서민들은 결코 현실에서는 일어날 수 없는 일을 꿈꾼다. 세탁소집 딸이 재벌 아들과 맺어지기를, 악을 저지른 자를 응징하고 밟아버리기를, 그것은 현실에서는 결코 이루어지지 않는다. 그렇지만 드라마를 통해 대리만족을 얻고 싶어서다. 상식적으로 이것저것 따지고 볼 필요가 없다. 막장 드라마라기보다는 묻지마 드라마다. 예쁜 것 보니까 눈이 즐거울 뿐이고, 악을 응징하는 것 보니까 속이 시원할 뿐이고, 그게 전부다." 이어 김선주는 국민이 드라마를 보며 꿈을 꾸고 있는 사이에 드라마보다 더한 막장 드라마가 사법부에서 펼쳐지고 있다고

했다.[35]

2009년 3월 3일 대한석탄공사가 '막장 드라마'나 '막장 국회' 같은 유행어의 사용에 제동을 걸고 나섰다. 조관일 석탄공사 사장은 '막장은 희망입니다'라는 글을 통해 "광산에서 제일 안쪽에 있는 지하의 끝부분을 뜻하는 '막장'이라는 말이 좋지 않은 의미로 사용되고 있는 데 대해 석탄공사 사장으로서 항의하지 않을 수 없다."라고 말했다. 그는 "지금 이 순간에도 2000여 우리 사원들은 지하 수백 미터의 막장에서 땀 흘려 일하고 있다."라며 "본인은 물론이고 그들의 어린 자녀를 포함한 가족들의 처지에서 막장 운운하는 소리를 들을 때마다 얼마나 상심하고 가슴이 아픈지 생각해봤느냐."라고 물었다. 그는 또 "막장은 폭력이 난무하는 곳도 아니고 불륜이 있는 곳도 아니다."라며 "30도를 오르내리는 고온을 잊은 채 땀 흘려 일하며 우리나라 유일의 부존 에너지 자원을 캐내는 숭고한 산업 현장이자 진지한 삶의 터전"이라면서 "'막장'이란 단어의 '막'은 어떤 분야에서 최고의 경지에 오른 사람에게 사용되는 용어이기도 하다."라며 "드라마든 국회든 희망과 최고의 경지를 의미하는 것이 아닌 한 함부로 이 말을 사용하지 말아달라."라고 강조했다.[36]

막장 드라마는 다이내믹한 국민성과 딱 맞는다

송원섭 기자는 "국어사전에서 '막장'을 찾아보면 '갱도의 막다른 곳'이라는 설명이 나온다. '인생 막장'이라는 말에서도 알 수 있듯, 더 이상 갈 데가 없을 정도로 원색적이고 노골적인 선정성이 '막장 드라마'의 특징이다."라면서 최근엔 "셰익스피어 극에도 소위 '막장성 요소'는 있다."라며 막장 드라마를 옹호하는 논리까지 등장했다고 했다.

"어찌 보면 맞는 말이다. 『리처드 3세』의 주인공 리처드는 자신의 손에 남편을 잃은 여인에게 뻔뻔스레 청혼하는가 하면 어머니와 형수의 저주를 받으면서 조카딸에게 청혼한다. 이 밖에도 남녀 쌍둥이를 구별하지 못하는 이야기(『십이야』), 죽은 사람처럼 보이게 하는 신비의 약 때문에 벌어지는 비극(『로미오와 줄리엣』) 정도는 쉽게 발견된다. 물론 대문호의 작품에서도 이런 요소가 보이는데 한낱 TV 드라마에서 그 이상 무엇을 기대하겠느냐는 말을 하자는 건 아니다. 다른 논의를 다 미뤄두고, 셰익스피어가 활동하던 시대가 언제인지만 살펴보자. 16세기 말에서 17세기 초, 우리나라로 치면 『홍길동전』과 비슷한 연대다. 한마디로 막장 드라마는 시청자를 400년 전 수준으로 끌어내리고 있는 셈이다."[37]

막장 드라마가 한국인의 화끈한 국민성과 코드가 잘 맞는다는 분석도 있다. 동아일보 논설위원 김순덕은 "시청자들이 왜 욕을 하면서도 막장 드라마에 열광하는지 아는가. 액션이 있어서다. 나중에 방송 징계를 받더라도 사필귀정과 권선징악을 확실하게 보여준다. 화끈한 데 열광하는 다이내믹한 국민성과 딱 맞는다."라고 했다.[38]

영화감독 육상효는 "세상이 점점 각박하고 막장화하기 때문에 이 드라마들이 인기를 얻는다고 말하는 건 2000년 전부터 언제나 말할 수 있었던 속류 사회학이다. '욕하면서 본다'는 말도 궤변이다. 싫어서 보는 것은 초등학교 단체 관람 이후로는 통하지 않는다. 선택권이 있는 상황에서 싫어서 보는 것은 세상에 없다. 욕하면서 보는 게 아니라 흥미가 있어서, 재미가 있으니까 보는 것이다."라면서 다음과 같이 말했다.

"그 이유는 바로 이 드라마들이 오래된 통속극 전통들을 아주 집약적으로 주저 없이 재현하고 있기 때문이다. 그 자체로 새로운 것은 아니지만 그 태도와 자세만은 아주 새로운 것이다. 주로 주부 시청자 대상의 아침 드라마의 전략이 좀 더 세련된 탈을 쓰고 밤 시간에 시도되는 것이다. 모든 문화적 창작물은 물론 감정의 동요를 목적으로 한다. …… 통속극은 감정적 동요에만 집중한다. 이야기와 캐릭터의 일관성은 없지만 장면마다 강력하게 감정적으로 요동치고, 인물마저 꽃미남으로 미술화한 드라마의 때깔은 화려하다. 그래서 이 드라마들은 판타지로 변한다. 판타지의 대리만족은 〈꽃보다 남자〉에만 있는 것은 아니다. 〈아내의 유혹〉처럼 일상에서는 결코 찾아볼 수 없는 복수와 분노의 드라마도 일상에 숨겨진 사람들의 욕망을 대리 만족시켜주는 것이다. 짜릿한 쾌감과 중독이 그 뒤에 따른다. 그래서 차라리 두 드라마는 거대한 컬트다. 말이 안 되는 것 자체가 이 컬트의 정체성이다. 그것을 즐길 수 없다면 당신은 이미 시대에 뒤진 지나치게 고루한 보수주의자일뿐이다.”[39]

최지영 KBS 드라마 책임 PD는 “시청자들이 드라마를 사랑하고 본다는 건 직접 드러낼 수 없는 걸 드라마가 대신해주기 때문”이라며 “(막장 드라마 열풍을 보며) 우리가 (현실에서) 막장으로 살고 있는 건 아닌지 반성할 필요가 있다.”라고 말했다. 이어 “한국 사회는 갈등을 다루는 데 있어 너무 터부시하는 측면이 있다.”라며 “(드라마 소재에 대한) 관용도를 높이지 않으면 드라마의 다양성은 허물어질 것”이라고 했다.[40]

여러분, 우리 드라마 막장 아닙니다

막장 드라마는 최고의 시청률을 기록하며 안방을 접수했지만, 광고계로부터는 환영받지 못했다. 문주영에 따르면, “〈아내의 유혹〉은 시청률 40%를 넘나들며 주부층은 물론 남성층까지 TV 앞으로 끌어들이며 화제를 모았지만 방송 CF에 출연한 연기자는 극 중 정교빈 역을 맡은 변우민이 유일했다. 그나마도 그가 찍

● 막장 이미지는 광고에 도움이 되지 않기 때문에 막장 드라마가 최고 시청률을 기록해도 광고계의 환영을 받지 못했다. 예외적으로 〈아내의 유혹〉의 변우민만이 '찌질이 남편' 이미지로 CF를 찍었다.

은 KT의 '집 나가면 개고생이다' CF는 드라마 속 '찌질이 남편' 의 이미지를 그대로 차용한 것이었다. 이처럼 막장 드라마는 시청률로는 성공할 수는 있어도 극 중 연기자들에게 CF 기회는 잘 주어지지 않는다. 드라마 속 악하거나 못난 이미지가 너무 강해 광고주들이 좀처럼 원하지 않기 때문이다."

제일기획 이정은 국장은 "광고라는 건 제품의 이미지를 좋게 만들어야 하는데 드라마 속에서 나쁜 이미지로 각인된 연기자는 아무래도 피하게 된다."라면서 "극 중 고급스럽고 깔끔한 이미지가 광고계에선 더 사랑받으며 소위 막장 드라마의 출연자들은 CF스타로선 선호되기가 힘들다." 라고 말했다.[41]

한국광고주협회 상근부회장 김이환은 "막장 드라마에 대해 우리 광고주들은 어떤 입장을 취해야 할 것인가?"라는 질문을 던진 후 "욕하면서 즐겨 보는 막장 드라마는 주부 시청자와 높은 시청률을 감안할 때 광고 효과가 높은 프로그램임에 틀림없다. 광고 집행에 있어 광고 효과가 최우선이지만, 최근 미풍양속에 반하는 드라마, 반교육적인 드라마 등에 광고를 하는 것은 신중하게 재고를 해야 할 문제라고 본다. 광고주들도 이제 사회 책임을 다하는 윤리 경영 차원에서 막장 드라마에 광고를 하는 일에 대해 고민을 해야 할 시점에 왔다고 본다."라고 했다.

이어 김이환은 세계적인 글로벌 기업들은 기업 이미지를 고려해 이런 경우 광고를 자제하는 경우가 많다면서 다음과 같이 주장했다.

"우리나라 기업은 기본적으로 윤리 경영을 원칙으로 한다. 또한 사회적 책임을 다하기 위해 여러 사회 공헌 활동을 벌이며 많은 노력을 해왔다. 기업 이미지 제고 차원에서도 광고 집행에 보다 신중해야 할 필요가 있다. 또한 우리 드라마 콘텐츠의 해외 수출이 활발히 진행되고 있는 요즘 국가 이미지 제고를 위해서도 미풍양속에 저해되고 반교육적이며 비상식적 드라마의 제작은 지양되도록 힘을 쏟아야 한다. 아울러 드라마 콘텐츠의 질적 향상을 도모하고 유익하고 좋은 프로그램이 많이 제작돼 광고 효과를 높일 수 있는 방법에 대해서도 함께 고민해보는 것이 바람직하다."[42]

막장 드라마에 대한 비판은 이른바 작가와 배우들의 자기 검열도 불러왔다. 배우 안내상은 〈수상한 삼형제〉의 제작 발표회에서 "실제로 현실에서 일어나는 일을 좀 더 적극적으로 표현했다고 '막장'이라고는 할 수 없다."라며 드라마 작가 문영남을 변호하고 나섰다. 이게 시사하듯, 막장 드라마가 범람하자 드라마 제작 발표회에선 배우들이 먼저 나서 자신들이 출연하는 드라마는 '막장'이 아니라고 항변했다. "여러분, 우리 드라마 막장 아닙니다."(안내상), "막장 드라마가 아니라고 해서 출연을 결심했어요."(권오중), "막장 취급하는 것은 출연 배우로서 거부하고 싶다."(조민기)[43]

〈수상한 삼형제〉는 경찰 홍보 드라마인가

2009년 12월 KBS 2TV 주말 연속극 〈수상한 삼형제〉는 드라마 속에서 경찰을 홍보해 논란의 대상이 됐다. 시위대를 과잉 진압해 책임을 져야 하는 경찰 간부가 괴로워하는 상황을 설정한 장면에서 그는 "세상은 경찰한테 너무 냉정하다. 경찰은 사람도 아니고 목숨도 아니다. 그게 슬프다."라고 호소했는데, 이게 문제가 된 것이다. 이에 앞서 "시위 진압하다 사고만 나면 무조건 과잉 진압으로 몰아붙이는데 화염병 던지는 시위대한테 어떻게 해야 하나. 뉴스엔 시위대 다친 것만 크게 나오고 경찰 다친 건 나오지도 않았다." 등의 대사도 문제가 됐다.

『경향신문』 2009년 12월 27일자 기사는 "KBS 2TV 주말 드라마 〈수상한 삼형제〉를 보면 우리가 5공 시대로 돌아와 있다는 착각이 든다. 노골적으로 경찰의 시위대 과잉 진압을 옹호하고 시위대를 가해자로 간주하는 듯한 내용을 내보내고 있기 때문이다. 그러다보니 경찰이 자체 제작한 홍보 드라마 같다는 평가마저 나왔다."라고 했다.

"이 정도면 드라마를 가장한 경찰 대변 프로라고 해도 무방할 듯싶다. KBS 드라마 제작국장은 '드라마를 지나치게 정치적 시각으로 해석하지 말아달라'고 했다고 한다. 말 잘했다. 우리도 주말 저녁 홈드라마를 정치를 벗어나 편안히 보고 싶다. 그런데 경찰 입장만 일방적으로 보여주니 불편하다. 그렇다고 시위대의 입장도 균형 있게 반영하라는 것은 아니다. 우리는 작가와 제작진의 정치적 성향도 존중받아야 하지만 경찰이 주인공인 드라마라 해서 이런 내용을 마구 끼워 넣는 것은 공영방송으로서 시청자에 대한 예의가 아니라고 본다. 또 이런 억지스러운 '경찰 홍보'가 얼마나 효과를 거둘지도 의문이다."[44]

『한겨레』 2009년 12월 28일자 사설은 "실무자들은 경찰들이 사사로이 푸념을 늘어놓는 걸로 봐 넘길 수 있지 않으냐며 억울해할지 모르겠다. KBS 드라마

©KBS

● 〈수상한 삼형제〉에서는 아버지와 아들이 경찰 역할로 나와서인지 노골적으로 경찰을 옹호하는 대사가 문제가 되었다.

제작국장도 '경찰 가족이 중심인물인 드라마에서 충분히 나올 수 있는 장면' 이라고 말했다. 격무에 시달리는 경찰들이 어려움을 호소하는 내용이었다면 그런 대로 들어줄 만하다 하겠다."라면서도 "하지만 이번 경우는 아무리 봐도 심했다."라고 꼬집었다.

"시위대와 경찰의 대립 관계에서 노골적으로 경찰을 편들기 때문이다. 비록 드라마가 허구일지라도 현실과 무관할 수만은 없다. 따라서 드라마 내용이 실제 상황을 왜곡하는 효과도 생각했어야 마땅하다. 요즘은 시위에 화염병이 잘 등장하지 않는데다, 시위대의 폭력이 아니라 시위대에 대한 경찰의 폭력이 말썽이 되고 있다는 것쯤은 제작진도 알 것이다. 그러니 드라마를 정치적으로 해석한다고 탓하기만 할 수는 없을 것이다. …… 드라마까지 정치적으로 해석해 비난하는 건 바람직한 일이 아니다. 문화예술에 대한 정치적 해석과 압박은 표현의 자유를 위축시키고 금지와 성역을 강화시킬 위험이 크기 때문이다. 하지만 드라마가 그 자체로 받아들여지게 하려면 제작진의 분별력과 엄격성이 먼저 요구된다. 특히 대통령 특보 출신이 사장으로 취임한 KBS이기에 더욱 신중해야 마땅하다. 시청자들은 드라마만이라도 편안하게 즐기고 싶다."[45]

르포 작가 이선옥은 "〈수상한 삼형제〉는 경찰청의 후원을 받고 있다. 그러나 후원에 대한 대가라 해도 극의 전개와 연관도 없이 생뚱맞은 공안 발언을 내보내는 것은, 간접 광고보다 더 심각한 규제와 징계를 해야 할 일이다."라고 말했다.

"간접 광고는 해당 제품을 사든, 사지 않든 시청자가 판단할 몫이지만, 일방적인 선동은 불특정 다수의 시청자들에게 경찰청의 공안 이데올로기를 강요하는 행위이기 때문이다. 그러나 방송통신심의위원회(방통심의위)는 아무 말이 없다. 특정 제품을 간접 광고하는 것은 제재 대상이고, 정권의 보위 조직인 경찰청을 직접 광고하는 것은 제재 대상이 아닌가 보다. 더구나 시위대를 일방적으로 매도하고, 폭력 집단으로 왜곡한 대사가 여과 없이 방송을 타는데도 이에 대해서는 말이 없다. 온 국민의 유행어가 된 시트콤의 '빵꾸똥꾸'라는 대사조차 미풍양속을 해친다며 제재한 그 방통심의위가 말이다."[46]

공영방송 KBS의 일본 드라마 리메이크

일본 만화를 원작으로 한 〈꽃보다 남자〉의 흥행에 크게 고무받았기 때문일까? KBS는 〈꽃보다 남자〉가 대박을 터뜨리자 일본 리메이크작을 연속 편성했다. 〈결혼 못하는 남자〉, 〈공부의 신〉 등이 그런 경우다. 공영방송 KBS의 연이은 일본 드라마 리메이크는 논란을 불러왔다. 『경향신문』 2010년 1월 18일자 기사는 "KBS를 비롯한 공영방송이 우리 고유의 새로운 아이디어 개발과 작가 등 인력 발굴에 대한 투자를 외면하고 해외 히트 드라마 베끼기에만 신경을 쓴다면 한국 드라마의 미래는 암울할 수밖에 없다. 가뜩이나 아시아 시장에서 시들고 있는 '한류'가 언제 '일류'에 잠식당할지 모르는 일이다. 〈공부의 신〉의 인기가 한편으로 씁쓸한 이유다."라고 했다.

대중문화평론가 김봉석은 "시청자의 수신료를 받아 운영되는 공영방송 KBS 가 자국의 콘텐츠 개발에 노력하지 않고 해외 드라마를 가져와 복제하는 데 앞장서는 것은 앞뒤가 맞지 않는다."라고 했다. TV 드라마 평론가 김원은 "일본 드라마의 상상력은 한국 드라마보다 훨씬 입체적이고 풍성한 데다 일본에서 히트한 드라마는 한국에서도 성공할 확률이 높기 때문에 제작진이나 방송사들이 그 유혹을 떨치기 어려운 것"이라며 "하지만 공영방송까지 나서서 일본 드라마 복제품 제작에 열을 올리는 이런 추세라면 한국 드라마 제작의 기반마저 흔들릴 수 있다."라고 지적했다.[47]

KBS노조는 〈공부의 신〉의 제작 경위를 노사 공정방송추진위원회의 안건으로 올리겠다고 말했다. 최성원 KBS노조 공정방송실장은 "방송법에 따르면 KBS 는 국내외를 대상으로 민족문화를 창달하고 민족의 동질성을 확보할 수 있는 방송 프로그램을 개발해 방송해야 한다고 명시돼 있다."라며 "그런데 일본의 문화와 교육 환경이 녹아 있는 일본 드라마들을 그대로 가져와 베낀 작품을 KBS가 앞다퉈 방송하는 것은 책임 방기에 해당한다는 게 노조의 판단"이라고 말했다. 1월 27일 열린 노사 공정방송추진위원회 회의에서 KBS는 일본 원작 드라마의 리메이크화 등 드라마 선정 과정에서 앞으로 유의한다는 결론을 내렸다.[48]

〈공부의 신〉은 숱한 비판과 논란 속에서도 학부모와 수험생의 열렬한 지지를 받았다. 사실 따지고 보면, 〈공부의 신〉의 성공은 이미 예견된 것이었는지도 모른다. 한국 사회의 현실과 한국인의 욕망을 직설적으로 다루었기 때문이다. 서울여대 언론영상학부 교수 김미라는 2010년 1월 "허구인 드라마는 아이로니컬하게도 현실의 욕망을 고스란히 투영한다. 경쟁작들을 멀찌감치 따돌리고 최강자로 등극한 KBS 〈공부의 신〉의 흥행 배경도 우리 안에 꿈틀대는 학벌주의, 무

● 일본 드라마가 원작인 〈공부의 신〉은 공영방송 KBS의 설립 취지에 맞지 않는다는 논란을 불러일으켰고, 학벌주의를 조장한다는 비판을 받았다.

한경쟁사회의 '정글의 법칙' 을 직접화법으로 풀어낸 데 있다." 라고 분석했다.

　"일본 만화를 원작으로 한 이 드라마는 삼류 고등학교의 문제아들이 특별반에 들어가 집중훈련을 받으면서 최고의 국립 명문대에 합격하는 인생 역전을 그리고 있다. 교육방송도 아닌 공영방송의 드라마에서 일류대 진학을 위한 비법을 전수한다는, 어찌 보면 생경할 수도 있는 이 드라마에 중고등학생인 10대와 부모 세대인 40대가 열광하는 것은 어떤 이유일까. 어떤 환경에서도 누구나 열심히 하면 일류대에 갈 수 있다는 신화와 판타지가 일시적이지만 위안과 대리 만족을 주기 때문이다." [49]

KBS 드라마는 정부 정책 홍보의 장인가

2010년엔 이른바 '친정부 드라마' 에 대한 논란이 거세게 일었다. 그런 논란은 이명박 정권의 각종 정책과 알레고리를 이루면서 급속하게 확산됐다. 드라마가 정부 정책 홍보의 장으로 이용되고 있다는 비판이었다. 이명박 정권 출범 이후 불거진 정치적 독립성과 공영성 논란을 보여주기라도 하듯, 친정부 드라마 논란은 거의 대부분 KBS 드라마에 집중되었다.

『시사인』 2010년 1월 25일자 기사는 "경쟁을 부추기고 순위 매기기를 좋아하는 이명박 정부 교육 정책과 〈공신(공부의 신)〉, 어딘가 비슷하다. 〈공신〉 시청자 게시판에는 김지연 씨(아이디 dada14)의 '성적지상주의 MB식 교육의 진수를 보여주는군요. 교육은 없고 성적 트레이닝만 있군요'라는 글이 올라왔다. 강병표 씨(아이디 rkdqudvy)도 'MB의 교육 정책에 동조하면서 그런 정책을 시청자에게 비판 없이 내면화시키려는 목적으로 만들어진 게 아닌가 의심이 듭니다'라고 글을 올렸다."라면서 "문제는 이처럼 친정부적 콘텐츠가 〈공신〉 하나뿐이 아니라는 것이다."라고 했다.

앞서 거론한 〈수상한 삼형제〉와 〈명가〉가 그런 경우다. 특히 1월 2일 KBS 1TV에서 첫 방송을 한 드라마 〈명가〉는 기획 단계에서부터 최시중 방송통신위원장을 염두에 두고 만든 게 아니냐는 논란이 일었다고 했다.

"KBS PD협회는 지난해 9월 '경주 최 부잣집을 소재로 한 대하사극을 준비하라는 지시가 내려왔다'라고 밝힌 바 있다. 12.4퍼센트(1월10일 기준) 시청률을 보인 드라마 〈명가〉는 경주 최씨 최부잣집 최국선이 '노블레스 오블리주'를 실천하며 살아온 일대기를 그린 드라마다. 최 위원장이 최국선의 직계 후손은 아니지만 2009년 5월 경주 최씨 중앙종친회장이 되었기에 의심을 산 것이다. 시청자 강욱 씨(아이디 adenza 777)는 '혹시 최시중 방송통신위원장님을 위해서 제작한 게 아닐까 하는 의심이 드네요. 다음은 월산 이씨 가문을 조명하는 드라마?'라고 시청자 게시판에 글을 올렸다."[50]

『미디어오늘』 2010년 6월 16일자 기사는 "한국전쟁 60주년을 앞두고 공영방송사들이 잇달아 전쟁 당시의 상황을 소재로 한 대형 드라마를 방송하는 것을 두고 우려의 목소리가 나오고 있다."라며 "두 방송사의 이른바 6·25 특집 드라마에 국방부는 탱크와 총기류, 포, 트럭 등 군용 차량 및 촬영 지원을 했고, 경기도와 콘텐츠진흥원도 MBC에 수억 원의 협찬을 제공한 것으로 드러났다."라고 했다.

KBS의 〈전우〉와 MBC의 〈로드 넘버원〉이 그런 경우다. 〈전우〉는 탱크 및 무기와 현장 촬영 협조를 받았으며, 〈로드 넘버원〉은 총 제작비 130억 원 가운데 경기도와 부천시, 콘텐츠진흥원에서 각각 5억 원을, 국방부에서는 제작비에 포함되지 않았지만 총기와 탱크, 105mm 포, 트럭 등을 지원받았다. 이창수 한국전쟁전후민간인학살규명범국민위원회 운영위원장은 "전쟁의 참상을 기억하도록 하는 것은 끔찍한 당시에 대한 성찰보다는 전쟁에 대한 미화, 과도한 안보의식 조성 등을 낳을 수 있다."라며 "공영방송이 아직도 해소되거나 규명되지 않은 여러 역사적 사실이 남아 있음에도 전투사 중심으로 이를 기술하겠다는 것은 전쟁의 현실보다는 자칫 전쟁으로 인한 국가주의, 애국주의, 전쟁에 대한 낭만이라는 단면만 드러낼 우려가 있다."라고 지적했다. 그는 또 "한국전쟁 60주년을 전쟁놀이하듯 접근하는 것 같아 걱정"이라고 말했다.[51]

김수정 기자는 "전쟁을 소재로 한 이들 영화를 '반공 이데올로기'와 연결 짓는 것은 무리가 있지만, 한동안 스크린과 안방극장에서 '포탄' 터지는 소리를 들어야 하는 것은 사실이다. 전쟁 영화가 쏟아지는 현상은 조용히 지나간 광주민주화운동 30주년과는 대조적이다."라면서 다음과 같이 꼬집었다.

"두 사건 모두 한국사에서 매우 중요한 의미가 있지만 한국전쟁이 화려한 조명을 받는 반면, 광주민주화운동은 2007년 개봉한 〈화려한 휴가〉를 제외하고는 제대로 다뤄질 기회가 없었다. 광주민주화운동을 소재로 한 영화 〈29년〉은 투자 여건이 좋지 않아 제작이 힘들어졌다. 만화가 강풀의 『26년』을 원작으로 하는 〈29년〉은 5·18 당시 계엄군으로 시민을 사살했던 김갑세가 26년이 흐른 뒤 피해자 자녀를 모아 당시 사건의 총책임자인 '그 사람'을 암살하려 한다는 내용으로 만화 연재 당시에도 큰 화제를 모았다. 그러나 이 영화는 캐스팅까지 완료된 상황에서 결국 제작이 무산됐다. 익명을 요구한 한 영화 관계자는 '대형제작사가 제작을 맡았음에도 투자를 받지 못해 영화화하지 못한 〈29년〉은 제작 과정에 압력이 작용했다는 것은 영화계의 공공연한 비밀'이라고 말했다."[52]

노골적인 '욕망의 상품화'로 가는가

노골적으로 '욕망의 상품화'에 나서기로 마음을 먹은 것일까? KBS는 3월 1일부터 방영한 2TV 월화 드라마 〈부자의 탄생〉에 대해 "'옥탑방 F4(꽃미남)'도 당당히 '대한민국 상위 1퍼센트 로열패밀리'가 될 수 있는 '희망의 비법'을 전수하겠다."라며 "'로열패밀리'들의 리얼한 생활상과 함께 부자가 되기 위해 갖춰야 할 실전 적용 가능한 생활 습관, 재벌이면서도 여느 짠순이 못잖은 생활을 하는 '생계형 재벌녀'의 실상을 보여줄 것"이라고 말했다.

이에 『미디어오늘』 2010년 3월 3일자 기사는 "KBS가 최근 3개월여 동안 부자와 학벌(특정 대학 입시)을 소재로 한 드라마를 잇달아 편성해 다양한 사회계층의 삶을 표현해야 할 공영방송이 과도하게 부와 출세를 추구하는 데에만 열을 올리는 것 아니냐는 지적이 나오고 있다."라고 했다.

"무엇보다 부자가 되는 법, 재벌이 되는 법을 그려내는 드라마를 천하대 가는 법, 공교육보다 특별 교육을 통해 문제풀이 능력을 키우는 공부법을 강조한 직전 드라마에 이어서 방송하는 것은 KBS가 드라마라는 장르를 통해 시청자에게 무엇을 전하고 싶은 것인지 혼란스럽게 한다. 더구나 기획 단계에서부터 수많은 논란을 빚으며 지난해 12월부터 방영된 〈명가〉의 경우 경주 최부자집의 일대기를 그린 대하드라마였고, 그 후속편은 제주 거상 김만덕의 애기(〈거상 김만덕〉)가 방송된다. KBS는 노블레스 오블리주라는 부자의 덕목을 시청자에게 교훈 삼아 전하겠다는 취지라고 했다. 그럼에도 공영방송에서 3개월여 동안 연이어 부자-거대 상인, 수험생의 일류대 도전기(학벌)-부자 비법이라는 테마로 드라마를 방송한 것에 대해 우려하는 목소리는 적지 않다." [53]

윤성도 KBS 노동조합 중앙위원(기획제작국)은 "최근 KBS에서 〈명가〉, 〈거상 김만덕〉 등 부자의 노블리스 오블리주를 보여주려고 한 드라마, 〈기업열전 K-1〉, 〈일류로 가는 길〉 등 성공과 일 등의 중요성을 강조한 프로그램을 통해 '부'와 '일류'에 대해 '충분히 대접받을 만한 가치가 있다'는 쪽으로 미화하고 정당화하려는 이데올로기가 많이 퍼져 있는 것은 사실"이라며 "현 정부의 기업 프렌들리라는 이데올로기와 부합해 많아진 것으로 보인다."라고 했다. 그는 또 "어떻게 다루느냐가 문제겠지만 드라마를 통해 필요 이상으로 많이, 그런 가치관을 시청자에 주입한다는 것은 위험성이 높다."라며 "돈과 교육 문제는 한국 사회에서 가장 민감한 분야인데 자칫 이에 대한 편향되고 그릇된 이데올로기를 심어주지 않을까 우려된다."라고 덧붙였다. [54]

『조선일보』 2010년 3월 8일자 기사는 "안방극장이 노골적인 성공 비법을 가르치는 드라마로 넘쳐나고 있다. 사랑과 의리 등 비현실적인 판타지를 주로 묘사하던 과거와 달리, 이젠 드러내놓고 돈과 학벌을 강조하며 성공에 이르는 방법을 알려준다. '낯부끄럽다'며 노골적인 언급을 꺼리던 때와는 한참 다르다."라고 했다.

"과거에도 부자 등 성공한 사람들에 관한 드라마는 종종 있었다. 하지만 재벌들은 서민과 어울리다 그들 삶에 녹아들었고(〈꽃보다 남자〉 등), 성공을 이룬 주인공은 뒤늦게 야망의 덧없음을 깨닫거나(〈하얀 거탑〉 등), 이미 좋은 학벌을 획득한 청춘들은 뒤늦게 찾아온 사춘기적 고뇌에 괴로워했다(〈러브스토리 인 하버드〉 등). 하지만 요즘 드라마는 그보단 성공에 이르는 법 자체를 낱낱이 쪼개 보여준다. 최근 종영한 드라마 〈공부의 신〉은 아예 '천하대(서울대) 합격하는 방법'을 주제로 삼아 화제가 됐다. 얼마 전 종영한 KBS 〈명가〉도 경주 최씨 가문이 어떻게 부를 축적하고 행사했는지를 주제로 했고, 최근 방영을 시작한 KBS 〈거상 김만덕〉은 제주 출신 천민 여성이 어떻게 조선 최고의 부를 축적한 상인으로 거듭났는지를 보여줄 예정이다. 케이블 채널은 한발 더 나아가 실제 부유한 인물을 등장시킨다."[55]

최불암과 김수현의 막장 드라마 비판

최불암은 2010년 1월 가족과 인간관계를 뒤틀며 극단적 갈등으로 시청률을 높이려는 막장 드라마에 연기자로서 부끄러움을 넘어 분노마저 느낀다고 말했다. 또 그는 금전만능, 물질 위주의 시대일수록 그것을 뛰어넘는 가족애와 바람직한 인간상을 제시하는 드라마가 절실히 필요하다고 강조했다.[56] 3월엔 김수현 작가도 막장 드라마 비판에 합류했다. 김수현은 『조선일보』와의 인터뷰에서 "현재 대부분의 드라마가 출생의 비밀, 납득하기 어려운 삼각·사각 관계, 극한을 모르는 복수의 향연, 비정상적 감정 표출, 전개상 편의를 위한 우연의 남발로 꼬이고 또 꼬이게 만드는 인간관계 등 온갖 막장 소재의 비빔밥이 되고 있다."라며 "불쾌한 느낌 때문에 TV 드라마를 보기가 힘들다."라고 말했다. 그는 또 "(막장 드라마는) 시청자 문화 의식의 퇴보, 시청자 가치관 혼란 조장 등의 역기

능으로 연결돼 막대한 전파 낭비로 끝
날 수밖에 없다."라고 말했다.

『조선일보』 2010년 3월 15일자 사
설「김수현 작가도 고개 흔들고 만 TV
'막장 드라마'」는 "감각적인 언어로
30여 년 동안 시청자를 사로잡아온 김
씨는 한국 TV 드라마의 대모 같은 존
재다. 〈청춘의 덫〉으로 대표되는 멜
로드라마부터 〈엄마가 뿔났다〉 같은
가족 드라마까지 두루 써온 김 씨는
불륜을 소재로 한 〈내 남자의 여자〉

● 김수현 작가는 요즘 드라마가 너무 막장이라 볼 수 없
다고 했다.

같은 작품을 내놓은 적도 있다. 그런 김 씨마저 '요즘 드라마는 너무 막장이라
서 볼 수가 없다' 고 지적" 했다면서 다음과 같이 말했다.

"최근 드라마에서 친구 남편을 유혹하는 여자의 불륜은 기본 메뉴처럼 돼버
린 지 오래다. 형의 대리모였던 여자와 결혼하는 것 같은 황당한 설정이 아무렇
지도 않게 튀어나오고 있다. 시아버지가 임신한 며느리의 과거를 의심해서 '태
아가 누구 씨냐' 라고 따진다든지, 불륜을 저지른 며느리가 시어머니를 학대하
는 정신병리학적 이상異常 상태의 표출이 분명한 장면이 작가의 가학적 상상력
이라는 허울 좋은 이름으로 활개를 친다. 한 일본 드라마에선 주인공이 자기의
출생 비밀을 친구에게 털어놓는 장면에서 '한국 드라마 같은 얘기구나' 라는 대
사가 나왔다고 한다."

이어 황금 시간대 가족들이 모두 모인 자리에 쏟아지는 불륜·탈선·저질·
정신병적 막장 드라마는 평화로운 가정에 난데없이 뛰어든 '강도' 나 다름없다

면서 막장 드라마 퇴치를 위해 사회가 강경하게 나서야 한다고 주장했다.

"시청률과 그에 따른 광고 수입을 매개로 방송국·제작회사·드라마 작가가 공모共謀해서 평화로운 가정의 울타리를 깨뜨리고 '당신도 불륜 대열에 어서합세하라'고 날마다 밤마다 재촉하는 이런 드라마는 시청자들이 힘을 모아 압력단체를 만들어서라도 가족의 밥상자리에서 몰아내야 한다. 지혜를 짜내면 반드시 그 방법이 있을 것이다."[57]

하지만 방송 관계자들은 "'막장 드라마'에도 격格이 있다."라고 말한다. '막장'이란 편견을 거두고 보면 그 자체로 극적 완성도와 효과가 상당히 높은 경우도 있다는 것이다. KBS 문보현 PD는 '예측성'과 '돌발성'의 절묘한 조화가 '성공한 막장'의 핵심이 된다면서 "이들 드라마는 감추고 싶은 현실을 적나라하게 후벼 파는 현실적인 드라마"라며 "불륜이나 복수 등 고대 그리스 시대부터 존재한 극의 테마를 압축적으로 보여주기 때문에 '비현실적'이라는 비판을 듣는 것"이라고 말했다. '막장 드라마'의 극적인 설정이 수용자들에게 더 큰 카타르시스, 즉 '정화淨化 작용'과 '소격(疏隔·낯설게 하기) 효과'를 동시에 준다는 분석도 있다. 한림대 교수 최영재는 "막장 드라마는 뻔한 설정을 극단적인 갈등으로 몰고 가는데, 이 대목에서 시청자들은 더욱 드라마에 몰입하게 된다"면서 "하지만 극단적인 설정일수록 시청자들은 동시에 '저건 드라마야' 하며 거리를 두면서 연극적으로 즐기는, 아이러니가 생기는 것"이라고 했다.[58]

드라마 한 편 고료가 최고가 아파트 1평 값

스타 연기자의 몸값이 천정부지로 솟은 데 이어 스타 작가들의 원고료도 하늘 높은 줄 모르고 치솟아 2010년 방송 드라마 작가 원고료가 처음으로 회당 5000만 원 시대를 열었다. 주인공은 김수현이었다.[59] 스타 작가 고료는 2000년대 초반 회당 최고 1000만 원이었는데 불과 10년도 못 돼 4~5배 이상 뛴 것이다. 김수현은 3년 전인 2007년 〈내 남자의 여자〉에서 처음으로 회당 4000만 원대를 받은 데 이어 다시 한 번 최고 기록을 경신했다. 그러자 다른 유명 작가들의 고료도 덩달아 김수현에 육박하게 되었다. 문영남은 KBS 2TV 주말극 〈수상한 삼형제〉를 회당 3000~4000만 원에 계약한 것으로 알려졌고, 올해 2월 끝난 MBC 주말극 〈보석비빔밥〉을 쓴 임성한 작가도 회당 3000~3500만 원을 받은 것으로 알려졌다. 김 씨의 원고료가 방송계에 알려지자 다른 스타 작가들도 고료 인상을 요구하면서 작가들의 몸값 경쟁은 점점 더 치열해지고 있다. 한 방송사 드라마 관계자는 "김 씨가 회당 5000만 원가량을 받는다는 말을 듣고 다른 유명 작가가 계약 금액을 회당 1000만 원씩 더 올려달라고 요구했다."라고 말했다.[60]

『한겨레』 2010년 4월 26일자는 "드라마 한 편 고료가 한국 최고가 아파트 1평 값에 맞먹는 수준이 됐다. 최고 인기 연기자들의 드라마 출연료가 수천만 원대에 진입한 것이 불과 몇 년 전인데 이어 이제는 스타 작가들의 고료도 5000만 원 시대에 접어든 것이다."라고 했다.

"편당 4000~5000만 원인 작가 고료는 주연 스타 배우들의 출연료에 견줄 정도다. 일부 스타급 배우들의 경우 편당 억대의 출연료를 받지만 대부분의 드라마 주연급 연기자들의 출연료로도 편당 4000~5000만 원은 적지 않은 수준이다. 드라마를 제작하는 외주 제작사들이 작가들에게 파격적인 고료를 지급하는 이유는 시청률 경쟁에서 스타 배우보다는 오히려 작가들에게 투자하는 것이 더 안전하다고 보기 때문이다. 거액의 출연료를 지급하고 스타들을 기용한 드라마들의 성공률이 불확실해지면서 시청률이 검증된 작가들을 붙잡으려는 경쟁이 더욱 치열해지고 있다. 작가에게 비용을 들이는 대신 유명 스타들보다는 작가가 선호하는 연기력 위주의 배우들로 캐스팅해 연기료 부담을 줄이고 팀워크를 더욱 높이는 전략을 펴기도 한다. KBS 2TV 〈수상한 삼형제〉의 문영남 작가의 드라마들이 대표적이다. 잘나가는 청춘스타 없이 작가의 역량에 최대한 기대면서 시청률 면에서는 오히려 더 성공을 거두고 있다. 이런 흐름 속에서 작가들에 대한 비중은 점점 높아지는 추세다."

이어 한국 방송계 특유의 외주 제작 환경이 작가들의 고료 폭등을 부추기고 있는 요인으로 작용하고 있다고 분석했다. 현재 방송 3사에서 내보내는 온갖 드라마 중 외주 제작사가 만들어 공급하는 것이 3분의 2에 이르는데, 방송사들이 사전 완성된 드라마를 보고 구매하는 게 아니라 기획 단계에서 어떤 스타 배우와 작가가 참여하느냐를 보고 계약을 하고 있기 때문에 대부분의 외주 제작사들은 방송사들이 작가 이름을 보고 구매를 결정하도록 검증된 유명 작가들을 끌어오는 데 더욱 매달리고 있다는 것이다.

"방송사는 방송사대로 고료 폭등을 부추긴다. 막대한 작가 고료를 외주 제작사가 지불하게 하면서 제작비를 줄일 수 있기 때문이다. 현재 지상파가 자체 제작하는 미니 시리즈 드라마의 경우 편당 미술비 4000~5000만 원을 빼면 편당 제작비가 대략 1억~1억 1000만 원 선이다. 외주 제작사는 방송사에서 1억 원 정도를 지급받아 제작해야 하는데, 실제 편당 제작비는 거의 2억 원에 육박한다고 말한다. 결국 모자라는 수천만 원을 알아서 충당해야 하는데, 스타 배우나 스타 작가를 기용하면 제작비 협찬 지원이 쉬워져 더욱 스타 작가와 배우 섭외에 신경 쓰고 있다. 한국 드라마에서 유독 고급 외제차가 많이 등장하는 것은 이런 구조의 산물이기도 하다."

한 방송사 관계자는 "방송사 내부적으로 정한 작가 원고료 지급 기준이 있지만 시청률이 높은 스타 작가들에게는 몇십 배의 금액을 특별 원고료 형태로 지급한다."라고 말했다.[61] 한 방송사 관계자는 "작가료 폭등은 결국 톱스타의 몸값과 더불어 한국 드라마 산업을 위협하는 가장 큰 문제가 될 것"이라고 말했다.[62]

〈인생은 아름다워〉의 동성애 논란

2010년 김수현의 〈인생은 아름다워〉는 동성애 논란을 촉발시켰다. 〈인생은 아름다워〉 인터넷 시청자 게시판에 올라온 의견 중 80퍼센트가 동성애에 관한 찬반 의견이었으며, SBS에는 연일 항의전화가 쏟아졌다. 그간 영화에서는 동성애 코드가 자주 활용돼 왔지만 TV 드라마가 동성애를 본격적으로 다룬 것은 이게 처음이다. 김수현은 트위터를 통해 "아들이 동성애를 못마땅해한다."라는 한 시청자의 글을 받고 "아들하고 같이 보세요. 소수자에 대한 편견이 없는 아들로 만들어주세요."라고 말했다.[63] 또 드라마 속 동성애에 대해 "어느 가족에서나 있을 수 있는 자식의 일이라는 관점에서 접근했다."라며 "드라마를 보고 동성애에 대한 이해의 폭이 넓어졌다면 좋은 일이라고 생각한다."라고 했다.[64]

동성애허용법안반대국민연합(이하 동반국)은 2010년 5월 17일 『조선일보』에 "며느리가 남자라니 동성애가 웬 말이냐!: 동성애 조장하는 SBS 시청거부운동 및 광고안내기 운동을 시작합니다!"라는 제하의 의견 광고를 게재하고 "동성애는 가정과 사회와 국가를 무너뜨"린다고 했다.

"1. 동성애는 AIDS를 확산시킨다.(동성애자는 일반인에 비해 감염 확률 700배 이상) 질병관리본부는 AIDS에 걸린 총 남자 감염인 중 43퍼센트가 동성 연애에 의한 것이며, 유엔 발표에 따르면 중남미 지역에 약 160만 명의 에이즈 환자 중 약 절반 정도가 동성애를 통해 감염된 것으로 나타났습니다. 2. 남자끼리, 여자끼리 동성 결혼 한다면 어떻게 자녀를 낳겠습니까? 동성 부부가 아이를 입양하여

● 김수현의 작품 〈인생은 아름다워〉는 동성애 논란을 촉발시켰지만 한국 사회의 혼란과 갈등에 피로감을 느낀 시청자들의 외면으로 인해 시청률은 그리 높지 않았다.

기른다고 하지만 '남자 엄마 밑에서 자란 아이들이 과연 행복하겠습니까?' 3. 한국의 한 가정당 출산율이 세계 최하위층인 1.22퍼센트로 떨어졌습니다. 동성 결혼이 만연하여 출산율은 더욱 떨어지면 산업 인력이 현저하게 감소함으로서 경제는 몰락하게 됩니다. 4. 동성애는 결코 유전적이 아닙니다. 설문에 의하면 14~16세의 청소년기에 큰 도시에서 자랐을 경우 동성애 빈도가 높고 시골에서 자랐을 경우 동성애 빈도가 낮습니다. 따라서 동성애는 자란 환경의 영향을 받는 것임을 볼 수 있습니다. 정상적인 사람도 동성애의 분위기에 휩싸이면 동성애를 배우게 됩니다." [65]

이에 동성애혐오반대공동행동은 2010년 9월 13일 『한겨레』에 "동성애 혐오 없는 세상에 살고 싶습니다: 다양성을 존중하고 모든 사랑을 축복하는 세상, 모두가 행복한 세상입니다"는 의견 광고를 게재했다. 이들은 동반국의 의견 광고가 "동성애에 대한 잘못된 사실을 멋대로 유포하고, 편견과 혐오를 조장하여 동성애자들의 가슴에 비수를 꽂았"다고 했다.

"'동반국'은 2007년 차별금지법 입법 추진 과정에서 차별금지법을 '동성애 허용법안'이라 비난하며 차별 금지 항목에서 '성적 지향'을 삭제시켰습니다. 심지어 SBS 드라마 〈인생은 아름다워〉에서 동성애를 진지하게 다루자 동성애를 조장한다고 비난합니다. …… 가만히 있을 수 없습니다. 동성애자도 행복할 권리가 있고 존중받을 권리가 있기 때문입니다. 우리는 어디에나 존재하며, 누군가의 친구, 가족, 동료이기 때문입니다. 동성애 혐오는 당연한 것이 아닙니다. 혐오받아도 좋은 존재는 어디에도 없습니다. 동성애 혐오는 우리를 골방에 가두고 죽음으로 내몹니다. 우리는 살기 위해 '동성애 혐오 없는 세상'을 외칩니다. 다양한 사람들과 더불어 사는 삶, 있는 그대로 존중하는 평등한 관계를 위해, 지금 바로, '동성애 혐오'를 거부하십시오. 지금 바로, 동성애자 인권과 평등을 옹호하는 목소리를 내주십시오. '사랑을 약속합시다. 혐오 말고요.'"[66]

논란은 거셌지만 〈인생은 아름다워〉는 김수현 작가의 다른 작품에 비해 시청률은 높지 않았다. 이에 대해 함인희 이화여대 사회학과 교수는 "동성애, 장애인 등 소수자의 인권을 다룬 작품을 만들면 일단 대중과 평단의 주목을 받던 시대도 있었지만, 이젠 많은 사람들이 그런 담론 자체에 무관심해지고 있다."라며 "사회 전반에 이념적 갈등이 깊어지면서 오히려 대중문화에까지 '정치적 올바름'을 찾는 것에 대해 피로감이 극심하기 때문인 것으로 보인다."라고 분석했다.[67]

디시인사이드 드라마 갤러리의 활약

네티즌의 드라마 수용과 소비 방식은 계속 진화했다. 네티즌들에게 드라마는 어느 정도 거리를 두고 재미있게 놀 수 있는 이른바 '유희의 대상'이 됐다. 인터넷 커뮤니티 '디시인사이드'와 다음의 '텔레비전'등이 그런 유희가 벌어지는 대표적인 장이다. 안인용은 "잘 만든 드라마 한 편, 웬만한 테마파크 안 부럽다. 1시간짜리 드라마 한 편으로 24시간 동안 '원 소스 멀티플레이'를 하는 시대다. 디시인사이드 드라마 갤러리에 주로 서식하는 이들의 일과를 살펴보자."라면서 다음과 같이 말했다.

"본방 사수-갤질(갤러리 이용)-움짤·짤방 만들기-다시 보기-고화질 캡처-주장미(주요 장면 미리보기)-각종 습호(스포일러) 확인-배우·스태프 강림·인증글 확인-간식 보내기 이벤트 참여 등의 일정으로 매일을 가열차게 달린다. 드라마 종영 후에도 휴대전화 고리나 컵 등의 기념품과 리뷰북 제작 등 참여해야 하는 게 한두 가지가 아니다. 몇 년 전만 해도 몇몇 마니아층 드라마에만 한정됐던 이런 식의 적극적인 드라마 시청의 경향은 점점 대중화되고 있다. 최근에는 어떤 드라마든 월화·수목·주말 드라마로 편성이 되면 어느 정도의 마니아층은 생기기 마련이다. 하루 24시간이 부족한 드라마 갤러(갤러리 이용자)들에게 일정이 하나 추가됐다. 대본 확인이다. 총체적 결과물인 드라마 영상만 보는 게 아니라 사소한 것까지 챙겨 분석하고 예측하는 것까지 드라마 즐기기의 범위에 들어가면서 대본은 꽤 중요한 위치를 차지하게 됐다. 드라마 작가의 '의중'을 파악하거나 연출가의 '의도'를 알아내는 데 중요한 구실을 하는 게 바로 대본이기 때문이다. 드라마가 끝나고 다시 보기와 대본이 공식 홈페이지에 올라오면 드라마와 대본을 비교하면서 대사가 어떻게 바뀌었고, 어떤 장면이 편집됐으며, 연기가 어떻게 흘러갔는지를 확인하는 글을 자주 볼 수 있다."[68]

그래서 디시인사이드 드라마 갤러리는 "대한민국 엔터테인먼트의 또 다른 장르다."라는 평가도 나왔다. 박경은은 "현재 디시갤은 드라마의 이름값을 가늠하는 척도이자 드라마 사회화의 매개체로 작용하고 있다."라고 했다.

"이는 디시갤 사용자들이 특정 드라마를 적극적으로 수용할 뿐 아니라 다양한 패러디와 리뷰, 응원송 등 재미있는 콘텐츠도 끊임없이 재생산하기 때문이다. 이곳에서 생산된 콘텐츠가 웹상으로 퍼지는 속도도 광속급이다. 인터넷 연예 기사 소스의 상당 부분이 디시갤을 기반으로 하고 있을 정도다. 지난달 29일 MBC 수목 드라마 〈개인의 취향〉이 방송된 직후 디시갤에는 '휴대폰 배경화면으로 사용하라' 며 주인공의 키스신을 캡처한 게시물 수백 건이 올라왔다. 이에 앞서 한 사용자는 '개취송' 이라는 제목의 응원가를 만들어 올렸다. 한때 유행처럼 퍼진 드라마 주인공의 뇌 구조 분석, 러브라인 분석 및 재구성, 가상 시나리오 등의 발원지는 모두 이곳이다. 방송에 대한 애정 어린 질책과 연기에 대한 분석은 물론 촬영장을 직접 찾아 제작진에게 간식과 선물을 제공하는 '조공' 이 디시갤 사용자들의 주된 임무다. 묻힐 뻔한 드라마를 이슈의 중심으로 끌어내

● 디시인사이드의 드라마 갤러리에서는 드라마 마니아들이 커뮤니티를 형성하여 드라마와 관련된 수많은 콘텐츠를 만들어낸다.

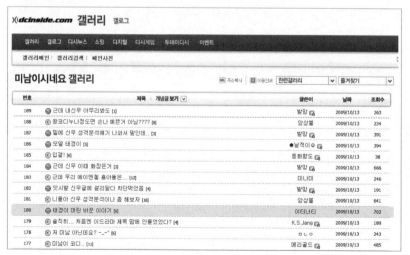

는 경우도 많다. 디시갤에 힘입어 시청률이 높지 않은 드라마가 폐인·마니아 드라마로 재탄생하는 것이다."

〈미남이시네요〉를 연출한 SBS 홍성창 PD는 "적극적인 애정을 가진 시청자들이 이슈를 만들어준다는 점에서 일반적인 시청자 게시판과 차별성을 지니는 것 같다."라면서 "지난해 〈아이리스〉와 맞붙어 시청률은 높지 않았지만 이들의 응원 덕분에 사랑받고 괜찮은 드라마를 만들고 있다는 자부심을 얻었다."라고 말했다. 연기자들에게도 디시갤은 시청자들과의 중요한 소통·만남의 창구다. 연예기획사 나무액터스의 권성열 실장은 "팬카페 못지않게 많은 관심을 갖고 있으며 이곳을 통해 팬들과 쌍방향 소통을 할 수 있다는 생각을 하고 있다."라면서 "디시갤의 생산적인 콘텐츠들은 웰메이드 드라마를 만드는 분위기에도 기여하는 것 같다."라고 분석했다. 디시인사이드 박유진 뉴스팀장은 "드라마 제작 관계자나 연기자 매니지먼트사로부터 갤러리를 만들어달라는 요구를 받은 적이 있을 정도로 관심을 많이 끌지만 갤러리 개설 및 운영은 전적으로 사용자들에게 달려 있다."라면서 "10년 전 디지털카메라 정보 제공으로 시작한 사이트지만, 이슈 재생산 창구로 변하면서 주제의 무게중심도 정치·사회·스포츠 등에서 최근 몇 년 새 드라마·엔터테인먼트로 옮겨갔다."라고 설명했다.[69]

『한겨레』 2010년 9월 14일자 기사는 '좋은 드라마' 뒤에는 든든한 파수꾼인 '팬카페'가 있다고 했다. 시청률에 치여 비인기 드라마를 홀대하는 방송사에 적극적 공세를 펼치고 직접 드라마 홍보에도 나서는 등 시청률 지상주의에 도전하고 있다는 것이다.[70]

노령화하는 드라마

2010년 7월, 이영미는 텔레비전 드라마 유행 요소의 흐름에는 대강의 경로가 있다면서 유행의 시작 지점은 평일 밤 10시대 드라마라고 말했다. 새로운 시각, 새로운 주제의식, 새로운 인물형, 새로운 전개 방식, 이런 것은 늘 이 시간대 작품에서 시작하는데, 하지만 최근의 평일 밤 10시 드라마가 좀 심상치 않다면서 다음과 같이 말했다.

"주중의 최고 시청률을 〈동이〉와 〈제빵왕 김탁구〉가 차지한다는 것이 그러하다. 〈동이〉는 초기부터 '사극 시트콤'이라는 빈정거림이 나왔을 정도로 반복적이고 지루하고 개연성이 떨어진다는 비판을 많이 받았다. 〈동이〉는 느슨한 사건 전개와 비일관성 등이 거의 '한복 입은 일일 연속극'이라 할 만하다. 〈제빵왕 김탁구〉는 기법적으로 다소 세련되었을 뿐 갈등 기조가 아침 드라마와 비슷해 30대 시청자조차 크게 선호하지 않는다. 적어도 시청률로 보자면, 평일 밤 10시대 드라마들은 현격하게 노령화 추세를 보이는 것이다. …… 공중파 드라마가 일일 연속극 시청자 일색으로 돼버리지 않을까 하는 우려를 갖기에 충분하다. 아직까지는 평일 밤 10시 드라마에 30~40대 시청자가 유지되면서 일일 연속극을 즐기던 노년 시청자가 가세하는 형국이지만, 언제까지 이 시청자들이 〈동이〉 같은 드라마를 욕하면서도 볼지는 미지수이다. 이들이 나이를 먹어 더더욱 드라마의 신선한 감각이 줄어들면 그만큼 젊은 시청자가 들어와줘야 신선한 시도가 유지될 터인데, 과연 그럴 수 있을지도 알 수 없다."라고 했다.[71]

이어 이른바 '본방 사수'를 하지 않는 젊은이들이 늘어만 가고 있지만 광고 수주가 공중파 시청률에만 기대고 있기 때문에 공중파 드라마가 노령화되는 시청자들만 붙잡고 있을 수밖에 없다는 딜레마가 생기고 있다고 분석했다.

드라마의 고령화를 말해주는 것이었을까? 『한겨레』 대중문화팀이 2009년 1월 이후(종영 기준)부터 1년 7개월여간 MBC·SBS·KBS 등 지상파 방송 3사에서 방영된 드라마(사극 제외) 96개의 내용을 조사·분석한 결과, 불륜 구도가 중심이거나 부분적으로 포함된 드라마는 모두 56개로 58.3퍼센트에 이르렀다. 특히 주부들이 주로 시청하는 아침·일일 드라마의 불륜 소재 의존도는 각각 13개 작품 가운데 12개(92%), 11개 가운데 10개(90%)로 절대적인 비중을 차지했다. 주말 드라마는 26개 가운데 12개, 수목 드라마는 15개 가운데 7개로 각각 46퍼센트였으며, 월화 드라마는 18개 가운데 6개로 33퍼센트였다. 방송사별로는 SBS가 36개 가운데 18개, MBC가 32개 가운데 16개로 각각 50퍼센트였고, KBS가 29개 가운데 14개로 48퍼센트의 비율을 보였다. 이 기사에 따르면, "불륜 소재는 2000년대 초반만 해도 KBS 〈부부클리닉-사랑과 전쟁〉과 SBS 〈금요드라마〉 등 중년 취향 드라마에 주로 등장했으나 최근 2~3년 전부터 온 가족이 보는 주말 드라마뿐 아니라 젊은 층 대상의 트렌디물에까지 퍼지고 있다."[72]

『한겨레』 2010년 8월 17일자 기사 「아침 먹고 불륜 보고 저녁 먹고 불륜 본다?」는 "일일·주말극은 따뜻한 가족 이야기로, 미니 시리즈는 다양한 소재를 반영한다는 공식이 깨"졌다면서 다음과 같이 말했다.

"현재 방송 중인 MBC의 〈황금물고기〉 등 일일 드라마는 아침 드라마에서나 나올 법한 엽기적인 행각을 서슴지 않고, 아줌마 밴드 이야기인 SBS 월화 미니 시리즈 〈나는 전설이다〉 등 로맨틱 코미디물조차 불필요해 보이는 남편의 내연녀가 습관처럼 등장한다. 특히 현재 시청률 40%가 넘는 〈제빵왕 김탁구〉와 MBC 일일 드라마 〈황금물고기〉에는 불륜, 간통, 복수, 패륜 등 자극적인 내용이 넘쳐난다."[73]

출연료 미지급 더는 못 참겠다

2010년 8월 29일 한국방송영화공연예술인노동조합(이하 한예조)은 "외주 제작사 드라마의 잇따른 출연료 미지급 사태가 해결되지 않으면 9월 1일부터 외주 제작 드라마 촬영을 전면 거부하겠다."라고 선언했다. 한예조에 따르면, 2010년 7월 말 현재 방송 3사의 외주 드라마 미지급 출연료 액수는 MBC 약 22억 원, KBS 약 10억 5000여만 원, SBS 약 11억 5000여만 원 등 총 44억여 원이다. 스태프에 대한 체불 임금까지 포함하면 미지급 액수는 두 배로 커진다는 게 한예조 측 주장이다. MBC의 〈파스타〉, SBS의 〈온에어〉, KBS의 〈그들이 사는 세상〉 등 13개 드라마에서 미지급 사례가 발생했다.[74] 한예조는 탤런트 조합원만 2000명이 넘는 조직으로 배용준과 김명민 같은 스타부터 신인배우까지 사실상 모든 방송예술인이 속해 있다.

한예조의 촬영 거부 사태를 부른 직접적인 원인은 출연료 미지급이지만 근본적인 원인은 방송사들이 드라마를 외주 제작하면서 제작사들에게 비현실적인 제작비를 지급하는 관행에서 비롯된 구조적 악순환의 결과다. 한예조 문재갑 정책의장은 "'묻지마 제작'을 하는 부실 제작사가 일차적인 문제이지만 터무니없이 낮은 제작 단가를 책정하고 이익만 챙기는 방송사에 더 큰 책임이 있다."라며 "연기자들은 미지급 문제가 해결되고 안전장치가 마련되면 언제든 촬영 거부를 철회할 것"이라고 밝혔다.[75] 그는 또 "방송사마다 외주 제작사 선정과 드라마 편성에 대한 뚜렷한 원칙이 없다 보니 상대적으로 약자인 외주 제작사 드라마가 덤핑에 가까운 가격으로 방송사에 판매되는 경우가 비일비재하다."라며 "방송사-제작사 간 수직 계열화된 구조 속에선 제작사들의 출연료 미지급 문제는 영영 해결될 수 없을 것"이라고 지적했다.[76]

김웅석 한예조 위원장은 "지난 2년간 제작사와 방송사를 상대로 미지급 문

● 한예조 촬영 거부의 직접적인 원인은 출연료 미지급이지만 근본적인 원인은 방송사들이 드라마 외주 제작
사에 비현실적인 제작비를 지급하는 관행에서 비롯됐다.

제 해결을 촉구했으나 오히려 미지급이 관행이 돼 스태프와 연기자 숨통이 조
이고 있다."라고 주장했다. 한예조는 방송사에게 △출연료 지급능력이 입증된
제작사 선정 △스텝·출연료는 당사자 직접 지급 등을 주장해왔다. 한예조는
제작 거부와 관련해 "밀린 출연료를 방송사가 책임진다는 대표이사 명의의 확
인서가 나올 경우 제작에 나설 것"이라고 밝혔다.**77**

문재갑은 9월 2일 평화방송 라디오 〈열린세상 오늘〉에 출연해 "촬영 거부를
결정하기까지 2년 넘는 시간을 인내했다."라며 "사용자 군에 속하는 방송사가
문제를 풀지 못했기 때문에 호미로 막을 일을 가래로도 막지 못하는 지경까지
오게 됐다."라고 주장했다. 그는 "우리가 지금 하고 있는 것은 파업이 아니라 밀
린 출연료를 지급해달라는 아주 일상적 요구이자 앞으로도 출연료가 계속 밀리
지 않도록 안전장치를 마련해달라는 것"이라며 "이 두 가지 문제가 해결되면 언
제든지 촬영 현장에 복귀할" 것이라고 말했다.

그는 또 사태의 책임이 외주 제작사보다 방송사에 있다는 점을 분명히 했다. 한예조 소속 배우들은 일차적으로 외주 제작사와 계약을 맺지만, 이들 회사의 경우 방송이 끝난 뒤 거의 대부분 경영이 부실해져 출연료를 지급하지 못하는데 이는 결국 부실한 외주 제작자를 선정한 방송사에 원천적 책임이 있다는 것이다. 그는 "방송사가 허술한 기준을 갖고 외주사에 편성을 맡기기 때문에 한예조 소속 배우들은 외주사의 경영 능력이나 제작 능력, 지불 능력을 검증할 방법이 전혀 없다."라며 "방송사에서 외주사를 선정하는 원칙이나 기준을 공개해야 한다."라고 강조했다.[78]

방송사들은 한예조의 제작 거부 선언에 난감한 입장을 보였다. 허웅 SBS 드라마국장은 "심정적으로는 이해하지만 우리도 고민이 많다."라며 "(한예조 주장대로) 방송사가 독식하는 게 별로 없다. 방송사도 땅 파서 장사하는 게 아니"라고 밝혔다.[79] MBC 드라마국 박성수 부국장은 "방송사 입장에서 도의적인 책임감과 함께 한예조의 단체 행동에 대해 이해하는 측면도 있다."라며 "더욱 근본적인 문제는 현실적인 대안이나 안전조치 없이 외주 제작 시장을 무리하게 확장하려는 문화체육관광부, 방송통신위원회 등 당국의 정책 방향"이라고 지적했다.[80]

연기자에 대한 미지급 출연료 논란은 어제 오늘의 일이 아니었다. 이미 2009년 한예조는 방송 3사와 단체 협약의 주요 요구안으로 '출연료 미지급·지연 지급 해소를 위한 안전장치 마련'을 제시한 바 있었다. 하지만 미지급 출연료 문제는 뾰족한 해결책이 나오지 않은 채 2010년을 넘겨 2011년까지 이어진다.

시청자가 주목한 막장 드라마의 효용가치

많은 사람이 지적한 것처럼 막장 드라마가 '한국 사회의 막장화'를 반영한 것이었을까? 아니면 '한국 사회의 막장화'를 부추긴 것일까? 현실과 막장 드라마 가운데 어느 게 더 막장인지에 대해선 시각 차이가 존재하겠지만 중요한 것은 막장 드라마가 시청자의 정서에 크게 어필했다는 사실이다.

시청자들이 주목한 막장 드라마의 '효용가치'는 무엇이었을까? 그건 매우 강력한 카타르시스 제공은 아니었을까? 일찍부터 한국인들은 드라마를 스트레스 해소와 삶의 위안제로 간주해왔으며 사회가 혼란스럽고 삶이 피폐할수록 드라마에 깊이 빠져드는 경향을 보여왔다. 드라마를 대하는 한국인의 그런 망탈리테는 여전히 유효한데 막장 드라마는 그 지점을 정확하게 건드렸다고 볼 수 있는 게 아니냐는 말이다. 말하자면 막장 드라마는 카타르시스 제공을 사명으로 생각하는 한국인의 드라마 소비 문법에 100퍼센트, 아니 200퍼센트 충실한 상품이었다.

잠시 시간을 거슬러 올라가보자. 막장 드라마가 출현하던 2008년 무렵 한국 사회는 총체적인 혼란기였다. 정치적 견해와 이념 차이에 따른 극단적인 이분법과 편 가르기 속에서 자기편만 옳다고 주장하는 이른바 진영 논리가 횡행하면서 사회적 스트레스가 극을 향해 달리고 있었다. 상대방에 대한 분노와 증오는 독버섯처럼 퍼져 우리의 소원은 소통이라는 말마저 나올 만큼 한국은 불통不通 공화국이었다. 한국 사회의 막장화를 경고하는 경보음이 곳곳에서 울려대고 있었지만 사회적 갈등을 조율하고 치유하며 스트레스 해소에 앞장서야 할 정치는 오히려 스트레스를 양산해내고 있었다. 세계적인 경기 침체와 불황의 터널에 갇혀 신음하던 한국인들은 출구를 제시해달라고 절규하고 있었지만 정치는 마치 한국인에게 스트레스를 제공하지 못해 안달이라도 난 것처럼 매일 새로운 스트레스를 생산하며 대다수의 한국인들을 절망과 환멸로 내몰았다. 정치는 최고의 스트레스 산업이었다.

혼돈과 무질서가 낳은 절망과 환멸의 시대를 어떻게 견딜 것인가. 막장 드라마가 바로 그런 의문에 대한 답이었다고 하면 지나친 과장일까? 그럴 수도 있겠다. 하지만 감당하기 힘들 만큼 강도 높은 스트레스에 시달리던 한국인들에게 막장 드라마가 일종의 탈출구 기능을 했다는 사실은 인정해야 할 것이다. 막장 드라마의 해악을 지적하는 사람들의 분석에 일리가 있다고 인정하더라도 막장 드라마엔 한 가지 미덕이 있었으니 그건 바로 '혼돈과 무질서로부터의 도피'를 갈구하던 시청자의 욕구를 적절히 반영했다는 사실이다. 혼돈의 도가니로 전락한 현실은 비상구가 보이지 않았지만 막장 드라마는 과정이야 어찌됐든 결말에 이르러선 모든 갈등과 혼란을 일시에 해소하는 이른바 '갈등 종결자'의 모습을 보이며 시청자들에게 현실에 존재하지 않는 후련함과 짜릿함을 선사했기 때문이다.

이게 시사하듯, 시청자는 드라마의 많은 것 가운데 자신들이 관심 있는 정서만을 골라서 시청하게 되고 그걸 통해서 리얼리즘을 느끼는 경향이 있다. 이를 일러 '정서적 리얼리즘'이라고 하는데 정서적 리얼리즘은 한국인의 드라마 소비 방식을 이해하는 데 적지 않는 시사점을 던져주고 있다. 이에 대해선 맺는말에서 자세하게 이야기하도록 하자.

맺는말

드라마 공화국은 스트레스 공화국의 다른 얼굴이다

일제강점기에 처음 등장한 드라마는 나라 잃은 식민지 백성의 설움을 달래주던 이른바 '정신적 치료제' 였다. 국권을 빼앗긴 슬픔과 일제의 종으로 살아갈 수밖에 없던 절망감은 피눈물을 쏟아내기에 충분했지만 한국인은 이를 겉으로 드러낼 수 없었다. 드라마는 그런 환경에 처해 있던 한국인이 상처받은 심신心身을 기대기에 썩 알맞은 휴식처였다.

분단과 한국전쟁이 낳은 상흔은 한국인의 드라마 사랑을 더욱 키우는 촉매가 됐다. 울고 싶은 마음이 간절했던 한국인에게 드라마는 눈물을 제공하며 감정의 정화 기능을 수행했고 때론 웃음을 선사하며 현실에서 찾아볼 수 없는 꿈과 낭만을 제공했다. 혹독한 한국 현대사는 한국인의 드라마 사랑과 몰입을 더욱 증폭시켰다. 만약 드라마가 없었다면 끝이 보이지 않을 것만 같았던 군부독재의 긴 터널을 어떻게 통과했을지 의문이 들 정도로, 삶이 비루할수록 한국인들은 드라마에 더욱 몰입하며 각다분한 현실의 고통을 휘발시켜나갔다.

국가 주도의 경제성장 과정 속에서 허리띠를 졸라매고 근대화에 매진하던 때 드라마는 한국인이 지친 몸과 마음을 재충천할 수 있는 에너지를 제공했다. 그런 면에서 보자면 한국인의 드라마 사랑을 키운 것은 팔 할이 수난과 고통으로 점철된 암울한 근현대사였다.

그런 험난한 세월은 끝났는가? 아니다. 아직도 현재진행형이다. 지금 이 순간에도 한국인들은 무한경쟁과 승자독식주의라는 파도가 거세게 몰아치는 바다에서 위태롭게 표류하고 있다. 만인의 만인에 대한 투쟁이 벌어지고 있는 대한민국의 그런 현실을 일러 '각개약진 공화국'이라는 말마저 나왔다.

이게 시사하듯, 한국인은 상시적으로 스트레스에 노출되어 있다. 스트레스는 남녀노소를 가리지 않고 공격한다. 학벌주의가 지배하는 사회 현실을 반영하듯 10대 청소년들은, 아니 말을 배우기 시작한 아이들부터 입시 전쟁의 승자가 되기 위해 사교육 현장으로 내몰리고 있다. 설혹 입시 전쟁을 통과했다고 해서 한숨 돌릴 수 있는 것도 아니다. 꿈과 낭만의 상징처럼 여겨졌던 대학은 취업 전쟁터로 변한 지 오래다. 대학생들은 실업의 공포 속에서 벗어나기 위해 밤낮 구분 없이 스펙 쌓기에 열중하고 있다. 이들에게는 휴식도 사치다. 남는 시간은 매해 껑충 뛰어오르는 대학 등록금 마련을 위해 아르바이트에 쏟아부어야 하기 때문이다. 30대 역시 치열한 생존 경쟁에 내몰리고 있다. 하늘 높은 줄 모르고 치솟는 부동산 가격에 숨이 막혀 질식당하기 일보 직전인 이들은 결혼도 미루고, 출산 파업까지 할 만큼 현재와 미래를 두렵게 생각하고 있다. 40대와 50대는 어떤가? 자녀의 사교육비와 대학 등록금을 대느라 허리가 휘고 있으며 일상적인 구조조정과 명예퇴직에 노출되어 있다. 그렇다고 노년의 삶이 보장된 것도 아니다. 한국 사회는 이미 고령화 단계를 넘어 초고령화 사회에 접어들었지만 한국은 노년 세대에게 그리 친절한 사회가 아니다. 한국의 근대화를 일군 일등 공신이지만 이들은 국가는 물론이고 자녀들로부터 보호받지 못하고 있다. 세대와 성별을 초월해 찾아오는 사회적 스트레스에 사실상 무방비로 노출되어 있는 한국은 '스트레스 공화국'인 셈이다.

세계에서 가장 높은 사회문화적 동질성과 거주밀집성에서 비롯된, 삶에 대한 만족감을 이웃과의 비교를 통해서 느끼는 이른바 '이웃 효과'는 한국인의 스트레스를 가중시키는 또 다른 요인으로 작용하고 있다. 한국인들은 무슨 일을 하든지 꼭 타자(他者)와 견주어야 직성이 풀릴 만큼 이웃을 의식하며 살아간다. 과거엔 사촌이 땅을 사면 배가 아픈 것에서 끝났지만 이젠 가능한 모든 방법을 동원해서라도 땅을 사야만 한다. 이를 상징적으로 보여주는 게 이른바 '명품 신드롬'이다. 문제는 이런 과도한 이웃 효과가 유발하는 무한 경쟁이 스트레스를 더욱 가중시키고 있다는 것이다. 이런 사회에서는 삶의 행복감과 만족감이 떨어질 수밖에 없다. 해마다 발표되는 이른바 국가 간 행복지수를 보라. 한국은 항상 하위권이다. 성인을 대상으로 한 조사에서만 그런 게 아니다. 청소년들의 행복지수 또한 꼴찌 언저리에서 맴돈다. 한국이 자살 공화국이 된 것도 결코 우연이 아니다. 스트레스도 스트레스지만 더욱 중요한 것은 국가와 사회 차원에서 한국인이 받는 스트레스를 관리·해결할 시스템이 사실상 존재하지 않는다는 것이다.

드라마는 바로 그런 고강도 스트레스 상황에 놓인 한국인의 스트레스를 해소해왔다. 드라마의 주 시청층이 가정주부인 이유도 이들이 다른 집단에 비해 일상적 스트레스를 더 많이 받는 집단이기 때문이다. 세대와 연령별로 스트레스를 계량화할 순 없겠지만, 가부장적인 사회에서 가정주부가 받는 스트레스가 더 크다는 건 부인하기 어렵다. 게다가 가정주부들은 스트레스를 해소할 공간도 많지 않다. 새로운 엔터테인먼트를 제공하는 신규 매체도 이들에게는 그리

친숙하지 않다. 이런 상황에서 가정주부에게 사실상 거의 유일한 엔터테인먼트가 드라마 시청이라고 한다면 크게 틀린 말일까? 일제강점기부터 '눈물의 카타르시스'를 제공했던 드라마의 효용가치는 오늘날에도 여전히 유효한 셈이다.

그렇다면 막장 드라마의 대유행도 달리 볼 일이다. 책에서 자세하게 소개했듯 막장 드라마의 등장엔 다양한 요인이 작용하고 있지만, 무엇보다 현실 세계에서 받고 있는 한국인의 스트레스가 막장 드라마의 범람을 불러올 만큼 임계점에 다다랐다고 볼 수 있기 때문이다. 현실에서 극심한 피로감을 느끼는 한국인이 무궁무진한 카타르시스를 제공해주는 막장 드라마에 빠져들지 않는다면 그게 더 이상한 일이 아닐까?

막장 드라마는 가정주부와 중장년층의 전유물만도 아니다. 이들이 막장 드라마를 시청하며 카타르시스를 느낀다면 청소년과 20~30대 젊은 층은 막장 드라마를 가지고 놀며 스트레스를 해소한다. 예컨대 네티즌들은 〈아내의 유혹〉에 대해 드라마에서는 뭐든지 가능하다는 의미로 '아유월드(아내의 유혹 세상)'라 칭하고 복수를 위해 뭐든지 해내는 구은재에게 '구느님'이란 별명을 붙였다. 이들은 〈아내의 유혹〉을 비롯한 이른바 '막장'이라는 평을 얻은 드라마에 대한 각종 패러디물도 경쟁적으로 내놓았는데 이 역시 놀이의 관점에서 파악할 수 있을 것이다. 막장 드라마가 가정주부와 중장년층에게 '몰입의 대상'이었다면 청소년과 젊은 층에게는 '유희의 대상'이었던 것이다. 이게 시사하듯, 소비의 방식은 달랐지만 한국인 모두에게 막장 드라마는 카타르시스의 보고였다.

문제는 카타르시스의 일상화다. 카타르시스의 핵심은 스트레스를 한방에 날려주는 후련함과 짜릿함이다. 카타르시스는 곡선이 아닌 직선과 짝을 이루어야 그 효과가 크게 나타난다. 이 때문에 카타르시스는 여운과 여백보다는 직설과 자극을 선호한다. 막장 드라마가 끝장을 보겠다는 태도를 견지하며 분노와 중오, 저주와 복수를 쏟아냈던 것도 바로 그런 이유 때문일 것이다. 스트레스와 카타르시스는 부지불식간에 시소 효과마저 불러온다. 스트레스가 크면 클수록 이를 해소하기 위해 더 강한 자극의 카타르시스를 요구하게 되는 것이다. 중요한 것은 그게 자꾸 반복되면 내성이 생겨 웬만큼 '센 것'으론 스트레스를 해소하기 어렵다는 데 있다. 그래서 갈수록 극단을 향해 치닫게 된다. '독을 탔다'는 말이 나올 만큼 드라마가 독해지는 이유다.

따라서 문제는 다시 우리의 현실이다. 앞서 말했듯, 한국인의 드라마에 대한 뜨거운 사랑과 몰입은 강력한 카타르시스를 요구하는 한국인의 고강도 스트레스와 밀접한 연관을 맺고 있다. 그런 의미에서 '드라마 공화국'은 '스트레스 공화국'의 다른 얼굴이다! 한국 드라마의 역사가 웅변하듯, 한국인은 드라마를 정신적 치료제로 활용해왔으며, 그런 망탈리테는 지금도 견고하게 똬리를 틀고 있기에 그렇다.

그렇다면 드라마에 대한 생산적인 논의도 드라마 공화국과 스트레스 공화국이 동전의 양면처럼 불가분의 관계라는 사실을 먼저 인정해야 가능한 것은 아닐까? 극심한 스트레스에 시달리는 한국인의 삶의 방식을 개선할 시스템의 개혁이 먼저 이루어지지 않는 이상 한국인의 드라마 의존도는 앞으로도 크게 달라지지 않을 것이다. 그리고 그런 환경에선 드라마에 대한 저주와 비난만이 드라마 공화국을 배회할 가능성이 크다.

흔히 드라마를 사회의 거울에 비유한다. 드라마가 한 시대의 문화는 물론 정치, 경제, 사회적 상황과 밀접하게 연결되어 있기에 드라마를 통해 한 시대의 상황과 동시대를 살아간 사람들의 가치관, 삶의 방식, 유행, 취향 등을 엿볼 수 있다는 말이다. 드라마를 당대의 현실과 떼놓고 논할 수 없는 이유가 여기에 있다. 조선시대 노비 사냥꾼의 이야기를 통해 새로운 사극의 가능성을 보여주었다는 평을 얻은 드라마 〈추노〉의 PD 곽정환이 '드라마는 저널리즘이다'고 말한 이유도 같은 맥락에서 이해할 수 있을 것이다. 드라마는 우리 삶의 총체적 반영이기 때문이다.

이게 시사하듯, 드라마는 어떤 형태로든 현실을 반영한다. 하지만 이에 앞서 생각해보아야 할 문제가 있다. 바로 드라마는 '현실의 반영' 이전에 '드라마의 제작 현실을 반영'한다는 사실이다. 이는 결코 사소하게 볼 수 없는 대단히 중요한 문제다. 드라마가 다양한 요인들에 의해서 영향을 받을 수밖에 없다는 것을 의미하기 때문이다.

독재정권과 권위주의 정권 시절 드라마에 가장 강력한 영향력을 행사한 것은 정치권력이었다. 하지만 민주화가 진전되고 정치적 압력이 사라지면서 시장논리가 브레이크 없이 질주하기 시작했다. 1991년 SBS가 개국하면서 시장성과 대중성은 방송사의 신주단지가 됐다. 1992년 하반기를 뜨겁게 달군 이른바 '불륜 드라마'는 SBS의 영향력을 보여주는 대표적인 사례였다. 상업방송의 출발과 거의 비슷한 시기에 시작된 시청률 조사 역시 시장 논리를 최고의 선으로 만들었고 그 결과 이른바 '시청률 독재체제'가 완성됐다. 권위주의 정권 시절엔 주로 정치권력의 눈치만 보면 됐지만 시청률 독재체제 시대엔 과거와 달리 신경써야 할 게 너무 많다. 크게 보아 다음의 10가지가 드라마에 대한 유무형의 압력수단으로 작용하고 있다.

첫째, 대중의 스타 사랑이다. 대중이 스타에게 열광하고 스타의 출현 여부에 따라 드라마의 성패가 결정되는 상황이 발생하면서 스타 시스템은 크게 강화되었다. 혹 스타를 캐스팅하지 못했을 때는 정교한 과정을 거쳐 스타를 만들어냈다. 스타에 대한 강박관념이 낳은 스타의 몸값 급등은 드라마 제작 시장을 뒤흔드는 현상마저 낳았지만 대중문화는 물론이고 정치마저 스타 산업의 논리에 휘둘리는 경향을 보이고 있었기에 대중의 스타 사랑을 외면하긴 어려웠다.

둘째, 리모컨의 등장이다. 기본적으로 수용자의 성향은 예측불가능한데 리모컨의 급속한 보급으로 인해 수용자의 변덕스러움은 더욱 커졌다. 리모컨의 확산으로 프로그램을 처음부터 끝까지 모두 다 보는 시청자의 숫자는 급격하게 줄어들었고 이른바 '국민 드라마'가 나올 가능성도 크게 낮아졌다. 찰나의 지루함도 견디지 못하는 시청자들의 취향에 맞춰 드라마는 볼거리 위주로 급속하게 재편됐다. 리모컨의 확산은 광고 시청율의 하락도 불러와 간접 광고가 범람하는 하나의 이유가 됐다.

셋째, 경제 구조의 변화다. 드라마는 경제 구조의 변화에 민감하게 반응했다. 1992년 소비문화가 본격 개막하면서 대중문화 시장에서 리더십을 행사하는 신세대의 취향에 맞춘 드라마가 급증했다. 이들의 취향을 고려해 감각적 영상과 감성이 물씬 풍기는 이른바 '트렌디 드라마'가 대거 등장했으며, 신세대와 마찬가지로 구매력이 높은 대상을 타깃으로 한 '페미니즘 드라마'와 '전문직 드라마'도 출현했다. 소비 시대의 개막을 축하라도 하듯 드라마는 소비문화의 전도사로 맹활약했기에 간접 광고 역시 기승을 부리기 시작했으며, 반대로 소비력이 떨어지는 노인이나 농촌을 대상으로 한 드라마는 텔레비전에서 서서히 자취를 감추었다. 1997년 갑자기 닥친 IMF 역시 드라마 시장에 지각변동을 불러일으켰다. IMF는 방송사의 '안전 제일주의'를 심화시켜 스타에 대한 의존도를 더욱 강화시켰으며, '히트 공식'의 답습과 일본 드라마의 모방을 불러왔다. IMF는 이른바 'TV의 소아주의'도 더욱 심화시켰다. 먹고살기가 팍팍해진 시청자들의 정서를 고려해 가벼우면서 쉽게 즐길 수 있는, 그러니까 복잡한 구조보다는 남녀노소를 가리지 않고 쉽게 이해하고 몰입할 수 있는 권선징악 같은 단순한 구조로 된 드라마들이 쏟아졌다. 소비문화의 거품이 사라졌다는 것을 증명이라도 하듯, 초호화판 드라마도 안방에서 사라졌다. 2008년의 세계적인 경기 침체와 불황이 드라마 업계에 미친 파장은 드라마가 경기변동에 얼마나 취약한지 다시 한 번 보여주었다.

넷째, 기술 발달에 따른 인터넷, DMB, IPTV, 스마트폰 등 경쟁 매체의 대거 등장이다. 지상파 TV가 가족 매체라는 이유 때문에 '선정성'이 엄격하게 규제받고 있는 데 비해 이들 신규 매체는 비교적 그런 규제에서 자유롭다. 게다가 신규 매체는 젊은 층과 친화성이 강해 이들의 급속한 지상파 이탈을 부추기고 있다. 지상파는 젊은 층을 위해 그들의 라이프스타일을 겨냥한 마케팅을 하고 스타 시스템과 볼거리 전략 등 여러 처방을 내렸지만 역부족이었다. 이들의 대거 이탈로 드라마가 40~50대 중년층과 60대 이상 노년층의 전유물이 되어 가고 있다. 한국 사회를 뜨겁게 달구었던 이른바 '막장 드라마'가 인구학적 특성과 밀접한 연관을 맺고 있다는 분석이 제기되는 이유다.

다섯째, 수용자의 압력집단화다. 드라마는 '참여'와 '쌍방향성'을 핵심으로 하는 인터넷 시대가 본격적으로 개막하면서 제작 자율성에 심각한 타격을 입었다. 특히 온라인 연예 매체와 네티즌의 활약이 두드러졌다. 방송사는 시청자와의 소통을 명분으로 네티즌의 '피드백'을 드라마 제작에 적극 반영했는데, 이는 한국 드라마의 고질병으로 불리는 쪽대본과 초치기 관행을 심화시키는 요인으로 작용했다. 이른바 '폐인 문화'까지 만들어내며 드라마 제작 과정에 깊숙이 개입한 네티즌의 맹활약은 드라마에 대한 축복이자 무거운 짐이 되고 있다.

여섯째, 한류 열풍이다. 〈대장금〉과 〈겨울연가〉가 해외에서 크게 성공하면서 드라마는 수출 산업으로 각광받았다. 드라마 산업이 돈이 된다는 사실이 알려지면서 이른바 '대박'을 좇는 돈이 드라마 시장에 물밀듯이 들어와 자본에 대한 드라마의 종속을 크게 심화시켰다.

일곱째, 외주 제작사의 급증이다. 외주 제작사의 급증은 한류 열풍의 연장선 상에 있는 현상이다. 케이블은 물론이고 스타를 무기로 연예매니지먼트사와 종합엔터테인먼트회사들까지 경쟁적으로 드라마 제작 시장에 뛰어들었는데, 이는 드라마 제작 시장에 일대 파란을 불러왔다. 외주 제작사의 급증은 스타의 권력화 현상도 불러왔으며 지상파의 드라마 제작 시스템을 붕괴시키는 결과를 낳았다. 매체 환경의 변화도 외주 제작사 급증의 배경이 됐다. 플랫폼이 증가하면서 드라마에 대한 수요가 크게 늘었기 때문이다.

여덟째, 간접 광고의 급증이다. 외주 제작사의 등장과 대자본의 드라마 시장 유입으로 드라마 제작비용이 껑충 뛰어올랐다. 외주 제작사는 지상파 방영시간을 확보하기 위해 막대한 돈을 들여 스타 입도선매에 나섰기 때문에, 드라마 제작비용 마련을 위해 간접 광고에 크게 의지할 수밖에 없었다. 지상파 역시 마찬가지였다. 간접 광고가 범람하면서 드라마는 과거보다 더욱 사치와 소비를 강조하기 시작했다. 드라마 주인공들은 하나같이 외제차를 타고 명품 브랜드로 치장했는데, 그런 면에서 드라마가 한국인의 명품 사랑과 소비주의를 부추기는 역할을 했다고 해도 과언은 아니었다.

아홉째, 미드 열풍이다. 미드 열풍은 그렇지 않아도 인터넷에 푹 빠져 드라마를 멀리하던 젊은 층의 지상파 이탈을 더욱 부추겼다. 게다가 미드는 젊은 층의 라이프스타일에까지 영향을 끼치며 드라마에 대한 시청자의 눈높이를 크게 끌어올렸다. 미드는 이른바 '드라마의 표준'으로까지 자리 잡았다. 바로 그런 이유 때문에 한국 드라마는 미드 따라하기에 나섰지만 제작 시스템과 '규모의 경제'에서 한국 드라마는 미드의 경쟁 상대가 되기 어려웠다.

열째, 주목 투쟁 시대의 본격적인 개막이다. 주목 투쟁은 인터넷 시대의 개막과 밀접한 관련을 맺고 있다. '데이터스모그Data Smog'라는 말이 등장할 만큼 과거에 비할 수 없이 정보량이 큰 폭으로 늘어나면서 정치·경제·사회·문화전 영역에서 대중의 시선을 사로잡는 게 지상과제가 됐다. 대중성을 생명으로 한 드라마 역시 주목 투쟁 시대의 생존 방식에 순응할 수밖에 없다는 것은 불문가지다.

이 10가지 요인은 오늘날 결합 효과를 발휘하며 드라마 제작 시장 전반에 강력한 영향력을 행사하고 있다. 드라마를 하나의 문화 상품으로 간주하고 비평과 비판을 하기 위해선 드라마 제작 전반에 영향을 주는 이런 거시적이면서도 미시적인 다양한 요인들을 고려해야 할 것이다. 그럼에도 우리의 드라마 비판은 사실상 거의 대부분 윤리 비평과 도덕 비평의 수준에 그치고 있다. 드라마에 들이대는 윤리적 잣대와 도덕적 훈계가 잘못됐다는 게 아니다. 윤리와 도덕의 프레임도 마땅히 필요하지만 윤리와 도덕의 프레임에 갇혀 있는 드라마 비평은 결코 드라마 발전에 도움이 되지 않는다는 사실을 인식해야 한다는 말이다. 윤리근본주의와 도덕환원주의가 지배하는 풍토에선 드라마가 앞으로도 영영 저속·퇴폐·저질의 멍에를 벗을 방법이 없기 때문이다.

'막장 드라마'에 대한 비판은 물론이고 전가의 보도마냥 통용되는 드라마 망국론도 따지고 보면 윤리 비평과 도덕 비평을 중심으로 한 낙인찍기가 아니던가. 한국의 윤리 수준과 도덕관념이 세계적으로 내세울 만하다면 이야기가 좀 달라질 수도 있겠지만 그것도 아닌 것 같으니 도덕과 윤리를 중요하게 여기되 드라마에 대한 비판을 윤리 비평과 도덕 비평으로 환원하는 오류를 범하지 말자는 뜻으로 이해하면 좋겠다. 그게 우리의 정신 건강에도 도움이 될 것이다.

그리고 그것이 파란만장한 근현대사를 관통하며, 그리고 오늘날에도 여전히 고강도 스트레스에 시달리는 한국인들의 정신적 위안제 역할을 하는 드라마에 우리가 해줄 수 있는 예의일 것이다.

•1장

1 최현철 · 한진만, 「한국 라디오 프로그램에 대한 역사적 연구」(한울아카데미, 2004), 38쪽.

2 강준만, 「한국대중매체사」(인물과사상사, 2007), 269쪽에서 재인용.

3 백미숙, 「라디오의 사회문화사」, 유선영 · 박용규 · 이상길 외, 「한국의 미디어 사회문화사」(한국언론재단, 2007), 320쪽.

4 한국방송공사, 「한국방송사」(한국방송공사, 1977), 43쪽.

5 백미숙, 「라디오의 사회문화사」, 유선영 · 박용규 · 이상길 외, 「한국의 미디어 사회문화사」(한국언론재단, 2007), 322~323쪽.

6 노정팔, 「한국방송과 50년」(나남출판, 1995), 88쪽.

7 백미숙, 「라디오의 사회문화사」, 유선영 · 박용규 · 이상길 외, 「한국의 미디어 사회문화사」(한국언론재단, 2007).

8 노정팔, 「한국방송과 50년」(나남출판, 1995), 60쪽.

9 유호, 「하루에 30분 드라마 3편」, 한국방송공, 「한국방송사」(한국방송공사, 1977), 168~169쪽.

10 이내수, 「이야기 방송사」(씨앗을 뿌리는 사람, 2001), 323쪽.

11 최현철 · 한진만, 「한국 라디오 프로그램에 대한 역사적 연구」(한울아카데미, 2004), 74쪽; 최요안, 「우습지 않은 유우머소설」, 한국방송공사 편, 「한국방송사」(한국방송공사, 1977), 179쪽; 노정팔, 「한국방송과 50년」(나남출판, 1995), 93쪽.

12 최현철 · 한진만, 「한국 라디오 프로그램에 대한 역사적 연구」(한울아카데미, 2004), 102쪽.

13 노정팔, 「한국방송과 50년」(나남출판, 1995).

14 이영미, 「1950년대 방송극: 연속극의 본격적 시작」, 「대중서사연구」, 제 17호.

15 강준만, 「한국 현대사 산책 1950년대 편 2」(인물과사상사, 2004), 90쪽.

16 최현철 · 한진만, 『한국 라디오 프로그램에 대한 역사적 연구』(한울아카데미, 2004), 94쪽.

17 노정팔, 『한국방송과 50년』(나남출판, 1995), 242쪽.

18 노정팔, 『한국방송과 50년』(나남출판, 1995), 281~282쪽.

19 백미숙, 「라디오의 사회문화사」, 유선영 · 박용규 · 이상길 외, 『한국의 미디어 사회문화사』(한국언론재단, 2007), 351~352쪽.

20 차범석, 「방송극을 해부한다」, 『방송』, 1960년 여름호, 36쪽; 이영미, 「1950년대 방송극: 연속극의 본격적 시작」, 『대중서사연구』 제17호, 131쪽에서 재인용.

21 윤진, 「우리는 사랑으로 산다: TV 드라마 전성시대」, 『월간 인물과사상』, 2005년 8월호, 196~197쪽; 박유희, 「한국전쟁과 멜로드라마의 변화: '자유부인'을 중심으로」, 『문학과영상학회 학술대회 발표논문집』, 문학과영상학회 2005년 가을 정기 학술대회, 29쪽.

22 박유희, 「한국전쟁과 멜로드라마의 변화: '자유부인'을 중심으로」, 『문학과영상학회 학술대회 발표논문집』, 문학과영상학회 2005년 가을 정기 학술대회, 32쪽.

23 강준만, 『한국현대사산책 1950년 대 2』(인물과사상사, 2004), 303쪽.

24 이영미, 「1950년대 방송극: 연속극의 본격적 시작」, 『대중서사연구』, 제 17호, 106쪽.

25 이영미, 「1950년대 방송극: 연속극의 본격적 시작」, 『대중서사연구』, 제 17호, 132~133쪽.

26 송혜진, 「대한민국 제1호: 첫 TV 드라마 PD 최창봉 씨」, 『조선일보』, 2009년 9월 9일.

27 이기하, 「한국 TV 드라마 제1호 기념작－HLKZ-TV '천국의 문'」, 오명환, 『텔레비전 드라마 사회학』(나남출판, 1994), 399쪽.

28 이기하, 「한국 TV 드라마 제1호 기념작－HLKZ-TV '천국의 문'」, 오명환, 『텔레비전 드라마 사회학』(나남출판, 1994), 400~401쪽.

29 김태수, 「40년 전 드라마는 어땠을까: 초창기 단막극 '사형수' 내달 드라마센터서 재연」, 『국민일보』, 1997년 11월 22일, 16면.

30 정순일, 『한국 TV 40년의 발자취』(한울아카데미, 2000), 32쪽에서 재인용.

31 정순일, 『한국 방송의 어제와 오늘』(나남출판, 1991), 143쪽.

32 김연진, 『내 연출 내 젊음 35년: 김연진의 TV 비망록』(다인미디어, 2000), 34~35쪽.

33 오명환, 『텔레비전 드라마 예술론』(나남출판, 1994), 136쪽.

34 오명환, 『텔레비전 드라마 예술론』(나남출판, 1994), 135쪽.

35 박세미, 「대한민국 제1호: 공채 탤런트」, 『조선일보』, 2010년 7월 1일.

36 「텔레비전 수상기 배정 경쟁률 5대 1」, 『동아일보』, 1962년 3월 2일, 4면.

37 「기마순경도 동원 · 암매상까지: "월부 매력" 태평로 장사진」, 『조선일보』, 1962년 2월 17일, 석간 3면.

38 「에필로그: 누가 뭐래도 아직은 불경기」, 『동아일보』, 1962년 2월 27일, 1면.

39 임종수, 「1960~70년대 텔레비전 붐 현상과 텔레비전 도입의 맥락」, 『한국언론학보』, 48권 2호, 83~84쪽에서 재인용.

40 임종수, 「1960~70년대 텔레비전 붐 현상과 텔레비전 도입의 맥락」, 『한국언론학보』, 48권 2호, 98~99쪽에서 재인용.

41 정순일, 『한국 방송의 어제와 오늘』(나남, 1991), 116쪽.

42 「연속방송극 한결같은 눈물 공세: 영화화 위한 사전 PR」, 『조선일보』, 1964년 2월 9일, 5면.

43 「어느 횡포? 민간방송과 스폰서」, 『조선일보』, 1964년 7월 8일, 조간 5면.

44 김연진, 『내 연출 내 젊음 35년: 김연진의 TV 비망록』(다인미디어, 2000), 300쪽.

45 정순일, 『한국 TV 40년의 발자취』(한울아카데미, 2000), 153쪽.

46 정순일, 「한국 TV 40년의 발자취」(한울아카데미, 2000), 48쪽.

47 정일몽, 「TV 드라마의 미래상」, 「신문과방송」, 1979년 3월호, 121쪽.

48 정순일, 「한국 방송의 어제와 오늘」(나남출판, 1991), 161쪽.

49 「프로의 저속화 막는 길은」, 「동아일보」, 1968년 11월 19일.

50 「방송의 저속성」, 「동아일보」, 1968년 11월 20일 2면.

51 정순일 · 장한성, 「한국 TV 40년의 발자취: TV 프로그램의 사회사」(한울아카데미, 2000), 64쪽.

52 「저속 방송 막기 위해 감청원 배치」, 「조선일보」 1969년 1월 31일.

53 정순일, 「한국 방송의 어제와 오늘」(나남, 1991), 174쪽.

54 박재용, 「한국 초기 민간 상업 방송의 발전 과정에 관한 연구」, 서울대학교 대학원 신문학과 석사논문, 1993년 2월, 69~90쪽.

55 김연진, 「내 연출 내 젊음 35년: 김연진의 TV 비망록」(다인미디어, 2000), 347쪽

56 정순일 · 장한성, 「한국 TV 40년의 발자취」(한울아카데미, 2000), 63쪽.

57 김주영, 「월남전과 '빨간 선인장'」, 「월간 방송문예」, 2004년 3월호.

58 「지나친 광고 방송을 지양」, 「조선일보」, 1963년 1월 17일.

59 황지희, 「2% 부족한 드라마 전성시대: 시청자, '뻔한' 멜로는 가라」, 「PD저널」, 2006년 1월 18일.

60 오명환, 「텔레비전 드라마 사회학」(나남출판, 1994).

61 정순일, 「한국 방송의 어제와 오늘」(나남출판, 1991), 181쪽.

62 황지희, 「2% 부족한 드라마 전성시대: 시청자, '뻔한' 멜로는 가라」, 「PD저널」, 2006년 1월 18일; 백미숙 · 강명구, 「'순결한 가정'과 건전한 성 윤리: 텔레비전 드라마 성 표현 규제에 대한 문화사적 접근」, 「한국방송학보」 21-1, 154쪽.

63 백미숙 · 강명구, 「'순결한 가정'과 건전한 성 윤리: 텔레비전 드라마 성 표현 규제에 대한 문화사적 접근」, 「한국방송학보」 21-1, 154~155쪽.

64 백미숙 · 강명구, 「'순결한 가정'과 건전한 성 윤리: 텔레비전 드라마 성 표현 규제에 대한 문화사적 접근」, 「한국방송학보」 21-1, 151~153쪽.

65 정순일 · 장한성, 「한국 TV 40년의 발자취: TV 프로그램의 사회사」(한울아카데미, 2000), 70쪽.

66 「TV 시대 개막: 전파 미디어의 현황과 전망」, 「동아일보」, 1969년 8월 9일, 5면.

67 임종수, 「1960~1970년대 텔레비전 붐 현상과 텔레비전 도입의 맥락」, 「한국언론학보」, 48권 2호, 94쪽에서 재인용.

68 김연진, 「내 연출 내 젊음 35년: 김연진의 TV 비망록」(다인미디어, 2000).

69 이동희, 「라디오 팀의 대거 TV 진출 - 〈물레방아〉」, 오명환, 「텔레비전 드라마 사회학」(나남출판, 1994), 417쪽.

70 강준만, 「한국 TV 드라마 개혁론」, 「월간 말」, 1992년 3월호.

71 조성로, 「신들린 PD와 울보 탤런트」(다인미디어, 2000), 91쪽; 오명환, 「텔레비전 드라마 사회학」(나남출판, 1994), 372쪽.

72 한국방송공사, 「한국방송사」(한국방송공사, 1977), 823~825쪽.

73 한국방송공사, 「한국방송사」(한국방송공사, 1977), 824쪽.

74 김민아, 「100년을 엿보다 (42): TV 인기 드라마」, 「경향신문」, 2010년 8월 15일; 고성원, 「아씨와 작가 임희재」, 한국TV방송50년위원회, 「한국의 방송인: 체험적 현장 기록 한국방송 1956~2001」(커뮤니케이션북스, 2001).

75 김연진, 「내 연출 내 젊음 35년: 김연진의 TV 비망록」(다인미디어, 2000), 151쪽.

76 김해식, 「1960년대 이후 한국 언론의 성격 변화 과정에 대한 사회학적 연구」, 서울대학교 사회학과 박사학위논문, 1992년 9월.

77 조항제, 「방송 산업의 성장 과정: 1960년대부터 1980년대 말까지」, 김남석 외, 『한국 언론 산업의 역사와 구조』(연암사, 2000), 202~203쪽.

78 조항제, 「1970년대 한국 텔레비전의 구조적 성격에 관한 연구: 국가 정책과 텔레비전 자본 간의 관계를 중심으로」, 서울대학교 대학원 신문학과 박사 학위 논문, 1994년 2월.

79 정순일, 『한국 방송의 어제와 오늘: 체험적 방송 현대사』(나남, 1991), 185~186쪽.

80 김연진, 「겉보다 인간 심리 구현에 중점: 문제 의식 던져 수준 높은 시청자 이목에 맞춰야」, 『신문과방송』, 1978년 8월호, 66쪽; 오명환, 『텔레비전 드라마 사회학』(나남출판, 1994), 80쪽.

81 임종수, 「1960~1970년대 텔레비전 붐 현상과 텔레비전 도입의 맥락」, 『한국언론학보』, 48권 2호, 86쪽.

82 강준만, 『한국 현대사 산책 1970년대 편 2』(인물과사상사, 2002), 104쪽.

83 「TV탤런트 브라운관이 낳은 대중오락 시대의 우상」, 『동아일보』, 1971년 6월 26일, 5면.

84 「TV탤런트 브라운관이 낳은 대중오락 시대의 우상」, 『동아일보』, 1971년 6월 26일, 5면.

85 임종수, 「1960~70년대 텔레비전 붐 현상과 텔레비전 도입의 맥락」, 『한국언론학보』, 48권 2호, 87쪽; 김학수, 『스크린 밖의 한국영화사 1』(인물과사상사, 2002), 229~231쪽.

86 김연진, 『내 연출 내 젊음 35년: 김연진의 TV 비망록』(다인미디어, 2000), 125~126쪽.

87 오명환, 『텔레비전 드라마 사회학』(나남출판, 1994), 315~316쪽.

88 김석영, 「방언 사용 신중히 연속극 인물 말씨에 편벽 많아」, 『경향신문』, 1970년 4월 10일, 2면.

89 「극 중 사투리 말썽」, 『경향신문』, 1971년 11월 15일, 15면.

90 리영희, 「텔레비전의 편견과 반지성」, 『전환시대의 논리─아시아 · 중국 · 한국: 리영희 평론집』(창작과비평사, 1974, 11쇄 1979), 175~176쪽.

91 조성로, 『신들린 PD와 울보 탤런트』(다인미디어, 2000), 91쪽.

92 김민아, 「100년을 엿보다 (42): TV 인기 드라마」, 『경향신문』, 2010년 8월 15일; 이상국, 「온 국민 눈길 모은 드라마 '여로' 힘겹고 어눌한 서민 위로하다」, 『중앙일보』, 2009년 7월 27일.

93 한국방송공사, 『한국방송사』(한국방송공사, 1977), 582쪽.

94 이상국, 「온 국민 눈길 모은 드라마 '여로' 힘겹고 어눌한 서민 위로하다」, 『중앙일보』, 2009년 7월 27일.

95 정순일, 『한국 방송의 어제와 오늘: 체험적 방송 현대사』(나남, 1991), 196~197쪽.

96 이도흠, 「이도흠의 한국 대중문화와 미디어 읽기 3: 한국 TV 드라마의 이데올로기를 고발한다 ①」, 『월간 인물과사상』, 1999년 11월호, 109쪽.

97 이순원, 『은빛낚시』(이룸, 2005), 306~307쪽.

98 정순일, 『한국 방송의 어제와 오늘』(나남, 1991), 196쪽.

99 최창봉 · 강현두, 『우리 방송 100년』(현암사, 2001), 222쪽.

100 김포천, 「거울과 창 그리고 꿈: 내가 만난 김수현 드라마」, 김포천 외 엮음, 『김수현 드라마에 대하여』(솔, 1998), 21쪽.

101 조항제, 「1970년대 한국 텔레비전의 구조적 성격에 관한 연구: 국가 정책과 텔레비전 자본 간의 관계를 중심으로」, 서울대학교 대학원 신문학과 박사 학위 논문, 1994년 2월, 187쪽.

102 김학수, 『스크린 밖의 한국영화사 1』(인물과사상사, 2002).

1 조항제, 「1970년대 한국 텔레비전의 구조적 성격에 관한 연구: 국가 정책과 텔레비전 자본 간의 관계를 중심으로」, 서울대학교 대학원 신문학과 박사학위논문, 1994년 2월, 47쪽.

2 김민환, 『한국언론사』(사회비평사, 1996), 546쪽.

3 조항제, 「1970년대 한국 텔레비전의 구조적 성격에 관한 연구: 국가 정책과 텔레비전 자본 간의 관계를 중심으로」, 서울대학교 대학원 신문학과 박사학위논문, 1994년 2월, 107쪽.

4 정순일·장한성, 『한국 TV 40년의 발자취: TV 프로그램의 사회사』(한울아카데미, 2000), 105~106쪽

5 조항제, 「1970년대 한국 텔레비전의 구조적 성격에 관한 연구: 국가 정책과 텔레비전 자본 간의 관계를 중심으로」, 서울대학교 대학원 신문학과 박사학위논문, 1994년 2월, 92쪽.

6 오명환, 『텔레비전 드라마 사회학』(나남출판, 1984), 293쪽.

7 「저질화…… TV극: 시청자는 피로하다」, 『조선일보』, 1972년 10월 29일, 5면.

8 「'저질 드라마' 홍수」, 『동아일보』, 1972년 10월 19일, 5면.

9 임종수, 「1970년대 텔레비전, 문화와 비문화의 양가성」, 『언론과사회』, 2008년 봄 16권 1호. 64쪽.

10 「'교양' 30%로 확대」, 『조선일보』, 1973년 3월 10일, 조간 1면; 강준만, 『한국 현대사 산책 1970년대 편 2』(인물과사상사, 2002), 23~24쪽.

11 조항제, 「1970년대 한국 텔레비전의 구조적 성격에 관한 연구: 국가 정책과 텔레비전 자본 간의 관계를 중심으로」, 서울대학교 대학원 신문학과 박사학위논문, 1994년 2월, 170쪽.

12 김광남, 「방송극의 예술적 가능성」, 『신문과방송』, 1973년 3월 1일, 106쪽.

13 「고심하는 '민방': 매일 연속극 단축' 권장의 문제점」, 『조선일보』, 1973년 7월 19일, 조간 5면.

14 「"농민에 지혜 주는 방송 프로 만들어야"」, 『동아일보』, 1973년 7월 16일, 2면.

15 「방송의 책임: 윤문공, 방송법의 이행 촉구」, 『서울신문』, 1973년 7월 17일, 5면.

16 「전파 미디어에 바란다」, 『동아일보』, 1973년 7월 18일, 3면.

17 강준만, 『한국 현대사 산책 1970년대 편 2』(인물과사상사, 2002), 293쪽.

18 윤여정, 「그이와의 지난 28년 동안의 만남」, 김포천 외 엮음, 『김수현 드라마에 대하여』(솔, 1998), 315쪽.

19 임종수, 「1960~70년대 텔레비전 붐 현상과 텔레비전 도입의 맥락」, 『한국언론학보』 48권 2호, 58쪽에서 재인용.

20 강준만, 『한국 현대사 산책 1970년대 편 2』(인물과사상사, 2002), 56~77쪽.

21 백미숙·강명구, 「'순결한 가정'과 건전한 성 윤리: 텔레비전 드라마 성 표현 규제에 대한 문화사적 접근」, 『한국방송학보』 21-1, 151쪽.

22 정순일·장한성, 『한국 TV 40년의 발자취: TV 프로그램의 사회사』(한울아카데미, 2000), 116쪽.

23 「일일 연속극 '전성시대'」, 『조선일보』, 1974년 12월 20일, 조간 5면.

24 조항제, 「1970년대 한국 텔레비전의 구조적 성격에 관한 연구: 국가 정책과 텔레비전 자본 간의 관계를 중심으로」, 서울대학교 대학원 신문학과 박사학위논문, 1994년 2월.

25 「TV 3국 기본 프로 개편 싸고 치열한 정보전」, 『경향신문』, 1974년 9월 5일, 8면.

26 「불꽃 튀기는 드라마 전쟁」, 『경향신문』, 1974년 10월 29일, 8면.

27 「일일 연속극 '전성시대'」, 『조선일보』, 1974년 12월 20일, 조간 5면.

28 「TV 50% 화공약품 34% 증가」, 『동아일보』, 1972년 12월 12일, 2면; 박재용, 「한국 초기 민간상업방송의 발전과정에 관한 연구」, 1993년 서울대학교 대학원 석사 학위 논문, 82쪽; 임종수, 「1960~70년대 텔레비전 붐 현상과 텔레비전 도입의 맥락」, 『한국언론학보』, 48권 2호, 89~90쪽.

29 임종수, 「1960~70년대 텔레비전 붐 현상과 텔레비전 도입의 맥락」, 「한국언론학보」, 48권 2호, 89~90쪽.

30 이문구, 「우리동네 황씨」, 「우리동네」(랜덤하우스 중앙, 2005), 44쪽.

31 김연진, 「내 연출 내 젊음 35년: 김연진의 TV 비망록」(다인미디어, 2000), 154~155쪽.

32 김연진, 「내 연출 내 젊음 35년: 김연진의 TV 비망록」(다인미디어, 2000), 161쪽.

33 김연진, 「내 연출 내 젊음 35년: 김연진의 TV 비망록」(다인미디어, 2000), 162쪽.

34 「신성일 씨 TBC엔 '강제 출연'」, 「조선일보」, 1993년 5월 12일.

35 조항제, 「1970년대 한국 텔레비전의 구조적 성격에 관한 연구: 국가 정책과 텔레비전 자본 간의 관계를 중심으로」, 서울대학교 대학원 신문학과 박사 학위 논문, 1994년 2월, 192쪽.

36 오명환, 「텔레비전 드라마 사회학」(나남출판, 1994); 김연진, 「내 연출 내 젊음 35년: 김연진의 TV 비망록」(다인미디어, 2000),

37 조항제, 「1970년대 한국 텔레비전의 구조적 성격에 관한 연구: 국가 정책과 텔레비전 자본 간의 관계를 중심으로」, 서울대학교 대학원 신문학과 박사 학위 논문, 1994년 2월, 192쪽.

38 백미숙·강명구, 「'순결한 가정'과 건전한 성 윤리: 텔레비전 드라마 성 표현 규제에 대한 문화사적 접근」, 「한국방송학보」 21-1.

39 차범석, 「방송 드라마와 예술성」, 「신문과방송」, 1978년 6월호, 93쪽.

40 오명환, 「텔레비전 드라마 사회학」(나남출판, 1994).

41 이도흠, 「이도흠의 한국 대중문화와 미디어 읽기 3: 한국 TV 드라마의 이데올로기를 고발한다 ①」, 「월간 인물과사상」, 1999년 11월호, 106~108쪽.

42 최창봉·강현두, 「우리 방송 100년」(현암사, 2001).

43 노재현, 「영화·TV 드라마 '팔도강산' 3공 홍보역 "톡톡"」, 「중앙일보」, 1992년 8월 8일, 26면에서 재인용.

44 이도흠, 「이도흠의 한국 대중문화와 미디어 읽기 3: 한국 TV 드라마의 이데올로기를 고발한다 ①」, 「월간 인물과사상」, 1999년 11월호, 108~109쪽; 노재현, 「영화·TV 드라마 '팔도강산' 3공 홍보역 "톡톡"」, 「중앙일보」, 1992년 8월 8일; 오명환, 「텔레비전 드라마 사회학」(나남출판, 1994).

45 윤혁민, 「TV 일일 연속극-꽃피는 팔도강산」, 「방송문예」, 1995년 10월호.

46 조항제, 「1970년대 한국 텔레비전의 구조적 성격에 관한 연구: 국가 정책과 텔레비전 자본 간의 관계를 중심으로」, 서울대학교 대학원 신문학과 박사 학위 논문, 1994년 2월, 116쪽에서 재인용.

47 백미숙·강명구, 「'순결한 가정'과 건전한 성 윤리: 텔레비전 드라마 성 표현 규제에 대한 문화사적 접근」, 「한국방송학보」 21-1.

48 정일몽, 「TV 드라마의 미래상」, 「신문과방송」. 1979년 3월호.

49 호현찬, 「한국영화 100년」(문학사상사, 2000), 184~185쪽; 김학수, 「스크린 밖의 한국영화사 1」(인물과사상사, 2002), 236~237쪽.

50 임종수, 「1970년대 텔레비전, 문화와 비문화의 양가성」, 「언론과사회」, 2008년 봄 16권 1호.

51 「TV 프로의 저질화」(사설), 「동아일보」, 1975년 5월 19일, 2면.

52 조항제, 「1970년대 한국 텔레비전의 구조적 성격에 관한 연구: 국가 정책과 텔레비전 자본 간의 관계를 중심으로」, 서울대학교 대학원 신문학과 박사 학위 논문, 1994년 2월; 오명환, 「텔레비전 드라마 사회학」(나남출판, 1994).

53 김경수, 「남녀 불륜 다루는 TV극」, 「동아일보」, 1975년 5월 15일, 8면.

54 이효영, 「〈신부 일기〉로 맺은 인연」, 김포천 외 엮음, 「김수현 드라마에 대하여」(솔, 1998), 295쪽; 정순

일 · 장한성, 「한국 TV 40년의 발자취: TV 프로그램의 사회사」(한울아카데미, 2000), 106쪽; 정일몽 'TV 드라마의 미래상', 「신문과 방송」, 1979년 3월호, 122쪽.

55 「도중 하차한 TV 드라마」, 「동아일보」, 1975년 5월 19일, 5면.

56 「방송 정화 실천 요강」, 「경향신문」, 1975년 5월 26일, 4면.

57 「중앙일보」, 1975년 6월 20일, 5면.

58 「문공부, 방송 프로 개편 지시」, 「조선일보」, 1975년 9월 14일, 조간 5면.

59 김연진, 「내 연출 내 젊음 35년: 김연진의 TV 비망록」(다인미디어, 2000), 137쪽~138쪽.

60 오명환, 「텔레비전 드라마 사회학」(나남출판, 1994).

61 오명환, 「텔레비전 드라마 사회학」(나남출판, 1994).

62 1970년대 미국 텔레비전의 가장 큰 문제점은 폭력성과 선정성이었다. 특히 1974년 9월 10일 NBC가 방영한 텔레비전용 영화 〈본 이노센트Born Innocent〉는 재생원에 수감된 14살 먹은 주인공 소녀가 다른 수감 소녀들에게 끌려가 하수구를 뚫는 막대기로 강간을 당하는 장면을 내보내 미국 사회 전역을 큰 충격으로 빠뜨렸다. 더 큰 충격은 이후에 발생했다. 이 영화가 방영된 지 4일 후 캘리포니아에서 3명의 십대 소녀와 1명의 십대 소년이 이 영화를 모방해 7살짜리 소녀를 맥주병으로 강간하는 사건이 발생했기 때문이다. 미국 전역은 벌집을 쑤셔놓은 듯 들썩였고, 사회적 압력 속에서 미 방송사들은 어쩔 수 없이 오후 7시~9시를 가족시청시간대로 정했다. 강준만, 「세계의 대중매체 1: 미국 편」(인물과사상사. 2001).

63 박재용, 「한국 초기 민간상업방송의 발전과정에 관한 연구」, 1993년 서울대학교 대학원 석사학위논문, 93쪽.

64 김해식「1960년대 이후 한국 언론의 성격 변화 과정에 대한 사회학적 연구」, 서울대학교 사회학과 박사학위논문, 1992년 9월, 139쪽.

65 정순일 · 장한성, 「한국 TV 40년의 발자취: TV 프로그램의 사회사」(한울아카데미, 2000), 114~115쪽.

66 이경순, 「주부의 입장에서: 재미와 뜻을 겸비한 작품을」, 「신문과 방송」 1978년 3월호, 41쪽에서 재인용.

67 정순일, 「한국 방송의 어제와 오늘」(나남, 1991), 239쪽.

68 오명환, 「텔레비전 드라마 사회학」(나남출판, 1994),

69 「'10월 유신' 6개월 박 대통령 어록에 담긴 그 이념과 방향 2」, 「매일경제」, 1973년 4월17일, 6면

70 조항제, 「1970년대 한국 텔레비전의 구조적 성격에 관한 연구: 국가 정책과 텔레비전 자본 간의 관계를 중심으로」, 서울대학교 대학원 신문학과 박사학위논문, 1994년 2월, 177~178쪽.

71 정순일 · 장한성, 「한국 TV 40년의 발자취: TV 프로그램의 사회사」(한울아카데미, 2000).

72 백미숙 · 강명구, 「'순결한 가정'과 건전한 성 윤리: 텔레비전 드라마 성 표현 규제에 대한 문화사적 접근」, 「한국방송학보」 21-1.

73 정순일 · 장한성, 「한국 TV 40년의 발자취: TV 프로그램의 사회사」(한울아카데미, 2000).

74 「방송극 기준을 제정」, 「조선일보」, 1977년 6월 26일, 조간 5면.

75 차범석, 「방송 드라마와 예술성」, 「신문과방송」, 1978년 6월호.

76 김학수, 「스크린 밖의 한국영화사 1」(인물과사상사, 2002), 250쪽.

77 정순일, 「한국 방송의 어제와 오늘」(나남출판, 1991), 250쪽.

78 정순일 · 장한성, 「한국 TV 40년의 발자취: TV 프로그램의 사회사」(한울아카데미, 2000), 119쪽.

79 「"TV 프로가 이농 부채질」, 「동아일보」, 1978년 3월 3일, 7면; 「상업방송의 존재의식(사설)」, 「한국일보」, 1978년 6월 20일, 2면.

80 「"TV 연속극 위화감 조성"」, 「동아일보」, 1978년 3월 6일, 5면.

81 「상업 TV 시청자 불만 많다」, 『동아일보』, 1979년 9월 12일, 5면.

82 심현우, 「대형 드라마 제작상의 문제점」, 『신문과방송』, 1979년 3월호, 125쪽.

83 오명환, 『텔레비전 드라마 사회학』(나남출판, 1994).

84 정순일·장한성, 『한국 TV 40년의 발자취: TV 프로그램의 사회사』(한울아카데미, 2000).

85 조항제, 「1970년대 한국 텔레비전의 구조적 성격에 관한 연구: 국가 정책과 텔레비전 자본 간의 관계를 중심으로」, 서울대학교 대학원 신문학과 박사 학위 논문, 1994년 2월, 193~194쪽.

86 오명환, 『텔레비전 드라마 사회학』(나남출판, 1994); 심현우, 「대형드라마 제작상의 문제점」, 『신문과방송』, 1979년 3월호, 125쪽.

87 「MBC TV 역사의 인물 후손들 사론 시비 잇달아」, 『경향신문』, 1978년 6월 14일, 8면.

88 오명환, 「TV 드라마 3년 수난사」, 『방송시대』, 1993년 봄·여름호, 344쪽.

89 이정호, 「용인자연농원과 TV 연속극」, 『PD저널』, 2009년 2월 4일.

● 3장

1 오명환, 『텔레비전 드라마 사회학』(나남출판, 1994).

2 「"방송 제작 타율성 배제" TV드라마PD협회 창립」, 『동아일보』, 1980년 5월 19일, 5면.

3 강준만, 『한국 현대사 산책 1980년대 편 2』(인물과사상사, 2003).

4 「TV 드라마 호화 생활, 포옹 장면 사라진다」, 『동아일보』, 1980년 8월 30일, 5면.

5 오명환, 『텔레비전 드라마 사회학』(나남출판, 1994), 321쪽.

6 김연진, 『내 연출 내 젊음 35년: 김연진의 TV 비망록』(다인미디어, 2000), 197~198쪽.

7 정순일, 『한국 방송의 어제와 오늘』(나남출판, 1991), 241쪽.

8 강준만, 『한국 현대사 산책 1980년대 편 2』(인물과사상사, 2003). 35쪽.

9 오명환, 『텔레비전 드라마 사회학』(나남출판, 1994), 293~294쪽.

10 강준만, 『한국 현대사 산책 1980년대 편 3』(인물과사상사, 2003).

11 정순일·장한성, 『한국 TV 40년의 발자취: TV 프로그램의 사회사』(한울아카데미, 2000).

12 「안방극장에 드라마 홍수」, 『조선일보』, 1981년 1월 7일.

13 오명환, 『텔레비전 드라마 사회학』(나남출판, 1994), 326쪽.

14 정순일·장한성, 『한국 TV 40년의 발자취: TV 프로그램의 사회사』(한울아카데미, 2000).

15 정중헌, 「TV 드라마 "대형화" 경쟁」, 『조선일보』, 1981년 4월 16일, 8면.

16 강준만, 『한국 현대사 산책 1980년대 편 2』(인물과사상사, 2003).

17 신현준, 「1980년대 문화적 정세와 민중 문화 운동」, 이해영 외, 『1980년대 혁명의 시대』(새로운 세상, 1999), 221~222쪽; 강준만, 『한국 현대사 산책 1980년대 편 2』(인물과사상사, 2003). 48~55쪽.

18 오명환, 『텔레비전 드라마 사회학』(나남출판, 1994).

19 「TV 주평: '25분짜리 연속극' 아침 시간이 아깝다」, 『조선일보』, 1981년 6월 2일, 6면.

20 황호택, 「최불암·김혜자: "권태롭고 창피해 그만둘 수밖에 없었다"」, 『황호택 기자가 만난 사람』(한나래, 2003), 290쪽; 오명환, 『텔레비전 드라마 사회학』(나남출판, 1994).

21 이장규 외, 『실록 6공 경제』(중앙일보사, 1995), 61쪽.

22 「기독 농민 선언」, 『선언으로 본 80년대 민족·민주 운동』(동아일보사, 신동아 1990년 1월호 별책부록), 96쪽; 「수출 정책의 속죄양 '개방 농정' 빚더미에 짓눌린 농촌 피폐화」, 『월간 말』, 제19호, 1988년 1월

15일, 65쪽; 「외국 농산물에 침몰하는 농촌」, 「월간 말」, 창간호, 47쪽.

23 박세길, 「다시 쓰는 한국 현대사 3」(돌베개, 1988), 155쪽; 「누구를 위한 수입 개방이냐: 외국소 도입 농민 피해액 2조 원에 달해」, 「월간 말」, 제14호, 1997년 10월 1일, 64쪽.

24 「늘어나는 부채 농민들 원성 높아」, 「월간 말」, 제10호, 1987년 3월 20일, 56면.

25 오명환, 「텔레비전 드라마 사회학」(나남출판, 1994). 341~342쪽.

26 유길촌, 「21세기 방송 프로듀서의 과제」, 「PD연합회보」, 1999년 12월 23일, 8면; 강준만, 「한국 현대사 산책 1980년대 편 2」(인물과사상사, 2003), 37쪽에서 재인용.

27 「"TV 드라마 소재 규제 사라져야"」, 「동아일보」, 1987년 7월 15일, 12면.

28 「"TV 드라마 소재 규제 사라져야"」, 「동아일보」, 1987년 7월 15일, 12면.

29 정순일, 「한국 방송의 어제와 오늘」(나남출판, 1991), 241~242쪽.

30 오명환, 「텔레비전 드라마 사회학」(나남출판, 1994).

31 정영희, 「한국 사회의 변화와 텔레비전 드라마」(커뮤니케이션 북스, 2005).

32 오명환, 「텔레비전 드라마 사회학」(나남출판, 1994), 336~337쪽.

33 김승현 · 한진만, 「한국 사회와 텔레비전 드라마」(한울아카데미, 2001).

34 「TV 드라마 호화 생활, 포옹 장면 사라진다」, 「동아일보」, 1980년 8월 30일, 5면.

35 오택섭, 「시청자의 수준 결코 낮지 않다」, 「동아일보」, 1983년 8월 9일, 5면.

36 이성계를 다룬 드라마는 박정희 정권에서 2번, 전두환 정권에서 2번, 총 4차례 만들어졌다.

37 오명환, 「텔레비전 드라마 예술론」(나남출판, 1994).

38 이도흠, 「이도흠의 한국 대중문화와 미디어 읽기 4: 한국TV 드라마의 이데올로기를 고발한다 ②」, 「월간 인물과사상」, 1999년 11월호.

39 「방송 드라마 '정의' 강조해야」, 「동아일보」, 1983년 6월 9일, 2면.

40 정순일 · 장한성, 「한국 TV 40년의 발자취: TV 프로그램의 사회사」(한울아카데미, 2000), 137~138쪽.

41 황호택, 「최불암 · 김혜자: "권태롭고 창피해 그만둘 수밖에 없었다"」, 「황호택 기자가 만난 사람」(한나래, 2003), 294쪽.

42 「TV 기업 드라마 경쟁적 제작」, 「동아일보」, 1983년 5월 17일, 5면.

43 「양 TV 불꽃 튀는 해외 기획물 경쟁」, 「동아일보」, 1984년 9월 11일, 12면.

44 〈TV문학관〉은 1980년 가을부터 시작된 〈100분 드라마〉가 변경된 것이다.

45 윤석진, 「김삼순과 장준혁의 드라마 공방전」(북마크, 2007).

46 백미숙 · 강명구, 「'순결한 가정'과 건전한 성 윤리: 텔레비전 드라마 성 표현 규제에 대한 문화사적 접근」, 「한국방송학보」 21-1호.

47 백미숙 · 강명구, 「'순결한 가정'과 건전한 성 윤리: 텔레비전 드라마 성 표현 규제에 대한 문화사적 접근」, 「한국방송학보」 21-1호, 164쪽.

48 김승현 · 한진만, 「한국 사회와 텔레비전 드라마」(한울아카데미, 2001).

49 백미숙 · 강명구, 「'순결한 가정'과 건전한 성 윤리: 텔레비전 드라마 성 표현 규제에 대한 문화사적 접근」, 「한국방송학보」 21-1호, 164쪽.

50 남명자, 「텔레비전 드라마에 표출된 한국 여성상에 관한 연구」, 「신문학보」, 1984년 제 17호.

51 이혜옥은 1981년 11월 1일부터 8일까지 한 주간 방송된 현대극 15편을 분석했다.

52 남명자, 「텔레비전 드라마에 표출된 한국 여성상에 관한 연구」, 「신문학보」, 1984년 제 17호.

53 김홍근, 「〈사랑과 진실〉의 '사랑'과 '진실'」, 김포천 외 엮음, 「김수현 드라마에 대하여」(솔, 1998).

54 신상일, 「김수현 드라마의 인간과 문화」, 김포천 외 엮음, 「김수현 드라마에 대하여」(솔, 1998).

55 서현진, 『끝없는 혁명: 한국 전자산업 40년의 발자취』(이비컴, 2001), 295~296쪽.

56 한진만, 『한국 텔레비전 방송 연구』(나남출판, 1995), 182쪽.

57 김상, 「TV 선거 방송 논란 여전」, 『동아일보』, 1985년 2월 11일, 12면.

58 KBS노동조합, 『5공하 KBS 방송 기록』(KBS노동조합, 1989), 99쪽.

59 「'TV '선거 방송' 편파적': 시민들 "특정 정당 지지 유도…… 보기 역겹다"」, 『동아일보』, 1985년 2월 6일, 7면.

60 이봉재, 「TV 편향 보도 예사로 '공명' 외치며 특정 정당 비난」, 『동아일보』, 1985년 2월 8일, 8면.

61 「TV 프로 봄 개편 돌연 백지화」, 『동아일보』, 1985년 4월 18일, 8면.

62 「'유익'이냐 '재미'냐 팽팽히 맞서」, 『동아일보』, 1985년 9월 25일, 12면.

63 강준만, 『한국 현대사 산책 1980년대 편 3』(인물과사상사, 2003).

64 김연진, 『내 연출 내 젊음 35년: 김연진의 TV 비망록』(다인미디어, 2000).

65 이용주, 「작가-탤런트 스카우트 공방 가열」, 『조선일보』, 1987년 1월 24일.

66 「TV 드라마 타사 프로 '선수 치기 경쟁' 산업 스파이전 방불」, 『동아일보』, 1987년 3월 5일, 8면.

67 김연진, 『내 연출 내 젊음 35년: 김연진의 TV 비망록』(다인미디어, 2000).

68 「"'사모곡' 관련 불교계 항의는 부당"」, 『동아일보』, 1987년 8월 28일, 12면.

69 「TV 드라마 불교 소재 일체 취급 않기로」, 『동아일보』, 1987년 9월 2일, 12면.

70 「TV 드라마 제목 여성 취향 '물씬'」, 『동아일보』, 1987년 4월 9일, 8면.

71 「TV 드라마 90%가 여성 취향 멜로물」, 『경향신문』, 1987년 7월 9일, 12면.

72 「안방극장 휩쓰는 여류 작가들」, 『경향신문』, 1987년 6월 15일, 12면.

73 김연진, 『내 연출 내 젊음 35년: 김연진의 TV 비망록』(다인미디어, 2000), 297~298쪽.

74 『동아일보』, 1987년 11월 20일, 12면; 『경향신문』, 1987년 2월 2일, 9면; 『동아일보』, 1987년 5월 21일, 8면; 『경향신문』, 1987년 6월 27일, 11면; 『동아일보』, 1987년 7월 7일, 12면.

75 「TV 방송 드라마 의존도 갈수록 심화」, 『동아일보』, 1988년 3월 3일, 12면.

76 「양 TV 사회 비판 드라마 큰 인기」, 『경향신문』, 1988년 11월 21일, 16면.

77 오명환, 「TV 드라마 3년 수난사」, 『방송시대』, 1993년 봄·여름호, 368쪽.

78 「'논픽션 드라마' 내달 중지」, 『경향신문』, 1989년 4월 26일, 16면.

79 백미숙·강명구, 「'순결한 가정'과 건전한 성 윤리: 텔레비전 드라마 성 표현 규제에 대한 문화사적 접근」, 『한국방송학보』 21-1호.

80 박성수, 「"벗기기 영화냐" 시청자 빈축」, 『경향신문』, 1989년 6월 28일, 16면.

81 「무허 유선 TV 활개」, 『동아일보』, 1985년 3월 29일, 12면.

82 「TV 잡지 선정적 표현 심하다」, 『동아일보』, 1989년 6월 26일, 16면.

83 「'사회 고발' 내세워 성 표현 확대」, 『동아일보』, 1989년 3월 7일, 10면.

84 「MBC TV 드라마 '땅' 강력 제재 '사과 명령'」, 『동아일보』, 1991년 1월 26일, 19면.

85 「MBC 드라마 땅 중도 하차」, 『한겨레』, 1991년 4월 20일, 14면.

86 「드라마 '땅' 조기 종영 취소 않으면 출연 거부」, 『경향신문』, 1991년 4월 24일, 14면.

87 오명환, 『텔레비전 드라마 사회학』(나남출판, 1994), 360쪽에서 재인용.

88 하종원, 「텔레비전 드라마의 사회학」, 김창남 외, 『TV를 읽읍시다』(한울, 1991).

89 강영희, 「김수현의 작품 세계와 대중 의식의 변증법」, 김포천 외, 『김수현 드라마에 대하여』(솔, 1998), 190쪽.

90 이영미, 『서태지와 아이들: 대중문화시대 예술의 길 찾기』(한울, 1995), 182~183쪽; 강준만, 『한국 현

대사 산책 90년대 편 1』(인물과사상사, 2006), 127쪽에서 재인용.

91 「TV극 '사랑이……' 고대 비판 · 반박문 공방」, 『한국일보』, 1992년 2월 9일, 22면.

●4장

1 최성민, 「안방 휘젓는 TV 드라마」, 『한겨레』, 1992년 11월 11일.

2 김진경, 「TV 저질 경쟁 이대로 좋은가 긴급고발 안방극장(중)」, 『동아일보』, 1992년 11월 11일; 최성민, 「안방 휘젓는 TV 드라마」, 『한겨레』, 1992년 11월 11일.

3 「"드라마 '불륜 경쟁'은 소재 제한 탓"」, 『국민일보』, 1992년 11월 21일, 13면.

4 「탤런트 김희애 석사 학위: 'TV 드라마 연구' 논문」, 『세계일보』, 1992년 8월 22일, 23면.

5 김현덕, 「TV극 신기원 개척: '여명의 눈동자'」, 『국민일보』, 1992년 1월 31일.

6 송지나, 「'여명의 눈동자' 각색 후감」, 방송개발원 주최 제3회 프로그램 연구 토론회, 1992년 2월 25일; 오명환, 『텔레비전 드라마 예술론』(나남출판, 1994), 237쪽에서 재인용.

7 이와오 수미코, 김영덕 · 이세영 역, 『TV 드라마의 메시지』(커뮤니케이션북스, 2000).

8 강준만, 『세계문화사전』(인물과사상사, 2005), 436~437쪽.

9 〈질투〉의 큰 인기 이후 비슷한 스타일의 드라마인 〈연인〉(KBS, 1993), 〈파일럿〉(MBC, 1993), 〈마지막 승부〉(MBC, 1994), 〈사랑을 그대 품안에〉(MBC, 1994) 등이 잇달아 성공을 거두었다.

10 이동후, 「한국 트렌디 드라마의 문화적 형성: 탈국가적 문화 수용 양식을 중심으로」, 조한혜정 외, 『'한류'와 아시아의 대중문화』(연세대학교 출판부, 2003).

11 강준만, 『한국 현대사 산책 1990년대 편 1』(인물과사상사, 2006); 유지나 외, 『멜로드라마란 무엇인가』(민음사, 1999).

12 전정희, 「금기 소재 드라마화 활발」, 『국민일보』, 1993년 1월 30일, 13면; 박근애, 「TV '문민시대' 못 따른다」, 『한겨레』, 1993년 4월 19일, 12면; 문상식, 「방송 소재 '성역'이 없어졌다」, 『세계일보』, 1993년 7월 9일, 11면.

13 오광수, 「"사극 '한명회' 시대착오적인 드라마 주인공 출연료 2억 책정 과다"」, 『경향신문』, 1993년 10월 21일, 18면.

14 「본격 '노동 드라마' 추진: 노동부 MBC-KBS와 협의 마쳐」, 『한겨레』, 1993년 10월 20일, 16면.

15 「"순수한 국책 드라마 만들자": 방송개발원 '좋은 드라마 극본' 토론회」, 『국민일보』, 1993년 11월 5일, 10면; 김종면, 「TV 방영 드라마 사전 전작제 검토: 오 공보처 연설」, 『서울신문』, 1993년 11월 6일, 22면.

16 이희용, 「드라마 페미니즘 물결 거세다」, 『세계일보』, 1993년 8월 19일, 14면.

17 오광수, 「여류 드라마 작가 안방극장 웃고 울리는 "마술사"」, 『경향신문』, 1994년 1월 14일.

18 『경향신문』, 1994년 1월 14일.

19 『조선일보』, 1994년 8월 21일.

20 『중앙일보』, 1994년 11월 16일.

21 김훈순 · 박동숙, 「텔레비전 드라마 여성 작가 연구: 여성주의적 글쓰기의 가능성과 한계」, 황인성 편저, 『텔레비전 문화 연구』(한나래, 1999).

22 최성민, 「'직업 드라마' 바람 거세다」, 『한겨레』, 1993년 12월 17일; 안치용, 「드라마 속 직업상 현실과 거리 멀다」, 『경향신문』, 1993년 11월 18일.

23 김균미, 「TV 드라마 공동 집필제 확산」, 『서울신문』, 1993년 9월 1일, 12면.

24 김도형, 「대본 공동 집필 활발」, 『한겨레』, 1994년 8월 5일, 10면; 이근영, 「전문직 드라마 전문직 시청자에 '혼쭐'」, 『한겨레』, 1994년 8월 12일, 10면.

25 장인철, 「인기 탤런트 작품당 2~3억 원 고액 출연료」, 『한국일보』, 1994년 3월 8일, 19면.

26 남궁협, 『텔레비전 산업의 시장 구조 변화와 방송사 경쟁 행위에 관한 연구』, 1994년 고려대학교 대학원 박사학위논문.

27 에드가 모랭, 이상률 역, 『스타』(문예출판사, 1992).

28 공종식, 「탤런트 차인표: "나의 인기 '집단노력'의 결과"」, 『동아일보』, 1994년 8월 7일, 8면; 강준만, 『한국 현대사 산책 1990년대 편 2』(인물과사상사, 2006), 127~128쪽.

29 「방송가 폭력물 추방 나섰다」, 『서울신문』, 1994년 10월 1일, 22면.

30 「TV 폭력 불륜 자제를」, 『동아일보』, 1994년 10월 1일, 3면.

31 김도형, 「'야한 너무도 야한' 안방극장」, 『한겨레』, 1994년 11월 2일, 15면.

32 송창석, 「덩달아 날개 돋친 '진짜 모래시계'」, 『한겨레』, 1995년 2월 5일, 18면.

33 강준만, 『한국 현대사 산책 1990년대 편 2』(인물과사상사, 2006), 240~241쪽에서 재인용.

34 KBS, 『해외 방송 정보』, 1993년 5월 15일; 한진만, 『한국 텔레비전 방송 연구』(나남출판, 1995), 81쪽; 강준만, 『대중문화의 겉과 속』(인물과사상사, 1999).

35 오광수, 「감각적 영상 볼거리: KBS 〈느낌〉·SBS 〈영웅일기〉」, 『경향신문』, 1994년 7월, 26일.

36 장인철, 「드라마 "이젠 영상으로 말한다"」, 『한국일보』, 1995년 2월 14일. 15면.

37 김관명, 「"인상적 화면으로 시청자 눈길부터 잡아라"」, 『한국일보』, 1995년 3월 17일, 15면.

38 서광원, 「드라마 무리한 '벗기기' 경쟁」, 『경향신문』, 1995년 4월 14일, 15면.

39 김갑식, 「드라마 해외 로케 득실 논란」, 『동아일보』, 1995년 6월 23일, 33면.

40 남궁협, 『텔레비전 산업의 시장구조 변화와 방송사 경쟁 행위에 관한 연구』, 1994년 고려대학교 대학원 박사학위논문.

41 이홍동, 「현대·삼성 드라마 협찬 경쟁」, 『한겨레』, 1995년 5월 18일, 8면.

42 김병주, 「"우리 차 드라마에 출연시켜주세요"」, 『한국일보』, 1995년 5월 30일, 11면.

43 「'신군부 드라마' 방송 사장 등 고소」, 『동아일보』, 1995년 12월 8일, 39면.

44 「'정치 드라마 명예훼손' 방송 회장 등 16명 고소」, 『동아일보』, 1995년 12월 22일, 37면; 「'신군 부 드라마' 희화화 역사 인식 오도 우려」, 『동아일보』, 1995년 11월 24일, 31면.

45 정천기, 「'코리아게이트' 갑작스런 종영」, 『세계일보』, 1995년 12월 7일, 20면.

46 전정희, 「'코리아게이트' 찜찜한 하차」, 『국민일보』, 1995년 12월 7일, 18면.

47 김선주, 「누가 사실을 왜곡했나」, 『한겨레』, 1995년 12월 6일, 5면.

48 「KBS '외주 제작 드라마' 논란」, 『미디어오늘』, 1995년 11월 29일.

49 전정희, 「삼성 '효 드라마' 만든다」, 『국민일보』, 1995년 10월 28일, 15면.

50 김갑식, 「"MBC 제작비 그렇게 쪼들리나"」, 『동아일보』, 1996년 4월 3일, 17면.

51 송경호, 「삼성의 드라마 협찬 제의 문제점」, 『미디어오늘』, 1996년 3월 20일.

52 「뉴스서 드라마 자화자찬 MBC '꼴불견' 연출」, 『미디어오늘』, 1996년 10월 16일.

53 한국방송학회는 1997년 『애인: TV 드라마, 문화 그리고 사회』를 펴내 〈애인〉의 사회적 현상을 분석 조명했다.

54 유인경, 「외도 미화 인기 드라마 '애인' 신드롬」, 『경향신문』, 1996년 10월 16일, 23면.

55 박진용, 「드라마 '애인' 국감 도마 올라」, 『한국일보』, 1996년 10월 17일, 35면.

56 이용호, 「드라마 〈애인〉 비판한 의원들 주부 항의 전화 쇄도에 "곤욕"」, 『경향신문』, 1996년 10월 19일,

4면.

57 「"TV 드라마의 가정 파괴"」, 『세계일보』, 1996년 10월 18일.

58 『경향신문』, 1996년 12월 18일, 29면

59 김호석, 「문화 산업의 스타 시스템에 관한 연구」, 1997년 서강대학교 대학원 박사학위논문, 52쪽에서 재인용.

60 이재민, 「넘치는 드라마 스타 모시기 '진땀'」, 『한겨레』, 1997년 7월 14일, 18면.

61 김현수, 「드라마 속 인간관계 '비정상' 판친다」, 『한겨레』, 1997년 3월 17일, 22면.

62 김현수, 「드라마 속 인간관계 '비정상' 판친다」, 『한겨레』, 1997년 3월 17일, 22면.

63 김사승, 「요즘 TV 드라마 한심하다」, 『문화일보』, 1997년 3월 11일, 19면.

64 정철수, 「드라마 공화국」, 『경향신문』, 1997년 4월 16일, 5면.

65 신민형, 「주부와 맞먹는 초등생의 〈첫사랑〉 시청률」, 『문화일보』, 1997년 4월 8일, 19면.

66 윤성한, 「극 중 인물 절반은 엘리트」, 『미디어오늘』, 1997년 4월 28일; 강을영, 「방송위 TV 드라마 분석 "안방극장 가족 파괴 심각"」, 『미디어오늘』, 1997년 7월 2일.

67 권정숙, 「인기 드라마 'IMF 양념' 듬뿍」, 『한겨레』 1998년 1월 24일, 15면; 이무경, 「드라마도 '정리 해고 · 무급 휴직……'」. 『경향신문』, 1998년 3월 12일.

68 노형석, 「TV 드라마 복고 바람」, 『한겨레』, 1998년 4월 18일, 14면.

69 정승훈, 「'IMF 국민 정서 못 읽어 '백야' 추락」, 『국민일보』, 1998년 11월 4일, 22면.

70 「TV 베끼기」, 『경향신문』, 1999년 3월 8일.

71 김갑식 · 이승헌, 「TV 드라마 히트 공식 달라지나?」, 『동아일보』, 1999년 6월 8일.

72 정세라, 「낯부끄러운 드라마 제작 원칙」, 『한겨레』, 2000년 1월 17일, 29면.

73 이현정, 「이병훈 PD "이제 왕 이야기는 접어야죠"」, 『한국일보』, 2008년 5월 27일.

74 황준범, 「드라마에 웬 '전야제'?」, 『한겨레』, 2001년 3월 29일, 27면.

75 김희연, 「새 드라마들 선정적 소재, 장면 '눈길' 급급」, 『경향신문』, 2001년 4월 2일.

76 배국남, 「상반기 시청률 20위 안에 16개가 드라마」, 『한국일보』, 2001년 7월 14일, 20면.

77 윤지영, 「드라마 연장 방송의 원인과 사례」, 『PD저널』, 2002년 3월 8일.

78 윤지영, 「드라마 연장 방송의 원인과 사례」, 『PD저널』, 2002년 3월 8일.

79 배국남, 「신문에 드라마 광고 실렸네 …… 시청률 · 광고료 연동, 외주 제작자 경쟁 여파」, 『한국일보』, 2002년 1월 29일.

80 김수경, 「가슴 노출로 드라마 홍보?」, 『동아일보』, 2002년 7월 19일, 21면.

81 배국남, 「드라마 속 가족이 달라진다」, 『한국일보』, 2001년 4월 3일, 22면.

82 주창윤, 「드라마 속 여성상 껍질 깬 한 해」, 『한겨레』, 2001년 12월 28일; 최민영, 「드라마 속 달라진 부모상」, 『경향신문』, 2003년 5월 6일.

83 김관명, 「드라마 "별을 쏘다" 출연진 7명이 전부」, 『한국일보』, 2002년 11월 19일, 48면.

84 이영환, 「드라마는 간접 광고 수호천사?」, 『미디어오늘』, 2001년 8월 23일.

85 신미희, 「"드라마인지 광고인지……"」, 『미디어오늘』, 2002년 6월 13일.

86 신미희, 「"드라마인지 광고인지……"」, 『미디어오늘』, 2002년 6월 13일.

87 남혁상, 「직장인들 '부자 흉내' 신드롬」, 『국민일보』, 2002년 1월 14일, 31면; 류우근, 「명품계」, 『세계일보』, 2002년 2월 5일, 5면.

88 「언론 명품 신드롬 조장 "서민은 서럽다"」, 『미디어오늘』, 2002년 9월 19일.

89 강진구, 「"한국 드라마 폭력 · 선정성 너무 심해"」, 『경향신문』, 2001년 9월 21일, 2면.

90 권영숙, 「한류 수출 드라마 소재 발굴 아쉬워」, 『한국일보』, 2001년 12월 5일, 6면.

91 윤성한, 「극 중 인물 절반은 엘리트」, 『미디어오늘』, 1997년 4월 28일.

92 강을영, 「방송위 TV 드라마 분석 "안방극장 가족 파괴 심각"」, 『미디어오늘』, 1997년 7월 2일.

93 패트릭 바와이스·앤드류 에린버그, 한균태 역, 『텔레비전과 수용자』(한울아카데미, 1994).

94 강준만, 『TV를 위한 변명』(개마고원, 1998); 패트릭 바와이스·앤드류 에린버그, 한균태 역, 『텔레비전과
수용자』(한울아카데미, 1994).

● 5장

1 이준호, 「'인터넷 드라마' 시대 열렸다」, 『경향신문』, 2000년 2월 15일, 9면.

2 배국남, 「드라마 좌지우지하는 '동호회 파워'」, 『한국일보』, 2002년 2월 21일, 37면.

3 배국남, 「시청자가 드라마 내용 바꿀 수 있나」, 『한국일보』, 2000년 11월 6일.

4 전승훈, 「"이라크戰 흉흉한데 드라마까지 비극은 싫어"」, 『동아일보』, 2003년 3월 24일, 53면.

5 김소연, 「인터넷 이용 TV 시청 확산 추세 시청률—VOD 접속 일치 안 해」, 『서울신문』, 2003년 4월
3일, 29면.

6 최민영, 「대하소설, 만화, 인터넷 소설 드라마 속으로 인기 있으면 무조건 내세운다」, 『경향신문』,
2003년 7월 16일, 36면.

7 이승재, 「"흥행은 떼논 당상" …… 드라마 '인터넷 소설 끌어안기'」, 『동아일보』, 2003년 7월 1일, C6면.

8 윤성정, 「인터넷 소설 또 뜬다: MBC '1%의 어떤 것' 드라마화」, 『세계일보』, 2003년 6월 30일, 17면.

9 조경복, 「국내 첫 인터넷 드라마 '내방네방' 서비스 시작」, 『동아일보』, 2003년 10월 6일, C5면.

10 공종식, 「VDSL 시대 '성큼'—ADSL보다 10배 빨라 …… 양방향 속도 같고 VOD 화면 끊김도 없어」,
『동아일보』, 2003년 1월 23일, 51면.

11 이재협, 「TV 드라마 띄우려면 아줌마 코드에 맞춰라」, 『매일신문』, 2003년 5월 28일, 15면; 어수웅,
「아침 드라마의 두 얼굴」, 『조선일보』, 2003년 9월 22일, C5면; 유인경, 「SBS·MBC 아침 드라마
봄 개편 변함없는 불륜과 배신의 '공식'」, 『경향신문』, 2003년 2월 26일, 36면.

12 김도형, 「인어아가씨 참을 수 없는 존재의 황당함?」, 『한겨레』, 2003년 4월 26일, 30면.

13 조경복, 「"인어아가씨 끝내라" 사이버 시위」, 『동아일보』, 2003년 5월 28일, 54면.

14 김도형, 「'인어' 작가의 시청률 과신 시청자와의 소통 길 잃어」, 『한겨레』, 2003년 6월 7일, 30면.

15 한승주, 「MBC 〈인어아가씨〉 임성한 작가 인터넷에 심경 고백」, 『국민일보』, 2003년 6월 5일, 21면.

16 김도형, 「'인어' 작가의 시청률 과신 시청자와의 소통 길 잃어」, 『한겨레』, 2003년 6월 7일, 30면.

17 정선자, 「드라마는 드라마일 뿐」, 『시사저널』, 2003년 6월 12일, 8면.

18 조은미, 「호주제 폐지 드라마 인기 끈다」, 『여성신문』, 2003년 8월 15일, 13면.

19 김남중, 「호주제 폐지론 힘 보태는 KBS '노란 손수건'」, 『국민일보』, 2003년 8월 15일, 16면.

20 유희진, 「제도 폐해 사실적 묘사로 시청자 공감 이뤄」, 『신문과방송』, 2003년 10월호, 125쪽.

21 김영화, 「다모를 기다린 일주일이 정말 길더이다」, 『한국일보』, 2003년 8월 6일, 24면.

22 채수범, 「미니시리즈 '다모' 인기 폭발」, 『서울신문』, 2003년 8월 15일, 25면.

23 전승훈, 「드라마 휩쓰는 외제차 …… 엠블럼 그대로 노출」, 『동아일보』, 2004년 2월 10일, 53면.

24 정영오, 「차 업계, 간접 광고 마케팅전 '드라마 속으로'」, 『한국일보』, 2003년 2월 19일.

25 안선희, 「김남진 차·배용준 차 타실래요?」, 『한겨레』, 2004년 4월 18일.

26 이선민, 「기획 단계부터 프로그램 '좌지우지'」, 「미디어오늘」, 2003년 5월 7일.

27 이수진, 「"드라마 아닌 생방송" 당일치기 대본 눈총」, 「문화일보」, 2004년 4월 20일, 21면.

28 이수진, 「"드라마 아닌 생방송" 당일치기 대본 눈총」, 「문화일보」, 2004년 4월 20일, 21면.

29 남궁성우, 「어느 일일극 드라마 PD의 삭발」, 「CBS노컷뉴스」, 2006년 7월 3일.

30 김남중, 「올해도 드라마 독주」, 「국민일보」, 2004년 12월 16일,

31 이만제, 「드라마 대형화 가속 …… 大作으로 이어지려나」, 「국민일보」, 2004년 12월 14일, 20면.

32 「드라마 대작 경쟁도 좋지만 단막극에도 관심과 배려를」, 「세계일보」, 2004년 5월 19일, 31면.

33 김선우, 「"베스트극장 살리자" MBC 스타 제작진 뭉쳤다」, 「동아일보」, 2005년 1월 7일, 29면.

34 한장희, 「삼성·현대 '재벌 총수 드라마' 비상」, 「국민일보」, 2004년 2월, 16일, 26면.

35 염경용, 「인기 드라마 경제 상식 '0' 점」, 「내일신문」, 2004년 11월 18일, 1면.

36 유형렬, 「중기 영웅 소재 드라마 만든다」, 「경향신문」, 2005년 1월 6일, 17면.

37 김지희, 「"드라마 왕국' 대한민국〉, 「세계일보」, 2005년 1월 10일, 29면.

38 손원제, 「한국 드라마 리얼리즘 어디 갔소?」, 「한겨레」, 2004년 12월 7일, 34면.

39 손원제, 「한국 드라마 리얼리즘 어디 갔소?」, 「한겨레」, 2004년 12월 7일, 34면.

40 윤석진, 「'캔디렐라' 뜨고, 죽음은 넘치고……」, 「시사저널」, 2004년 12월 30일, 96쪽.

41 최승현, 「요즘 드라마엔 '죽음'이 몰려온다」, 「조선일보」, 2004년 12월 31일, A23면.

42 이영표, 「안방극장 '울려야 산다'」, 「서울신문」, 2004년 12월 24일, 25면.

43 강준만, 「대중문화의 겉과 속 3」(인물과사상사, 2006).

44 황인찬, 「움직이는 시청자를 잡아라」, 「경향신문」, 2004년 8월 19일.

45 이진영, 「'…하버드' '미안하다…' 열성팬들 홈피서 비방전」, 「동아일보」, 2004년 11월 25일.

46 서병기, 「'시청률 보도 경쟁' 드라마엔 毒」, 「헤럴드경제」, 2005년 2월 28일.

47 백승찬, 「연예보도 시청률만 경마식 중계」, 「경향신문」, 2004년 12월 13일.

48 양성희, 「시청률 '경마 보도' 첫 회부터 호들갑」, 「문화일보」, 2005년 8월 3일, 22면.

49 김용습, 「드라마 방영 시간 늘리기 경쟁 시청률-광고수입 싸움이 원인」, 「스포츠서울」, 2005년 8월 2일; 윤영미, 「"시간 늘려 시청률 띄우자" 첫 회에 목숨 거는 드라마들」, 「한겨레」, 2005년 9월 8일, 34면.

50 김선우, 「MBC 드라마 '영웅시대' 조기 종영 방침 …… 외압 논란」, 「동아일보」, 2005년 1월 7일, 10면.

51 「MBC 드라마 종영 外壓 사실인가」(사설), 「동아일보」2005년 1월 8일, 27면.

52 김진철, 「"역사 왜곡과 특정인 띄우기가 더 문제"」, 「한겨레」, 2005년 1월 13일, 33면.

53 「'이환경 작가는 '영웅시대' 외압설 밝혀라': MBC 노조 "작가가 수구 신문 옮겨 다니며 '연기 피우기' 골몰"」, 「한국일보」, 2005년 2월 3일.

54 「한나라당 논평: '영웅 죽이기' 교사한 살아 있는 권력의 실체를 밝혀라」, 「연합뉴스」, 2005년 2월 16일.

55 김진철, 「'영웅시대'는 막 내리지만 외압설 실체는 꼭 밝혀야」, 「한겨레」, 2005년 2월 22일, 34면.

56 이인표, 「최불암 씨 '영웅시대' 종방연서 씁쓸한 소감 "MBC 드라마 다 죽었다"」, 「문화일보」, 2005년 2월 26일, 21면.

57 손병호, 「방송 작가들에 '저출산 SOS' …… "결혼·육아 미화 드라마 부탁해요"」, 「국민일보」, 2005년 3월 24일, 1면.

58 이연희, 「드라마 작가에 호소하기 출산률 상승책으론 어색」, 「국민일보」, 2005년 4월 1일, 34면.

59 박예랑, 「드라마는 현실이다」, 「한겨레」, 2005년 6월 1일, 31면.

60 선호, 「MBC '제5공화국' 방영 전부터 신경전」, 「미디어오늘」, 2005년 4월 13일; 황인원, 「5공 인사

들 "제5공화국 대본 고쳐" MBC '뉴스플러스……'서 장세동 · 허화평 씨」, 『경향신문』, 2005년 4월 11일, KO면.

61 김은진, 「'제5공화국' 관련자 반발 …… 시작도 전 '잡음'」, 『세계일보』, 2005년 4월 11일, 37면; 한승주, 「드라마 '제5공화국' 당사자 "사실 왜곡" 대본 수정 요구」, 『국민일보』, 2005년 4월 11일, 5면.

62 선호, 「MBC '제5공화국' 방영 전부터 신경전」, 『미디어오늘』, 2005년 4월 13일.

63 김남중, 「MBC 월화 드라마 '제5공화국' 25일 첫 방송 …… 제작진 "정치적 논란엔 사실주의로 대응"」, 『국민일보』, 2005년 4월 15일, 20면; 이수강, 「"드라마 '5공화국', 전두환을 유비 · 관우로 취급"」, 『미디어오늘』, 2005년 5월 16일.

64 정혜신, 「5공 인사들의 궤변」, 『한겨레』, 2005년 6월 28일, 30면.

65 이종원, 「"제5공화국은 정치보복" 장세동 · 허화평 등 5공 인사들 성명 발표」, 『경향신문』, 2005년 9월 1일, KU면.

66 「세트장 '제작비 지원' 지자체 울린다: 우후죽순 방송사 촬영장 실태」, 『경향신문』, 2005년 1월 12일.

67 이천열, 「대박? 쪽박? 넉넉지 않은 지자체들 드라마 세트장에 수십 억씩」, 『서울신문』, 2005년 4월 19일, 1면.

68 「시어머니 뺨 때리는 공영방송 드라마」(사설), 『문화일보』, 2005년 7월 29일, 31면.

69 「인륜도 팽개치는 TV 드라마」(사설), 『서울신문』, 2005년 7월 30일, 23면.

70 「시어머니의 뺨을 때리는 KBS」, 『국민일보』, 2005년 7월 30일 19면.

71 「며느리가 시어머니 뺨을 때리다니」(사설), 『경향신문』, 2005년 7월 30일, 23면.

72 「며느리가 시어머니 뺨 때리게 한 KBS의 패륜」(사설), 『조선일보』, 2005년 7월 30일.

73 황세원, 「며느리가 시어머니 뺨때린 드라마 방영 물의 …… 제작진 공식 사과」, 『국민일보』, 2005년 7월 30일, 7면.

74 황지희, 「방송위 심의를 심의해야 하나」, 『시사저널』, 2005년 8월 23일, 43면.

75 백성호, 「드라마 PD "좋은 시절 다 갔네"」, 『중앙일보』, 2005년 2월 5일, 24면.

76 이영표, 「'스타 파워' 드라마 좌지우지」, 『서울신문』, 2005년 3월 25일, 25면.

77 이희정, 「"드라마 주연 3명 출연료가 제작비 절반"」, 『한국일보』, 2005년 7월 15일.

78 김은진, 「스타 권력화 TV 드라마도 심각」, 『세계일보』, 2005년 7월 18일, 23면; 백민정, 「"외주 제작 의무화 · 방송사 시청률 경쟁 드라마 스타 편중 부추긴다"」, 『국민일보』, 2005년 7월 18일 24면.

79 강영구, 「방송PD연 긴급토론, "스타 몸값 거품" 방송 PD도 쓴소리……」, 『경향신문』, 2005년 7월 15일, KU면.

80 이희정, 「"드라마 주연 3명 출연료가 제작비 절반"」, 『한국일보』, 2005년 7월 15일.

81 김은진, 「"버린 딸을 며느리로" 또 패륜 드라마」, 『세계일보』, 2005년 9월 7일, 28면.

82 김미경, 「SBS 주말극 '하늘이시여' 논란: 조카와 외삼촌의 사랑 버린 딸 찾아 며느리로」, 『서울신문』, 2005년 9월 9일, 25면.

83 김윤종, 「SBS '하늘이시여' 방송 전부터 패륜 논란」, 『동아일보』, 2005년 9월 8일, B15면.

84 정현목, 「'가족' 짓밟는 시청률 만능주의」, 『중앙일보』, 2005년 9월 7일, 21면.

85 황세원, 「"기껏 분장사야?" SBS 또 물의」, 『국민일보』, 2005년 9월 13일, 7면.

86 「SBS '하늘이시여' 제작진 분장사 비하 공개 사과」, 『국민일보』, 2005년 9월 20일, 16면.

87 이상주, 「또 공개 사과 'SBS의 미봉책', 물의 '하늘이시여' 제작진 근본 처방 없이 봉합 급급」, 『경향신문』, 2005년 9월 20일, 21면.

88 「"드라마 속 제품 광고, 효과 없으면 광고비 안 내도 된다"」, 『미디어오늘』, 2005년 7월 5일.

89 윤영미, 「파행적 드라마에 '공주'도 '반기'」, 『한겨레』, 2005년 9월 12일, 21면.

90 강영구 · 이종원, 「'김정은 파문'으로 본 드라마 제작 문제점」, 『경향신문』, 2005년 9월 12일, KM면.

91 강영구 · 이종원, 「'김정은 파문'으로 본 드라마 제작 문제점」, 『경향신문』, 2005년 9월 12일, KM면.

92 이찬호, 「드라마 파행 악순환 '모두의 책임'」, 『CBS 노컷뉴스』, 2005년 9월 12일.

93 신윤동욱, 「시사넌센스: 시청률도 '뽐빠이' 하자」, 『한겨레 21』, 2005년 12월 13일, 10면.

●6장

1 황지희, 「드라마 사랑타령 "이젠 지겹지 않니?": '점검' 멜로드라마 과잉공급시대」, 『PD저널』, 2005년 8월 31일, 5면.

2 황지희, 「시청자, '뻔한' 멜로는 가라」, 『PD저널』, 2006년 1월 18일, 5면.

3 정혁준, 「드라마 주인공에 서민은 곤란해?: 방송 3사 주요 등장인물 전문직과 재벌 2 · 3세 많아」, 『한겨레』, 2006년 2월 12일; 박선영, 「방송 3사, 드라마 편애 심하다」, 『한국일보』, 2006년 4월 28일, 27면.

4 「'대박 드라마' 성공 공식 있다」, 『조선일보』, 2006년 1월 21일, A4면.

5 홍지민, 「한국 드라마 사전 제작은 독?」, 『서울신문』, 2006년 2월 22일.

6 강준만, 『대중문화의 겉과 속 3』(인물과사상사, 2006), 59~60쪽.

7 박수찬, 「CEO들이여, '한드'에서 배워라」, 『조선일보』, 2010년 4월 24일.

8 송형국, 「노인들이 즐겨보는 프로 드라마 …… 뉴스 순」, 『경향신문』, 2006년 5월 4일, 29면.

9 신동흔, 「TV가 늙어간다」, 『조선일보』, 2006년 2월 17일, A2면.

10 차형석, 「아침 드라마는 '마이너'라고?」, 『시사저널』, 2006년 5월 23일, 94~95쪽.

11 차형석, 「아침 드라마는 '마이너'라고?」, 『시사저널』, 2006년 5월 23일, 94~95쪽.

12 강연곤, 「아침 드라마 '불륜 · 파경' 자극적 소재 남발」, 『문화일보』, 2006년 8월 2일, 33면.

13 이문혁, 「난 뻔한 아침 드라마가 좋다」, 『한겨레21』, 2008년 2월 15일.

14 이해리, 「'연개소문', 드라마 아닌 '역사 복원 운동' 꿈꾼다」, 『CBS노컷뉴스』, 2006년 2월 20일.

15 남은주, 「픽션 지나처 국수주의 우려 …… 정통 사극 맞나?」, 『한겨레』, 2006년 7월 13일, 27면.

16 강명석, 「'연개소문' 작가 이환경 "고구려 魂담은 사극 진수 보여줄 것"」, 『한국일보』, 2006년 7월 6일, 25면.

17 오종록, 「역사학자가 본 '사극 논란': 작가의 상상력과 반역사성」, 『한겨레』, 2006년 7월 13일.

18 김기봉, 「사극 열풍이 불안한 이유」, 『조선일보』, 2006년 8월 1일, A39면.

19 김미경, 「방송사 '떼거리' 눈총」, 『서울신문』, 2006년 7월 7일, 27면.

20 강명석, 「욕하면서도 왜 보냐구?」, 『한국일보』, 2006년 6월 21일, 26면.

21 김후남, 「"주말 드라마는 엽기 드라마"」, 『경향신문』, 2006년 7월 3일, 29면; 신동흔, 「"시청률만 괜찮다면……" 선 넘은 엽기 드라마」, 『조선일보』, 2006년 6월 23일, A24면; 김후남, 「"주말 드라마는 엽기 드라마"」, 『경향신문』, 2006년 7월 3일, 29면.

22 강명석, 「중년 드라마의 쉼 없는 '낚시질'」, 『한겨레21』, 2006년 7월 18일, 64~65면.

23 강명석, 「욕하면서도 왜 보냐구?」, 『한국일보』, 2006년 6월 21일, 26면.

24 이선민, 「훈계는 그만! 드라마 '비평시대' 열리나」, 『미디어오늘』, 2006년 8월 2일, 12면.

25 김민호, 「지상파 자체 드라마 고사 위기 …… 쿼터제 도입 등 공존 모색을」, 『국민일보』, 2007년 6월

10일.

26 최승현, 「지상파의 '드라마 왕국' 무너지나」, 『조선일보』, 2006년 8월 1일, A14면.

27 강연곤, 「영화–드라마 '크로스오버' …… 수익 창출 경쟁」, 『문화일보』, 2006년 8월 5일, 14면.

28 김상만, 「노래 대신 이젠 드라마 판다」, 『미디어오늘』, 2006년 9월 6일.

29 강민지, 「노래·영상 시너지 효과 노려: 음반사 드라마 제작 러시」, 『PD저널』, 2006년 8월 23일, 5면.

30 김상만, 「'드라마 패권' 노린 방송사 반격?: MBC, 고현정에 회당 2200만 원」, 『미디어오늘』, 2006년 8월 9일, 13면.

31 정은경·민임동기, 「기존 외주 정책 지속 땐 지상파 드라마 제작은 '0'」, 『미디어오늘』, 2006년 8월 30일, 10면.

32 이선민, 「"배용준 나오는 드라마 사세요": 외주사, 투자 유치 활발」, 『PD저널』, 2006년 10월 18일, 3면.

33 이선민, 「"배용준 나오는 드라마 사세요": 외주사, 투자 유치 활발」, 『PD저널』, 2006년 10월 18일, 3면.

34 김고은, 「내년 드라마 키워드 '의학' '공항' '사극'」, 『PD저널』, 2006년 10월 18일, 9면.

35 허미경·남지은, 「스타가 '상전' …… 비싼 몸값에 제작 '휘청': 방송가 권력 이동 중」, 『한겨레』, 2007년 1월 18일, 27면.

36 이건준, 「부동산 거품, 드라마 거품」, 〈PD저널〉, 2007년 1월 24일, 11면.

37 장은교, 「이병훈 PD의 쓴소리 "스타 몸값, 한류 거스른다"」, 『경향신문』, 2007년 2월 15일.

38 이종원, 「美 드라마 열풍–안방극장 '미드 폐인'(미국 드라마) 늘어난다」, 『경향신문』, 2007년 3월 2일, KL면.

39 남은주·김미영·허윤희·남지은, 「미국 드라마 열풍 뒤에 미드족 있다」, 『한겨레』, 2007년 3월 15일, 25면.

40 전영선, 「미드족·일드족·비드족 …… 당신은 무슨 족?」, 『문화일보』, 2007년 3월 21일, 28면.

41 양홍주·허정헌, 「미드에 푹 빠진 사회〈상〉: 일상으로 들어온 미국 드라마」, 『한국일보』, 2007년 10월 31일, 32면.

42 양홍주·허정헌, 「미드에 푹 빠진 사회〈상〉: 일상으로 들어온 미국 드라마」, 『한국일보』, 2007년 10월 31일, 32면.

43 양홍주·허정헌, 「미드에 푹 빠진 사회〈상〉: 일상으로 들어온 미국 드라마」, 『한국일보』, 2007년 10월 31일, 32면.

44 정성희, 「미드족」, 『동아일보』, 2007년 3월 26일, 34면.

45 2000년 이후 시청률 50%를 넘긴 드라마는 MBC의 〈허준〉(63.7%, 2000년 6월 27일), KBS1의 〈태조왕건〉(60.2%, 2001년 5월 20일), MBC의 〈대장금〉(57.8%, 2004년 3월 23일), 〈진실〉(56.5%, 2000년 2월 24일), SBS의 〈야인시대〉(51.8%, 2002년 12월 9일), MBC의 〈내 이름은 김삼순〉(51.1%, 2005년 7월 21일) 등 총 6편에 불과했다.

46 김민호, 「주몽 해피엔드로 내일 막 내린다」, 『국민일보』, 2007년 3월 5일, 24면.

47 강명석, 「MBC '주몽' 시청률 승승장구」, 『한국일보』, 2007년 2월 8일, 24면.

48 윤석진, 「약육강식의 결과물 '국민 드라마'」, 『미디어오늘』, 2007년 3월 7일, 13면.

49 강혜란, 「드라마 속 달라지는 가족, 진화인가? 위협인가?」, 『미디어오늘』, 2007년 5월 31일.

50 남지은, 「'주몽' 대박 마케팅 비밀은?」, 『한겨레』, 2007년 3월 3일, 3면; 김민호, 「주몽 해피엔드로 내일 막 내린다」, 『국민일보』, 2007년 3월 5일, 24면.

51 남지은, 「'주몽' 대박 마케팅 비밀은?」, 『한겨레』, 2007년 3월 3일, 3면.

52 정성효, 「드라마 '판' 키우다 쪽박 찰라」, 『한겨레』, 2007년 5월 27일.

53 정성효, 「드라마 '판' 키우다 쪽박 찰라」, 『한겨레』, 2007년 5월 27일.

54 최승현, 「치솟는 제작비…… 수출은 뚝…… 한국 드라마 '한류寒流': 특A급 개런티 회당 3000만 원 "지상파 방송사 횡포도 여전"」, 『조선일보』, 2007년 9월 7일.

55 김정섭, 「상상력만 의존 "드라마야 만화야"…… 태왕사신기 논란」, 『경향신문』, 2007년 9월 13일.

56 최승현, 「스타 감독 김종학 "많이들 본다니 덜컥 겁이 난다"」, 『조선일보』, 2007년 9월 14일.

57 이로사, 「'태왕사신기' 화려한 판타지 사극 혹평 속 '절반의 성공'」, 『경향신문』, 2007년 12월 6일.

58 이문혁, 「'태왕사신기'는 배용준 드라마?!」, 『한겨레』, 2007년 10월 11일.

59 양홍주·강명석, 「태왕사신기 종영…… 뭘 남겼나」, 『한국일보』, 2007년 12월 7일.

60 양홍주, 「대작 드라마, 스토리 늪에 빠지고 스토리 덫에 걸리다」, 『한국일보』, 2007년 11월 6일.

61 이로사, 「시련·구원 등 '시청률 공식대로' 복제된 대작 드라마」, 『경향신문』, 2007년 11월 6일.

62 김미영, 「드라마 제작사, 지상파 다지고 해외 눈 돌리고」, 『한겨레』, 2008년 1월 3일.

63 양홍주·강명석, 「미드에 푹 빠진 사회〈하〉: 한국 드라마에 드리운 빛과 그림자」, 『한국일보』, 2007년 11월 1일, 32면.

64 이대혁, 「미드에 푹 빠진 사회…… 국산 드라마 입지 점점 축소」, 『한국일보』, 2007년 11월 1일, 32면.

65 김고은, 「방송·엔터테인먼트 산업의 현주소와 미래 ⑦: 영화자본 TV로 눈돌려 '드라마 부흥기' 맞이」, 『PD저널』, 2008년 2월 18일.

66 양홍주, 「"KBS 드라마시티 폐지로 지상파에 단막극 멸종"」, 『한국일보』, 2008년 3월 26일.

67 홍성일, 「'드라마시티' 없는 드라마 공화국」, 『PD저널』, 2008년 3월 26일.

68 김한영, 「단막극 부활 통해 드라마 다양성 되찾아야」, 『PD저널』, 2008년 12월 3일.

69 염강수·이인묵, 「"요즘 이루어질 수 없는 사랑, 불륜밖에 더 있나요?"」, 『조선일보』, 2008년 5월 24일.

70 염강수·이인묵, 「"요즘 이루어질 수 없는 사랑, 불륜밖에 더 있나요?"」, 『조선일보』, 2008년 5월 24일.

71 이인묵, 「극 중 이혼만 5번…… '불륜·배신 전문' 이종원」, 『조선일보』, 2008년 5월 24일.

72 송혜진, 「방송 3사 드라마 제작비 '억' 해야 '팍' 하고 터지나」, 『조선일보』, 2008년 6월 26일.

73 김한영, 「단막극 부활 통해 드라마 다양성 되찾아야」, 『PD저널』, 2008년 12월 3일; 김진웅, 「TV 드라마 위기는 자업자득」, 『한국일보』, 2008년 12월 6일.

74 김고은, 「"출연료 상승, 드라마 질 저하·방송사 적자 불러"」, 『PD저널』, 2008년 12월 2일; 김수정, 「위기의 드라마, 과도한 출연료 조정 필요」, 『미디어오늘』, 2008년 12월 4일.

75 김수정, 「위기의 드라마, 과도한 출연료 조정 필요」, 『미디어오늘』, 2008년 12월 4일.

76 이은규, 「뒤틀린 드라마 시스템 바로잡기」, 『경향신문』, 2008년 12월 7일.

77 기선민, 「욕하면서 보긴 왜 보나…… '막장 드라마'의 심리학: SBS '아내의 유혹' 분석해보니……」, 『중앙일보』, 2008년 12월 15일.

78 강명석, 「'발호세' 만든 막장 드라마 시대」, 『한겨레21』, 제740호.

79 강명석, 「가족 드라마 탈 쓴 '막장 드라마'」, 『한국일보』, 2008년 12월 23일.

80 송혜진, 「방송 3사 드라마 제작비 '억' 해야 '팍' 하고 터지나」, 『조선일보』, 2008년 6월 26일.

81 김고은, 「2008 방송을 돌아본다: 드라마」, 『PD저널』, 2008년 12월 17일.

82 이현정, 「2008 순위의 재구성〈3〉: 드라마 '베토벤…' '바람의 화원' 파격 소재·실험성 찬사」, 『한국일보』, 2008년 12월 16일.

83 이화정, 「막장 드라마의 모든 것: 쪽대본 모르면 말을 마~」, 『씨네21』, 2009년 1월 20일.

●**7장**

1 하어영, 「드라마에 막장 바이러스 창궐: '너는 내 운명' '유리의 성' '아내의 유혹'……」, 『한겨레』, 2009년 1월 4일.

2 문주영, 「불륜 · 복수 · 폭력 · 살인 미수…… 갈 데까지 간 '막장 드라마'」, 『경향신문』, 2009년 1월 7일.

3 하어영, 「"막장 드라마? 감정선 충돌 강조한 것": KBS1 '너는 내 운명' 김명욱 PD」, 『한겨레』, 2009년 1월 9일.

4 유선주, 「막장 드라마의 모든 것 울화를 삭여라, 다 복수해주마」, 『씨네 21』, 2009년 1월 20일.

5 이홍우, 「스타들의 연속극 기피 왜?」, 『경향신문』, 2009년 1월 11일.

6 길윤형 · 하어영, 「문화 퇴행, 안전하고 쉬운 돈벌이의 유혹/중독성 짙은 후렴구 반복 '30초짜리 음악'/이혼 · 파혼 · 악녀…… '클리셰' 남발 드라마」, 『한겨레』, 2009년 1월 9일.

7 유인경, 「'막 나갈수록 막 본다' 대한민국 막장 드라마 전성시대」, 『경향신문』, 2009년 1월 22일.

8 김고은, 「쉽다…… 빠르다…… 칫값을 치른다: '아내의 유혹' 시청자는 왜 열광하나」, 『PD저널』, 2009년 1월 21일.

9 최지은, 「놀라운 '막장 명품'의 세계」, 『한겨레21』, 2009년 1월 16일(제744호).

10 장미, 「막장 드라마의 모든 것: 싸대기는 기본, 시신 유기는 옵션?」, 『씨네21』, 2009년 1월 20일.

11 조지영, 「남의 자식도 소중하다」, 『PD저널리즘』, 2009년 1월 21일.

12 양성희, 「양양의 컬처코드 ⑭ TV 속 엄마들은 왜 결혼 반대할까」, 『중앙일보』, 2009년 3월 27일.

13 조지영, 「남의 자식도 소중하다」, 『PD저널리즘』, 2009년 1월 21일.

14 「SBS 아내의 유혹, 엄청난 속도감에 시청률 40%: 일반 드라마보다 서너 배 전개 빨라」, 『전북일보』, 2009년 2월 4일.

15 서정민, 「막장 독한 유혹 끝까지 통할까……: 3부 접어든 SBS 아내의 유혹」, 2009년 3월 22일.

16 이지훈, 「언어가 사라지는 세상」, 『시사인』, 2009년 2월 9일.

17 「SBS 아내의 유혹, 엄청난 속도감에 시청률 40%: 일반 드라마보다 서너 배 전개 빨라」, 『전북일보』, 2009년 2월 4일.

18 송혜진, 「"막장 논란에 마음고생 평생 욕 다 먹은 거 같아": 종영 앞둔 '아내의 유혹' 작가 김순옥 씨」, 『조선일보』, 2009년 4월 17일.

19 권경성, 「다양한 시청층 유혹이 흥행 요인: SBS TV 일일극 '아내의 유혹' 인기 분석, 답습 벗어나야」, 『미디어오늘』, 2009년 2월 11일.

20 신윤동욱 · 김미영, 「누나들의 가슴앓이, 미안하다 판타지다」, 『한겨레21』, 2009년 2월 27일.

21 이문원, 「10대를 TV 앞에 앉힌 '꽃남'의 힘」, 『PD저널』, 2009년 2월 11일.

22 김호경, 「갈 데까지 간 가치 왜곡…… '막장 드라마' 홍수 '막장 사회' 부추긴다」, 『국민일보』, 2009년 2월 12일.

23 「이젠 막장 드라마에 제동 걸어야」(사설), 『국민일보』, 2009년 2월 13일.

24 하어영, 『한겨레』, 2009년 1월 4일; 문주영, 『경향신문』, 2009년 1월 6일; 전병선 · 박유리, 『국민일보』, 2009년 2월 12일; 송혜진, 『조선일보』, 2009년 1월 21일; 전병선, 『국민일보』, 2009년 2월 12일; 이선민, 『PD저널』, 2009년 2월 11일.

25 김호경, 「갈 데까지 간 가치 왜곡…… '막장 드라마' 홍수 '막장 사회' 부추긴다」, 『국민일보』, 2009년 2월 12일.

26 전병선, 「'막장 드라마' 왜 문제인가: 공영방송 KBS도 "광고 수입 때문에……"」, 『국민일보』, 2009년

2월 12일.

27 이선민, 「'독'을 탄 드라마, 언제까지 성공할까」, 『PD저널』, 2009년 2월 11일.

28 이선민, 「'독'을 탄 드라마, 언제까지 성공할까」, 『PD저널』, 2009년 2월 11일.

29 최승현, 「'막장'보다 더 무서운 '분노 드라마'의 폭주」, 『조선일보』, 2009년 2월 23일.

30 현시원, 「ESC: 너 어제 그거 봤어?: 그녀의 복수에 포기는 없다」, 『한겨레』, 2009년 2월 26일.

31 정양환, 「드라마로…… TV로…… '네탓 증후군'에 빠진 대한민국」, 『동아일보』, 2009년 5월 26일.

32 최병준, 「'꽃보다 남자'가 통하는 이유」, 『경향신문』, 2009년 2월 16일.

33 이영미, 「'꽃남' 때문에 애들이 걱정이라고요?」, 『한겨레』, 2009년 2월 20일.

34 신윤동욱·김미영, 「누나들의 가슴앓이, 미안하다 판타지다」, 『한겨레21』, 2009년 2월 27일(제749호).

35 김선주, 「드라마보다 막장, 대법관」, 『한겨레』, 2009년 3월 10일.

36 임현주, 「석탄公 "드라마에 '막장' 용어 쓰지 말라"」, 『경향신문』, 2009년 3월 4일.

37 송원섭, 「막장 드라마」, 『중앙일보』, 2009년 2월 28일.

38 김순덕, 「차라리 화끈한 막장 드라마」, 『동아일보』, 2009년 3월 20일.

39 육상효, 「왜 막장이 인기인가?」, 『한국일보』, 2009년 3월 19일.

40 정강현, 「'한류 열풍, 기획력 부족이 막장 드라마 양산」, 『중앙일보』, 2009년 7월 21일.

41 문주영, 「CF계는 막장 드라마를 싫어해」, 『경향신문』, 2009년 6월 5일.

42 김이환, 「막장 드라마, 광고주들은 어떻게 할까?」, 『조선일보』, 2009년 8월 13일.

43 권영전, 「욕하면서 보는 '막장' 드라마 대안은?」, 『연합뉴스』, 2009년 11월 1일.

44 「드라마가 경찰 홍보까지 하나」(사설), 『경향신문』, 2009년 12월 27일.

45 「특보 출신 사장과 시위 비판 드라마, 오비이락일까?」(사설), 『한겨레』, 2009년 12월 28일.

46 이선옥, 「공안 막장 드라마 '수상한 삼형제'와 드라마의 정치성」, 『시민과언론』, 2010년 봄호.

47 박주연, 「일본 드라마 베끼는 KBS '공영방송 맞나'」, 『경향신문』, 2010년 1월 18일.

48 박주연, 「일본 드라마 베끼는 KBS '공영방송 맞나'」, 『경향신문』, 2010년 1월 18일; 이선희, 「간접 광고·사교육 조장 논란 KBS '공부의 신' 자체 조사」, 『국민일보』, 2010년 1월 30일, 16면.

49 김미라, 「드라마, 그 욕망의 정치학」, 『중앙일보』, 2010년 1월 21일.

50 김수지, 「'공부의 신'에 숨은 '수상한' 1인치?」, 『시사인』, 2010년 1월 25일.

51 조현호, 「전쟁 드라마 봇물 "과도한 안보 의식 조성 우려": 전우·로드 넘버원 등 국방부·경기도 제작지원 받아」, 『미디어오늘』, 2010년 6월 16일.

52 김수정, 「'쏟아지는' 전쟁 영화와 '엎어진' 5·18 영화: 광주민주화운동 소재로 한 '29년'에 대한 공공연한 비밀」, 『미디어오늘』, 2010년 6월 9일.

53 조현호, 「부자·출세를 지향하는 KBS 드라마: 〈명가〉〈부자의 탄생〉〈거상 김만덕〉 등 연작에 우려 쏟아져」, 『미디어오늘』, 2010년 3월 3일.

54 조현호, 「부자·출세를 지향하는 KBS 드라마: 〈명가〉〈부자의 탄생〉〈거상 김만덕〉 등 연작에 우려 쏟아져」, 『미디어오늘』, 2010년 3월 3일.

55 박세미, 「서울대 가는 법·재벌 되는 비법 …… 뻔뻔해진 드라마」, 『조선일보』, 2010년 3월 8일.

56 장재선, 「최불암 "시청률만 목맨 막장 드라마들 걷어 치우라!"」, 『문화일보』, 2010년 1월 27일, 34면.

57 「김수현 작가도 고개 흔들고 만 TV '막장 드라마'」(사설), 『조선일보』, 2010년 3월 15일.

58 박세미, 「끊임없이 연출되는 새로운 갈등 자신도 모르게 푹~ 빠져든다」, 『조선일보』, 2010년 4월 23일.

59 이진경, 「김수현 드라마 1회 원고료 5000만 원 '최고'」, 『세계일보』, 2010년 4월 28일, 27면.

60 남지은, 「드라마 원고 '회당 5천만 원' 시대」, 『한겨레』, 2010년 4월 26일.

61 남지은, 「드라마 원고 '회당 5천만 원' 시대」, 『한겨레』, 2010년 4월 26일.

62 남지은, 「인기작가 비싼 몸값 '문제는 외주 제작 시스템'」, 『한겨레』, 2010년 4월 26일.

63 최승현, 「TV 연속극 속 동성애」, 『조선일보』, 2010년 4월 28일.

64 임영주, 「드라마 '인생은 아름다워' 김수현 작가 인터뷰 "동성애자, 내 자식일 수 있다는 관점서 접근"」, 『경향신문』, 2010년 5월 31일, 22면.

65 동성애허용법안반대국민연합, 「며느리가 남자라니 동성애가 웬 말이냐: 동성애 조장하는 SBS 시청 거부운동 및 광고안내기 운동을 시작합니다!」, 『조선일보』, 2010년 5월 17일, A39면.

66 동성애혐오반공동행동, 「동성애 혐오 없는 세상에 살고 싶습니다: 다양성을 존중하고 모든 사랑을 축복하는 세상, 모두가 행복한 세상입니다」, 『한겨레』, 2010년 9월 13일, 4면.

67 박세미, 「'김수현 드라마' 주춤 동성애 논란 탓?」, 『조선일보』, 2010년 7월 2일.

68 안인용, 「드라마를 읽는다」, 『한겨레』, 2010년 2월 7일.

69 박경은, 「드라마를 들었다 놨다 '디시갤'」, 『경향신문』, 2010년 5월 3일.

70 남지은, 「'좋은 드라마' 뒤의 든든한 파수꾼 '팬카페'」, 『한겨레』, 2010년 9월 14일, 22면.

71 이영미, 「젊은 세대 외면한 '동이'와 '김탁구' 인기 비결은?」, 『시사인』, 2010년 7월 30일.

72 남지은, 「한국 드라마 절반 '불륜' 늪에 빠지다」, 『한겨레』, 2010년 8월 17일.

73 남지은, 「아침 먹고 불륜 보고 저녁 먹고 불륜 본다?」, 『한겨레』, 2010년 8월 17일.

74 박세미, 「"출연료 미지급 더는 못 참겠다"」, 『조선일보』, 2010년 8월 30일; 남지은, 「한예조 "1일부터 촬영 거부" …… 드라마 차질 빚나」, 『한겨레』, 2010년 8월 31일.

75 박경은, 「드라마 외주 제작 후 출연료 미지급 관행에 '촬영 거부'」, 『경향신문』, 2010년 8월 31일.

76 박세미, 「"출연료 미지급 더는 못 참겠다"」, 『조선일보』, 2010년 8월 30일.

77 정철운, 「한예조, 1일부터 방송3사 외주 드라마 제작 거부」, 『PD저널』, 2010년 8월 31일.

78 김원정, 「"방송사로부터 외압 받은 배우 있다"」, 『미디어오늘』, 2010년 9월 2일.

79 정철운, 「한예조, 1일부터 방송3사 외주 드라마 제작 거부」, 『PD저널』, 2010년 8월 31일.

80 박경은, 「드라마 외주 제작 후 출연료 미지급 관행에 '촬영 거부'」, 『경향신문』, 2010년 8월 31일; 남지은, 「한예조 "1일부터 촬영 거부" …… 드라마 차질 빚나」, 『한겨레』, 2010년 8월 31일.

드라마, 한국을 말하다

© 김환표, 2012

초판 1쇄 2012년 1월 10일 펴냄
초판 3쇄 2014년 6월 23일 펴냄

지은이 | 김환표
펴낸이 | 강준우
기획 · 편집 | 박상문, 안재영, 박지석, 김환표
디자인 | 이은혜, 최진영
마케팅 | 박상철, 이태준

펴낸곳 | 인물과사상사
인쇄 · 제본 | 대정인쇄공사
출판등록 | 제17-204호 1998년 3월 11일

주소 | (121-839) 서울시 마포구 서교동 392-4 삼양E&R빌딩 2층
전화 | 02-325-6364
팩스 | 02-474-1413
www.inmul.co.kr | insa@inmul.co.kr

ISBN 978-89-5906-201-0 04300
값 17,000원